Wissenschaftliche Beiträge aus dem Tectum Verlag

Reihe Rechtswissenschaft

Wissenschaftliche Beiträge
aus dem Tectum Verlag

Reihe Rechtswissenschaft

Band 191

Sönke Engelke

Rückforderung variabler Vorstandsvergütung

Tectum Verlag

Sönke Engelke
Rückforderung variabler Vorstandsvergütung

Wissenschaftliche Beiträge aus dem Tectum Verlag
Reihe: Rechtswissenschaft; Bd. 191

Zugl. Diss. Westfälische Wilhelms-Universität Münster 2022

ISBN 978-3-8288-4807-8
ePDF 978-3-8288-7919-5
ISSN 1861-7875

Gesamtverantwortung für Druck und Herstellung:
Nomos Verlagsgesellschaft mbH & Co. KG
Printed in Germany

Besuchen Sie uns im Internet
www.tectum-verlag.de

Bibliografische Informationen der Deutschen Nationalbibliothek
Die Deutsche Nationalbibliothek verzeichnet diese Publikation in der Deutschen Nationalbibliografie; detaillierte bibliografische Angaben sind im Internet über http://dnb.d-nb.de abrufbar.

Meinen Eltern

Vorwort

Die vorliegende Arbeit wurde im Februar 2022 von der Rechtswissenschaftlichen Fakultät der Westfälischen Wilhelms-Universität Münster als Dissertation angenommen. Rechtsprechung und Literatur sind bis März 2022 berücksichtigt. Kommentare und Handbücher sind im Mai 2022 noch einmal aktualisiert worden.

Bedanken möchte ich mich an erster Stelle bei meinem Doktorvater Herrn *Prof. Dr. Ingo Saenger* für die hervorragende Betreuung der Arbeit. Von der Themenauswahl bis zur Abgabe habe ich wertvolle Tipps und Unterstützung erhalten. Zugleich wurde mir großer wissenschaftlicher Freiraum gewährt. Außerdem möchte ich auch Herrn *Prof. Dr. Johann Kindl* für die zügige Erstellung des Zweitgutachtens und die wertvollen Anmerkungen danken.

Ein herzlicher Dank gebührt zudem meinen Freunden und Kollegen *Lukas Bronowicz* und *Constantin Luft*, die meine Arbeit Korrektur gelesen und mir äußerst hilfreiche Hinweise und Anregungen gegeben haben. Die gemeinsamen Diskussionen eröffneten oftmals neue Perspektiven, welche die Arbeit erheblich bereicherten.

Ebenso möchte ich mich bei meiner Lebensgefährtin *Sophia Romey* für die unendliche Unterstützung bei meinem Promotionsvorhaben und darüber hinaus von ganzem Herzen bedanken. Zu guter Letzt gebührt ein ganz außerordentlicher Dank natürlich meinen Eltern, *Ulrike Engelke* und *Michael Engelke*. Ohne ihre schon mein ganzes Leben währende und umfassende Unterstützung wäre diese Arbeit überhaupt nicht möglich gewesen. Ihnen ist deshalb diese Arbeit gewidmet.

Düsseldorf, im Juni 2022

Sönke Engelke

Inhaltsübersicht

Inhaltsverzeichnis

Abkürzungsverzeichnis

a.A.	andere Ansicht
AcP	Archiv für die civilistische Praxis (Zeitschrift)
a.F.	alte Fassung
AG	Aktiengesellschaft; Die Aktiengesellschaft (Zeitschrift)
AGB	Allgemeine Geschäftsbedingungen
AGBG	AGB-Gesetz
AGG	Allgemeines Gleichbehandlungsgesetz
AIFM	Alternative Investment Fund Manager
AktG	Aktiengesetz
AR	Aufsichtsrat; Der Aufsichtsrat (Zeitschrift)
ArbRB	Arbeits-Rechtsberater (Zeitschrift)
ArbZG	Arbeitszeitgesetz
Art.	Artikel
ARUG I	Gesetz zur Umsetzung der Aktionärsrechterichtlinie
ARUG II	Gesetz zur Umsetzung der zweiten Aktionärsrechterichtlinie
BaFin	Bundesanstalt für Finanzdienstleistungsaufsicht
BAG	Bundesarbeitsgericht
BB	Betriebs-Berater (Zeitschrift)
Bd.	Band
BeckOK	Beck'scher Online-Kommentar
BeckOGK	beck-online.Grosskommentar
BeckRS	Beck-Rechtsprechung
Beil.	Beilage
BGB	Bürgerliches Gesetzbuch
BGH	Bundesgerichtshof
BMF	Bundesministerium für Finanzen
BMW	Bayerische Motoren Werke AG
BT	Bundestag
BVerfG	Bundesverfassungsgericht
ca.	circa
CAR	Contemporary Accounting Research (Zeitschrift)
CCZ	Corporate Compliance Zeitschrift
CEO	Chief Executive Officer
CFO	Chief Financial Officer
DAX	Deutscher Aktienindex
DB	Der Betrieb (Zeitschrift)
DCGK	Deutscher Corporate Governance Kodex
DNotZ	Deutsche Notar-Zeitschrift
Drucks.	Drucksache
DStR	Deutsches Steuerrecht (Zeitschrift)
EBIT	Earnings before interests and taxes (Gewinn vor Zinsen und Steuern)
EBITDA	Earnings before interests, taxes, depreciation and amortization (Ergebnis vor Zinsen, Steuern und Abschreibungen auf immaterielle Vermögensgegenstände)

ECFR	European Company and Financial Law Review
EU	Europäische Union
e.V.	eingetragener Verein
EY	Ernst & Young
f.	folgend
ff.	folgende
Fn.	Fußnote
FS	Festschrift
gem.	gemäß
GG	Grundgesetz
GmbH	Gesellschaft mit beschränkter Haftung
GmbHG	GmbH-Gesetz
GmbHR	GmbH-Rundschau (Zeitschrift)
Hdb.	Handbuch
HGB	Handelsgesetzbuch
Hrsg.	Herausgeber
HS.	Halbsatz
HV	Hauptversammlung
i.d.R.	in der Regel
i.d.S.	in dem Sinne
i.E.	im Ergebnis
InstitutsVergV	Institutsvergütungsverordnung
IRZ	Zeitschrift für Internationale Rechnungslegung
i.S.d.	im Sinne des
ISS	Institutional Shareholder Services
i.V.m.	In Verbindung mit
JIG DCGK	Johannsen-Roth/Illert/Ghassemi-Tabar Deutscher Corporate Governance Kodex (Kommentar)
JURA	Juristische Ausbildung (Zeitschrift)
JuS	Juristische Schulung (Zeitschrift)
JZ	JuristenZeitung
KAGB	Kapitalanlagegesetzbuch
KGaA	Kommanditgesellschaft auf Aktien
KölnKomm. AktG	Kölner Kommentar zum Aktiengesetz
KonTraG	Gesetz zur Kontrolle und Transparenz im Unternehmensbereich
KSchG	Kündigungsschutzgesetz
KWG	Kreditwesengesetz
LAG	Landesarbeitsgericht
lit.	Buchstabe
LTI	Long Term Incentives (Instrumente mit langfristiger Anreizwirkung)
M&A	Mergers and Acquisition
MAR	Market Abuse Regulation
MDR	Monatsschrift für Deutsches Recht
MüKo AktG	Münchener Kommentar zum Aktiengesetz
m.w.N.	mit weiteren Nachweisen
NJOZ	Neue Juristische Online-Zeitschrift
NJW	Neue Juristische Wochenschrift (Zeitschrift)
Nr.	Nummer
NStZ	Neue Zeitschrift für Strafrecht
NZA	Neue Zeitschrift für Arbeitsrecht
NZG	Neue Zeitschrift für Gesellschaftsrecht
OECD	Organisation for Economic co-operation and Development (Organisation für wirtschaftliche Zusammenarbeit und Entwicklung)

OGAW	Organismen für gemeinsame Anlagen in Wertpapieren
OLG	Oberlandesgericht
plc	Public limited company
PwC	PricewaterhouseCoopers
RA	Rechtsausschuss
RdA	Recht der Arbeit (Zeitschrift)
RL	Richtlinie
Rn.	Randnummer
ROCE	Return on capital employed
RR	Rechtsprechungs-Report
S.	Satz
s.o.	siehe oben
s.u.	siehe unten
S&P	Standard & Poor's
Sec.	Section
SEC	United States Securities and Exchange Commission
sog.	sogenannt
SOX	Sarbanes-Oxley-Act
STI	Short Term Incentives (Instrumente mit kurzfristiger Anreizwirkung)
StGB	Strafgesetzbuch
StuB	Unternehmenssteuern und Bilanzen (Zeitschrift)
UAbs.	Unterabsatz
u.a.	unter anderem
UMAG	Gesetz zur Unternehmensintegrität und Modernisierung des Anfechtungsrechts
USA, US	Vereinigte Staaten von Amerika
v.	von
Var.	Variante
vgl.	vergleiche
VGR	Gesellschaftsrechtliche Vereinigung
VorstAG	Gesetz zur Angemessenheit der Vorstandsvergütung
VW	Volkswagen AG
WM	Zeitschrift für Wirtschafts- und Bankrecht
z.B.	zum Beispiel
ZBB	Zeitschrift für Bankrecht und Bankwirtschaft
ZHR	Zeitschrift für das gesamte Handelsrecht und Wirtschaftsrecht
ZIP	Zeitschrift für Wirtschaftsrecht
ZPO	Zivilprozessordnung
ZVglRWiss	Zeitschrift für Vergleichende Rechtswissenschaft

A. Einführung

Die Vorstandsvergütung im Allgemeinen und auch die variable Vorstandsvergütung im Speziellen waren immer wieder Gegenstand wissenschaftlicher Diskussionen.[1] Ausgelöst wurden sie etwa durch die Finanzkrise 2008/2009 und die darauffolgende Reaktion des deutschen Gesetzgebers in Gestalt des Gesetzes zur Angemessenheit der Vorstandsvergütung (VorstAG), welches am 05.08.2009 in Kraft getreten ist.

Trotz der umfassenden Behandlung und des intensiven wissenschaftlichen Diskurses hat das Thema seitdem keinesfalls an Aktualität und Brisanz verloren. Auch heute noch versucht der Gesetzgeber, die einschlägigen Rechtsnormen nachzuschärfen und so ein in sich stimmiges Regelungsregime zu schaffen. Zuletzt geschah dies in Form des am 01.01.2020 in Kraft getretenen Gesetzes zur Umsetzung der zweiten Aktionärsrechterichtlinie (ARUG II). Nachdem in der Literatur zunächst die Vergütung als solche im Zentrum der Aufmerksamkeit stand, wird ein Fokus zunehmend auch auf einen bisher weitestgehend oberflächlich behandelten Teilbereich des großen Themas der Vorstandsvergütung gelenkt: die Rückforderung bereits ausgezahlter variabler Vergütungsbestandteile. Die Gründe für ein Rückforderungsbegehren des Aufsichtsrats können dabei vielfältig sein. Neben dem Fehlverhalten einzelner Vorstandsmitglieder kommt auch eine nachträgliche Korrektur von Finanzkennzahlen oder eine negative Entwicklung der Geschäfte in Betracht.[2]

Ein praktisches Beispiel für ein Rückzahlungsbegehren aus der jüngeren Vergangenheit ist etwa das Vorgehen der Deutsche Bank, die laut Medienberichten von sechs Ex-Vorständen bereits ausgezahlte Bo-

1 Um nur einige zu nennen: *Keinath*, 2020; *Hoegen*, 2018; *Gülgel*, 2016.
2 Siehe etwa *Schockenhoff/Nußbaum*, AG 2018, 813 (813).

ni zurückgefordert hat.[3] Handlungsbedarf offenbarte auch der Abgasskandal rund um Volkswagen. Im Rahmen der existenzbedrohenden Krise wurden die zunächst eingefrorenen Boni gut drei Jahre später an fünf VW-Manager ausgezahlt. Erwartungsgemäß stieß diese Vorgehensweise auf wenig Verständnis.[4] Und auch in Zukunft dürfte der Ruf nach Zurückbehaltung oder Rückforderung von Boni immer dann lauter werden, wenn sich die Performance eines Unternehmens in den Augen der Öffentlichkeit nicht angemessen in der Bezahlung seiner Vorstandsmitglieder widerspiegelt.

In anderen Jurisdiktionen (insbesondere in den USA) ist die Rückforderung von Vergütungsbestandteilen bereits seit längerem präsent.[5] Aber auch in Deutschland zeichnet sich eine entsprechende Entwicklung ab. Durch das ARUG II finden die sogenannten Clawback-Klauseln (zu deutsch „Rückforderungsklauseln") zum ersten Mal auch Eingang in das Aktiengesetz (AktG) und auch der Deutsche Corporate Governance Kodex (DCGK) hat mittlerweile eine Empfehlung zur Verwendung statuiert (G.11).[6] Die Institutsvergütungsverordnung (InstitutsVergV) enthält für bedeutende Finanzinstitute in § 20 VI S. 1 bereits seit der Novelle im Jahre 2017 eine Regelung zur Implementierung entsprechender Vereinbarungen.[7] Diese vertraglichen Klauseln sollen es dem Aufsichtsrat bei Vorliegen der Tatbestandsvoraussetzungen ermöglichen, eine bereits ausgezahlte variable Vergütung von dem jeweiligen Vorstandsmitglied wieder zurückzufordern.[8] Auch wenn die genaue Ausgestaltung zuweilen sehr unterschiedlich ist, bietet sich

---

3 *Hangarter*, Zur Kasse, Bitte! Deutsche Bank will Boni von ehemaligen Top-Managern zurück, LTO, 23.11.2016.

4 Siehe dazu etwa https://www.handelsblatt.com/unternehmen/industrie/dieselskandal-volkswagen-zahlt-umstrittene-vorstands-boni-aus/24284184.html?ticket=ST-663318-FJ90ppCsZnOEbPC4i3gA-cas01.example.org (zuletzt abgerufen am 05.07.2022).

5 Insbesondere seit dem Sarbanes-Oxley-Act („*SOX*") 2002 als Reaktion auf den Enron-Skandal; vgl. *Seyfarth*, WM 2019, 521 (526).

6 Deutscher Corporate Governance Kodex (DCGK) in der Fassung vom 16.12.2019, Bekanntmachung vom 20.03.2020.

7 In dieser Arbeit wird auf die Fassung der InstitutsVergV Bezug genommen, die bis zum 25.09.2021 in Kraft war. Mittlerweile hat es geringfügige Modifikationen gegeben, die aber keine Auswirkungen auf die Argumentation in dieser Arbeit haben.

8 *Seyfarth*, WM 2019, 569 (570).

die Einteilung in zwei Grundformen an: Der Performance-Clawback knüpft an das Verpassen bestimmter wirtschaftlicher Ziele an, wohingegen sich der Compliance-Clawback auf ein Fehlverhalten des jeweiligen Vorstandsmitglieds bezieht.[9]

Neben den allgemeinen gesetzlichen Rückforderungsvorschriften scheint der Aufsichtsrat auf den ersten Blick also ein probates Mittel vertraglicher Natur zur Hand zu haben, auf Basis dessen er nachträglich Korrekturen vornehmen und ein angemessenes Niveau der Vorstandsvergütung herstellen kann. Kein Wunder also, dass schon heute die meisten Dax40-Unternehmen Clawback-Klauseln in den Vorstandsverträgen verankert haben.[10]

Jedoch gesellt sich zu der komplizierten Frage der rechtlichen Zulässigkeit auch die der wirtschaftlichen Sinnhaftigkeit einer Rückforderung bereits ausgezahlter Vergütungsbestandteile. Juristisch könnten entsprechende Klauseln etwa mit arbeitsrechtlichen Grundsätzen („verdient ist verdient“) und denjenigen des AktG, wie z.B. dem Schadenserfordernis aus § 93 II S. 1 AktG, kollidieren. Ökonomisch drängt sich die Frage auf, welche Verhaltensanreize mit der Aussicht eines Verlustes bereits gewährter Entlohnungen einhergehen, ob diese tatsächlich im Interesse der Gesellschaft sind und wie etwaigen dysfunktionalen Effekten bei der Klauselgestaltung vorgebeugt werden kann.[11]

Das Ziel der Arbeit ist deshalb die umfangreiche Untersuchung des Themas mit dem Versuch, für alle wesentlichen rechtlichen Fragen einen Lösungsvorschlag zu unterbreiten. Dabei liegt der Fokus auf der Suche nach den rechtlichen Grenzen bei der Klauselgestaltung. Es werden aber ebenso eine mögliche Pflicht zur Rückforderung, die Haftung, wenn diese verletzt wird, sowie mögliche Alternativen oder Ergänzungen zu Clawbacks unter die Lupe genommen.

---

9 Siehe z.B. *Poelzig*, NZG 2020, 41 (42 f.).

10 Siehe dazu unten C. I. 1. c).

11 In Betracht kommt etwa eine Risikoaversion des Vorstands, die dazu führt, dass Geschäftschancen nicht wahrgenommen werden und notwendige Investitionen unterbleiben, siehe dazu etwa *Firk/Holst/Wolff*, Clawback-Klauseln als strategisches Handicap? – Untersuchung der Wirkung von Clawback-Klauseln auf die strategische Ausrichtung von Unternehmen, Georg-August-Universität Göttingen, 2020.

Die Untersuchung beginnt mit einer Darstellung der Grundlagen. Hier soll als Erstes eine Typologie variabler Vorstandsvergütungen aufgezeigt werden, um den Rückforderungsgegenstand zu definieren. Darauf folgt eine Darstellung des theoretischen Gerüsts und die Frage, warum variable Vergütungsbestandteile überhaupt erforderlich sind.

Der eigentliche Kern der Arbeit befasst sich mit der Rückforderung. Herzstück dieses Kapitels ist die (AGB-)rechtliche Kompatibilität der vertraglichen Rückforderungsmöglichkeiten. Neben einer Prüfung, ob die Inhaltskontrolle überhaupt Anwendung findet, muss in diesem Kapitel den arbeitsrechtlichen Grundsätzen sowie dem Transparenzgebot besondere Aufmerksamkeit geschenkt werden. Letztlich müssen Clawbacks außerdem als Teil des Regelungsgefüges des AktG und DCGK bewertet werden, wobei § 87 AktG eine besondere Bedeutung zukommt. Das Kapitel schließt mit einer Evaluation der gesetzlichen Rückforderungsmöglichkeiten ab, wobei die verschiedenen Leistungskondiktionen einer Prüfung unterzogen werden.

Von großer praktischer Relevanz ist das dritte Kapitel. Darin wird untersucht, ob eine Pflicht zur Geltendmachung der Ansprüche besteht. Dabei ist im Besonderen auf das Unternehmensinteresse einzugehen und zu überlegen, durch welche Einzelfallumstände dieses tangiert werden kann. Unmittelbar daran schließt sich die Frage nach der Haftung des Aufsichtsrats an, falls er entgegen einer Pflicht von der Verfolgung des Rückforderungsanspruchs absieht. Bedeutung erlangen hier der aktienrechtliche Schadensersatzanspruch und die strafrechtliche Untreue.

In einem weiteren Kapitel sollen mögliche Alternativen und Ergänzungen zu Clawback-Klauseln begutachtet werden. Neben der Malus-Klausel wird in diesem Kontext regelmäßig auch die Bad Leaver-Klausel ins Feld geführt. Schließlich sollen in diesem Zusammenhang auch noch einmal die herausgearbeiteten Vor- und Nachteile von Rückforderungsklauseln abgewogen werden, um abschließend ein Urteil zu fällen, ob Clawbacks selbst überhaupt in das Vergütungssystem aufgenommen werden sollten. Dieses Urteil fällt positiv aus.

Die Untersuchung schließt mit einer thesenförmigen Zusammenfassung aller wesentlichen Erkenntnise ab.

B. Grundlagen

In dieser Arbeit soll die Möglichkeit, bereits ausgezahlte variable Vorstandsvergütungsbestandteile zurückzufordern, untersucht werden. Dies setzt einen Überblick über die verschiedenen Arten variabler Vergütungsbestandteile voraus, um zu erfassen, was genau der Gegenstand einer Rückforderung ist. Außerdem ist der Frage nachzugehen, ob neben einer Fixvergütung eine variable Komponente überhaupt erforderlich ist.

I. Typologie variabler Vorstandsvergütung

Die Gesamtvergütung von Vorstandsmitgliedern setzt sich aus verschiedenen Bestandteilen zusammen. Neben das Fixgehalt treten in aller Regel variable Komponenten und weitere Nebenleistungen und Vergünstigungen verschiedenster Art (z.B. Überlassung einer Dienstwohnung, eines Dienstfahrzeugs, kostenlose Finanzberatung).[12] Das Festgehalt dient in erster Linie der Unterhaltssicherung und der Ermöglichung eines angemessenen Lebensstandards.[13] Variable Vergütungskomponenten dagegen sollen das Vorstandsmitglied zusätzlich am Erfolg des Unternehmens beteiligen und gewisse Anreize schaffen, die sich positiv auf die Gesellschaft auswirken und zu einer erhöhten Leistungsbereitschaft des betroffenen Mitglieds führen.[14] Mit der Zeit hat die variable Vergütung immer mehr an Bedeutung gewonnen, was sich in einem steigenden prozentualen Anteil an der Gesamtvergütung manifestiert.[15]

---

12 Vgl. *Seibt* in: Schmidt/Lutter AktG, § 87 Rn. 10; *Spindler* in: MüKo AktG, § 87 Rn. 24; *Bors*, S. 4; *Seyfarth*, Vorstandsrecht, § 5 Rn. 116 ff.

13 *Spindler* in: MüKo AktG, § 87 Rn. 52; *Lindemann/Heim*, JuS 2018, 1121 (1125).

14 *Stenzel*, S. 71; *Keinath*, S. 109.

15 Siehe etwa PwC, Vergütungsstudie 2019, S. 17.

Die variable Vergütung lässt sich dabei in mehrfacher Weise untergliedern. Sie kann erfolgs- sowie leistungsorientiert ausgestaltet sein. Erfolgsorientierte Bestandteile richten sich nach dem Erfolg des Unternehmens. Leistungsorientierte Elemente hingegen sind an die persönliche, messbare Leistung des Vorstandsmitglieds gekoppelt, die sich nicht zwingend auch in der Unternehmensperformance widerspiegelt.[16] Des Weiteren kann eine Unterscheidung hinsichtlich des zeitlichen Horizontes der Anreizwirkung vorgenommen werden. Es gibt sowohl variable Vergütungskomponenten mit kurzfristiger (Short Term Incentives) als auch mit langfristiger (Long Term Incentives) Anreizwirkung.[17]

1. Kurzfristige Anreizwirkung (Short Term Incentives)

Eine kurzfristige Anreizwirkung wird erzeugt, indem einem Vergütungselement ein kurzfristiger Bemessungszeitraum zugrunde gelegt wird. In der Regel dient dazu das abgelaufene Geschäftsjahr.[18] Somit ist es dem Vergütungsempfänger möglich, bereits durch kurzfristige Erfolge seine Bezüge zu erhöhen.

a) Tantiemen

Weit verbreitet in diesem Zusammenhang ist die Tantieme. Dabei handelt es sich um einen variablen Vergütungsbestandteil, der vom geschäftlichen Erfolg des Unternehmens abhängig ist.[19] Die Ausgestaltung kann sehr unterschiedlich erfolgen und die Höhe der zusätzlichen Vergütung an unterschiedliche Faktoren geknüpft werden. Der Tantieme liegt zumeist ein kurzfristiger Bemessungszeitraum zugrunde, weshalb sie den Short Term Incentives zuzurechnen ist.[20] Je nach Form kann sie außerdem leistungsbezogen oder erfolgsbezogen sein. Im Fol-

16 *Raapke*, S. 7; *Bors*, S. 6.
17 *Raapke*, S. 7; *Bors*, S. 6; *Hoegen*, S. 283.
18 *Eulerich/Velte*, IRZ 2013, 73 (75); *Arnold/Herzberg/Zeh*, AG 2020, 313 (316); *Gülgel*, S. 76.
19 *Wentrup* in: Münchener Hdb. Gesellschaftsrecht, § 21 Rn. 66.
20 Vgl. *Weber* in: Hölters/Weber AktG, § 87 Rn. 33; *Hoegen*, S. 285; *Gülgel*, S. 76.

genden sollen die verschiedenen Erscheinungsformen kurz dargestellt werden.

Regelmäßig liegt der Berechnung ein bestimmter im Jahresabschluss ausgewiesener Erfolgsparameter zugrunde wie etwa EBIT, EBITDA, ROCE, der Jahresgewinn/Jahresüberschuss oder der Umsatz.[21] Es ist aber auch genauso gut möglich, etwaige Bonuszahlungen neben der Anknüpfung an betriebswirtschaftliche Kennziffern auch von dem Erreichen bestimmter, vom Aufsichtsrat festgelegter weicher Ziele abhängig zu machen (Zieltantieme). Als weiche Faktoren kommen neben der Entwicklung der Kunden- und Mitarbeiterzufriedenheit z.B. auch die Einführung eines neuen Produkts oder die Verbesserung der Personalführungskompetenz in Betracht.[22]

Eine weitere Möglichkeit besteht darin, die Tantieme in Abhängigkeit von der Dividende zu zahlen (dividendenabhängige Tantieme), wobei die Bezugsgröße dann die Dividendensumme oder der Dividendenertrag je Aktie ist.[23] Diese Gestaltung ist mittlerweile nicht mehr populär und eher selten anzutreffen, obwohl sie eine einfach zu berechnende Tantieme ermöglicht.[24] Auf der anderen Seite birgt sie aber auch die Gefahr bilanzpolitischer Maßnahmen wie z.B. der Bildung und Auflösung von Rückstellungen, sodass zwischen der Höhe der Dividende und dem tatsächlichen Erfolg der Gesellschaft nicht zwingend ein Zusammenhang besteht.[25] Dies mag auch ein gewichtiger Grund dafür sein, dass man sich heutzutage eher anderer Formen der Tantieme bedient.

Größtmögliche Flexibilität des Aufsichtsrats und die Möglichkeit, alle harten, aber auch weichen Faktoren zu berücksichtigen, bietet hingegen die Ermessenstantieme. Die Gewährung und Höhe ist dabei in

21 *Spindler* in: MüKo AktG, § 87 Rn. 100; *Seyfarth*, Vorstandsrecht, § 5 Rn. 100; *Thüsing* in: Hdb. Vorstandsrecht, § 6 Rn. 49; *Hoegen*, S. 286; *Bors*, S. 20 ff; *Gülgel*, S. 77.

22 Vgl. *Spindler* in: MüKo AktG, § 87 Rn. 100; *Seyfarth*, Vorstandsrecht, § 5 Rn. 111; *Grau* in: Arbeitshandbuch AR, § 10 Rn. 150; *Hoegen*, S. 286.

23 *Seyfarth*, Vorstandsrecht, § 5 Rn. 110 *Spindler* in: MüKo AktG, § 87 Rn. 100; *Thüsing* in: Hdb. Vorstandsrecht, § 6 Rn. 49; *Hoegen*, S. 286; *Bors*, S. 22.

24 *Grau* in: Arbeitshandbuch AR, § 10 Rn. 146; *Hoegen*, S. 286; *Seibt* in: Schmidt/Lutter AktG, § 87 Rn. 32; *Fleischer* in: BeckOGK AktG, § 87 Rn. 52.

25 *Hoegen*, S. 286; *Bors*, S. 22; *Grau* in: Arbeitshandbuch AR, § 10 Rn. 146.

das pflichtgemäße Ermessen des Aufsichtsrats gestellt.[26] Dieser kann flexibel und differenziert eine Beurteilung der einzelnen Vorstandsmitglieder vornehmen und sowohl erzielte Erfolge, Misserfolge als auch die persönliche Leistung des Vorstands einbeziehen.[27] Trotzdem verzichtet die Praxis in der jüngeren Vergangenheit wieder vermehrt auf die Verwendung von Ermessenstantiemen, was vor allem dem Einfluss der Stimmrechtsberater und institutionellen Investoren zuzuschreiben ist.[28]

Einen Sonderfall bilden schließlich die Garantietantiemen. Dieses Modell läuft dem Prinzip der erfolgsabhängigen Bezahlung eigentlich zuwider, da es unabhängig vom Erreichen bestimmter Ziele eine gewisse Mindesttantieme garantiert.[29] Dennoch sind auch diese Gestaltungen in Ausnahmesituation sinnvoll und zulässig. Hintergrund einer Vereinbarung ist oft, dass die Ruhegehaltsbezüge lediglich an das Festgehalt, nicht aber an das variable Gehalt gekoppelt sind. Wenn dann eine Gehaltserhöhung ohne gleichzeitige Erhöhung der Ruhegehaltsbezüge erfolgen soll, kann dies in Gestalt von Garantietantiemen geschehen.[30] Sie können auch eingesetzt werden für Sanierer, die in der Krise Verantwortung übernehmen oder Neueinsteiger, die sich zunächst einarbeiten müssen.[31]

b) Anerkennungsprämien

Eng verwandt mit der Ermessenstantieme aber dennoch nicht miteinander zu verwechseln sind die sogenannten Anerkennungsprämien (Appreciation Awards). Diese werden dem jeweiligen Vorstandsmitglied nachträglich aufgrund besonderer Leistungen gezahlt, die durch die sonstigen fixen und variablen Bezüge als noch nicht abgegolten anzusehen sind.[32] Beispiele für solche außergewöhnlichen Leistungen

26 *Wentrup* in: Münchener Hdb. Gesellschaftsrecht, § 21 Rn. 69.

27 *Bors*, S. 33; *Berger*, S. 125; *Hoffmann-Becking*, ZHR 2005, 155 (160); *Grau* in: Arbeitshandbuch AR, § 10 Rn. 145.

28 *Wentrup* in: Münchener Hdb. Gesellschaftsrecht, § 21 Rn. 69; *Berger*, S. 125.

29 *Seyfarth*, Vorstandsrecht, § 5 Rn. 98.

30 *Seyfarth*, Vorstandsrecht, § 5 Rn. 99; *Wentrup* in: Münchener Hdb. Gesellschaftsrecht, § 21 Rn. 69; *Bors*, S. 34.

31 *Bors*, S. 34.

32 *Grau* in: Arbeitshandbuch AR, § 10 Rn. 167; *Peltzer*, ZIP 2006, 205 (206).

können etwa die Übernahme oder Veräußerung von Unternehmen oder Unternehmensteilen, ein Börsengang oder eine erfolgreiche Expansion des Unternehmens sein.[33]

Die Bewertung der Zulässigkeit von Anerkennungsprämien kann nur unter Berücksichtigung des Mannesmann-Urteils des 3. Strafsenats des BGH erfolgen. In diesem stellte der BGH fest, dass die Bewilligung einer nachträglichen Sonderzahlung mit ausschließlich belohnenden Charakter, die zuvor im Dienstvertrag nicht vereinbart wurde und dem Unternehmen keinen zukunftsbezogenen Nutzen bringt, eine treupflichtwidrige Schädigung des anvertrauten Gesellschaftsvermögens seitens des Aufsichtsrats darstellt und daher eine Strafbarkeit nach § 266 StGB auslöst.[34] Der BGH hat der Gewährung von Appreciation Awards somit klare Vorgaben auferlegt, einer allgemeinen Unzulässigkeit aber auch eine Absage erteilt.[35] Es ergeben sich demnach zwei Möglichkeiten, besondere Leistungen durch eine zulässige Extraprämie zu belohnen: Entweder muss eine entsprechende Anspruchsgrundlage im Dienstvertrag verankert sein (Mannesmann-Klausel)[36], wobei sich die Zahlung natürlich auch dann innerhalb der Grenzen des § 87 I S. 1 AktG bewegen muss, oder aber der Gesellschaft müssen zukunftsbezogene Vorteile durch die Zusatzvergütung zufließen.[37] Als ein solcher zukunftsbezogener Vorteil kommt vor allem eine positive Anreizwirkung in Betracht. So kann dem begünstigten Vorstandsmitglied selbst, außenstehenden Vorstandskollegen und potentiellen Vorstandskandidaten signalisiert werden, dass die Gesellschaft besonderer Leistungen Rechnung trägt und diese durch zusätzliche Zahlungen vergütet.[38] Für unzulässig hat der BGH demgegenüber nachträglich gewährte Leistungsprämien erklärt, die nur als Belohnung für erbrachte Dienste gewährt werden und die der Gesellschaft keinen zukunftsbezogenen Nutzen bringen („kompensationslose Anerkennungsprämie"). Auf die Frage, ob die Gesamtbezüge des begünstigten Vorstandsmitglieds unter Einschluss der Sonderzahlung nach den Grund-

33 *Grau* in: Arbeitshandbuch AR, § 10 Rn. 146; *Hoegen*, S. 289.
34 BGH, NJW 2006, 522 (522).
35 *Hoegen*, S. 289.
36 *Seyfarth*, Vorstandsrecht, § 5 Rn. 113.
37 Siehe etwa *Spindler*, ZIP 2006, 349 (351 f.).
38 BGH, NJW 2006, 522 (524).

sätzen des § 87 I S. 1 AktG der Höhe nach angemessen sind, kommt es nach Ansicht des BGH in diesem Fall gar nicht mehr an.[39]

Die Grundsätze der Mannesmann-Entscheidung wurden rege diskutiert und sind in weiten Teilen der Literatur nicht auf Zustimmung gestoßen.[40] Insbesondere die Tatsache, dass Vergütungsbestandteile ohne Hinzuziehen einzelner Anforderungen der Zentralnorm der Vorstandsvergütung (§ 87 AktG) als pauschal unzulässig deklariert wurden, vermag nicht zu überzeugen und wurde folgerichtig kritisiert.[41] Um haftungsrechtliche Konsequenzen zu vermeiden, sind die aufgestellten Grundsätze in der Praxis dennoch genauestens zu berücksichtigen. Daher sollten trotz der berechtigten Kritik bei der Vertragsgestaltung entsprechende Klauseln implementiert werden, die es dem Aufsichtsrat ermöglichen, Anerkennungsprämien zugunsten der Vorstandsmitglieder zu gewähren.[42]

2. Langfristige Anreizwirkung (Long Term Incentives)

Insbesondere den Vergütungskomponenten mit langfristiger Anreizwirkung kommt eine erhebliche Bedeutung zu. § 87 I S. 3 HS. 1 AktG stellt klar, dass variable Vergütungsbestandteile grundsätzlich eine mehrjährige Bemessungsgrundlage haben sollen. Darüber hinaus lautet die Empfehlung des DCGK, dass die variable Vergütung, die sich aus dem Erreichen langfristig orientierter Ziele ergibt, den Anteil aus kurzfristig orientierten Zielen übersteigen soll (G.6). Entsprechend sind auch die Vergütungssysteme der größten deutschen Unternehmen ausgestaltet. So machte die langfristige variable Vergütung im Jahre 2018 innerhalb der damaligen DAX30-Unternehmen (heute Dax40)

---

39 BGH, NJW 2006, 522 (522).

40 Kritisch etwa *Fleischer* in: BeckOGK AktG, § 87 Rn. 57; *Koch* in: Koch AktG, § 87 Rn 20; *Spindler* in: MüKo AktG, § 87 Rn. 118 ff.; *Hoffmann-Becking*, NZG 2006, 127, für den die aufgestellten Lehrsätze „weit über das Ziel hinausschießen“; *Peltzer*, ZIP 2006, 205; *Kort*, NZG 2006, 131; *Hoegen*, S. 290 ff.

41 Siehe etwa *Kort*, NZG 2006, 131 (132); *Peltzer*, ZIP 2006, 205 (208).

42 *Koch* in: Koch AktG, § 87 Rn. 21; *Seibt* in: Schmidt/Lutter AktG, § 87 Rn. 30; *Hoegen*, S. 292.

einen Anteil von 36%, die kurzfristige hingegen lediglich von 22% der Gesamtvergütung aus.[43]

a) Aktienoptionen

Weit verbreitete Long Term Incentives sind die Aktienoptionen (Stock Options). Diese ermöglichen es dem Vorstand, Aktien der Gesellschaft zu einem festgelegten Kurs (Basispreis oder Exercise Price) innerhalb einer festgelegten Zeitspanne (Laufzeit oder Exercise Period) zu erwerben und dadurch am Kursgewinn teilzuhaben, sofern bestimmte, vorher festgelegte Erfolgsziele erreicht wurden.[44] Bezweckt wird dadurch insbesondere, dass der Vorstand die langfristige Entwicklung der Gesellschaft in den Mittelpunkt rückt, indem er aufgrund seiner eigenen Mitgliedschaft finanziell davon profitiert.[45] Außerdem wird teilweise erwartet, dass die Identifikation des Vorstandmitglieds mit der Gesellschaft höher ist, wenn er selbst an dieser beteiligt ist.[46]

Die Ausgestaltungsmöglichkeiten sind auch hier vielfältig und in ihren Einzelheiten kompliziert. Wie für alle Vergütungsbestandteile gilt aber auch für jegliche Formen der Aktienoptionen das aktienrechtliche Angemessenheitsgebot aus § 87 I S. 1 AktG.[47] Diesem ist gar eine besonders herausragende Bedeutung zuzuschreiben, da Aktienoptionen den Vorstandsmitgliedern teilweise eine außerordentlich hohe Vergütung ermöglichen.[48]

aa) Aktienbeschaffung

Es gibt verschiedene Wege, dem Begünstigten die Optionsrechte zu gewähren und diese auch mit den notwendigen Anteilen abzusichern. Zunächst ist es möglich, Wandel- bzw. Optionsanleihen gemäß § 221 AktG auszugeben und dann später durch bedingtes Kapital

---

43 PwC, Vergütungsstudie 2019, S. 17.

44 *Seyfarth*, Vorstandsrecht, § 5 Rn. 127.

45 *Thüsing* in: Hdb. Vorstandsrecht, § 6 Rn. 58; *Hoegen*, S. 294; *Bors*, S. 27.

46 *Seyfarth*, Vorstandsrecht, § 5 Rn. 126; bezogen auf den Arbeitnehmer *Rieckers* in: BeckOGK AktG, § 192 Rn. 52; *Drygala/Staake* in: KölnKomm. AktG, § 192 Rn. 100.

47 *Spindler* in: MüKo AktG, § 87 Rn. 106; *Koch* in: Koch AktG, § 87 Rn. 41; *Wentrup* in: Münchener Hdb. Gesellschaftsrecht, § 21 Rn. 72.

48 Vgl. *Spindler* in: MüKo AktG, § 87 Rn. 108; *Kohler*, ZHR 1997, 246 (255).

nach § 192 II Nr. 1 AktG eine ausreichende Zahl neuer Aktien zum Umtausch oder zum Bezug zu schaffen.[49] Die beiden Anleiheformen unterscheiden sich insofern, als der Anleihegläubiger bei der Optionsanleihe eine Kombination aus dem Rückzahlungsanspruch und einem Recht auf den Bezug von Aktien erlangt.[50] Die Wandelanleihe (oder Convertible Bond) hingegen räumt dem Gläubiger das Recht ein, die Schuldverschreibung in Aktien umzuwandeln unter Aufgabe der Gläubigerposition.[51] Um die Optionsanleihen und Wandelschuldverschreibungen nicht zunächst den Altaktionären anbieten zu müssen, ist außerdem ein Bezugsrechtsausschluss gemäß §§ 221 IV S. 2, 186 III, IV AktG erforderlich. Aufgrund des notwendigen Zwischenschritts in Form der Ausgabe von Schuldverschreibungen wird dieses Modell jedoch teilweise als umständlich und nicht praktikabel beschrieben.[52]

In der Praxis wesentlich beliebter ist die Gewährung einfacher „nackter" Optionen (Naked Warrants) und die Bedienung der Bezugsrechte mittels einer bedingten Kapitalerhöhung gemäß § 192 II Nr. 3 AktG.[53] Dieser einfachere Weg steht den Gesellschaften seit dem Gesetz zur Kontrolle und Transparenz im Unternehmensbereich (KonTraG) aus dem Jahre 1998 offen. Neben dem Verzicht auf die vorherige Ausgabe von Options- bzw. Wandelanleihen bedarf es (bei der bedingten Kapitalerhöhung grundsätzlich) außerdem auch keines Bezugsrechtsausschlusses. Dieser besteht vielmehr kraft Gesetzes.[54] Im Gegenzug ist die bedingte Kapitalerhöhung zur Absicherung der Optionen gemäß § 192 III S. 1 AktG auf eine Höhe von 10% des Grundkapitals, das zur Zeit der Beschussfassung über die bedingte Kapitalerhöhung vor-

49 *Wentrup* in: Münchener Hdb. Gesellschaftsrecht, § 21 Rn. 70; *Bors*, S. 129; *Hoegen*, S. 295; *Seyfarth*, Vorstandsrecht, § 5 Rn. 133.

50 *Rieder/Holzmann* in: Grigoleit AktG, § 221 Rn. 6.

51 *Seiler* in: BeckOGK AktG, § 221 Rn. 7; *Rieder/Holzmann* in: Grigoleit AktG, § 221 Rn. 5.

52 *Fuchs* in: MüKo AktG, § 192 Rn. 62; *Rieder/Holzmann* in: Grigoleit AktG, § 192 Rn. 26; *Scholz* in: Münchener Hdb. Gesellschaftsrecht, § 58 Rn. 11; *Bors*, S. 131; *Otto*, S. 185.

53 *Seyfarth*, Vorstandsrecht, § 5 Rn. 133; *Hoegen*, S. 295; der Begriff Naked Warrants meint verbriefte Optionen auf den Erwerb von Aktien der emittierenden Gesellschaft, die nicht mit einer Schuldverschreibung verbunden sind, *Grätsch/Theusinger*, WM 2005, 1256 (1256).

54 *Scholz* in: Münchener Hdb. Gesellschaftsrecht, § 58 Rn. 18; *Fuchs* in: MüKo AktG, § 192 Rn. 105.

handen ist, begrenzt. Dadurch wird eine übermäßige Verwässerung der Anteile von Altaktionären verhindert.[55] Außerdem erfolgt die Kapitalerhöhung zwangsläufig nur in dem Maße, in dem von den Bezugsrechten Gebrauch gemacht wird.[56]

Eine weitere Möglichkeit der Aktienbeschaffung im Rahmen eines Aktienoptionsplans ist der Erwerb eigener Aktien gemäß § 71 I Nr. 8 AktG.[57] Gemäß § 71 I Nr. 8 S. 1 AktG geschieht dieser aufgrund einer höchstens fünf Jahre geltenden Ermächtigung der Hauptversammlung. Der Anteil der zu erwerbenden Aktien am Grundkapital darf dabei 10% nicht überschreiten. Eine Erhöhung des Kapitals findet bei dieser Variante nicht statt. Entsprechend kommt es im Gegensatz zur Verwendung von bedingtem Kapital auch nicht zu einer Verwässerung der bestehenden Anteile. Jedoch sind die Aktien zunächst den Aktionären anzubieten, was aus § 71 I Nr. 8 S. 3 i.V.m. § 53a AktG folgt.[58] Über den Verweis in § 71 I Nr. 8 S. 5 AktG finden allerdings § 193 II Nr. 4 AktG und § 186 III, IV AktG Anwendung, sodass ein Bezugsrechtsausschluss möglich ist, wobei eine sachliche Rechtfertigung aufgrund des Verweises auf § 193 II Nr. 4 AktG entbehrlich ist.[59]

Fraglich ist, ob neben dem Erwerb eigener Aktien und dem bedingten Kapital die Absicherung von Bezugsrechten auch im Wege des genehmigten Kapitals gemäß §§ 202 ff. AktG erfolgen kann. Gemäß § 202 I, II AktG kann die Satzung den Vorstand für höchstens fünf Jahre ermächtigen, das Grundkapital bis zu einem bestimmten Nennbetrag durch Ausgabe neuer Aktien zu erhöhen. Aktienoptionen im

55 *Fuchs* in: MüKo AktG, § 192 Rn. 148.

56 *Hoegen*, S. 295.

57 *Wentrup* in: Münchener Hdb. Gesellschaftsrecht, § 21 Rn. 70; *Koch* in: Koch AktG, § 71 Rn. 19g.

58 *Spindler* in: MüKo AktG, § 87 Rn. 111; *Kühnberger/Keßler*, AG 1999, 453 (460); *Hoegen*, S. 296; Bezugsrecht der Aktionäre annehmend auch *Oechsler* in: MüKo AktG, § 71 Rn. 267; *Lutter/Drygala* in: KölnKomm. AktG, § 71 Rn. 177.

59 *Oechsler* in: MüKo AktG, § 71 Rn. 281 f.; *Mayer/Albrecht vom Kolke* in: Hölters/Weber AktG, § 71 Rn. 30; *Bors*, S. 135; a.A. und von einer alternativen Verweisung auf § 186 III, IV oder § 193 II Nr. 4 AktG und somit einem gesetzlichen Bezugsrechtsausschluss bei dem Eigenerwerb zwecks Bedienung von Aktienoptionen wegen § 193 ausgehend etwa *Koch* in: Koch AktG, § 71 Rn. 19j; *Bosse*, NZG 2001, 594 (597); *Fischer*, ZIP 2003, 282 (283).

Allgemeinen können zwar auf diesem Wege bedient werden, bei der Vergütung von Vorständen bereitet aber die Alleinzuständigkeit des Aufsichtsrats für die Anstellungsverhältnisse im Hinblick auf die Entscheidung des Vorstands über die Aktienausgabe beim genehmigten Kapital gemäß § 204 I AktG Probleme.[60] Ungeachtet dessen haften dem genehmigten Kapital auch andere Nachteile an, aufgrund derer die Verwendung in diesem Zusammenhang wohl theoretischer Natur ist.[61] Zu nennen sind etwa die Beschränkung der Ermächtigung auf fünf Jahre gemäß § 202 I AktG und die damit verbundenen engen Grenzen für Halte- und Ausübungsfristen[62] sowie steuerliche Nachteile.[63] Außerdem greift auch kein gesetzlicher Bezugsrechtsausschluss wie etwa beim bedingten Kapital, sodass dieser separat erfolgen muss.[64]

Praktikabel sind daher in erster Linie der Erwerb eigener Aktien und das bedingte Kapital. Für Ersteren spricht insbesondere die ausbleibende Verwässerung bestehender Aktionärsrechte. Das bedingte Kapital hingegen zeichnet sich unter anderem dadurch aus, dass es im Gegensatz zu der Ermächtigung nach § 71 I Nr. 8 AktG zeitlich nicht auf fünf Jahre begrenzt ist.

bb) Zuständigkeit

Die Zuständigkeit für die Ausgestaltung der Vergütung der Vorstandsmitglieder liegt grundsätzlich exklusiv beim Aufsichtsrat, vgl. §§ 84 I S. 5, 87 I AktG. Es handelt sich dabei um eine Kernkompetenz, die seit dem VorstAG gemäß § 107 III S. 7 AktG auch nicht mehr an einen Ausschuss delegiert werden kann, sondern zwingend vom Aufsichtsratsplenum wahrgenommen werden muss.[65] Insofern findet bei der Vergütung mittels Aktienoptionen eine Durchbrechung des

---

60 Siehe *Hüffer*, ZHR 1997, 214 (221); *Hoegen*, S. 302 f.; vgl. auch *Mertens/Cahn* in: KölnKomm. AktG, § 87 Rn. 41.

61 *Drygala/Staake* in: KölnKomm. AktG, § 192 Rn. 134; *Wentrup* in: Münchener Hdb. Gesellschaftsrecht, § 21 Rn. 70.

62 *Hüffer*, ZHR 1997, 214 (221); *Hoegen*, S. 298.

63 *Rieckers* in: BeckOGK AktG, § 192 Rn. 66; *Holzborn* in: Hdb. börsennotierte AG, § 55 Rn. 55.11.

64 *Fuchs* in: MüKo AktG, § 192 Rn. 5.

65 Siehe *Arnold/Arnold* in: Hdb. börsennotierte AG, § 21 Rn. 21.26.

aktienrechtlichen Kompetenzgefüges statt.[66] Denn unabhängig davon, wie genau die Bereitstellung der erforderlichen Aktien erfolgt, bedarf es der maßgeblichen Mitwirkung der Hauptversammlung. Bei einer bedingten Kapitalerhöhung ergibt sich dies aus §§ 192, 193 AktG. Gemäß § 193 II AktG wird in dem Hauptversammlungsbeschluss der Zweck der Kapitalerhöhung (Nr. 1), der Kreis der Bezugsberechtigten (Nr. 2), der Ausgabebetrag (Nr. 3) und in Bezug auf Aktienoptionspläne auch die Aufteilung der Bezugsrechte, Erfolgsziele, Erwerbs- und Ausübungszeiträume sowie die Wartezeit für die erstmalige Ausübung (Nr. 4) festgelegt. Der Ausgabe von Options- oder Wandelanleihen geht ebenfalls ein Beschluss der Hauptversammlung voraus, vgl. § 221 I AktG. Gleiches gilt für den Erwerb eigener Aktien gemäß § 71 I Nr. 8 AktG. Diese weitreichenden Befugnisse der Hauptversammlung auf einem Gebiet, welches eigentlich dem Aufsichtsrat vorbehalten ist, lassen sich mit dem Schutz der Aktionäre, insbesondere vor der Verwässerung ihrer Anteile, begründen.[67] Die endgültige Entscheidung ob und wenn ja, welchen Vorstandsmitgliedern in welchem Umfang eine Vergütung mit Aktienoptionen gewährt werden soll, obliegt ebenso wie die genaue Ausgestaltung des Aktienoptionsprogramms als Ausdruck seiner Personalkompetenz ausschließlich dem Aufsichtsrat.[68] Er kann dabei aber nur innerhalb der von der Hauptversammlung getroffenen Festsetzungen über die Ausgestaltung der Aktienoptionspläne entscheiden, sodass dieser eine wesentliche Bedeutung zukommt.[69]

b) Virtuelle Optionsprogramme

Die Integration variabler Vergütungsbestandteile mit langfristiger Anreizwirkung, die sich zudem an dem Aktienkurs orientieren, setzt nicht zwingend voraus, dass den Vorstandsmitgliedern Bezugsrechte auf Aktien der Gesellschaft gewährt werden. Es ist ebenso möglich,

66 *Seyfarth*, Vorstandsrecht, § 5 Rn. 131.

67 *Mertens/Cahn* in: KölnKomm. AktG, § 87 Rn. 38; *Seyfarth*, Vorstandsrecht, § 5 Rn. 131; *Hoegen*, S. 299; *Otto*, S. 184.

68 *Mertens/Cahn* in: KölnKomm. AktG, § 87 Rn. 38; *Spindler* in: MüKo AktG, § 87 Rn. 104 f.; *Seyfarth*, Vorstandsrecht, § 5 Rn. 132; *Bors*, S. 132; *Otto*, S. 184.

69 *Spindler* in: MüKo AktG, § 87 Rn. 104; *Hoegen*, S. 299; *Bors*, S. 132.

virtuelle Optionsprogramme in das Vergütungssystem zu implementieren.[70] Diese ermöglichen es, den Begünstigten schuldrechtlich so zu stellen, als sei er tatsächlich Inhaber von Aktien oder Aktienoptionen, ohne dass er tatsächlich eine mitgliedschaftliche Stellung innehat.[71] Die Ausgestaltung der virtuellen Optionspläne folgt keinen eigenen Regeln und kann derjenigen von Aktienoptionsplänen entsprechen.[72] Es ist zwischen zwei Erscheinungsformen, den Phantom Stocks einerseits und den Stock Appreciation Rights andererseits, zu differenzieren.

Phantom Stocks sind mit virtuellen Aktien gleichzusetzen, die den Berechtigten auf schuldrechtlicher Basis so stellen, als ob er tatsächlich ein Bezugsrecht auf echte Aktien hätte.[73] Der Inhaber der Phantom Stocks partizipiert daher auch an Kursentwicklungen (positiven wie negativen), Dividendenausschüttungen und erhält während der Laufzeit andere mit der Aktie verbundene Bezugsrechtswerte.[74] Die virtuellen Aktien werden in der Regel zu einem unter dem Börsenkurs liegenden Betrag erworben und nach Ende der Laufzeit erfolgt dann die Auszahlung zum aktuellen Börsenpreis.[75] Demgegenüber sollen Stock Appreciation Rights nicht eine tatsächliche Mitgliedschaft imitieren. Sie sind vielmehr allein auf eine Steigerung des Aktienkurses ausgerichtet, indem der Begünstigte zum Ausübungszeitpunkt die Differenz zwischen dem gegenwärtigen Börsenkurs und einem vorher festgelegten Basispreis erhält.[76] Ebenso wie bei den Phantom Stocks wird der Inhaber also nicht Anteilseigner der Gesellschaft, obwohl er am Kursgewinn teilnimmt. Eine vollständige Nachbildung der Aktien

70 *Kuthe/Zipperle* in: Szesny/Kuthe Kapitalmarkt Compliance, 3. Teil, 12. Kapitel Rn. 19.

71 *Mertens/Cahn* in: KölnKomm. AktG, § 87 Rn. 79.

72 *Mertens/Cahn* in: KölnKomm. AktG, § 87 Rn. 79; *Seyfarth*, Vorstandsrecht, § 5 Rn. 148; *Hoegen*, S. 337.

73 *Spindler* in: MüKo AktG, § 87 Rn. 117; *Bors*, S. 31; *Seyfarth*, Vorstandsrecht, § 5 Rn. 147.

74 *Seyfarth*, Vorstandsrecht, § 5 Rn. 147; Spindler in: MüKo AktG, § 87 Rn. 117; *Bors*, S. 31; *Drygala/Staake* in: KölnKomm. AktG, § 192 Rn. 149; *Wentrup* in: Münchener Hdb. Gesellschaftsrecht, § 21 Rn. 73.

75 *Drygala/Staake* in: KölnKomm. AktG, § 192 Rn. 149; *Hoegen*, S. 337.

76 *Seyfarth*, Vorstandsrecht, § 5 Rn. 148; *Wentrup* in: Münchener Hdb. Gesellschaftsrecht, § 21 Rn. 73; *Mertens/Cahn* in: KölnKomm. AktG, § 87 Rn. 79.

erfolgt aber nicht. Dividendenzahlungen und andere Bezugsrechtswerte werden hier nicht gewährt.[77]

Es gibt einige Faktoren, die diese virtuellen Optionsprogramme als Vergütungskomponenten besonders attraktiv machen. Zum einen bedarf es keiner Kapitalerhöhung und der damit einhergehenden mitgliedschaftlichen Verwässerung der Aktionärsrechte.[78] Zum anderen ist nach herrschender Auffassung kein Hauptversammlungsbeschluss erforderlich, sodass die Gewährung allein in den Zuständigkeitsbereich des Aufsichtsrates fällt.[79] Hingegen führt die Verwendung von virtuellen Optionsprogrammen zu einem Liquiditätsabfluss der Gesellschaft, weil die Vergütung der Vorstandsmitglieder aus der Gesellschaftskasse erfolgt.[80] Teilweise wird daraus gefolgert, dass aufgrund dieser inneren Verwässerung durch die Verringerung des zur Verteilung stehenden Gewinns die vermögensmäßigen Einbußen für den Aktionär mit denen, die er durch eine bedingte Kapitalerhöhung zu tragen hat, identisch sind.[81] Dies kann jedoch nicht als spezifischer Nachteil virtueller Optionsprogramme im Vergleich zu anderen Modellen herangezogen werden. Der Liquiditätsabfluss wohnt jeder Barvergütung inne und stellt keinen typischen Schwachpunkt einer einzelnen Vergütungskomponente dar. Vielmehr muss er als notwendiges Übel betrachtet werden, dessen Alternative lediglich die Gewährung realer Optionsrechte mit der damit einhergehenden Verwässerung der Mitgliedschaftsrechte ist. Möglich ist aber, dass virtuelle Optionsprogramme bei den Vorstandsmitgliedern nicht dieselbe Identifikation

---

77 Vgl. *Hoegen*, S. 339 f.; *Mertens/Cahn* in: KölnKomm. AktG, § 87 Rn. 80.

78 Siehe *Kubis* in: Arbeitshandbuch Vorstandsmitglieder, § 3 Rn. 143; *Hoegen*, S. 338.

79 *Wentrup* in: Münchener Hdb. Gesellschaftsrecht, § 21 Rn. 73; *Spindler* in: MüKo AktG, § 87 Rn. 117; *Mertens/Cahn* in: KölnKomm. AktG, § 87 Rn. 80; *Seyfarth*, Vorstandsrecht, § 5 Rn. 149; *Bors*, S. 145; *Hoegen*, S. 342; *Schüppen*, ZIP 2010, 905 (910); *Kubis* in: Arbeitshandbuch Vorstandsmitglieder, § 3 Rn. 143; a.A. *Fuchs* in: MüKo AktG, § 192 Rn. 86, der sowohl Stock Appreciation Rights als auch Phantom Stocks als Genussrechte i.S.d. § 221 III AktG einordnet und damit die Notwendigkeit eines Hauptversammlungsbeschlusses begründet. Im Ergebnis sind diese aber nicht vom Sinn und Zweck der Norm erfasst, siehe *Mertens/Cahn* in: KölnKomm. AktG, § 87 Rn. 80; *Hoegen*, S. 338 ff.

80 *Spindler* in: MüKo AktG, § 87 Rn. 117; *Fuchs* in: MüKo AktG, § 192 Rn. 85; *Mertens/Cahn* in: KölnKomm. AktG, § 87 Rn. 80; *Seyfarth*, Vorstandsrecht, § 5 Rn. 149; *Thüsing* in: Hdb. Vorstandsrecht, § 6 Rn. 60.

81 *Spindler* in: MüKo AktG, § 87 Rn. 117.

mit der Gesellschaft auslösen wie richtige Beteiligungen in Form von Aktien.[82]

c) Aktien mit Haltefrist

Als weiteres Element der variablen Vergütung mit langfristiger Anreizwirkung sind Aktien mit mehrjähriger Veräußerungssperre (Restricted Shares) zu nennen. Dabei werden dem begünstigten Vorstandsmitglied Aktien eingeräumt, die mit einer mehrjährigen Haltefrist verbunden sind.[83] Anstatt einer Veräußerungssperre kann aber auch die Zuteilung erst nach Ablauf der Wartefrist erfolgen.[84] Im Gegensatz zu den Optionsprogrammen wird auf die Vereinbarung bestimmter Erfolgsziele verzichtet.[85] Durch die Beteiligung des Vorstands an der Gesellschaft soll eine Interessenharmonisierung der Aktionäre und der Geschäftsleitung geschaffen werden.[86]

Eine weitere Variante aktienbasierter Vergütung mit Haltefrist stellen die sogenannten Share Matching-Pläne dar. Diese sehen vor, dass dem teilnehmenden Vorstandsmitglied für eine bestimmte Anzahl an erworbenen Aktien (Investment-Aktien) nach Ablauf eines festgelegten Zeitraums weitere Aktien (Matching-Aktien) unentgeltlich zugeteilt werden, wenn die Investment-Aktien bis dahin ununterbrochen gehalten wurden.[87] In der Regel ist es nicht erforderlich, dass der Begünstigte am Ende des festgelegten Zeitraums noch Vorstandsmitglied ist. Damit soll erreicht werden, dass das ehemalige Mitglied auch nach dem Ausscheiden mit der Gesellschaft verbunden bleibt.[88]

Aufgrund der Tatsache, dass bei diesen Modellen wieder die Zuteilung physischer Aktien geschuldet wird, stellt sich auch hier die Frage nach ihrer Beschaffung. Am praktikabelsten erscheint der Erwerb ei-

82 *Seyfarth*, Vorstandsrecht, § 5 Rn. 149.

83 *Koch* in: Koch AktG, § 87 Rn. 43; *Hoffmann-Becking/Krieger*, Beil. NZG 26/2009, 1 (4).

84 *Koch* in: Koch AktG, § 87 Rn. 43; *Hoegen*, S. 344; *Krieger/Schneider* in: FS Hellwig, S. 182.

85 *Koch* in: Koch AktG, § 87 Rn. 43; *Hoegen*, S. 344.

86 *Kuthe/Zipperle* in: Szesny/Kuthe Kapitalmarkt Compliance, 3. Teil, 12. Kapitel Rn. 18.

87 *Seyfarth*, Vorstandsrecht, § 5 Rn. 150; *Wagner*, BB 2010, 1739 (1739).

88 *Seyfarth*, Vorstandsrecht, § 5 Rn. 150; *Wagner*, BB 2010, 1739 (1739).

gener Aktien gemäß § 71 I Nr. 8 AktG.[89] Probleme wirft in diesem Zusammenhang jedoch der Verweis in § 71 I Nr. 8 S. 5 HS. 2 AktG auf § 193 II Nr. 4 AktG auf. Gemäß § 193 II Nr. 4 AktG müssen im Beschluss unter anderem auch die Erfolgsziele festgestellt werden. Da diesen Konstruktionen jedoch keine Erfolgsziele zugrunde gelegt werden, kann dieses Erfordernis nicht erfüllt werden. Aufgrund seiner (dogmatischen) Natur als Rechtsgrundverweis kann der Ermächtigungsbeschluss nach § 71 I Nr. 8 AktG grundsätzlich aber nur wirksam sein, wenn alle Voraussetzungen des § 193 II Nr. 4 AktG erfüllt sind.[90] Einen Ausweg könnte die teleologische Reduktion des § 193 II Nr. 4 AktG bei Restricted Shares und Share Matching-Plänen mit der Begründung bieten, dass sie dem Schutzzweck von §§ 193 II Nr. 4 AktG, der als Konkretisierung von § 192 II Nr. 3 AktG der Absicherung von Bezugsrechten dient, nicht unterfallen.[91] Diese Problematik erübrigt sich hingegen, wenn sowohl dem Erfordernis von Erfolgszielen sowie dem des Bezugsrechts Genüge getan wird. Immerhin ist der Begriff des Bezugsrechts im Aktiengesetz nicht definiert und sowohl die Restricted Shares als auch Share Matching-Plans begründen einen Anspruch auf Übertragung von Aktien, sodass die Annahme eines Bezugsrechts alles andere als fernliegend ist.[92] Sieht man in dem erforderlichen Zeitablauf außerdem ein ausreichendes Erfolgsziel[93] oder werden die beiden Modelle individuell durch weitere Erfolgsziele flankiert,[94] lassen sich beide Voraussetzungen begründen. Möglich wäre dann sowohl der Erwerb eigener Aktien gemäß § 71 I Nr. 8 AktG als auch eine bedingte Kapitalerhöhung nach § 192 II Nr. 3 AktG. Entscheidend ist mithin, dass nach beiden Ansätzen die Beschaffung der erforderlichen Aktien auch bei Restricted Shares und Share-Matching-Plans rechtlich möglich ist.

---

89 Siehe *Hoegen*, S. 345; *Wagner*, BB 2010, 1739 (1740).

90 *Hoegen*, S. 350.

91 So *Hoegen*, S. 350 ff.; im Ergebnis so auch *Wagner*, BB 2010, 1739 (1742 f.); kritisch aber *Seyfarth*, Vorstandsrecht, § 5 Rn. 153.

92 So auch *Hoegen*, S. 351; vgl. auch *Oechsler* in: MüKo AktG, § 71 Rn. 297; offen auch *Seyfarth*, Vorstandsrecht, § 5 Rn. 153.

93 So *Oechsler* in: MüKo AktG, § 71 Rn. 297.

94 *Seyfarth*, Vorstandsrecht, § 5 Rn. 150.

3. Zusammenfassung

Dem Aufsichtsrat stehen bei der Ausgestaltung der Vorstandsvergütung eine Reihe verschiedener Instrumente zur Verfügung, wobei diese in Long Term Incentives und Short Term Incentives eingeteilt werden können. Zwar gibt sowohl das AktG (§ 87 I S. 2, S. 3 HS. 1) als auch der DCGK (G.6) vor, dass der Schwerpunkt auf Instrumenten mit langfristiger Anreizwirkung liegen soll; eine Unzulässigkeit der Short Term Incentives ergibt sich daraus aber nicht.[95] Die Komponenten, die auf einem kurzfristigen Bemessungszeitraum basieren, können allerdings zu einer Vernachlässigung langfristiger Gesellschaftsinteressen führen.[96] Bei fehlerhafter Ausgestaltung der Vergütungsvereinbarung können etwa notwendige Investitionen zugunsten eines hohen (kurzfristigen) Überschusses unterbleiben oder wesentliche Unternehmensgegenstände veräußert werden, um einen hohen (kurzfristigen) Umsatz zu generieren.[97] Auf der anderen Seite sind die leistungs- und erfolgsbezogenen monetären Zuwächse für das Vorstandsmitglied bei den Short Term Incentives greifbarer. Die Handlungen des jeweiligen Vorstandsmitglieds spiegeln sich zügig auch in der Höhe der variablen Vergütung wider.[98] Vergütungsbestandteile mit langfristiger Anreizwirkung hingegen sind in der Regel aktienbasiert und beruhen auf langfristigen Bemessungszeiträumen.[99] Sie dienen dem Aufsichtsrat dazu, dem Erfordernis einer nachhaltigen Vergütungsstruktur zu genügen und die Interessen der Organmitglieder und der Aktionäre einander anzugleichen.[100] Neben der Frage, inwieweit eine positive Entwicklung des Börsenkurses zugleich Aussagen über die Lage der Gesellschaft erlaubt und der Vorstand durch seine Leistung Einfluss auf ihn hat,[101] stellt sich vor dem Hintergrund der Anreizsetzung auch die Frage nach der Attraktivität eines Vergütungsbestandteils für den

95 *Wentrup* in: Münchener Hdb. Gesellschaftsrecht, § 21 Rn. 51.

96 Siehe *Bors*, S. 26.

97 Vgl. *Thüsing* in: Hdb. Vorstandsrecht, § 6 Rn. 51; *Raitzsch*, ZIP 2019, 104 (106); siehe auch *Hoegen*, S. 307.

98 Vgl. *Bors*, S. 26.

99 Siehe *Hoegen*, S. 293.

100 *Hoegen*, S. 293; *Raitzsch*, ZIP 2019, 104 (106).

101 Siehe *Bors*, S. 127; *Hoegen*, S. 306 ff; es besteht bei einer reinen Börsenkursbetrachtung insbesondere die Gefahr, dass das Vorstandsmitglied von sogenannten

Vorstand, wenn er die variable Vergütung erst nach mehreren Jahren „verdient" hat.[102]

Alle Gestaltungsmöglichkeiten weisen für sich genommen sowohl Vor- als auch Nachteile auf (etwa den Liquiditätsabfluss auf der einen- und den Verwässerungseffekt der mitgliedschaftlichen Rechte auf der anderen Seite), sodass es letztendlich auf eine sinnvolle Kombination der einzelnen Komponenten ankommt, um ein harmonisches Vergütungsmodell zu schaffen. Dieses muss sowohl die Besonderheiten der jeweiligen Gesellschaft als auch die der jeweiligen Vorstandsmitglieder berücksichtigen, um für die Interessen der Organmitglieder, Gesellschaft und Aktionäre gleichermaßen attraktiv zu sein.

II. Theoretische Grundlagen

Nachdem die verschiedenen Erscheinungen der variablen Vorstandsvergütung und damit der Gegenstand einer Rückforderung vorgestellt wurden, ist sich nun der Frage zuzuwenden, weshalb in aller Regel neben einer Fixvergütung noch eine variable Vergütung gewährt wird. Schließlich sind bei der konkreten Ausgestaltung eine Reihe von Faktoren zu beachten und die jeweiligen Vor- und Nachteile gegeneinander abzuwägen. Wie sich dieser zusätzliche Aufwand begründen lässt und ob er erforderlich ist, kann anhand der theoretischen Grundlagen variabler Vergütungen erörtert werden. Es ist insbesondere auf die Prinzipal-Agenten-Theorie sowie den Shareholder Value-Ansatz einzugehen.

1. Prinzipal-Agenten-Theorie

Die Prinzipal-Agenten-Theorie fußt auf dem Auseinanderfallen von Eigentum und Kontrolle (separation of ownership and control)[103] und

---

Windfall Profits, die mit seiner individuellen Leistung in keinem Zusammenhang stehen, erheblich profitiert.

102 Vgl. *Raitzsch*, ZIP 2019, 104 (106).

103 *Hoegen*, S. 132.

wurde speziell in den USA in den 1970er Jahren entwickelt.[104] Dieses Auseinanderfallen im Rahmen einer Auftraggeber-Auftragnehmer-Beziehung kennt verschiedenste Erscheinungsformen, soll hier aber in Bezug auf die Aktiengesellschaft dargestellt werden. Aus der Organisation der deutschen Aktiengesellschaft ergibt sich die folgende Konstellation: Die Aktionäre auf der einen Seite sind als Eigenkapitalgeber die wirtschaftlichen Eigentümer der Gesellschaft und fungieren als Auftraggeber (Prinzipal). Der Vorstand auf der anderen Seite leitet gemäß § 76 I AktG die Gesellschaft unter eigener Verantwortung und tritt als Auftragnehmer auf (Agent).[105] Die Prinzipal-Agenten-Theorie beruht auf der Grundannahme, dass die Beziehung zwischen Prinzipal und Agent durch eine asymmetrische Informationsverteilung gekennzeichnet ist und beide Akteure nach persönlicher Nutzenmaximierung streben, also in erster Linie ihre eigenen, von den jeweiligen Interessen des anderen abweichenden Ziele verfolgen.[106] Dazu kommt eine unterschiedliche Risikoneigung beider Parteien. Während der Prinzipal aufgrund der möglichen Risikodiversifikation am Kapitalmarkt risikoneutral eingestellt ist, verhält sich der Agent grundsätzlich risikoavers.[107] Der Agent bezieht seine gesamten Erträge im Gegensatz zum breit anlegenden Prinzipal lediglich aus seiner Tätigkeit für die Gesellschaft und somit aus nur einer einzigen Quelle, auf die er entsprechend angewiesen ist.[108]

Die Informationsasymmetrie lässt sich in unterschiedliche Kategorien unterteilen, wobei insbesondere nach den Zeitpunkten der Informationsungleichheit differenziert wird. Vor Vertragsschluss bestehende Informationsgefälle (Hidden Characteristics) beinhalten die Unsicherheit des Prinzipals bezüglich der Eigenschaften und der Leistung des in Frage kommenden Vorstandsmitglieds.[109] Es besteht die Gefahr,

104 *Oehlrich*, NZG 2019, 1049 (1050); siehe etwa *Ross*, American Economic Review 1973, 134 (134 ff.).

105 *Otto*, S. 53.

106 *Raapke*, S. 13; *Bors*, S. 11; *Oehlrich*, NZG 2019, 1049 (1050).

107 Siehe *Oehlrich*, NZG 2019, 1049 (1051), der Kapitalmarkttheorie folgend können durch Investitionen in möglichst viele Gesellschaften die meisten der mit der Investition in eine Aktie verbundenen Risiken ausgeglichen (wegdiversifiziert) werden; *Kühnberger/Keßler*, AG 1999, 453 (454); *Meyer*, S. 47.

108 *Bors*, S. 17; *Oehlrich*, NZG 2019, 1049 (1051); *Gülgel*, S. 47 f.

109 *Oehlrich*, NZG 2019, 1049 (1050).

dass nicht der optimale Vertragspartner ausgesucht wird (Adverse Selection).[110] Um diese Ungleichheit auszugleichen, stehen dem Prinzipal verschiedene Möglichkeiten offen. Er kann z.B. Bewerbungsverfahren durchführen und sich durch tiefergehende Recherche Informationen über den potentiellen Vertragspartner beschaffen.[111]

Der Informationsvorteil seitens des Agenten besteht auch nach Vertragsschluss fort. Hidden Information beschreiben den Informationsvorteil des Agenten hinsichtlich möglicher Entscheidungsalternativen und Umwelteinflüsse aufgrund seiner Tätigkeit. Bei Hidden Action liegt dem Prinzipal zwar ein beurteilungsfähiges Ergebnis vor, die konkreten Handlungen des Agenten und sein tatsächlicher Beitrag zu dem sichtbaren Resultat lassen sich für den Prinzipal jedoch nicht nachvollziehen. Möglich ist etwa, dass ein positives Ergebnis auf äußere Umweltfaktoren zurückzuführen ist und nicht auf den Arbeitseinsatz des Agenten.[112] Die Informationsdefizite des Prinzipals sind der Organisation der Aktiengesellschaft mit dem Vorstand als Leitungsorgan (§ 76 I AktG) geschuldet, da der Aktionär, der seine Rechte in den Angelegenheiten der Gesellschaft in der Hauptversammlung ausübt (§ 118 I S. 1 AktG), auf das Tagesgeschäft der Geschäftsleitung keinen Einfluss hat.[113] Diese Trennung ist isoliert betrachtet für die Gesellschaft und den Prinzipal auch von Vorteil, da somit den Erfahrungen, Kenntnissen und Leistungen entsprechend die Aufgaben verteilt und bestmöglich wahrgenommen werden können. Die Probleme ergeben sich erst unter der Annahme, dass die handelnden Personen ausschließlich als rationale Eigennutzenmaximierer agieren *homo oeconomicus* und grundsätzlich unterschiedliche Ziele verfolgen.[114] Der Informationsvorsprung in Kombination mit dem Streben nach dem eigenen Vorteil ermöglicht es dem Agenten nämlich, Handlungsspielräume opportunistisch auszunutzen und entgegen den Interessen des

110 Vgl. *Meyer*, S. 44; *Bors*, S. 13.

111 Siehe zum Signalling, Screening und Self Selection etwa *Gülgel*, S. 49 f.; *Bors*, S. 13.

112 Diese Differenzierung geht auf die Ausführungen von *Kenneth Arrow* zurück, siehe *Arrow*, The Economics of Agency, 1985, S. 38 ff.; dazu siehe auch *Schmolke* in: Ökonomische Methoden im Recht, § 5 Rn. 305; *Meyer*, S. 44; *Gülgel*, S. 50; *Bors*, S. 13; *Hoegen*, S. 147.

113 *Hoegen*, S. 148; *Keinath*, S. 53.

114 Vgl. *Gülgel*, S. 46; *Meyer*, S. 47.

Prinzipals zu handeln (Moral Hazard).[115] Ausgehend von einer grundsätzlichen Arbeitsträgheit besteht bei Hidden Information und Hidden Action etwa die Gefahr, dass der Agent sein Arbeitspensum zurückführt (Shirking), ohne dass der Prinzipal dies erkennen kann.[116] Da die Erfolgskennzahlen keine Differenzierung zwischen den einzelnen Vorstandsmitgliedern erlauben, kann sich der Agent als sogenannter Free Rider auf den Leistungen seiner Kollegen ausruhen.[117] Der Agent kann auch versuchen, die externe Kontrolle zu minimieren, um die Aufdeckung opportunistischer Handlungsweisen zu unterbinden oder eigennützige Ausgaben tätigen (consumption on the job), die das Aktionärsvermögen mindern.[118]

Es gibt verschiedene Wege, diesen Risiken zu begegnen. Zum einen können Kontrollmechanismen eingeführt werden, die das Informationsgefälle abschwächen und die unsichtbaren Handlungsspielräume des Agenten daher zumindest teilweise ausleuchten (Monitoring).[119] Zum anderen können Anreize geschaffen werden, im eigenen und im Interesse des Prinzipals zu handeln, indem die Interessen beider Parteien angeglichen werden, der Vorteil des einen also zugleich einen Vorteil des anderen darstellt.[120] Die Kontroll- und Überwachungsmaßnahmen des Prinzipals, die die Informationsasymmetrie abmildern sollen, verursachen dabei nicht unerhebliche Kosten. Diese Kosten werden als Agency Costs bezeichnet und verringern den durch die Arbeitsteilung bezweckten Vorteil des Prinzipals.[121] Sie können sich sowohl auf die Unternehmensbewertung als auch auf den Unternehmenserfolg negativ auswirken.[122] Deshalb gilt es, insbesondere über das Setzen von Anreizen als Steuerungsmechanismus, eine Begrenzung des Konflikts zu erreichen, indem der Eigennutzen des Agenten, entgegen den Interessen des Prinzipals zu handeln, verloren geht. Das

---

115 *Gülgel*, S. 50; *Raapke*, S. 13; *Keinath*, S. 55.

116 *Gülgel*, S. 50 f.; *Kühnberger/Keßler*, AG 1999, 453 (454); vgl. auch *Oehlrich*, NZG 2019, 1049 (1051).

117 *Otto*, S. 55.

118 *Kühnberger/Keßler*, AG 1999, 453 (454); *Hoegen*, S. 148; siehe auch *Meyer*, S. 46.

119 *Schmolke* in: Ökonomische Methoden im Recht, § 5 Rn. 307.

120 *Schmolke* in: Ökonomische Methoden im Recht, § 5 Rn. 309.

121 Der Begriff ist zurückzuführen auf die Ausführungen von *Jensen/Meckling*, Journal of Financial Economics 1976, 305 (308 ff.); siehe *Meyer*, S. 51 f.

122 *Jung/Stiegler*, Gesellschaftsrecht in Europa, § 33 Rn. 7.

zentrale Instrument zur Angleichung der Interessen ist dabei das Vergütungssystem.[123] Das Interesse der Aktionäre liegt in erster Linie in der Vermehrung ihres Vermögens, also in einer Wertsteigerung ihres Anteils am Unternehmen, welche sich durch eine Kurssteigerung und/oder eine Dividende bemerkbar macht.[124] Auch der Vorstand will sein Vermögen vermehren. Jedoch richtet er sich dabei ohne eine Beteiligung an der Gesellschaft nicht nach dem Ertrag der Aktie, sondern neben monetären Aspekten auch nach Faktoren wie einer luxuriösen Büroausstattung, einem angemessenen Fuhrpark oder angenehmen Arbeitszeiten, welche die Interessen des Prinzipals beeinträchtigen und nicht fördern.[125]

Aus dem bisher Gesagten lässt sich also folgern: Eine ungleiche Informationsverteilung und divergierende Interessen bergen die Gefahr, dass der Agent seinen Informationsvorsprung zu Lasten des Prinzipals und zu Gunsten der eigenen Interessen ausnutzt. Dieser Konflikt kann durch kostenintensive Kontrolle und Überwachung und/oder eine Harmonisierung der Interessen, nach der Prinzipal-Agenten-Theorie vor allem über das Vergütungssystem,[126] abgeschwächt werden. Es könnte also der Agent am Unternehmenserfolg (vorrangiges Interesse des Prinzipals) beteiligt werden, sodass eine Erhöhung des Unternehmenswertes auch mit einer Erhöhung seines eigenen Wohlstands einhergeht.[127] Dadurch entsteht eine auf die Interessen der Aktionäre ausgerichtete Unternehmensführung. Dem für das Vergütungssystem zuständigen Aufsichtsrat stehen dabei viele Alternativen zur Verfügung, wie etwa Aktien und Aktienoptionen, Phantom Stocks oder an den Erfolg des Unternehmens gekoppelte Tantiemen.[128]

Fraglich ist allerdings, ob es auch sachgemäß ist, die Unternehmensleitung allein auf die Interessen der Aktionäre auszurichten (Shareholder

123 Vgl. *Raapke*, S. 13; *Otto*, S. 55; *Keinath*, S. 57; daneben gibt es auch noch externe Steuerungselemente, wie zum Beispiel den Kapitalmarkt. Dieser reagiert z.B. auf den Zustand des Unternehmens. Ein schlecht geführtes und niedrig bewertetes Unternehmen ist etwa anfälliger für feindliche Übernahmen, die wiederum oft mit einem Managementwechsel einhergehen, siehe *Meyer*, S. 56 f.

124 *Bors*, S. 14.

125 Vgl. *Bors*, S. 14.

126 *Gülgel*, S. 51; *Otto*, S. 55; *Hoegen*, S. 150.

127 *Keinath*, S. 57.

128 Siehe dazu B. I.

Value-Ansatz) oder ob auch die Interessen anderer Gruppen weitreichend Berücksichtigung finden müssen.

2. Shareholder Value

Der Begriff Shareholder Value hat seinen Ursprung in dem Werk „Creating Shareholder Value" von *Alfred Rappaport*[129] aus dem Jahre 1986 und entstammt der ökonomischen Theorie.[130] Dem Shareholder Value-Ansatz folgend ist das oberste Ziel der Unternehmensführung die Steigerung des Unternehmenswertes bzw. des Marktwertes des Eigenkapitals.[131] Dieser ergibt sich aus dem gegenwärtigen Ertragswert des Unternehmens abzüglich des Marktwerts des Fremdkapitals, wobei der Börsenwert bei börsennotierten Unternehmen als Indikator des Unternehmenswertes gilt.[132] Errechnet wird der Shareholder Value auf Grundlage des geschätzten, abgezinsten Saldos sämtlicher zukünftiger, betrieblicher, frei verfügbarer Zahlungsströme während des Prognosezeitraums zuzüglich des Residualwerts und des Marktwerts der handelsfähigen Wertpapiere.[133] Der Hintergrundgedanke ist, dass letztendlich die Eigenkapitalgeber das unternehmerische Risiko tragen und ihren Interessen daher auch der Vorzug zu gewähren ist.[134] Nicht erforderlich ist daher ein Interessenausgleich zwischen den Eigenkapitalgebern, Gläubigern, Arbeitnehmern, Kunden, der Öffentlichkeit, der Lieferanten und weiteren Gruppen.[135] Den Aktionärsinteressen wird also gegenüber den Interessen anderer Vorrang eingeräumt.[136] In Verbindung mit der Prinzipal-Agenten-Theorie führt dies dazu, dass die anvisierte Interessenharmonisierung über den Börsenkurs zu erfolgen hat. Durch die Implementierung von Aktienoptionen oder virtuellen Optionsprogrammen z.B. kann

129 *Rappaport*, Creating Shareholder Value. The New Standard for Business Performance, 1986.

130 *Fleischer* in: BeckOGK AktG, § 76 Rn. 29.

131 *Weber* in: Hölters/Weber AktG, § 76 Rn. 20; *Fleischer* in: BeckOGK AktG, § 76 Rn. 29; *Schilling*, BB 1997, 373 (373); *Bors*, S. 15.

132 *Kort*, AG 2012, 605 (605); *Hoegen*, S. 153.

133 *Kort*, AG 2012, 605 (605 f.); *Hoegen*, S. 154; *Reiner*, ZVglRWiss 110 (2011), 443 (447).

134 Siehe *Spindler* in: MüKo AktG, § 76 Rn. 76; *Fleischer* in: BeckOGK AktG, § 76 Rn. 33.

135 Siehe *Hoegen*, S. 153; *Kuhner*, ZGR 2004, 244, 258 f.

136 *Spindler* in: MüKo AktG, § 76 Rn. 75.

das Vorstandsmitglied dazu motiviert werden, seine Unternehmenspolitik auf die Erhöhung des Aktienkurses auszurichten.[137]

Dem Shareholder Value-Ansatz steht das Konzept des Stakeholder Value gegenüber. Demzufolge besteht die Gesellschaft aus verschiedenen Anspruchsgruppen (Stakeholder) mit jeweils unterschiedlichen Interessen, die von der Unternehmensführung in Einklang zu bringen sind.[138] Gegen den Shareholder Value-Ansatz wird vor allem angeführt, dass durch die Fokussierung der Geschäftsleitung auf die Interessen der Anteilseigner andere wesentliche Belange vernachlässigt werden würden.[139] Außerdem bestehe die Gefahr, dass die langfristige Entwicklung der Gesellschaft (etwa in Gestalt von Investitionen in Forschung und Entwicklung oder Humankapital) zugunsten kurzfristiger Kurssteigerungen hintangestellt werden könnte.[140]

Auf den Einwand, dass andere wesentliche Interessen unter der Anwendung des Shareholder Value- Ansatzes vernachlässigt werden könnten, ist zu erwidern, dass die deutsche Rechtsordnung zahlreiche schützende Vorschriften bereithält, die auch bei einer am Börsenwert orientierten Unternehmenspolitik vom Vorstand selbstverständlich eingehalten werden müssen. So bestehen z.B. unterschiedliche Arbeitnehmerschutzvorschriften, Bestimmungen zur Kapitalerhaltung und -aufbringung sowie Umweltschutzvorschriften und vertragliche Vereinbarungen zwischen Gesellschaft und beispielsweise Arbeitnehmern.[141] Eine Unternehmenspolitik, welche die anderen Interessengruppen vollständig ignoriert, lässt sich in Deutschland daher nicht umsetzen.[142] Sie wäre außerdem nicht erfolgsversprechend. Schließlich ist der Vorstand auf die dauerhafte Mitwirkung von Arbeitnehmern, Lieferanten, Banken und anderen Stakeholdern angewiesen und muss daher auch ihre Interessen berücksichtigen, um sie zur Weiterführung der Geschäftsbeziehungen zu motivieren.[143] Darüber hinaus lässt sich aufzeigen, dass eine am Shareholder

137 Vgl. *Hoegen*, S. 153; *Raapke*, S. 15.

138 *Weber* in: Hölters/Weber AktG, § 76 Rn. 21; *Bors*, S. 15; *Kort*, AG 2012, 605 (605).

139 *Bors*, S. 15.

140 *Fleischer* in: BeckOGK AktG, § 76 Rn. 32; *Hoegen*, S. 159.

141 *Fleischer* in: BeckOGK AktG, § 76 Rn. 33; *Bors*, S. 16; *Hoegen*, S. 166; *Schilling*, BB 1997, 373 (381).

142 *Bors*, S. 16; *Schilling*, BB 1997, 373 (381).

143 Vgl. *Fleischer* in: BeckOGK AktG, § 76 Rn. 38.

Value orientierte Geschäftsführung sehr wohl auch den Interessen der anderen Stakeholder dient und beide Ansätze daher kompatibel sind:

Der dauerhafte Bestand der Gesellschaft, und damit auch ihre Stellung als interessenpluralistisches Gebilde, hängt im Wesentlichen von ihrer Wettbewerbsfähigkeit und eigenen Finanzierungskraft ab. Eine börsennotierte AG beschafft sich das notwendige Kapital entweder in Form von Fremdkapital oder über den Aktienhandel an der Börse. Bei einer anlegerunfreundlichen Unternehmenspolitik sinkt jedoch die Attraktivität eines Investments. Kapitalanleger fordern etwa eine höhere Verzinsung oder sehen vollständig von einer Investition ab. In beiden Fällen reduzieren sich dabei die Investitionsmöglichkeiten der Gesellschaft, wovon natürlich auch Arbeitsplätze betroffen sind.[144]

Auch das Risiko einer Fokussierung auf kurzfristige Kurssteigerungen wird durch den Shareholder Value-Ansatz nicht erhöht. *Rappaport* verfolgte vielmehr eine langfristige Ertrags- und Wertsteigerung des Unternehmens.[145] Der Shareholder Value berücksichtigt nämlich sämtliche Zahlungsströme über alle Perioden einschließlich des Restwertes und ist somit nicht kurz- sondern langfristig ausgerichtet.[146] Zusätzlich muss berücksichtigt werden, dass sich eine Strategie, die auf eine langfristige Entwicklung der Gesellschaft gerichtet ist, in aller Regel ohnehin positiv auf den aktuellen Börsenkurs auswirken wird.[147] Für das Shareholder Value-Konzept spricht außerdem, dass es aufgrund der einfachen Messbarkeit des Erfolges eine kostengünstige Lösung für den Prinzipal-Agenten-Konflikt bereitstellen kann.[148] Die Kontroll- und Überwachungskosten sowie die Handlungsspielräume der Vorstände für opportunistisches Verhalten werden erheblich verringert.[149] Bei einer gleichmäßigen Berücksichtigung sämtlicher Interessengruppen besteht hingegen die Gefahr, dass jegliches Verhalten unter Bezugnahme auf einen

144 *Bors*, S. 16.
145 *Fleischer* in: BeckOGK AktG, § 76 Rn. 32; *Rappaport*, S. 12.
146 *Fleischer* in: BeckOGK AktG, § 76 Rn. 32; *Hoegen*, S. 159.
147 Vgl. *Fleischer* in: BeckOGK AktG, § 76 Rn. 32.
148 *Fleischer* in: BeckOGK AktG, § 76 Rn. 34.
149 *Hoegen*, S. 160, *Fleischer* in: BeckOGK AktG, § 76 Rn. 34.

möglicherweise begünstigten Stakeholder seitens des Vorstandsmitglieds gerechtfertigt werden kann.[150]

Insgesamt ist die Ausrichtung der Unternehmenspolitik auf den Shareholder Value also positiv zu bewerten. Zum einen gewährt er gegenüber dem Stakeholder Value-Konzept vielfältige Vorteile, wie z.B. die einfache Darstellbarkeit. Zum anderen lässt der Gesetzgeber in einigen Regelungen auch die Zulässigkeit einer solchen Ausrichtung erkennen. Zu nennen ist etwa § 192 II Nr. 3 AktG, der die bedingte Kapitalerhöhung zur Gewährung von Bezugsrechten an Arbeitnehmer und Mitglieder der Geschäftsführung zulässt und damit der Umsetzung börsenkursabhängiger Vergütungsbestandteile dient, oder die erweiterte Möglichkeit zum Rückerwerb eigener Aktien gemäß § 71 I Nr. 8 AktG zur Absicherung von Bezugsrechten.[151] Andere Interessen werden im deutschen Rechtsraum vielfältig berücksichtigt und stehen bei einer Ausrichtung auf den Eigenkapitalwert daher keinesfalls schutzlos dar. Insgesamt ist es daher auch sachgemäß, die Unternehmensleitung auf die Verfolgung der Aktionärsinteressen einzustellen.

3. Bewertung

Die Prinzipal-Agenten-Theorie ist nicht unumstritten. Sie basiert auf dem Bild des *homo oeconomicus*, der rational und egoistisch die ihm übertragenen Entscheidungsbefugnisse ausnutzt, um die eigenen Interessen zu fördern.[152] Außerdem wird dem Agenten eine prinzipielle Risikoaversion unterstellt, sodass Einflussfaktoren der Risikopräferenz wie z.B. das Vermögen, das Lebensalter, die Erfahrung, Persönlichkeitsmerkmale oder die aktuelle Gefühlslage keine Berücksichtigung finden.[153] Auch die Annahme, der Agent würde über alle relevanten Informationen verfügen und besitze die Fähigkeit, diese vollständig aufzunehmen, entspricht nicht der Realität.[154] Es müsse neben dem Vergü-

150 *Hoegen*, S. 160, der dazu auch die Problematik möglicher Interessenunterschiede innerhalb derselben Interessengruppe erläutert.

151 Vgl. *Spindler* in: MüKo AktG, § 76 Rn. 76; *Fleischer* in: BeckOGK AktG, § 76 Rn. 36.

152 Vgl. *Gülgel*, S. 51.

153 *Gülgel*, S. 51 f.

154 *Gülgel*, S. 52.

tungssystem zudem stärker auf die individuellen Persönlichkeitsmerkmale der jeweiligen Vorstandsmitglieder eingegangen werden, denen ein erheblicher Einfluss auf die strategischen Entscheidungen zugeschrieben wird.[155] Auch andere Unterstellungen seien nicht lebensnah. Insbesondere die angenommene Arbeitsträgheit erscheine bei Managern doch eher unrealistisch.[156] Es wird davon ausgegangen, dass das Vorstandsmitglied eigene Interessen zu Lasten der Gesellschaft verfolge, ohne die Anreizwirkung der Steigerung des eigenen Marktwertes und der Chance der Wiederbestellung zu berücksichtigen, welche an sich schon ein Ansporn sei.[157] Wenn der alleinige Anreiz darin liegt, nach der laufenden Amtszeit wiederbestellt zu werden oder den eigenen Marktwert zu erhöhen, hat eine schlechte Performance des Vorstandsmitglieds während der laufenden Periode jedoch keinerlei Sanktionen zur Folge.[158] Dieser Punkt ist insbesondere vor dem Hintergrund des Final Period-Problems zu berücksichtigen, wenn das betroffene Vorstandsmitglied sich in seiner wohl letzten Amtszeit befindet und eine Wiederbestellung oder eine Marktwerterhöhung finanziell ohne Bedeutung ist und der Arbeitsmarkt keinerlei Anreize mehr ausübt.[159] Es ist außerdem zu hinterfragen, ob ein Vorstandsmitglied nach vielen Jahren Berufstätigkeit und dem Erreichen persönlicher Ziele immer noch das gleiche Engagement an den Tag legt wie zu Beginn seiner Karriere.[160]

Letztendlich weist die Prinzipal-Agenten-Theorie die Probleme und Ungenauigkeiten auf, die naturgemäß mit einer vereinheitlichenden Darstellung einhergehen. Fallbezogene Besonderheiten, wie z.B. spezielle Charaktereigenschaften der Parteien, Lebenssituationen oder ein besonders beständiges Arbeitsethos bleiben unberücksichtigt und können der Wirksamkeit bestimmter Vergütungssysteme im Einzelfall entgegenstehen. Beispielhaft nennt *Gülgel* einen Vorstandsvorsitzenden, der aufgrund seines fortgeschrittenen Lebensalters kurz vor dem Austritt ist und daher bei einem langfristigen Vergütungssystem in geringerem

155 *Gülgel*, S. 53 f., der dabei auf die verhaltenswissenschaftliche *Upper-Echelons*-Theorie eingeht.
156 *Thüsing*, ZGR 2003, 457 (476); *Oehlrich*, NZG 2019, 1049 (150); *Otto*, S. 56.
157 *Thüsing*, ZGR 2003, 457 (476).
158 *Spindler* in: MüKo AktG, § 87 Rn. 65.
159 *Spindler* in: MüKo AktG, § 87 Rn. 65.
160 *Otto*, S. 56.

Maße motiviert werden kann, langfristig orientierte Entscheidungen zu treffen.[161] Nichtsdestotrotz zeigt die Prinzipal-Agenten-Theorie ein an sich auch weitestgehend anerkanntes Konfliktpotenzial auf, welches es zu lösen gilt. Das Vergütungssystem bietet hier eine Möglichkeit, den Konflikt zu entschärfen.[162] Dass dabei keine Universalmodelle herhalten können, die in jedem Fall zielführend sind und den gewünschten Anreiz ausüben, versteht sich von selbst. Zu unterschiedlich sind dafür die Persönlichkeiten und Charaktereigenschaften der Vorstandsmitglieder. Jedoch bestehen vielfältige Möglichkeiten, im Rahmen des Vergütungssystems die einzelfallbezogenen Besonderheiten ausreichend zu berücksichtigen. Bei einem sowieso sehr risikofreudigen Kandidaten könnte etwa der Anteil variabler Vergütungselemente etwas heruntergeschraubt werden, wohingegen einer risikoscheuen Persönlichkeitsstruktur mit einem höheren Anteil begegnet werden könnte.[163] Insgesamt ist die variable Vergütung jedenfalls als ein effektives Instrument zu beurteilen, um die bestehenden Divergenzen auszugleichen, wobei verschiedenste Faktoren bei der genauen Ausgestaltung zu berücksichtigen sind. Neben anderen, finanziellen und nichtfinanziellen, ist die variable Vergütung ein anpassungsfähiges Anreizelement, auf das die Gesellschaft nicht verzichten sollte.[164] Die Fixvergütung ist aufgrund ihrer konstanten Höhe und vorbehaltslosen Auszahlung nicht anreizbezogen und sollte deshalb nur einen Teil der Gesamtvergütung ausmachen. Auf der anderen Seite ist aufgrund der ansonsten kompletten Risikoverlagerung auf das Vorstandsmitglied auch nicht vollständig auf sie zu verzichten.[165] Es bleibt festzuhalten, dass die angeführten Kritikpunkte nicht gegen variable Vorstandsvergütung sprechen, sondern lediglich das Gebot, keine pauschalen Aussagen mit dem Anspruch der Allgemeingültigkeit zu treffen, verdeutlichen.[166]

---

161 *Gülgel*, S. 58.

162 So grundsätzlich auch *Meyer*, S. 112, die auch die gegenteiligen Ansichten detailliert darstellt, siehe S. 84 ff.

163 Vgl. *Gülgel*, S. 58.

164 *Otto*, S. 56; *Spindler* in: MüKo AktG, § 87 Rn. 65.

165 Vgl. *Bors*, S. 36.

166 Variable Vergütung vor dem Hintergrund des Prinzipal-Agenten-Konflikts insgesamt positiv bewertend u.a. auch *Bors*, S. 18; *Otto*, S. 56; *Hoegen*, S. 168; *Spindler* in: MüKo AktG, § 87 Rn. 65. Kritisch hingegen *Berger*, S. 124.

C. Rückforderung

Im vorausgehenden Abschnitt wurden die Grundlagen variabler Vorstandsvergütungen erläutert. Doch obwohl sie sich sowohl rechtlich als auch wirtschaftlich gut begründen lassen, sind „Boni" immer wieder Gegenstand öffentlicher Kritik. Diese wird immer dann besonders laut, wenn sich die wirtschaftliche Lage der Gesellschaft oder die Leistung des Managements von außen betrachtet nicht in der Höhe der offengelegten Gehälter des Vorstands widerspiegelt.[167] In der Vergangenheit lieferte der „Dieselskandal" mit Volkswagen etwa ein prominentes Beispiel solcher Diskussionen. Aber auch die Corona-Krise birgt in diesem Zusammenhang reichlich Konfliktpotential, indem wirtschaftliche Schieflagen über sämtliche Branchen hinweg zutage treten und fast alle Unternehmen vor immense Herausforderungen gestellt werden.[168]

Das deutsche Aktienrecht hält unterschiedliche Mechanismen bereit, um ausufernde Vorstandsgehälter zu verhindern. So eröffnet § 87 II S. 1AktG die Möglichkeit des Aufsichtsrates, die Bezüge des Vorstands nach der Festsetzung auf eine angemessene Höhe herabzusetzen, sofern sich die Lage der Gesellschaft verschlechtert und die Weitergewährung der bisherigen Bezüge unbillig wäre. Außerdem soll der Aufsichtsrat gemäß § 87 I S. 3 HS. 2 AktG eine Begrenzungsmöglichkeit bei variablen Vergütungsbestandteilen vereinbaren. Daneben kommt die Rückforderung in Betracht. Im Unterschied zu der Herabsetzung und Begrenzung der Vergütung wird bei der Rückforderung nachträglich in die Vergütungsgewährung eingegriffen. Die Begrenzung der Vergütung dient dazu, dem Vorstandsmitglied keine Boni zu gewähren, die nicht in Verbindung mit seiner persönlichen Leistung stehen (sog. Windfall Profits) und erfolgt entweder durch betragsmäßige Begrenzungen (Caps) oder einseitige Ermessensentscheidungen

---

167 *Poelzig*, NZG 2020, 41 (41).

168 Vgl. zu betriebswirtschaftlichen Aspekten der Corona-Krise unter anderem *Plagens/Hunsalzer/Krümmel*, DStR 2020, 1062 ff.

des Aufsichtsrates, im Einzelfall variable Bestandteile der Vergütung nicht auszuzahlen oder aber zurückzufordern.[169] Die Herabsetzung der Bezüge bezieht sich zwar auf die festen und auch variablen Vergütungsanteile, erlaubt jedoch ebenfalls keine Rückforderung bereits ausgezahlter Bezüge, sondern lediglich die Reduzierung künftiger Gehälter.[170]

Bei der Rückforderung sind vorrangig entsprechende vertragliche Vereinbarungen (Clawbacks) zu untersuchen. Daneben kommen aber auch gesetzliche Rückforderungsvorschriften in Betracht, insbesondere das in den §§ 812 ff. BGB verortete Bereicherungsrecht.

I. Vertraglich (Clawbacks)

Eine vom parlamentarischen Gesetzgeber formulierte Definition des Clawbacks ist im deutschen Recht bisher nicht verankert.[171] Immerhin werden die Rückforderungsklauseln aber im AktG seit der Umsetzung der zweiten Aktionärsrechterichtlinie durch das ARUG II und in der aktuellen Fassung des DCGK explizit erwähnt, ohne dass dem Leser allerdings nähere Informationen über die Tatbestandsmerkmale offeriert werden. Der Clawback lässt sich jedoch im Allgemeinen als eine vertragliche Vereinbarung zwischen der Gesellschaft und dem jeweiligen Vorstandsmitglied beschreiben, welche der Gesellschaft einen Anspruch gegen das Vorstandsmitglied auf Rückzahlung bereits geleisteter variabler Vergütungsbestandteile vermittelt, falls ein bestimmtes definiertes Ereignis (Triggering Event)[172] eintritt.[173]

---

169 Siehe *Koch* in: Koch AktG, § 87 Rn. 35; *Spindler* in: MüKo AktG, § 87 Rn. 96, der exemplarisch Unternehmensübernahmen, die Veräußerung von Unternehmensteilen oder die Hebung stiller Reserven nennt; siehe dazu auch unten unter C. I. 7. a) cc).

170 *Poelzig*, NZG 2020, 41 (45).

171 *Seyfarth*, WM 2019, 569 (569); *Redenius-Hövermann/Siemens*, ZIP 2020, 145 (145); *Dörrwächter/Wolff*, AG 2020, 233 (234).

172 *Velte*, Der Konzern 2020, 50 (53).

173 Vgl. *Seyfarth*, WM 2019, 569 (579); *Kießling* in: JIG DCGK, G.11 Rn. 11; *Poelzig*, NZG 2020, 41 (42).

1. Spielarten

Das Tatbestandsmerkmal „definiertes Ereignis“ öffnet sodann die Türen zu den verschiedensten Spielarten der Rückforderungsklauseln, welche im Folgenden benannt werden sollen. Aufgrund der Fülle denkbarer Szenarien, die eine Rückforderung rechtfertigen könnten und der damit verbundenen vielzähligen Gestaltungsmöglichkeiten sowie des teilweise unterschiedlichen Verständnisses, welche Vereinbarungen überhaupt als Clawback zu klassifizieren sind,[174] ist die Aufzählung jedoch keinesfalls abschließend. Sie beinhaltet vielmehr die wesentlichen in der Literatur anzutreffenden Modelle einschließlich der in den (auf den Unternehmensseiten einsehbaren) Geschäfts- und Vergütungsberichten sowie Hauptversammlungseinladungen der jeweiligen Unternehmen aufgeführten Passus.

a) Fehlverhalten (Compliance)

Auslöser für die vollständige oder teilweise Rückforderung kann zum Beispiel ein persönliches Fehlverhalten des jeweiligen Vorstandsmitglieds sein (Compliance-Clawback), wobei etwa wesentliche Sorgfaltspflichtverletzungen und schwerwiegende Verstöße gegen Gesetze, interne Richtlinien oder Verhaltenskodizes (Codes of Conduct) in Betracht kommen.[175] Teilweise wird auch auf die Verletzung wesentlicher dienstvertraglicher Pflichten[176] oder ein sonstiges, schwerwiegendes unethisches Verhalten[177] abgestellt. Die Rückforderung steht dabei

174 Vgl. nur E.ON, Geschäftsbericht 2020, S. 81, wonach das Recht des Aufsichtsrats nach § 87 II AktG, die Vergütung bei Verschlechterung der Lage der Gesellschaft herabzusetzen, unter die Rubrik Clawback-Regelung fällt und Merck, Geschäftsbericht 2021, S. 186, der eine Regelung, die es ermöglicht, bereits zugeteilte aber noch nicht ausgezahlte Gewährungen aus dem LTI-Plan einzubehalten, ebenfalls als Clawback-Regelung bezeichnet.

175 *Bachmann* in: Kremer DCGK, G.11 Rn. 9; *Wentrup* in: Münchener Hdb. Gesellschaftsrecht, § 21 Rn. 75; *Seyfarth*, WM 2019, 569 (571); *Poelzig*, NZG 2020, 41 (43); *Schockenhoff/Nußbaum*, AG 2018, 813 (817); *Hohenstatt/Seibt*, ZIP 2019, 11 (18).

176 E.ON, Geschäftsbericht 2021, S. 112; MTU, HV Einladung 2021, S. 21; RWE, Vergütungsbericht 2021, S. 19.

177 Delivery Hero, HV Einladung 2021, S. 13; siehe auch Siemens, Vergütungsbericht 2021, S. 25.

im pflichtgemäßen Ermessen des Aufsichtsrats, auf einen Schaden oder einen wirtschaftlichen Nachteil der Gesellschaft kommt es nicht an.[178] Das Vorstandsmitglied soll durch diese Vereinbarungen dazu angehalten werden, sich an die geltenden Regeln zu halten, wodurch etwa Reputationsverluste, die sich nicht zwingend unmittelbar als wirtschaftlich nachteilig herausstellen, verhindert werden können.[179] Sie dienen daher nicht primär dem Ausgleich etwaiger Vermögenseinbußen, sondern der Verhaltenssteuerung und ähneln der Haftung aus § 93 II S. 1 AktG.[180] Nichtsdestotrotz bleibt diese unberührt und kann weiterhin eingreifen.[181] Verpflichtend ist die Implementierung von Compliance-Clawbacks etwa für bedeutende Finanzinstitute nach § 20 VI S. 1 InstitutsVergV i.V.m. § 18 V S. 3 InstitutsVergV. Demnach muss der vollständige Verlust der variablen Vergütung in jedem Fall eintreten, „wenn der Risikoträger oder die Risikoträgerin an einem Verhalten, das für das Institut zu erheblichen Verlusten oder einer wesentlichen regulatorischen Sanktion geführt hat, maßgeblich beteiligt oder dafür verantwortlich war (Nr. 1) oder relevante externe oder interne Regelungen in Bezug auf Eignung und Verhalten in schwerwiegendem Maß verletzt hat (Nr. 2)."

b) Zielverfehlung (Performance)

Neben den Clawback-Klauseln, die an ein persönliches Fehlverhalten anknüpfen, gibt es auch solche, die an das Verpassen wirtschaftlicher Ziele gekoppelt sind (Performance-Clawback).[182] Ziel ist hier nicht wie bei dem Compliance-Clawback die Verhaltenssteuerung, sondern der Schutz des Gesellschaftsvermögens vor einer ungerechtfertigten Vermögensverschiebung. Wie sich aus dieser Formulierung schon erahnen lässt, ist die Parallele hier nicht zu der Haftung nach

178 *Schockenhoff/Nußbaum*, AG 2018, 813 (817 f.); *Dörrwächter/Wolff*, AG 2020, 233 (235); *Seyfarth*, WM 2019, 569 (571); *Poelzig*, NZG 2020, 41 (43).

179 Vgl. *Dzida/Naber*, BB 2011, 2613 (2613).

180 *Poelzig*, NZG 2020, 41 (43); siehe auch *Fischbach*, WM 2018, 1491 (1500), zu § 20 VI InstitutsVergV.

181 Vgl. etwa Adidas, Geschäftsbericht 2021, S. 55.

182 *Wentrup* in: Münchener Hdb. Gesellschaftsrecht, § 21 Rn. 75; *Bachmann* in: Kremer DCGK, G.11 Rn. 9; *Weber* in: Hölters/Weber AktG, § 87 Rn. 36; *Poelzig*, NZG 2020, 41(42); *Seyfarth*, WM 2019, 569 (571).

§ 93 II S. 1 AktG, sondern zum Bereicherungsrecht der §§ 812 ff. BGB zu ziehen.[183]

Performance-Clawbacks lassen sich wiederum in weitere Kategorien unterteilen. Möglich ist etwa eine Vereinbarung, die einen Rückzahlungsanspruch statuiert, wenn sich im Nachhinein herausstellt, dass die Berechnung der Vergütung fehlerhaft erfolgt ist.[184] Dies kann insbesondere dann passieren, wenn sich die der Berechnung zugrundeliegenden Unternehmenskennzahlen nachträglich als falsch herausstellen, weil es etwa zu einer Korrektur des Jahresabschlusses gekommen ist (Restatement).[185] Ist dies der Fall, hat die Gesellschaft einen Anspruch auf Rückerstattung des nach der korrigierten Berechnung zu viel bezahlten Betrags.[186] Die Klausel kann auch so gestaltet sein, dass der Anspruch auf Rückzahlung entsteht, sofern zuvor vereinbarte Ziele schlicht nicht erreicht werden, eine (partielle) Auszahlung vor Ablauf des Bemessungszeitraums aber schon stattgefunden hat.[187] Um die Zweckmäßigkeit solcher Vereinbarungen zu verdeutlichen, muss ein Blick auf die zentrale Vergütungsnorm des AktG geworfen werden. Gemäß § 87 I S. 3 HS. 1 AktG sollen variable Vergütungsbestandteile eine mehrjährige Bemessungsgrundlage haben, um die Vergütungsstruktur auf eine nachhaltige und langfristige Entwicklung der Gesellschaft auszurichten (S. 2). Für das Vorstandsmitglied kann es trotz der mehrjährigen Bemessungsgrundlage aber attraktiver sein, bereits vor Ablauf des Bemessungszeitraums eine variable Zahlung als Abschlagzahlung zu erhalten, obwohl erst später feststeht, ob die vorgegebenen Ziele auch tatsächlich erreicht wurden.[188] Eine solche Vorgehensweise ist auch mit der Vorschrift vereinbar, da das Erfordernis der Mehrjährigkeit keine Auszahlungssperre begründet.[189] Um im Falle der

183 Vgl. *Seyfarth*, WM 2019, 569 (575); *Dörrwächter/Wolff*, AG 2020, 233 (235).

184 Vgl. *Seyfarth*, WM 2019, 569 (571); *Redenius-Hövermann/Siemens*, ZIP 2020, 145 (145).

185 *Dörrwächter/Wolff*, AG 2020, 233 (234 f.).

186 *Dörrwächter/Wolff*, AG 2020, 233 (235); *Schockenhoff/Nußbaum*, AG 2018, 813 (820); vgl. auch *Seyfarth*, WM 2019, 569 (575).

187 *Poelzig*, NZG 2020, 41 (43); *Redenius-Hövermann/Siemens*, ZIP 2020, 145 (145); *Wettich*, AG 2013, 374 (375 f.); *Schockenhoff/Nußbaum*, AG 2018, 813 (820).

188 Siehe *Raitzsch*, ZIP 2019, 104 (106); *Poelzig*, NZG 2020, 41 (43).

189 *Spindler* in: MüKo AktG, § 87 Rn. 94; *Lindemann/Heim*, JuS 2018, 1121 (1126); *Poelzig*, NZG 2020, 41 (43); *Eichner/Delahaye*, ZIP 2010, 2082 (2086).

Zielverfehlung dennoch einen Gleichlauf von Leistung und Vergütung herzustellen, behält sich die Gesellschaft das Recht vor, zu viel gezahlte Beträge wieder zurückzufordern.[190] Von der Rückforderung betroffen sind hier die Long Term Incentives. Im Allgemeinen kann sich eine Clawback-Klausel aber sowohl auf die Long- als auch auf die Short Term Incentives beziehen.[191]

Beide beschriebenen Gestaltungsvarianten haben gemeinsam, dass die Höhe der Auszahlung tatsächlich nicht mit der dafür vertraglich vorgesehenen Leistung übereinstimmt. Davon losgelöst lassen sich aber auch Erscheinungsformen finden, die der Gesellschaft unabhängig von der Zielerreichung einen Anspruch einräumen, variable Vergütungsbestandteile zurückzufordern und zwar dann, wenn sich nach Ablauf der vergüteten Periode eine wirtschaftliche Verschlechterung bei der Gesellschaft einstellt.[192] Diese Form birgt für das Vorstandsmitglied den Nachteil, dass er Teile seiner bereits erhaltenen Vergütung wieder verlieren kann, obwohl er seine Bestleistung erbracht hat und Umstände, auf die er keinerlei Einfluss hat (wie z.B. eine globale Wirtschaftskrise) zu einer Verschlechterung der wirtschaftlichen Lage geführt haben. Er kann seine variablen Vergütungsbestandteile also verlieren, obwohl er sämtliche Zielvorgaben erreicht oder sogar übertroffen hat.[193]

c) Inzidenz von Clawbacks im DAX

Um einen Eindruck davon zu gewinnen, wie präsent die unterschiedlichen Clawback-Typen in den größten deutschen Unternehmen sind, soll an dieser Stelle eine Darstellung von Rückforderungsmöglichkeiten der DAX40-Unternehmen erfolgen. Diejenigen Gesellschaften, die vom Anwendungsbereich der InstitutsVergV umfasst sind, sollen dabei aufgrund ganz eigener Clawback-Vorschriften außer Betracht bleiben. Um bereits ein Ergebnis vorwegzunehmen: Die absolute Mehrheit

190 Vgl. *Seyfarth*, WM 2019, 569 (575); *Poelzig*, NZG 2020, 41 (43).

191 Siehe dazu schon oben C. I. 1. c).

192 *Velte*, Der Konzern 2020, 50 (55); *Redenius-Hövermann/Siemens*, ZIP 2020, 145 (145); *Schockenhoff/Nußbaum*, AG 2018, 813 (813); *Dörrwächter*, DB 2020, 2182 (2182); wohl auch *Schuster* in: FS Bauer, S. 975; siehe Rheinmetall Geschäftsbericht 2020, S. 169.

193 *Schockenhoff/Nußbaum*, AG 2018, 813 (821).

der größten deutschen Unternehmen hat schon heute Clawback-Klauseln fest in ihr Vergütungssystem integriert. Anders ist dies etwa bei der Deutschen Post. Sie verweist in ihrem Vergütungsbericht lediglich auf die „gesetzlichen Clawback-Vorschriften“ und verwendet ansonsten verschiedene Einbehaltungs-Mechanismen.[194] Fast alle Gesellschaften beziehen den Clawback sowohl auf Long Term Incentives als auch auf Short Term Inventives. Eine Ausnahme bildet die Mercedes-Benz Group AG, deren Klauseln lediglich den Short Term Incentive und die mittelfristige Vergütung erfassen.[195] Standardmäßig wird beim Compliance-Clawback an schwerwiegende Compliance-Verstöße, Verletzungen der internen Verhaltensrichtlinien, der dienstvertraglichen Pflichten und/oder der Sorgfaltspflichten i.S.d. § 93 AktG angeknüpft.[196] Auffallend ist außerdem, dass in vielen Fällen sowohl Performance- als auch Compliance-Clawbacks Teil des Vergütungssystems sind. Rückforderungsklauseln exklusiv für den Fall eines Fehlverhaltens lassen sich etwa bei BASF, Continental, Mercedes-Benz, Fresenius Medical Care, Heidelberg Cement, Infineon und Volkswagen ausmachen.[197] Ausschließlich Performance-Clawbacks geben hingegen die Deutsche Telekom, Linde sowie SAP an.[198]

Einige Unterschiede der öffentlich einsehbaren Clawback-Darstellung liegen zudem im Detail. Während im Compliance-Fall vereinzelt z.B. nur bis zu 50% des ausbezahlten variablen Betrags zurückgefordert werden kann,[199] sehen viele Gesellschaften eine teilweise oder vollstän-

194 Deutsche Post, Vergütungsbericht 2021, S. 7; auch Symrise verzichtet bislang noch auf Clawback-Klauseln, siehe Vergütungsbericht 2021, S. 14.

195 Mercedes-Benz Group, Vergütungsbericht 2021, S. 25.

196 Siehe etwa Adidas, Geschäftsbericht 2021, S. 55; Continental, Geschäftsbericht 2020, S. 29; E.ON, Geschäftsbericht 2021, S. 112; RWE, Vergütungsbericht 2021, S. 19.

197 Siehe BASF, Vergütungsbericht 2021, S. 7; Continental, Geschäftsbericht 2020, S. 29; Mercedes-Benz Group, Vergütungsbericht 2021, S. 25; Fresenius Medical Care, Geschäftsbericht 2021, S. 166; Heidelberg Cement, Geschäftsbericht 2021, S. 113; Infineon, HV Einladung 2021, S. 27; Volkswagen, Geschäftsbericht 2021, S. 62.

198 Siehe Deutsche Telekom, Vergütungsbericht 2021, S. 15; Linde, HV Einladung 2021, S. 58 (Englisch); SAP, Vergütungsbericht 2021, S. 10.

199 Henkel, HV Einladung 2021, S. 43; siehe aber auch Brenntag, Geschäftsbericht 2021, S. 56, demzufolge eine Rückforderung generell auf 25% der variablen Vergütung beschränkt ist.

dige Rückforderung vor.[200] Partiell wird auch eine Frist angegeben, innerhalb derer die Rückforderung erfolgen muss, z.B. innerhalb von drei Jahren nach Auszahlung des variablen Vergütungsbestandteils.[201]

Clawback-Klauseln haben also schon fast vollständig Einzug in den wichtigsten deutschen Aktienindex gehalten. Bei genauer Betrachtung lässt sich zudem feststellen, dass sich Compliance-Clawbacks noch größerer Beliebtheit erfreuen als Performance-Clawbacks.

2. Ursprung und Entwicklung

Nach der Darstellung der verschiedenen Spielarten und Analyse der Präsenz von Clawbacks im DAX, soll im Folgenden ein Blick auf die Genese vertraglicher Rückforderung geworfen werden. Neben der ursprünglichen Einführung der Clawbacks in den USA soll insbesondere auch ihre Entwicklung in Deutschland aufgezeigt und bewertet werden.

a) USA als Ausgangspunkt

Ihren Ursprung haben die Clawback-Klauseln in den USA. Erstmalig berücksichtigt wurden sie im Sarbanes-Oxley-Act („SOX"), der bereits im Jahre 2002 verabschiedet wurde und als Reaktion auf verschiedene Bilanzskandale (insbesondere den Enron-Skandal) das Ziel verfolgte, das Vertrauen der Anleger in die Integrität des US-Kapitalmarktes und die Richtigkeit und Verlässlichkeit der veröffentlichten Finanzdaten von Unternehmen wiederherzustellen.[202] Dafür wurden neben erhöhten Strafen für betrügerische Aktivitäten und Dokumenten-

200 So z.B. Deutsche Börse, Geschäftsbericht 2021, S. 314; Bayer, Geschäftsbericht 2021, S. 258; MTU, HV Einladung 2021, S. 21; Continental, Geschäftsbericht 2020, S. 29; Covestro, Geschäftsbericht 2021, S. 183; Zalando, Geschäftsbericht 2021, S. 42.

201 So z.B. Infineon, HV Einladung 2021, S. 27; Volkswagen, Geschäftsbericht 2021, S. 62; E.ON, Geschäftsbericht 2021, S. 124; Sartorius, Geschäftsbericht 2021, S. 108.

202 *Ghassemi-Tabar* in: JIG DCGK, G.4 Rn. 12; *Velte*, Der Konzern 2020, 50 (51); vgl. auch rechtsvergleichend mit Blick auf weitere Jurisdiktionen *Seyfarth*, WM 2019, 521 (526 ff.).

fälschungen, verschärften Offenlegungspflichten, einer Verbesserung der internen Kontrolle und einer Stärkung der Prüferunabhängigkeit auch Clawbacks implementiert (Sec. 304 des SOX).[203] Demnach wurde die United States Securities and Exchange Commission (SEC) dazu ermächtigt, eine variable Vergütung des Chief Executive Officers (CEO) und des Chief Financial Officers (CFO) von börsennotierten Unternehmen zurückzufordern, wenn nachträgliche Anpassungen des Jahresabschlusses aufgrund von Bilanzfälschungen erforderlich sind. Die Rückforderung bezieht sich dabei auf die Bezüge, die der Betroffene innerhalb eines Jahres nach Veröffentlichung eines Finanzberichts erhalten hat.[204] Nach dem SOX folgte in den Jahren 2008/2009 die Finanzkrise, aufgrund derer sich der nationale Gesetzgeber dazu veranlasst sah, eine Ausweitung des Clawbacks mit dem Dodd-Frank Wall Street Reform and Consumer Protection Act („Dodd-Frank“) vorzunehmen und den Securities Exchange Act 1934 um eine Section 10D zu ergänzen.[205] Neben vielfältigen anderen Regelungsinhalten enthält dieser die Pflicht zum Erlass von Clawback Policies.[206] Gemäß Sec. 954 müssen börsennotierte Unternehmen Clawback-Klauseln in Managementverträgen einfordern. Die Regelung unterscheidet sich in wesentlichen Punkten von Sec. 304 SOX. Zum einen obliegt die Verantwortung der Rückforderung variabler Vergütungsbestandteile dem Unternehmen selbst und nicht der SEC, und zum anderen erfolgt sie nicht nur bei Bilanzfälschungen (misconduct), sondern bei sämtlichen fehlerhaften Bilanzen.[207] Dadurch wurde der Anwendungsbereich mit Blick auf den SOX deutlich erweitert. Allerdings bedarf es zur Umsetzung einer Regelung durch die SEC, die bisher jedoch lediglich einen Vorschlag für die Umsetzung gemacht hat.[208] Dieser sieht vor, dass im Falle eines Restatements die anreizbezogene Vergütung der letzten

---

203 Siehe dazu z.B. *Natarajan/Zheng*, Journal of Accounting, Auditing & Finance 2019, 74 (77).

204 Vgl. *Seyfarth*, WM 2019, 521 (526).

205 *Velte*, der Konzern, 50 (51); *Seyfarth*, WM 2019, 521(527); siehe ausführlich zu Dodd-Frank *Heppe/Tielmann*, WM 2011, 1883 (1883 ff.); *Gurman*, S. 397 ff.

206 *Heppe/Tielmann*, WM 2011, 1883 (1891).

207 *Chan/Chen/Chen/Yu*, Journal of Accounting and Economics 2012, 180 (182); *Velte*, Der Konzern 2020, 50 (51).

208 SEC, Proposal of new Rule 10D-1 vom 01.07.2015, abrufbar unter: https://www.sec.gov/rules/proposed/2015/33-9861.pdf (zuletzt abgerufen am 05.07.2022).

drei Jahre ab dem Zeitpunkt der erforderlichen Korrektur der Finanzberichte von gegenwärtigen und ehemaligen Geschäftsleitern zurückgefordert wird. Die Rückforderung soll bis zu dem Betrag erfolgen, der nach der Berechnung auf Basis der korrigierten Finanzberichte zu viel ausgezahlt wurde. Obwohl mangels Umsetzung die Regelungen vom Dodd-Frank bisher nicht verpflichtend sind, lassen sich in den letzten Jahren vermehrt entsprechende Vereinbarungen bei den großen börsennotierten Unternehmen finden. Haben im Jahre 2000 noch weniger als 1% der S&P Unternehmen die Verwendung entsprechender Klauseln gemeldet, waren es 2013 bereits über 60%.[209] Im Jahre 2019 haben sogar 90% der 100 größten börsennotierten US-Unternehmen Clawbacks in irgendeiner Form installiert.[210]

Es lässt sich somit festhalten, dass Clawback-Klauseln in den USA bereits Gegenstand verschiedener Regelungen geworden sind und sich auch in der Praxis großer Beliebtheit erfreuen.

b) Deutschland

In Deutschland erhielt das Thema wesentlich später die Aufmerksamkeit von Politik und Wissenschaft. So beschäftigte sich der 68. Deutsche Juristentag 2010 mit der Rückforderung variabler Vorstandsvergütung.[211] Der Vorschlag, die Rückforderung von Bonuszahlungen – auch ohne vertragliche Grundlage – bei Misserfolg gesetzlich zu ermöglichen, wurde damals von den Juristen befürwortet und beschlossen.[212] Auch auf EU-Ebene wurde sich zu diesem Zeitpunkt bereits mit dieser Thematik auseinandergesetzt.[213] Neben der Möglichkeit, einen Großteil der variablen Vergütungsbestandteile während eines bestimmten

209 *Babenko/Bennett/Bizjak/Coles*, Clawback Provisions and Firm Risk, Working Paper 2019, S. 2.

210 *Agen*, Compensation Clawbacks: Not Just for Public Companies?, The National Law Review, 30.09.2019.

211 Siehe Referat von *Bachmann*, demzufolge aufgrund des rechtsstaatlich verbürgten Vertrauensschutzes eine Rückforderung nur bei präzisen Rückforderungstatbeständen und in extremen Fällen möglich sein soll, Verhandlungen des 68. Deutschen Juristentages, Band II/1, P21.

212 Verhandlungen des 68. Deutschen Juristentages, Band II/1, P67.

213 Siehe EU-Empfehlung 2009/385/EG vom 30.04.2009.

Mindestzeitraums zurückzuhalten,[214] wurden auch vertragliche Vereinbarungen mit den Vorstandsmitgliedern empfohlen, denen zufolge die Gesellschaft variable Komponenten der Vergütung zurückfordern kann, sofern sich die der Auszahlung zugrundeliegenden Daten nachträglich als falsch herausstellten.[215] Das deutsche Schrifttum schloss sich dem teilweise an[216] und auch der Gesetzgeber befasste sich mit der Neugestaltung des rechtlichen Rahmens der Vorstandsvergütung.

aa) VorstAG

Die Bestrebungen des Gesetzgebers, die Vorstandsvergütung zu novellieren, manifestierten sich in dem Gesetz zur Angemessenheit der Vorstandsvergütung (VorstAG), welches am 05.08.2009 in Kraft getreten ist. Als Reaktion auf die Finanzmarktkrise, die nach weit verbreiteter Auffassung in erheblichem Maße durch Fehlanreize der Manager großer Banken verursacht wurde, sollte das VorstAG die Auswüchse in Form exorbitanter Vorstandsgehälter eindämmen und die Vergütung insgesamt an eine nachhaltige Unternehmensentwicklung anpassen.[217] Dem lag die Überlegung zugrunde, dass der Vorstand durch kurzfristige Anreize die langfristigen Ziele der Gesellschaft aus den Augen verlieren könnte.[218] Unter anderem stand dabei die Umgestaltung des § 87 AktG als Zentralnorm der Vorstandsvergütung im Mittelpunkt. So wurde der § 87 I AktG dahingehend ergänzt, dass die Vergütung nicht nur in einem angemessenen Verhältnis zu der Lage der Gesellschaft und den Aufgaben, sondern auch zu den Leistungen des Vorstands stehen muss. Außerdem dürfen die Gesamtbezüge des Vorstandsmitglieds die übliche Vergütung nicht ohne besondere Gründe übersteigen. Der neu eingefügte § 87 I S. 2 AktG setzte außerdem das Erfordernis der nachhaltigen Unternehmensentwicklung fest. Die variablen Vergütungsbestandteile sollten zudem schon damals auf einer mehrjährigen Bemessungsgrundlage beruhen (§ 87 I S. 3 HS. 1 AktG).

---

214 Nr. 3.3 der Empfehlung 2009/385/EG.

215 Nr. 3.4 der Empfehlung 2009/385/EG.

216 So etwa *Rieder/Holzmann*, AG 2010, 570 (578).

217 *Spindler*, NJOZ 2009, 3282 (3282); *Conrad/Panetta*, NJOZ 2009, 3199 (3199); *Fleischer*, NZG 2009, 801 (801 ff.); *Seibert*, WM 2009, 1489 (1489); *Baeck/Götze/Arnold*, NZG 2009, 1121 (1121).

218 *Spindler* in: MüKo AktG, § 87 Rn. 7.

Im Einklang damit wurde die Haltefrist für Aktienoptionen gemäß § 193 II Nr. 4 AktG von zwei auf vier Jahre erhöht. Daneben wurde für die variablen Bestandteile eine Begrenzungsmöglichkeit für außerordentliche Entwicklungen integriert (§ 87 I S. 3 HS. 2 AktG). Schon vor dem VorstAG hatte der Aufsichtsrat die Möglichkeit, auf eine negative Entwicklung der Gesellschaft mit einer Herabsetzung der Vorstandsbezüge zu reagieren. Durch das VorstAG wurde dieses Instrument zur Vergütungsanpassung noch einmal überarbeitet und die Schwelle zur Anwendung deutlich herabgesetzt. War zuvor eine wesentliche Verschlechterung der Verhältnisse der Gesellschaft und damit einhergehend eine schwere Unbilligkeit der Weitergewährung der bisherigen Bezüge für die Gesellschaft notwendig, ist seit dem VorstAG lediglich eine Verschlechterung der Lage der Gesellschaft erforderlich, aufgrund derer die Weitergewährung der Bezüge unbillig wäre. Zusätzlich ist aus einer freien Ermessensregelung eine Soll-Vorschrift geworden.[219]

Zwar stand bei der Änderung der Rahmenbedingung für die Vorstandsvergütung die Nachhaltigkeit im Fokus; eine Erwähnung von Clawback-Klauseln suchte man zu dieser Zeit jedoch noch vergebens. Auch zogen weite Teile der Fachliteratur ein eher durchwachsenes Resümee. So wurde bezweifelt, ob die Anpassungen tatsächlich die durch die Finanzkrise aufgedeckten Missstände wirksam bekämpfen könnten.[220] Andere vermuteten eher politischen Aktionismus zur Demonstration politischer Handlungsfähigkeit vor dem Hintergrund der damals bevorstehenden Bundestagswahl.[221]

bb) ARUG II

Mit dem Gesetz zur Umsetzung der zweiten Aktionärsrechterichtlinie (ARUG II), welches am 01.01.2020 in Kraft trat, gingen abermals Änderungen der maßgeblichen Vorschriften einher und auch die Clawback-Klauseln fanden zum ersten Mal Eingang in das AktG.

---

219 Siehe ausführlich zur Möglichkeit der Herabsetzung nach § 87 II AktG *Redenius-Hövermann/Siemens*, ZIP 2020, 1585 (1585 ff.).

220 *Fleischer*, NZG 2009, 801 (806); *Conrad/Panetta*, NJOZ 2009, 3199 (3204 f.); eher positiv jedoch *Seibert*, WM 2009, 1489 (1493).

221 So *Hohaus/Weber*, DB 2009, 1515 (1520); *Wagner/Wittgens*, BB 2009, 906 (906); mit Verweis auf die Bundestagswahl auch *Oetker*, ZHR 2011, 527 (528).

(1) Hintergrund

Mit dem ARUG II erfolgte die Umsetzung der zweiten Aktionärsrechterichtlinie (Änderungs-RL)[222], die verschiedene Änderungen und Ergänzungen der 2007 eingeführten Aktionärsrechterichtlinie[223] zum Gegenstand hatte. Diese wiederum wurde durch das Gesetz zur Umsetzung der Aktionärsrechterichtlinie (ARUG I) 2009 in das deutsche Recht integriert. Das zentrale Ziel von ARUG II war eine Stärkung der Aktionärsrechte durch die Förderung ihrer langfristigen Mitwirkung.[224] Die Regelungsgegenstände lassen sich dabei in vier verschiedene Bereiche einteilen: Mitsprache bei der Vergütung von Vorstand und Aufsichtsrat (say on pay), Geschäfte der Gesellschaft mit nahestehenden Unternehmen und Personen (related party transactions), die Identifizierung und Information der Aktionäre (know your shareholder) sowie die Verbesserung der Transparenz bei institutionellen Anlegern, Vermögensverwaltern und Stimmrechtsberatern (proxy advisor).[225] In § 87a und § 162 AktG werden Clawbacks seit ARUG II ausdrücklich erwähnt.

(2) § 87a AktG

Gemäß § 87a I S. 1 AktG hat der Aufsichtsrat börsennotierter Gesellschaften ein klares und verständliches System zur Vergütung der Vorstandsmitglieder zu beschließen. § 87a I S. 2 AktG dient der Umsetzung von Art. 9a der Änderungs-RL („Recht auf Abstimmung über die Vergütungspolitik")[226] und der Stärkung des Aktionärseinflusses auf die Vergütung der Gesellschaftsorgane, welche durch das Zusammenspiel der §§ 87a, 87 IV (Herabsetzung der Maximalvergütung durch die Hauptversammlung), 113 III (Beschluss über Vergütung des Aufsichtsrates), 120a (Votum zum Vergütungssystem und Vergütungsbericht) und 162 AktG (Vergütungsbericht) ihre Wirkung entfaltet.[227] Die Vorschrift enthält einen zwingenden Katalog von Angaben, zu

222 Richtlinie (EU) 2017/828.

223 Richtlinie 2007/36/EG.

224 Vgl. *Schmidt*, NZG 2018, 1201 (1201); *Wentz*, WM 2019, 906 (906).

225 *Schmidt*, NZG 2018, 1201 (1201); *Zipperle/Lingen*, BB 2020, 131 (131).

226 *Fleischer* in: BeckOGK AktG, § 87a Rn. 6; *Spindler* in: MüKo AktG, § 87a Rn. 14.

227 Vgl. *Grigoleit/Kochendörfer* in: Grigoleit AktG, § 87a Rn. 1.

denen sich das Vergütungssystem jedenfalls äußern muss, in Bezug auf Vergütungsbestandteile allerdings nur, soweit diese tatsächlich vorgesehen sind. Sie stellt dabei selbst keine materiellen Anforderungen auf.[228] Materiell-rechtlicher Maßstab für die Vorstandsvergütung bleibt weiterhin grundsätzlich § 87 AktG.[229] Eine ausdrückliche Erwähnung finden Clawbacks in § 87a I S. 2 Nr. 6 AktG, ohne dass jedoch zwischen den einzelnen Clawback-Typen unterschieden wird. Demnach muss das Vergütungssystem auch Angaben zu den Möglichkeiten der Gesellschaft enthalten, variable Vergütungsbestandteile zurückzufordern. Damit wurde Art. 9a VI UAbs. 3 S. 3 Var. 3 Änderungs-RL entsprochen. Ob die Angabe in jedem Fall zwingend ist oder nur dann, wenn die Möglichkeit der Rückforderung tatsächlich vorgesehen ist, hängt davon ab, ob Clawbacks als Vergütungsbestandteile zu bewerten sind. Dies wird von einem kleinen Teil der Literatur verneint.

Locher/Beneke betrachten Clawback-Klauseln selbst nicht als Vergütungsbestandteile, sondern vielmehr als Instrument, dem Vorstandsmitglied solche zu entziehen („Rückforderungsbestandteil“) und leiten daraus ab, dass sie zwingender Bestandteil eines Vergütungssystems sind, soweit variable Vergütungsbestandteile gewährt werden.[230] Zur Begründung wird insbesondere auf den Wortlaut der Änderungs-RL verwiesen, demzufolge die Vergütungspolitik Informationen „zur Möglichkeit der Gesellschaft, variable Vergütungsbestandteile zurückzufordern“, enthält (Art. 9a VI UAbs. 3 S. 3 Var. 3).[231] Daraus ergebe sich, dass die Gesellschaft in der Lage sein muss, variable Vergütungsbestandteile zurückfordern zu können.[232] Es wird daraus somit zum einen die Einordnung als Vergütungsbestandteil verneint und zum anderen eine Pflicht zur Implementierung hergeleitet.

228 *Fleischer* in: BeckOGK AktG, § 87a Rn. 2; *Koch* in: Koch AktG, § 87a Rn. 4; *Wentrup* in: Münchener Hdb. Gesellschaftsrecht, § 21 Rn. 56; *Poelzig*, NZG 2020, 41 (44).

229 *Spindler*, AG 2020, 61 (62); *Arnold/Herzberg/Zeh*, AG 2020, 313 (318); dies ergibt sich auch aus der Regierungsbegründung, siehe Regierungsentwurf, BT-Drucks. 19/9739, S. 72.

230 *Lochner/Beneke* in: Hirte/Heidel, Das neue Aktienrecht, § 87a Rn. 17.

231 *Lochner/Beneke* in: Hirte/Heidel, Das neue Aktienrecht, § 87a Rn. 17.

232 *Lochner/Beneke* in: Hirte/Heidel, Das neue Aktienrecht, § 87a Rn. 17.

Überwiegend werden Clawbacks jedoch als Vergütungsbestandteile eingestuft.[233] Dafür spricht insbesondere, dass der Gesetzgeber ausweislich der Gesetzesbegründung die Kategorie „Rückforderungsbestandteil“ nicht kennt, da dieser ausschließlich zwischen Vergütungsbestandteilen[234] und strukturellen Festlegungen und Erläuterungen[235] unterscheidet.[236] Versucht man nun, Clawbacks einer der genannten Kategorien zuzuordnen, liegt die Einteilung als Vergütungsbestandteil nahe. Dazu kann auch ein Vergleich von Clawbacks zu den anderen, im Katalog genannten Passagen gezogen werden. Clawbacks sind ausschließlich im Zuge der Gewährung variabler Vergütungselemente denkbar und stellen unter anderem eine Alternative bzw. Ergänzung zu der aufgeschobenen Auszahlung variabler Vergütungsbestandteile dar (§ 87a I S. 2 Nr. 5 AktG).[237] Diese zögern die Fälligkeit hinaus, um die Verwirklichung von Leistungskriterien abzusichern.[238] Entsprechende Vereinbarungen über den Aufschub der Auszahlung fallen unter die Vergütungsbestandteile und sind daher auch nur anzugeben, falls von ihnen tatsächlich Gebrauch gemacht wird.[239] Auch diese Parallele spricht eindeutig dafür, Clawbacks als Vergütungsbestandteile einzuordnen und Angaben daher nur für den Fall der tatsächlichen Verwendung zu fordern. Der überwiegenden Meinung der Literatur ist daher zu folgen.

233 Siehe etwa *Spindler* in: MüKo AktG, § 87a Rn. 28; *Bachmann* in: Kremer DCGK, G23 Rn. 26; *Arnold/Herzberg/Zeh*, AG 2020, 313 (318); *Redenius-Hövermann/Siemens*, ZIP 2020, 145 (148), die jedoch eine Darstellung der Nichtanwendung von Clawback-Klauseln im Sinne guter Corporate Governance für erforderlich halten.

234 Siehe Regierungsentwurf, BT-Drucks. 19/9739, S. 72.

235 Siehe Beschlussempfehlung und Bericht des Ausschusses für Recht und Verbraucherschutz, BT-Drucks. 19/15153, S. 56 mit Bezug auf die Festlegung der Maximalvergütung sowie die Nummern 9, 10 und 11.

236 *Arnold/Herzberg/Zeh*, AG 2020, 313 (318).

237 Siehe etwa *Werner*, NZA 2020, 155 (155); *Seyfarth*, WM 2019, 569 (575); *Poelzig*, NZG 2020, 41.

238 *Grigoleit/Kochendörfer* in: Grigoleit AktG, § 87a Rn. 59.

239 *Grigoleit/Kochendörfer* in: Grigoleit AktG, § 87a Rn. 58; *Bachmann* in: Kremer DCGK, G23 Rn. 26; *Arnold/Herzberg/Zeh*, AG 2020, 313 (317).

Auch lässt sich aus § 87a AktG nicht die Pflicht entnehmen, Clawbacks in das Vergütungssystem zu integrieren.[240] Die materiellen Anforderungen an die Vorstandsvergütung richten sich auch nach dem ARUG II weiterhin nach der Zentralnorm § 87 AktG.

(3) § 162 AktG

§ 162 AktG verpflichtet Vorstand und Aufsichtsrat börsennotierter Gesellschaften dazu, jährlich einen Vergütungsbericht zu erstellen. Die Norm dient der Umsetzung von Art. 9b Änderungs-RL und begründet eine Art Rechenschaftspflicht der Verwaltungsmitglieder.[241] Der Vergütungsbericht ermöglicht es den Aktionären, von einer umfangreichen Datenlage ausgehend die Vergütung zu bewerten und gemäß § 120a IV AktG über eine Billigung zu entscheiden. Dies entspricht dem wesentlichen Ziel der Änderungs-RL, die Mitwirkungsrechte der Aktionäre zu stärken.[242] Daneben dient der Vergütungsbericht auch der Information anderer potentieller Anleger und der Beurteilung, ob die Vergütung mit der Gesellschaftsperformance im Einklang steht.[243]

Ähnlich wie die Aufzählung in § 87a AktG enthält auch § 162 I S. 2 AktG einen Katalog an Angaben, zu denen der Vergütungsbericht sich zu äußern hat. Die Angaben sind gemäß § 162 I S. 2 AktG indes nur notwendig, „soweit sie inhaltlich vorliegen". Sofern die berichtspflichtigen Umstände im abgelaufenen Geschäftsjahr nicht eingetreten sind, bedarf es daher grundsätzlich auch keiner Angabe in Form einer Negativmeldung.[244] § 162 II AktG fügt sodann weitere Pflichtangaben speziell hinsichtlich der Vorstandsvergütung hinzu.

---

240 *Spindler* in: MüKo AktG, § 87a Rn. 28; *Grigoleit/Kochendörfer* in: Grigoleit AktG, § 87a Rn. 61; *Dauner-Lieb* in: Henssler/Strohn AktG, § 87a Rn. 7; *Arnold/Herzberg/Zeh*, AG 2020, 313 (318); *Poelzig*, NZG 2020, 41 (44).

241 *Koch* in: Koch AktG, § 162 Rn. 1; *Kalss* in: MüKo AktG, § 162 Rn. 116.

242 So heißt es im Erwägungsgrund 33 der Richtlinie (EU) 2017/828, dass durch den Vergütungsbericht „eine bessere Überwachung der Vergütung von Mitgliedern der Unternehmensleitung durch die Aktionäre" erfolgt und eine „notwendige Voraussetzung für die Ausübung der Aktionärsrechte und die Mitwirkung der Aktionäre im Bereich der Vergütung geschaffen" wird.

243 Siehe Erwägungsgrund 33 S. 4 Richtlinie (EU) 2017/828.

244 *Bayer/Scholz* in BeckOGK AktG, § 162 Rn. 63.

Gemäß § 162 I S. 2 Nr. 4 AktG muss der Vergütungsbericht auch Angaben enthalten, ob und wie von der Möglichkeit Gebrauch gemacht wurde, variable Vergütungsbestandteile zurückzufordern. Die Angabe ist zwingend und kann aufgrund des Wortlauts („ob") daher auch ausnahmsweise eine Negativmeldung erfordern, sofern von der Möglichkeit kein Gebrauch gemacht wurde.[245] Darstellungspflichtig ist die Rückforderung seitens der Gesellschaft und nicht die tatsächliche Rückgewähr vom jeweiligen Vorstandsmitglied, da im Sinne der Norm die Transparenz über die Reaktion der Gesellschaft auf aktuelle Entwicklungen im Vordergrund steht.[246] Sie umfasst ausdrücklich des Wortlauts auch das „Wie" der Rückforderung, wovon z.B. die Angabe, ob der Anspruch erfüllt wurde oder nicht, erfasst ist.[247] Weiterhin müssen die Höhe der Rückforderung, die Umsetzung (etwa durch Aufrechnung), das Jahr der Gewährung der zurückgeforderten Vergütung und der Rechtsgrund dargestellt werden.[248] Daher wird auch einzugehen sein, worauf der Anspruch auf Rückzahlung basiert, etwa auf einer fehlerhaften Finanzberichterstattung oder einem Fehlverhalten.

ARUG II hat also Bewegung in die Clawback-Diskussion gebracht und die Sichtbarkeit der Klauseln deutlich erhöht, indem eine explizite Nennung in den neuen §§ 87a, 162 AktG erfolgte.

cc) DCGK und InstitutsVergV

Neben dem AktG enthält auch der DCGK Clawback-Vorgaben. So empfiehlt er in der neusten Fassung, dass der Aufsichtsrat in begründeten Fällen eine variable Vergütung einbehalten oder zurückfordern können soll (G.11). Auch im Bereich der Kredit- und Finanzdienstleistungsinstitute finden die Klauseln besondere Berücksichtigung. So ermächtigt § 25a VI KWG das Bundesministerium für Finanzen (BMF) dazu, durch Rechtsverordnung Bestimmungen

245 *Spindler* in: MüKo AktG, § 162 Rn. 57; *Bayer/Scholz* in: BeckOGK AktG, § 162 Rn. 107.

246 *Bayer/Scholz* in: BeckOGK AktG, § 162 Rn. 104; *Spindler* in: MüKo AktG, § 162 Rn. 58.

247 *Spindler* in: MüKo AktG, § 162 Rn. 61; *Bayer/Scholz* in: BeckOGK AktG, § 162 Rn. 108.

248 *Lochner/Beneke* in: Hirte/Heidel, Das neue Aktienrecht, § 162 Rn. 17.

über die Ausgestaltung der Vergütungssysteme zu treffen einschließlich der Ausgestaltung „positiver und negativer Vergütungsparameter, der Leistungszeiträume, Zurückbehaltungszeiträume und Rückforderungszeiträume einschließlich der Voraussetzungen und Parameter für einen vollständigen Verlust oder eine teilweise Reduzierung oder eine vollständige oder teilweise Rückforderung der variablen Vergütung“ (Clawback, § 25a VI S. 1 lit. c) KWG). Das BMF hat entsprechend § 25a VI S. 4 KWG die Ermächtigung an die BaFin übertragen, welche davon wiederum in Gestalt der InstitutsVergV Gebrauch gemacht hat. Die Verpflichtung zur Rückforderung folgt dabei aus § 20 VI S. 1 InstitutsVergV, dem zufolge das Institut auf Grundlage entsprechender Vereinbarungen eine bereits ausgezahlte variable Vergütung von den sog. Risikoträgern (§ 2 VIII InstitutsVergV) in den Fällen des § 18 V S. 3 Nr. 1, 2 InstitutsVergV zurückzufordern und Ansprüche auf die Auszahlung variabler Vergütung zum Erlöschen zu bringen hat. Unter Bezugnahme auf § 18 V. S. 3 Nr. 1, 2 InstitutsVergV setzt die Rückforderung also ein Verhalten voraus, für das der Betroffene verantwortlich oder an dem er wesentlich beteiligt war und welches zu erheblichen Verlusten oder regulatorischen Sanktionen geführt hat (Nr. 1), oder eine schwerwiegende Verletzung relevanter externer oder interner Regelungen in Bezug auf Eignung und Verhalten (Nr. 2).

Mittlerweile gibt es somit eine Reihe von Regelungen in Deutschland, die einzelne Gesellschaften entweder dazu verpflichten, auf Clawback-Vereinbarungen zurückzugreifen, oder aber zumindest eine Auseinandersetzung mit ihnen voraussetzen. Jedoch haben nicht nur die gesetzgeberischen Aktivitäten einen Einfluss auf die Präsenz und steigende Beliebtheit von Clawbacks.

dd) Die Rolle der Stimmrechtsberater

Um den Clawback-Trend zu analysieren und eine Prognose abgeben zu können, sind auch die Stimmrechtsberater (Proxy Advisor) genauer unter die Lupe zu nehmen. Ursprünglich kommen diese ebenfalls aus den USA, wobei sie sich mittlerweile aber auch am europäischen Kapitalmarkt etabliert haben.[249] Gemäß der Legaldefinition

249 *Velte*, AG 2019, 893 (893).

des § 134a I Nr. 3 AktG handelt es sich bei Stimmrechtsberatern um Unternehmen, die „gewerbsmäßig und entgeltlich Offenlegungen und andere Informationen von börsennotierten Gesellschaften analysieren, um Anleger zu Zwecken der Stimmausübung durch Recherchen, Beratungen oder Stimmempfehlungen zu informieren." Der Stimmrechtsberater analysiert die jeweiligen Tagesordnungspunkte und formuliert anschließend eine eindeutige Abstimmungsempfehlung.[250] Dabei geht es vorwiegend, wenn auch nicht ausschließlich, um Themen der Corporate Governance.[251] Insbesondere institutionelle Investoren nehmen die Leistungen der Berater im Vorfeld von Hauptversammlungen in Anspruch.[252] Oftmals ist es für diese anderenfalls gar nicht möglich, die Tagesordnungspunkte sämtlicher Hauptversammlungen bei der Vielzahl ihrer Portfolio-Unternehmen zu evaluieren.[253] Durch die Möglichkeit der Beratung sind auch viele der früher passiven institutionellen Investoren dazu übergegangen, ihre Stimmrechte entsprechend der Empfehlung des Proxy Advisors auszuüben.[254] Die Konsultation erspart den jeweiligen Investoren eine Menge Zeit und Geld, die ansonsten in die ausführliche Recherche zur Meinungsbildung und Abstimmung flössen.[255] Zwar üben die Stimmrechtsberater selbst das Stimmrecht für ihren Auftraggeber nicht aus, durch die regelmäßige Befolgung der Empfehlungen entsteht aber dennoch ein starker Einfluss auf das Abstimmungsergebnis.[256] Die Bedeutung der Proxy Advisor für das Ergebnis ergibt sich im Wesentlichen aus zwei Faktoren: zum einen aus dem prozentualen Anteil institutioneller Investoren bei der Abstimmung und zum anderen aus der Abstimmungsempfehlung des konsultierten Stimmrechtsberaters.

---

250 *Stüber*, WM 2020, 211 (214).

251 *Poelzig*, ZHR 2021, 373 (376).

252 *Hoffmann-Becking* in: Münchener Hdb. Gesellschaftsrecht, § 39 Rn. 6; *Heinen/Koch*, BB 2018, 2731 (2731); *Schockenhoff*, NZG 2015, 657 (657); *Zetzsche/Preiner*, AG 2014, 685 (685).

253 *Velte*, AG 2019, 893 (893).

254 *Schockenhoff*, NZG 2015, 657 (657).

255 *Heinen*, S. 73; vgl. *Zetzsche/Preiner*, AG 2014, 685 (696): „Eine Welt mit Stimmberatern ist aufgrund der mit dieser Dienstleistung verbundenen Kostensenkung bei der Stimmrechtsausübung durch institutionelle Anleger gegenüber einer Welt ohne Stimmberater vorzugswürdig."

256 *Hoffmann-Becking* in: Münchener Hdb. Gesellschaftsrecht, § 39 Rn. 6.

Eine Analyse der Aktionärsstruktur der DAX-Unternehmen von der Wirtschaftsprüfungsgesellschaft Ernst & Young ergab, dass institutionelle Anleger im Jahre 2018 mit einem Anteil von durchschnittlich 63% der Aktien besonders stark im Aktienindex vertreten sind.[257] Besonders dominant waren in der jüngeren Vergangenheit dabei die US-amerikanischen Vermögensverwalter BlackRock und Vanguard.[258] Um von derartigen Anteilen institutioneller Investoren ausgehend Rückschlüsse auf die Bedeutung der Proxy Advisor auf die Clawback-Entwicklung ziehen zu können, bedarf es eines Blickes auf die grundsätzlichen Empfehlungen der Branchenprimi, die in sog. Guidelines niedergeschrieben und öffentlich zugänglich sind. Als führende Unternehmen in diesem Bereich haben sich international, aber auch in Deutschland insbesondere die Proxy Advisor Institutional Shareholder Services (ISS) und Glass Lewis herauskristallisiert.[259] Sie kontrollieren zusammen mehr als 90% des oligopolistischen Marktes.[260] Aus den Richtlinien für das Jahr 2022 von Glass Lewis geht hervor, dass sich auch zukünftig für Clawback-Klauseln ausgesprochen wird[261] und auch weitere europäische Stimmrechtsberater, wie z.B. Ethos aus der Schweiz oder Proxinvest aus Frankreich, empfehlen die Möglichkeit einer Rückforderung.[262] ISS hingegen spricht sich für den europä-

257 Studie von Ernst & Young, Wem gehört der DAX? Analyse der Aktionärsstruktur der DAX-Unternehmen im Jahr 2018 – Kurzfassung, Juni 2019, S. 3; abrufbar unter: https://www.google.com/url?sa=t&rct=j&q=&esrc=s&source=web&cd=&ved=2ahUKEwj8jPff3NLuAhWzA2MBHcPiBnYQFjABegQIBRAC&url=https%3A%2F%2Fassets.ey.com%2Fcontent%2Fdam%2Fey-sites%2Fey-com%2Fde_de%2Fnews%2F2019%2F06%2Fey-wem-gehoert-der-dax-2019.pdf%3Fdownload&usg=AOvVaw0y_YpVi3LrGU-vZIUPpqSg (zuletzt abgerufen am: 05.07.2022); siehe dazu auch *Brellochs/Stark*, ZHR 2021, 319 (326 f.).

258 Siehe *Brellochs/Stark*, ZHR 2021, 319 (326 f.).

259 Siehe *Velte*, AG 2019, 893 (893); *Dörrwächter*, AG 2017, 409 (409); *Poelzig*, ZHR 2021, 373 (377); zur Marktstruktur der Stimmrechtsberater vgl. auch *Heinen*, S. 67 ff.

260 *Heinen*, S. 67; *Dörrwächter*, AG 2017, 409 (409); *Stüber*, WM 2020, 211 (214).

261 Glass Lewis, Policy Guidelines, Germany 2022, S. 25, abrufbar unter: https://www.glasslewis.com/wp-content/uploads/2021/11/Germany-Voting-Guidelines-GL-2022.pdf?hsCtaTracking=b0fb6c36-401d-4bf9-9d02-76cc8a873574%7C9fc4e633-6a5c-4e45-ad1c-d2f2bf4d6c2c (zuletzt abgerufen am 05.07.2022).

262 Siehe z.B. Ethos, Richtlinien zur Ausübung der Stimmrechte 2022, Grundsätze der Corporate Governance, S. 52, 54, 58, 104, abrufbar unter: https://ethosfund.ch/sites/default/files/2021-12/LDPCG_Ethos_2022_DE.pdf (zuletzt abgerufen

ischen Markt mit Ausnahme von Großbritannien und Irland nicht explizit für die Verwendung von Clawbacks aus.[263] Für den US-amerikanischen Markt hingegen gibt es weiterhin eine entsprechende Empfehlung.[264] Aufgrund der traditionellen Orientierung am angelsächsischen Raum kann dies auch als Indiz für eine weiter steigende Berücksichtigung von Clawbacks in Deutschland und anderen Teilen Europas gewertet werden.[265] Der Annahme folgend, dass ein Großteil der zumindest ausländischen institutionellen Investoren Stimmrechtsberater in Anspruch nehmen[266] und deren Empfehlungen in weitaus mehr als 50% der Fälle folgen,[267] ergibt sich auch abseits der größten 40 deutschen Unternehmen eine klare Tendenz hin zu der Verwendung von Clawback-Klauseln. Denn nicht nur im DAX, innerhalb dessen die Verwendung von Clawbacks bereits als Standard gesehen werden kann, sind institutionelle Investoren die größte Anlegergruppe. Für das Jahr 2017 bezifferte die Organisation für wirtschaftliche Zusammenarbeit und Entwicklung (OECD) den Anteil institutioneller Investoren in Deutschland auf 34%, wobei 461 börsennotierte Unternehmen berücksichtigt wurden.[268]

Dass die Proxy Advisor einen erheblichen Einfluss auf die Abstimmungsergebnisse haben können, war bereits in der Vergangenheit erkennbar. So wurden schon vor der obligatorischen Abstimmung

---

am 05.07.2022); Proxinvest, European Corporate Governance Principles & Voting Guidelines 2022, S. 25, S. 31, S. 63, abrufbar unter: https://www.proxinvest.com/wp-content/uploads/2022/03/PROXINVEST-European-voting-guidelines-2022-public-version.pdf (zuletzt abgerufen am: 05.07.2022).

263 Siehe ISS, Continental Europe, Proxy Voting Guidelines, abrufbar unter: https://www.issgovernance.com/file/policy/active/emea/Europe-Voting-Guidelines.pdf (zuletzt abgerufen am: 05.07.2022).

264 ISS, United States, Proxy Voting Guidelines, S. 46, S. 53, abrufbar unter: https://www.issgovernance.com/file/policy/active/americas/US-Voting-Guidelines.pdf (zuletzt abgerufen am: 05.07.2022).

265 Vgl. *Seyfarth*, WM 2019, 521 (525).

266 Vgl. *Heinen*, S. 67 ff.; *Dörrwächter*, AG 2017, 409 (410); *Velte*, AG 2019, 893 (893); *Poelzig*, ZHR 2021, 373 (378).

267 Siehe etwa *Dörrwächter*, AG 2017, 409 (410); *Vaupel*, AG 2011, 63 (64); *Fleischer*, AG 2012, 2 (3); *Stüber*, WM 2020, 211 (215); *Poelzig*, ZHR 2021, 373 (387).

268 OECD, Owners of the World's Listed Companies, OECD Capital Market Series, 2019, S. 36 f., abrufbar unter: https://www.oecd.org/corporate/ca/Owners-of-the-Worlds-Listed-Companies.pdf (zuletzt abgerufen am 05.07.2022); siehe dazu auch *Brellochs/Stark*, ZHR 2021, 319 (326 f.).

nach § 120a I S. 1 AktG vorgelegte Vergütungssysteme aufgrund der Empfehlungen von Stimmrechtsberatern abgelehnt.[269] Schätzungsweise üben ISS und Glass Lewis zusammen einen mittelbaren Einfluss von 30–40% auf die in der Hauptversammlung abgegebenen Stimmen aus.[270] Schon vor Jahren wurde angenommen, dass der Einfluss der Stimmrechtsberater in etwa dem des DCGK entspricht.[271] Er dürfte durch die jüngsten Aktivitäten des Gesetzgebers hinsichtlich der Vorstandsvergütung weiter gestärkt worden sein und zur Vermeidung eines ablehnenden Beschlusses zu einer weiteren Anpassung der Vergütungssysteme an die Guidelines der dominierenden Stimmrechtsberater führen.[272] Eine solche Entwicklung wird umso wahrscheinlicher, als die Stimmrechtsberater über Tochterunternehmen teilweise selber eine Beratung der Gesellschaft im Bereich der Organvergütung anbieten und faktisch somit Empfehlungen über eigene Beratungsdienstleistungen abgeben.[273] Einfluss und Guidelines der Stimmrechtsberater sprechen deshalb dafür, dass auch in Zukunft die Bedeutung von Clawback-Klauseln in börsennotierten Gesellschaften weiter zunehmen wird.

ee) Say on pay

Gemäß § 120a I S. 1 AktG beschließt die Hauptversammlung der börsennotierten Gesellschaft, in der die Aktionäre gemäß § 118 I S. 1 AktG ihre Rechte in den Angelegenheiten der Gesellschaft ausüben, über die Billigung des vom Aufsichtsrat vorgelegten Vergütungssystems für die Vorstandsmitglieder. Über die Billigung des nach § 162 AktG erstellten und geprüften Vergütungsberichts beschließt die

---

269 Etwa bei der Münchener Rück AG oder der Merck KGaA, siehe *Dörrwächter*, AG 2017, 409 (409).

270 *Stüber*, WM 2020, 211 (215).

271 Siehe *Schneider/Anzinger*, NZG 2007, 88 (89).

272 Eine ähnliche Entwicklung für den US-amerikanischen Markt darstellend etwa *Velte*, AG 2019, 893 (895).

273 ISS bietet eine solche Beratung über ihre 100%ige Tochtergesellschaft ISS Corporate Solutions (ICS) an, wobei sich in einer solchen Konstellation natürlich die Frage stellt, ob eine unabhängige Stimmrechtsberatung dann möglich ist, siehe *Dörrwächter*, AG 2017, 409 (409 f.); *Heinen*, S. 86 ff.; *Stüber*, WM 2020, 211 (214); *Poelzig*, ZHR 2021, 373 (382 f.).

Hauptversammlung sogar jährlich, § 120a IV AktG. Die Norm, durch ARUG II erst in das AktG eingeführt, regelt somit das Mitspracherecht der Anteilseigner bezüglich der Vorstandsvergütung („say on pay") im Einklang mit Art. 9a Änderungs-RL und steht in Korrelation mit dem ebenfalls neuen § 87a AktG, der die Festlegung des später zur Abstimmung vorzulegenden Vergütungssystems zum Gegenstand hat. Bereits vor der Umsetzung der zweiten Aktionärsrechterichtlinie war in § 120 IV AktG a.F. eine Möglichkeit der Aktionäre enthalten, über die Billigung des Vergütungssystems zu entscheiden. Jedoch war die Billigung damals noch fakultativ und nicht zwingend, sodass es im Ermessen des Aufsichtsrats stand, einen Hauptversammlungsbeschluss einzuholen.[274] Gemein haben jedoch sowohl die neue als auch die alte Regelung, dass der Beschluss lediglich empfehlenden Charakter hat und somit für den Aufsichtsrat keine unmittelbare Bindungswirkung entfaltet (siehe §§ 120a I S. 2, 120 IV S. 2 AktG). Dieser Gestaltungsspielraum wurde den nationalen Gesetzgebern gemäß Art. 9a III S. 1 der Änderungs-RL eingeräumt und in Deutschland zur Wahrung der Aufgaben- und Kompetenzverteilung innerhalb der AG dahingehend ausgenutzt, dass einem bindenden Votum eine Absage erteilt wurde.[275]

Jedoch bindet sich der Aufsichtsrat gemäß § 87a II AktG durch die Vorlage in gewisser Weise selbst, weil er nach der Norm die Vergütung der Vorstandsmitglieder in Übereinstimmung mit einem zur Billigung vorgelegten Vergütungssystem festzusetzen hat (§ 87a II S. 1 AktG).[276] Außerdem hat der Aufsichtsrat gemäß § 120a III AktG bei verweigerter Billigung spätestens in der darauf folgenden ordentlichen Hauptversammlung ein überprüftes Vergütungssystem zum Beschluss vorzulegen, wobei es nicht zu einer Überarbeitung gekommen sein muss und auch ein unverändertes System vorgelegt werden kann.[277] Allerdings hat die Hauptversammlung mit der unterlassenen Billigung zum

---

274 *Hoffmann* in: BeckOGK AktG, § 120a Rn. 28.

275 *Spindler*, AG 2020, 61 (72).

276 Ob der Aufsichtsrat dann an das nun gebilligte System oder an irgendein vorgelegtes System gebunden ist, wird unterschiedlich beurteilt. Für eine freie Wahl des Aufsichtsrats ist etwa *Hoffmann* in: BeckOGK AktG, § 120a Rn. 40, dagegen bei Billigung aber z.B. *Herrler* in: Grigoleit AktG, § 120a Rn. 25.

277 *Hoffmann* in: BeckOGK AktG, § 120a Rn. 32; *Koch* in Koch AktG, § 120a Rn. 9; *Liebscher* in: Henssler/Strohn AktG, § 120a Rn. 12; *Herrler* in: Grigoleit AktG, § 120a Rn. 19.

Ausdruck gebracht, dass die Aktionäre mit dem aktuellen Vergütungssystem nicht einverstanden sind. Aufgrund des faktischen Drucks ist deshalb davon auszugehen, dass der Aufsichtsrat das abgelehnte Vergütungssystem auch ändern wird.[278] Somit vermittelt die Abstimmung über das Vergütungssystem trotz des lediglich empfehlenden Charakters den Aktionären eine gewisse Machtposition gegenüber dem Aufsichtsrat.

c) Zusammenfassung

Waren Clawbacks früher lediglich ein US-amerikanisches Phänomen, sind sie mittlerweile auch in Deutschland und Europa angekommen. Insbesondere ARUG II hat die Visibilität der Klauseln in Deutschland erheblich erhöht, indem sowohl § 87a als auch § 162 AktG sie nun ausdrücklich erwähnen. Aufgrund der Regelungen werden sich die Gesellschaften zukünftig immer intensiver mit dem Thema beschäftigen müssen.[279] Als ein ganz wesentlicher Treiber der Diskussion dürften dabei nach wie vor die Stimmrechtsberater fungieren. Diese fordern vermehrt die Aufnahme von Clawback-Klauseln in die Vorstandsverträge.[280] Gepaart mit dem hohen Anteil institutioneller Investoren und deren Hang, die Dienstleistungen der Proxy Advisor auch in Anspruch zu nehmen, ergibt sich daraus eine große Wahrscheinlichkeit, dass zukünftig noch mehr Clawback-Vereinbarungen getroffen werden, als dies ohnehin schon zu beobachten ist.

3. Dogmatische Einordnung

Im weiteren Verlauf ist nun die dogmatische Einordnung von Clawbacks zu erörtern. Neben einer Bedingung (§ 158 BGB) wird dabei auch auf die Möglichkeit eines Widerrufsrechts und die Vertragsstrafe (§ 339 BGB) einzugehen sein.

278 *Bungert* in: Münchener Hdb. Gesellschaftsrecht, § 35 Rn. 46; *Zipperle/Lingen*, BB 2020, 131 (132); siehe auch *Herrler* in: Grigoleit AktG, § 120a Rn. 19; zum faktischen Druck auch *Dörrwächter*, AG 2017, 409 (410).

279 So auch *Poelzig*, NZG 2020, 41 (50).

280 Vgl. *Dörrwächter/Wolff*, AG 2020, 233 (234).

a) Auflösende Bedingung, § 158 II BGB

Denkbar ist zunächst, dass der Rückzahlungsanspruch auf einer auflösenden Bedingung gemäß § 158 II BGB basiert.[281] Demnach endet die Wirkung eines Rechtsgeschäfts mit dem Eintritt der Bedingung und der frühere Rechtszustand tritt wieder ein. Unter der „Bedingung" ist im Rahmen des § 158 BGB die Abhängigkeit des Eintritts (aufschiebende Bedingung) bzw. das Fortbestehen der Wirkungen eines Rechtsgeschäfts (auflösende Bedingung) von einem zukünftigen, objektiv ungewissen Ereignis gemeint.[282] Als ein solches ungewisses Ereignis kommt grundsätzlich jede künftige Begebenheit in Betracht, so auch bestimmte Erwartungen des Erklärenden, wobei in Bezug auf die schriftliche Ausgestaltung zu beachten ist, dass bei einer bloßen Angabe eines Beweggrundes keine echte Bedingung i.S.d. § 158 BGB anzunehmen ist.[283] Im Falle der Rückforderung von variablen Vorstandsvergütungsbestandteilen kann das ungewisse Ereignis die zukünftige, noch nicht absehbare Entwicklung der Gesellschaft (Performance) oder das zukünftig regelkonforme Verhalten des jeweiligen Vorstandsmitglieds (Compliance) sein.

Das Rechtsgeschäft, welches der Bedingung dabei zugrunde liegt, ist die Vereinbarung der Parteien, auf welcher der Vergütungsanspruch des jeweiligen Vorstandsmitglieds gegen die Gesellschaft fußt.[284] Die Folge der Vereinbarung einer auflösenden Bedingung ist, dass bis zum Eintritt/Nichteintritt der Bedingung zwar eine Rechtsänderung erfolgt, der Begünstigte also einen Vergütungsanspruch gegen die Gesellschaft hat, diese aber durch einen Schwebezustand gekennzeichnet ist.[285] Mit Ausfall der Bedingung, wenn der Eintritt also etwa durch Zeitablauf nicht mehr möglich ist, wird das Rechtsgeschäft endgültig wirksam und der Schwebezustand damit beendet.[286]

---

281 *Poelzig*, NZG 2020, 41 (45); *Raitzsch*, ZIP 2019, 104 (107); *Lindemann/Heim*, JuS 2018, 1121 (1127); *Schuster* in: FS Bauer, S. 975; *Bachmann* in: Kremer DCGK, G.11 Rn. 9.

282 *Westermann* in: MüKo BGB, § 158 Rn. 8.

283 *Bork* in: Staudinger BGB, Vorb. zu § 158 Rn. 5; *Schuster* in: FS Bauer, S. 975.

284 Vgl. *Poelzig*, NZG 2020, 41 (45).

285 *Bork* in: Staudinger BGB, § 158 Rn. 1; *Westermann* in: MüKo BGB, § 158 Rn. 38.

286 *Mansel* in: Jauernig BGB, § 158 Rn. 8 f.

Tritt die Bedingung hingegen ein, wird die Rechtsänderung *ex nunc* beseitigt (vgl. § 159 BGB, wonach der Inhalt des Rechtsgeschäfts die an den Eintritt der Bedingung geknüpften Folgen auch auf einen früheren Zeitpunkt zurückbeziehen kann).[287] Der Vorstand hat dann zwar seine Vergütungszahlungen erhalten, der Rechtsgrund dafür ist jedoch nachträglich entfallen. Hieraus ergibt sich für die Gesellschaft gemäß § 812 I S. 2 Var. 1 BGB ein gesetzlicher Anspruch *ipso iure* auf Rückzahlung der betroffenen, bereits gewährten Bezüge.[288] Einer weiteren Erklärung des Gläubigers bedarf es in diesem Fall nicht. Jedoch wird die Gesellschaft in der Praxis natürlich den Anspruch gegenüber dem Vorstandsmitglied geltend machen müssen, um auch tatsächlich Befriedigung zu erlangen.[289] Zu unterscheiden ist diese Konstellation allerdings von den rein gesetzlichen Rückforderungsmöglichkeiten, die in einem späteren Kapitel behandelt werden.[290] Zwar ergibt sich hier der Rückforderungsanspruch auch aus dem Gesetz, basiert aber auf einer vertraglichen Vereinbarung der Parteien, die bereits eine Erstattung der Bezüge vorsieht und als Auslösungsmechanismus wirkt. Alternativ, und das wird der Regelfall sein,[291] kann die Vereinbarung auch selbst den Rückzahlungsanspruch statuieren, ohne dass es dann auf den gesetzlichen Anspruch ankommt.[292]

b) Widerruf

Statt einer auflösenden Bedingung kann auch ein Widerruf der Vergütung den Rückzahlungsanspruch begründen.[293] Für das gesetzliche Widerrufsrecht hält das BGB verschiedene Regelungen bereit, die dessen Ausübung und Rechtsfolgen regeln (siehe z.B. § 355 BGB). Der Grundsatz der Privatautonomie sichert den Parteien jedoch auch die Möglichkeit zu, vertraglich Widerrufsrechte zu vereinbaren – also

287 *Bork* in: Staudinger BGB, § 158 Rn. 21.

288 Vgl. *Bork* in: Staudinger BGB, § 158 Rn. 22; *Raitzsch*, ZIP 2019, 104 (107); *Poelzig*, NZG 2020, 41 (45).

289 Vgl. *Raitzsch*, ZIP 2019, 104 (107).

290 Siehe dazu unten unter C II.

291 Siehe etwa Formulierungsvorschläge unter C. I. 10.

292 Vgl. *Schuster* in: FS Bauer, S. 975; *Seyfarth*, WM 2019, 569 (570).

293 *Poelzig*, NZG 2020, 41 (45); *Seyfarth*, WM 2019, 569 (570); *Raitzsch*, ZIP 2019, 104 (107); *Schuster* in: FS Bauer, S. 975; *Bachmann* in: Kremer DCGK, G.11 Rn. 9.

die Option, sich nachträglich einseitig wieder von bestimmten Verpflichtungen zu lösen.[294] In diesem Zusammenhang ist der Begriff des Widerrufs etwas modifiziert zu verstehen. Schließlich geht es der Gesellschaft nicht darum, sich vom Vertrag zu lösen und diesen rückabzuwickeln. Vielmehr soll lediglich die Vergütung ihren Weg zurück in das Vermögen der Gesellschaft finden. Nichtsdestotrotz handelt es sich auch hier um ein Gestaltungsrecht, sodass es zwingend einer Widerrufserklärung der berechtigten Gesellschaft bedarf.[295] Bei der Auslegung der Erklärung ist gemäß § 133 BGB der wirkliche Wille zu erforschen und nicht an dem buchstäblichen Sinne des Ausdrucks festzuhalten. Eine Bezeichnung als Widerruf ist entsprechend auch nicht erforderlich. Es ist ausreichend, dass die Gesellschaft, vertreten durch den Aufsichtsrat, zum Ausdruck bringt, dass dem Vorstandsmitglied die Bezüge nicht zustehen und es diese der Gesellschaft zurückgewähren muss.[296] Mit Zugang der Erklärung (§ 130 BGB) entfaltet das Widerrufsrecht seine Wirkung und der Gesellschaft erwächst ein Anspruch auf Rückabwicklung.

Im Unterschied zu einer Bedingung nach § 158 BGB entsteht der Anspruch also nicht *ipso iure*, sondern erst nach Ausübung des Widerrufs durch die Gesellschaft. Um das Widerrufsrecht ausnutzen zu können, muss der vereinbarte Widerrufsgrund, also etwa das Nichterreichen der wirtschaftlichen Ziele (Performance) oder das Fehlverhalten des Vorstandsmitglieds (Compliance), vorliegen und, falls vereinbart, die Widerrufsfrist gewahrt werden. Der Grundsatz der Privatautonomie überlässt es den Parteien grundsätzlich, die Formalitäten der Rückabwicklung in der vertraglichen Vereinbarung selbst umfassend festzulegen.[297] Die Rahmenbedingungen des Widerrufsrechts bestimmen sich daher bei vertraglichen Widerrufsrechten ausschließlich durch Auslegung eben dieser.[298]

294 Vgl. *Mörsdor* in: BeckOGK BGB, § 355 Rn. 34; *Ebnet*, NJW 2011, 1029 (1031).

295 Vgl. *Fritsche* in: MüKo BGB, § 355 Rn. 43.

296 Zur Auslegung empfangsbedürftiger Willenserklärungen siehe etwa *Busche* in: MüKo BGB, § 133 Rn. 12 ff.

297 Siehe zum Grundsatz der Privatautonomie *Dreier* in: Dreier GG, Art. 2 I Rn. 35 f.

298 Vgl. BGH, NZG 2012, 903 (905); BGH, NJW 2013, 155 (157).

c) Aufschiebende Bedingung, § 158 I BGB

Neben einem Widerruf und einer auflösenden Bedingung könnte auch eine aufschiebende Bedingung gemäß § 158 I BGB die Grundlage einer Rückforderung bilden.[299] Wird ein Rechtsgeschäft unter einer aufschiebenden Bedingung vorgenommen, entfaltet dieses demnach erst mit Eintritt der Bedingung seine Wirkung. Ebenso wie bei einer auflösenden Bedingung verursacht die Vereinbarung einen Schwebezustand.[300] Jedoch entsteht, anders als bei der auflösenden Bedingung, bis zum Eintritt der Bedingung keine Rechtsänderung.[301] Auf den Vergütungsanspruch übertragen bedeutet dies, dass bis zum Bedingungseintritt auch keine Forderung des Vorstandsmitglieds gegen die Gesellschaft besteht. Dies widerspricht allerdings dem Gedanken einer Rückforderung bereits eingeräumter, und nicht rechtsgrundlos gewährter Bezüge.[302] Eine aufschiebende Bedingung eignet sich aus diesem Grund auch nicht als Grundlage eines Clawbacks.

d) Vertragsstrafe

Neben der Einordnung als Bedingung oder Widerruf bleibt die Frage zu klären, ob es sich bei einem Clawback möglicherweise zugleich um eine Vertragsstrafe handelt.[303] Eine solche liegt gemäß § 339 BGB vor, wenn der Schuldner für den Fall der Nichterfüllung oder nicht gehörigen Erfüllung einer Verbindlichkeit eine meist in Geld bestehende Leistung verspricht.[304] Sinn und Zweck einer Vertragsstrafe ist zum einen, durch die Aussicht einer Strafzahlung einen Erfüllungszwang des Schuldners zu erzeugen und somit steuernd auf das Verhalten des Schuldners einzuwirken und zum anderen, den Gläubiger nicht allein auf den teils schwerer zu realisierenden Schadensersatz zu verweisen und ihm einen beweisfreien Mindestersatz zu sichern (Bifunktionali-

299 Vgl. *Raitzsch*, ZIP 2019, 104 (107).
300 Siehe *Westermann* in: MüKo BGB, § 158 Rn. 38.
301 *Westermann* in: MüKo BGB, § 158 Rn. 38.
302 Siehe *Raitzsch*, ZIP 2019, 104 (107).
303 Siehe *Poelzig*, NZG 2020, 41 (45 f.); *Seyfarth*, WM 2019, 569 (572 f.).
304 *Spinner* in: MüKo BGB, § 611a Rn. 958; *Stadler* in: Jauernig BGB, § 339 Rn. 1.

tät).[305] Die Subsumtion des Clawbacks unter den Begriff der Vertragsstrafe muss für den Performance- und Compliance-Clawback getrennt erfolgen.

aa) Performance-Clawback

Vordergründiges Ziel von Performance-Clawbacks ist nicht die Verhaltenssteuerung der Vorstandsmitglieder, sondern der Schutz der Gesellschaft vor einer unberechtigten Vermögensverschiebung, womit sich auch die Parallele zu den bereicherungsrechtlichen Vorschriften erklären lässt.[306] Jedoch lässt sich nicht von der Hand weisen, dass auch diese Rückforderungsklauseln zu einer Verhaltensanpassung der Vorstandsmitglieder führen können. So lassen sich nach der Implementierung entsprechender Klauseln laut verschiedener Studien aus den USA ein Rückgang von Restatements, ein verbesserter Informationsgehalt der finanziellen Berichterstattung der Gesellschaft und generell eine höhere Werterelevanz der veröffentlichen Kennzahlen beobachten, was sich wiederum nur mit einer entsprechenden Ausrichtung der Unternehmensspitze erklären lässt.[307] Diese Verhaltenssteuerung resultiert aber lediglich aus der Sorge des Vorstandsmitglieds, im Falle unzureichender Berichterstattung Rückzahlungsansprüchen ausgesetzt zu sein. Die Klauseln verfolgen hingegen nicht den Gedanken, bestimmte Verhaltensweisen zu sanktionieren und somit bewusst auf die Handlungsweise Einfluss zu nehmen. Daraus folgt, dass Performance-Clawbacks auch nicht als Vertragsstrafe zu qualifizieren sind, sondern als ausgleichende Entgeltregelung, welche die Äquivalenz zwischen Leistung und Gegenleistung wiederherstellen soll.[308]

305 Vgl. *Gottwald* in: MüKo BGB, Vorb. zu § 339 Rn. 6; *Ulrici* in: BeckOGK BGB, § 339 Rn. 16.
306 Siehe dazu oben C. I. 1. b).
307 *Dörrwächter/Wolff*, AG 2020, 233 (239); siehe etwa *DeHaan/Hodge/Shevlin*, CAR 2013, 1027 (1055).
308 So auch *Poelzig*, NZG 2020, 41 (46); den Charakter einer Vertragsstrafe ablehnend auch *Kähler* in: BeckOGK BGB, § 307, Vertragsstrafeklausel Rn. 76; *Spindler* in: MüKo AktG, § 87 Rn. 93c; *Jänsch*, S. 236.

bb) Compliance-Clawback

Möglicherweise handelt es sich bei dem Compliance-Clawback aber um eine Vertragsstrafe i.S.d. § 339 BGB. Diese Frage wird in der Literatur unterschiedlich beantwortet. Teilweise wird das Vorliegen einer Vertragsstrafe bejaht.[309] Demnach solle durch die Rückforderung der variablen Vergütung das pflichtwidrige Verhalten sanktioniert und der Vorstand durch Zufügung eines Übels vorrangig zur Einhaltung seiner organschaftlichen und dienstvertraglich geschuldeten Pflichten gezwungen werden.[310] Da die Rückforderung unabhängig von der Erreichung bestimmter Ziele erfolgt, handele es sich anders als beim Performance-Clawback nicht um eine ausgleichende Entgeltregelung.[311] Von anderer Seite wird der Clawback-Klausel zwar eine gewisse Parallele zu Vertragsstrafen zugesprochen, jedoch beziehe sie sich anders als diese lediglich auf den bereits erhaltenen Bonus und nicht auf das, was sich das Vorstandsmitglied im Übrigen verdient habe, sodass nicht nachträglich das Verhältnis zwischen Leistung und Gegenleistung gestört werde.[312]

Um eine passende Antwort auf die Streitfrage zu finden, bedarf es einer weiteren Systematisierung, wann grundsätzlich eine Vertragsstrafe vorliegt und wann nicht. Entscheidend für die Einordnung als Vertragsstrafe ist der Sanktionscharakter.[313] Dieser ist etwa dann abzulehnen, wenn lediglich ein Wohlverhalten honoriert wird.[314] Denkbar ist z.B., dass pflichtgemäße oder überobligatorische Verhaltensweisen besonders belohnt werden sollen und das Unterlassen sodann einen Rückforderungsanspruch der Gesellschaft begründet.[315] Dem Vorstandsmitglied verbleibt dann nur das, was ihm aufgrund seiner eigenen Leistung zusteht.[316] Das überobligatorische bzw. pflichtgemäße

309 So *Poelzig*, NZG 2020, 41 (46); *Aicher*, AG 2021, 535 (538); *Rieble* in: Staudinger BGB, § 315 Rn. 441; wohl auch *Dörrwächter/Wolff*, AG 2020, 233 (235).

310 *Poelzig*, NZG 2020, 41 (46).

311 *Poelzig*, NZG 2020, 41 (46).

312 *Seyfarth*, WM 2019, 569 (572); ablehnend auch *Jänsch*, S. 236 f.

313 *Kähler* in: BeckOGK BGB, § 307, Vertragsstrafeklausel Rn. 64.

314 *Kähler* in: BeckOGK BGB, § 307, Vertragsstrafeklausel Rn. 77.

315 *Kähler* in: BeckOGK BGB, § 307, Vertragsstrafeklausel Rn. 77.2; *Rieble* in: Staudinger BGB, § 315 Rn. 441.

316 *Kähler* in: BeckOGK BGB, § 307, Vertragsstrafeklausel Rn. 77.2.

Verhalten wird mit einem Bonus belohnt, der wiederum ungerechtfertigt ausgezahlt wurde, wenn das Verhalten unterlassen wurde. Durch die Rückzahlung wird hier der Gleichklang von Leistung und Gegenleistung wiederhergestellt, sodass sich der Vergleich zum Performance-Clawback aufdrängt und die Qualifizierung als Vertragsstrafe abzulehnen ist.[317]

An dieser Stelle ist eine differenzierte Beurteilung von Compliance-Clawbacks erforderlich. Aus dem oben Gesagten ergibt sich letztlich, dass nicht der Grund für die Rückforderung ausschlaggebend dafür ist, ob eine Klausel als Vertragsstrafe einzuordnen ist. Maßgeblich ist, ob Bedingung für die Auszahlung des nun zurückgeforderten Betrags bereits das Wohlverhalten des Vorstandsmitglieds war. Wenn der Clawback nicht in ein Bonus/Malus-System eingebettet ist, welches schon die Auszahlung von dem Verhalten des Organmitglieds abhängig macht, wird das pflichtgemäße oder überobligatorische Verhalten nicht belohnt. Vielmehr wird durch den Clawback ein Fehlverhalten sanktioniert. Die Höhe des verdienten Bonus berechnet sich dann nicht anhand der Einhaltung der Verhaltensregelungen, sondern anhand anderer Zielparameter, die davon losgelöst sind. Sind diese erfüllt worden und der Betroffene muss aufgrund eines Fehlverhaltens trotzdem den Bonus ganz oder teilweise zurückzahlen, verbleibt unter dem Strich nicht der eigentlich verdiente Betrag bei dem betroffenen Mitglied. Diesem wird letztlich etwas gekürzt, was ihm an sich zusteht.[318] Insofern kann es für die Einordnung keinen Unterschied machen, ob sich eine Rückzahlungsverpflichtung auf variable oder feste Vergütungsbestandteile bezieht, da der Betroffene die Vergütung in jedem Fall „verdient“ hat. Außerdem steht bei Compliance-Clawbacks anders als bei Performance-Klauseln durch das Androhen eines Übels die Verhaltenssteuerung im Vordergrund,[319] sodass eine ganz prägende Funktion der Vertragsstrafe, nämlich das Erzeugen von Erfüllungszwang, auch dieser Form der Clawback-Klausel innewohnt. In diesem Fall ist deshalb davon auszugehen, dass ein nachträglicher Eingriff in

---

317 Siehe auch *Jänsch*, S 236.

318 Vgl. *Kähler* in: BeckOGK BGB, § 307, Vertragsstrafeklausel Rn. 77.1.

319 *Dörrwächter*, DB 2020, 2182 (2184); *Poelzig*, NZG 2020, 41 (43); *Seyfarth*, WM 2019, 569 (571).

das Verhältnis von Leistung und Gegenleistung erfolgt. Dann liegt aber auch eine Vertragsstrafe i.S.d. § 339 BGB vor.[320]

Zu einem anderen Ergebnis gelangt man hingegen, wenn man den Clawback nicht bloß gesondert, sondern als Teil eines Bonus/Malus-Systems betrachtet. Charakteristisch dafür ist, dass ein Teil der Vergütung zurückbehalten wird und erst nach Ablauf einer längeren Zeitspanne zur Auszahlung gelangt.[321] Bis dahin stehen die Malus-Klauseln letztlich stellvertretend für die Clawbacks. Während des Zurückbehaltungszeitraums kann z.B. ein Fehlverhalten des Vorstandsmitglieds dazu führen, dass sich der Auszahlungsbetrag verrringert. Die Tatbestände von Malus- und Clawback-Klausel dürften in diesen Fällen regelmäßig identisch sein.[322] Schon vor der Auszahlung verrechnet die Gesellschaft ganz bewusst verschiedene Erfolgs- und Misserfolgsbeiträge, die sich nicht auf das Erreichen der wirtschaftlichen Kennzahlen beschränken. Dann liegt es aber nahe, dass ein Wohlverhalten honoriert wird und in die Bonusberechnung unmittelbar einfließt. Wird im Nachhinein aufgedeckt, dass sich das Organmitglied nicht pflichtgemäß verhalten hat, tritt damit zugleich ein Irrtum über das Vorliegen der Auszahlungsvoraussetzungen zu Tage. Die Auszahlung erfolgte letztlich ebenfalls aufgrund fehlerhafter Informationen. Ein Compliance-Clawback stellt also in diesem Fall das angemessene Verhältnis von Leistung und Gegenleistung sicher, ist mithin eine ausgleichende Entgeltregelung.[323] Voraussetzung dafür muss sein, dass sich Malus- und Clawback-Tatbestände inhaltlich decken. Mangels Sanktionscharakter ist die Klassifizierung als Vertragsstrafe dann aber abzulehnen. Entscheidend ist somit, ob die betroffenen Vergütungsbestandteile der Auszahlungshöhe nach selbst schon von dem Vorliegen -oder Nichtvorliegen von Compliance-Tatbeständen abhängig sind. Mit anderen Worten hängt die Einordnung als Vertragsstrafe nicht davon ab, ob die Rückforderung auf einem Fehlverhalten oder der tatsächlichen Nichterreichung von Planzielen fußt, sondern davon, ob

320 So auch *Kähler* in: BeckOGK BGB, § 307, Vertragsstrafeklausel Rn. 77.1; *Rieble* in: Staudinger BGB, § 315 Rn. 441; *Poelzig*, NZG 2020, 41 (46); *Aicher*, AG 2021, 535 (538); vgl. auch *Schirrmacher*, ZBB 2017, 281 (291).

321 Siehe dazu unten unter E. I.

322 Siehe dazu unten unter E. I.

323 Vgl. *Seyfarth*, WM 2019, 569 (572 f.).

schon die Auszahlungshöhe von denjenigen Vorkommnissen abhängt, an die der Clawback selbst anknüpft. Die Differenzierung ist äußerst praxisrelevant; Clawback-Klauseln als Bestandteil eines Bonus/Malus-Systems dürften in der Praxis nämlich der Standardfall sein.[324]

cc) Folgen der Einordnung als Vertragsstrafe

Für diejenigen Klauseln, die als Vertragsstrafe zu qualifizieren sind, stellt sich die Frage nach den rechtlichen Folgen einer solchen Einordnung. Im Rahmen der AGB-rechtlichen Prüfung ergeben sich zumindest keine Besonderheiten. Zwar enthält der Katalog von Klauselverboten ohne Wertungsmöglichkeiten in § 309 Nr. 6 BGB auch ein entsprechendes Verbot für bestimmte Vertragsstrafen. Compliance-Clawbacks sind von der Vorschrift jedoch nicht betroffen, da sie eine von der Vorschrift nicht erfasste Schlechtleistung sanktionieren.[325] Auch § 343 BGB, wonach eine unverhältnismäßig hohe verwirkte Strafe auf Antrag des Schuldners durch Urteil auf den angemessenen Betrag herabgesetzt werden kann, ist im Falle einer AGB-Prüfung nicht anwendbar. Die Vorschrift ist auf Individualvereinbarungen zugeschnitten.[326] Etwas anderes gilt freilich für den Fall, dass keine AGB vorliegen. Dann kann eine Herabsetzung durch Urteil erfolgen.[327]

e) Zusammenfassung

Bezüglich der Einordnung des Rückzahlungsanspruchs lässt sich folgendes feststellen: Als Grundlage kommen sowohl die auflösende Bedingung gemäß § 158 II BGB als auch ein Widerrufsvorbehalt in Be-

---

324 Vgl. nur Adidas, Geschäftsbericht 2021, S. 55; Bayer, Geschäftsbericht 2021, S. 258; Continental, Geschäftsbericht 2020, S. 29; Mercedes-Benz Group, Vergütungsbericht 2021, S. 25.

325 Siehe unten unter C. I. 5. d) bb).

326 Für Nichtanwendbarkeit auch z.B. LAG Hamm, NZA 2003, 499 (503); LAG Niedersachsen, BeckRS 2004, 17720; OLG Köln, BeckRS 2011, 4593; *Stadler* in: Jauernig BGB, § 343 Rn. 2; *Fries/Schulze* in: Schulze BGB, § 343 Rn. 2; wohl auch *Janoschek* in: BeckOK BGB, § 343 Rn. 2; a.A. *Gottwald* in: MüKo BGB, § 343 Rn. 9; *Ulrici* in: BeckOGK BGB, § 343 Rn. 33 ff.; *Metzger* in: Erman BGB, § 343 Rn. 2; *Christos Chasapis*, S. 402 ff.

327 Siehe dazu unten unter C. I. 6.

tracht. Außerhalb von Bonus/Malus-Systemen sind Compliance-Clawbacks außerdem als Vertragsstrafe i.S.d. § 339 BGB zu qualifizieren.

4. Zuständigkeit des Aufsichtsrats

Die Zuständigkeit des Aufsichtsrats für den Abschluss und Inhalt des Anstellungsvertrages und damit auch für die Vereinbarung der Clawback-Klauseln ergibt sich aus § 84 I S. 5 AktG i.V.m. § 84 I S. 1 AktG. Gemäß § 84 I S. 5 AktG gelten die Vorschriften über die Bestellung, die im ausschließlichen Zuständigkeitsbereich des Aufsichtsrats liegt, auch für den Anstellungsvertrag. Dieser ist streng von der organschaftlichen Bestellung zu trennen, lässt sich in der Regel als ein Dienstvertrag qualifizieren, der eine Geschäftsbesorgung zum Gegenstand hat (§§ 611, 675 BGB) und regelt die schuldrechtlichen Beziehungen zwischen dem Vorstandsmitglied und der Gesellschaft.[328] Die Einordnung als Arbeitsvertrag scheidet hingegen aus, da das Vorstandsmitglied als weisungsunabhängiges Leitungsorgan der Gesellschaft (§ 76 AktG) kein Arbeitnehmer ist.[329] Für das Zustandekommen gelten die allgemeinen Regeln, sodass insbesondere der Zugang der Annahmeerklärung des Vorstandsmitglieds erforderlich ist gemäß § 130 I S. 1 BGB.[330]

Die Zuständigkeit des Aufsichtsrats ist zwingend, kann also nicht an einen Dritten übertragen werden und besteht auch im Falle einer Insolvenz der Gesellschaft fort.[331] Er fungiert dabei als gesetzlicher Vertreter der Gesellschaft gemäß § 112 AktG.[332] Da § 107 III S. 7 AktG nicht auf § 84 I S. 5 AktG verweist, ist es grundsätzlich möglich, die Entscheidung über den Abschluss des Anstellungsvertrags auf einen

---

328 *Fleischer* in: BeckOGK AktG, § 84 Rn. 26; *Spindler* in: MüKo AktG, § 84 Rn. 59; *Weber* in: Hölters/Weber AktG, § 84 Rn. 33; *Grigoleit* in: Grigoleit AktG, § 84 Rn. 17 f.

329 *Fleischer* in: BeckOGK AktG, § 84 Rn. 27; *Weber* in: Hölters/Weber AktG, § 84 Rn. 34.

330 *Weber* in: Hölters/Weber AktG, § 84 Rn. 33; *Spindler* in: MüKo AktG, § 84 Rn. 59; *Seibt* in: Schmidt/Lutter AktG, § 84 Rn. 26.

331 *Spindler* in: MüKo AktG, § 84 Rn. 71; *Grigoleit* in: Grigoleit AktG, § 84 Rn. 19; *Fleischer* in: BeckOGK AktG, § 84 Rn. 36; *Weber* in: Hölters/Weber AktG, § 84 Rn. 35.

332 *Spindler* in: MüKo AktG, § 84 Rn. 76.

Ausschuss zu übertragen, der wiederum aus mindestens drei Mitgliedern bestehen muss gemäß § 108 II S. 3 AktG.[333] Seit dem VorstAG ist es jedoch aufgrund des Verweises auf § 87 I, II S. 1, 2 AktG nicht weiter möglich, die Vergütungsentscheidung zu deligieren. Ein Ausschuss kann aber mit der Vorbereitung der Entscheidung beauftragt werden, bevor sich das Aufsichtsratsplenum mit der Angelegenheit befasst.[334] Teilweise wird aus dem Plenumsvorbehalt der Vergütungsfestsetzung aber auch geschlossen, dass nunmehr auch die Entscheidung über den Abschluss des Anstellungsvertrags dem Gesamtaufsichtsrat vorbehalten ist.[335] Dies ergebe sich daraus, dass sich die Angemessenheit der Vorstandsvergütung nicht losgelöst von den anderen Bestimmungen des Anstellungsvertrages beurteilen lasse.[336] Es ist richtig, dass die Vergütungsregelungen einen ganz wesentlichen Bestandteil des Anstellungsvertrages ausmachen. Daher wird in der Praxis auch empfohlen, den Anstellungsvertrag zumindest beim Neuabschluss dem Aufsichtsratsplenum vorzulegen.[337] Durch das VorstAG ist es jedoch bei einem Verweis auf die Vergütungsentscheidung geblieben. Hätte der Gesetzgeber aber einen Plenumsvorbehalt für den Anstellungsvertrag als solchen bezweckt, wäre ein Verweis auf § 84 I S. 5 AktG konsequent gewesen, ohne dass es dann noch eines Verweises auf § 87 AktG bedurft hätte.[338] Es ist daher streng zwischen der Praktikabilität und dem rechtlich Möglichen zu unterscheiden. Die Entscheidung über den Abschluss des Anstellungsvertrags kann somit weiterhin einem ordnungsgemäß besetzten Ausschuss übertragen werden.[339] Die Vereinbarung von Clawback-Klauseln obliegt hingegen seit dem VorstAG dem Gesamtaufsichtsrat.

---

333 *Grigoleit* in: Grigoleit AktG, § 84 Rn. 20; *Spindler* in: MüKo AktG, § 84 Rn. 72.

334 *Weber* in: Hölters/Weber AktG, § 84 Rn. 36.

335 So *Dauner-Lieb* in: Henssler/Strohn AktG, § 84 Rn. 18.

336 *Dauner-Lieb* in: Henssler/Strohn AktG, § 84 Rn. 18.

337 *Fleischer* in: BeckOGK AktG, § 84 Rn. 37; *Weber* in: Hölters/Weber AktG, § 84 Rn. 36; *Seibt* in: Schmidt/Lutter AktG, § 84 Rn. 28; *Spindler* in: MüKo AktG, § 84 Rn. 72.

338 Vgl. *Koch* in: Koch AktG, § 84 Rn. 15; *Grigoleit* in: Grigoleit AktG, § 84 Rn. 20.

339 So auch *Spindler* in: MüKo AktG, § 84 Rn. 72; *Weber* in: Hölters/Weber AktG, § 84 Rn. 36; *Grigoleit* in: Grigoleit AktG, § 84 Rn. 20; *Seibt* in: Schmidt/Lutter AktG, § 84 Rn. 28.

5. Clawbacks im Lichte des AGB-Rechts

Im Zentrum der Diskussion stand bisher die rechtliche Zulässigkeit von Clawbacks.[340] Probleme könnten sich insbesondere mit Blick auf das AGB-Recht ergeben, welches Verwendern von AGB bei der Vereinbarung von Vertragsinhalten besondere Grenzen setzt. Dementsprechend ist es angezeigt, die einschlägigen Vorschriften im Folgenden mit konkretem Bezug auf die Clawback-Klauseln genauer zu durchleuchten. Dass die Frage brisant und keinesfalls einfach zu beantworten ist, zeigen etwa Stimmen in der Literatur vor der Einführung der neuen InstitutsVergV, die ausdrücklich die Verringerung oder Streichung bereits ausgezahlter Vergütungen mit dem deutschen Arbeitsrecht für nicht vereinbar gehalten haben.[341] Die Zweifel an der Zulässigkeit verlieren auch nicht dadurch ihre Legitimation, dass der Gesetzgeber im Zuge des ARUG II erstmalig die Möglichkeit der Rückforderung bereits ausgezahlter Vergütungsbestandteile in das AktG aufgenommen hat (§§ 87a, 162 AktG). Teilweise wird daraus zwar gefolgert, dass die generelle Zulässigkeit der Klauseln geklärt sei.[342] Aber in Anbetracht der Tatsache, dass es kein allgemeines Verständnis gibt, welche Klauseln genau unter den Begriff „Clawback“ fallen und wenn doch, immer noch zwischen Performance- und Compliance-Klausel zu differenzieren ist, sollte die gesetzgeberische Nennung *in puncto* rechtlicher Zulässigkeit nicht allzu große Sicherheit vermitteln.

a) Vorliegen von AGB

Allgemeine Geschäftsbedingungen sind gemäß § 305 I S. 1 BGB alle für eine Vielzahl von Verträgen vorformulierten Vertragsbedingungen,

340 Siehe u.a. *Poelzig*, NZG 2020, 41 (46 ff.); *Seyfarth*, WM 2019, 569 (571 ff.); *Redenius-Hövermann/Siemens*, ZIP 2020, 145 (147 f.); *Schockenhoff/Nußbaum*, AG 2018, 813 (815 ff.).

341 So *Wolfgarten* in: Boos/Fischer/Schulte-Mattler, KWG, CRR-VO, § 20 InstitutsVergV Rn. 7.

342 Siehe etwa *Spindler*, AG 2020, 61 (66); *Redenius-Hövermann/Siemens*, ZIP 2020, 145 (147).

die eine Vertragspartei (Verwender) der anderen Vertragspartei bei Abschluss eines Vertrages stellt.

Bei den Vorstandsverträgen handelt es sich zweifelsfrei um Vertragsbedingungen, die im Normalfall von der Gesellschaft als einheitliche Musterverträge verwendet und nicht individuell verhandelt werden, sodass diese und die darin enthaltenen Clawback-Klauseln in aller Regel vorformuliert sind und nicht individuell ausgehandelt werden (siehe § 305 I S. 3 BGB).[343] AGB müssen außerdem für „eine Vielzahl von Verträgen" vorformuliert sein. Dies setzt nach allgemeiner Ansicht von Rechtsprechung und Literatur eine zumindest geplante dreimalige Verwendung voraus.[344] Insbesondere bei Konzerngesellschaften ist das nicht unüblich.[345] Sollte die Verwendung hingegen nicht wenigstens dreimalig geplant sein, kommt es für die Einordnung als AGB darauf an, ob das Vorstandsmitglied bei Vertragsschluss als Verbraucher i.S.d. § 13 BGB einzuordnen ist und daher die Erleichterungen des § 310 III BGB zum Tragen kommen. Gemäß § 310 III Nr. 2 BGB finden die §§ 305c II, 306, 307, 308, 309 BGB bei Verbraucherverträgen nämlich auch auf vorformulierte Vertragsbedingungen Anwendung, wenn diese nur zur einmaligen Verwendung bestimmt sind und soweit der Verbraucher auf ihren Inhalt keinen Einfluss nehmen konnte. Diese Frage ist insofern von großer Bedeutung, als vor allem die kleineren, nicht konzernierten AGs das „Minenfeld der AGB-Kontrolle"[346] gegebenenfalls nicht betreten müssten.

aa) Das (zukünftige) Vorstandsmitglied als Verbraucher

Nach § 13 BGB ist ein Verbraucher jede natürliche Person, die ein Rechtsgeschäft zu Zwecken abschließt, die überwiegend weder ihrer gewerblichen noch ihrer selbständigen beruflichen Tätigkeit zugerechnet werden können. Ob das Vorstandsmitglied Verbraucher i.S.d.

343 Siehe *Reufels* in: Hümmerich/Reufels, Gestaltung von Arbeitsverträgen, § 3 Rn. 54; *Bauer/Arnold*, ZIP 2006, 2337 (2339); *Poelzig*, NZG 2020, 41 (47); *Seyfarth*, WM 2019, 569 (572); *Fischbach*, WM 2018, 1491 (1499).

344 BGH, NJW 2019, 2997 (2999); *Lehmann-Richter* in: BeckOGK BGB, § 305 Rn. 124; *Fornasier* in: MüKo BGB, § 305 Rn. 18; *Roloff/Looschelders* in: Erman BGB, § 305 Rn. 11.

345 *Reufels* in: Hümmerich/Reufels, Gestaltung von Arbeitsverträgen, § 3 Rn. 54.

346 *Gennert*, DB 2017, 674.

§ 13 BGB ist, wird kontrovers diskutiert, von der bisher herrschenden Meinung jedoch bejaht, auch wenn die Frage bisher noch nicht letztinstanzlich entschieden wurde.[347] Der Kern der Debatte betrifft dabei das Merkmal der selbständigen beruflichen Tätigkeit. Das OLG Frankfurt stellt insbesondere die Fremdnützigkeit der Tätigkeit des Vorstands heraus und verweist auf die anerkannte Verbrauchereigenschaft des GmbH-Geschäftsführers.[348] Auch das OLG Hamm spricht dem Vorstandsmitglied die Verbrauchereigenschaft zu, da er typischerweise nicht das unternehmerische Risiko seines Handelns trage.[349] Beide Gerichte betonten dabei, dass die dem Vorstand zugestandene Weisungsfreiheit (§ 76 AktG) bei der Wahrnehmung der ihm obliegenden Pflichten nicht zu einem anderen Ergebnis führen könnte.[350]

In der Tat haben die obersten Gerichte in der Vergangenheit den GmbH-Geschäftsführer als Verbraucher i.S.d. § 13 BGB eingestuft.[351] Die herrschenden Meinung wurde somit nachdrücklich gestärkt und der Kontroverse um die Einordnung des Geschäftsführers der Wind aus den Segeln genommen. Ob aus den Entscheidungen aber tatsächlich Rückschlüsse auf den Vorstand einer AG gezogen werden können, hängt davon ab, inwieweit sich die Ausführungen unter Berücksichtigung der Unterschiede und Gemeinsamkeiten von Vorstand und Geschäftsführer auch tatsächlich auf das Leitungsorgan der AG übertragen lassen.

---

347 Der BGH hat die Frage zuletzt offen gelassen, siehe BGH, NZA 2020, 244; für die Einordnung als Verbraucher etwa OLG Frankfurt, AG 2018, 852 (853); OLG Hamm, AG 2007, 910 (911 f.); *Löw*, AG 2018, 837 (838 f.); *Micklitz* in: MüKo BGB, § 13 Rn. 61; *Habersack* in: Ulmer/Brandner/Hensen AGB-Recht, Teil 2 (2) Rn. 1; *Graf von Westphalen*, ZIP 2013, 2184 (2184); *Jänsch*, S. 103; ablehnend hingegen *Mülbert* in: FS Goette, S. 342; *Seyfarth*, WM 2019, 569 (572); *Grobys*, DStR 2002, 1002 (1004 f.); *Thüsing* in: Hdb. Vorstandsrecht, § 4 Rn. 101; *Bauer/Arnold*, ZIP 2006, 2337 (2339); siehe jedoch auch *Bauer/Arnold/Kramer*, AG 2014, 677 (678 f.).

348 OLG Frankfurt, AG 2018, 852 (853).

349 OLG Hamm, AG 2007, 910 (912).

350 OLG Hamm, AG 2007, 910 (912); OLG Frankfurt, AG 2018, 852 (853).

351 Siehe BAG, NZA 2010, 939 (940 f.); BGH, NJW 1996, 2156 (2157); bestätigend dann etwa BGH, DNotZ 2007, 288 (288).

bb) Der GmbH-Geschäftsführer als Verbraucher

Im Juni 1996 hatte sich der BGH mit der Frage zu befassen, ob das damalige Verbraucherkreditgesetz auf den Schuldbeitritt zu einem Kreditvertrag entsprechend anwendbar war. Grundlage war der zwischen einer GmbH und einem Leasingunternehmen geschlossene Leasingvertrag und eine Erklärung der damaligen Mehrheitsgesellschafterin und Alleingeschäftsführerin, die gesamtschuldnerische Mithaftung gegenüber dem Leasinggeber für alle Ansprüche aus dem Vertrag zu übernehmen. In diesem Rahmen stellte der BGH in seinem Urteil fest, dass die Geschäftsführung einer GmbH eine angestellte berufliche und eben keine selbständige Tätigkeit darstellt.[352] Das gleiche gilt für das Halten einer eigenen Beteiligung an der Gesellschaft als bloße Vermögensverwaltung.[353] In die gleiche Kerbe schlug auch das BAG in einem Urteil aus dem Jahre 2010. In diesem Fall hatte das Gericht sogar unmittelbar über die Verbrauchereigenschaft eines Fremdgeschäftsführers einer GmbH bei Abschluss seines Anstellungsvertrags zu entscheiden. Die Richter stellten fest, dass für die Einordnung einer beruflichen Tätigkeit als selbständig neben der Weisungsfreiheit maßgeblich ist, dass die Tätigkeit im eigenen Namen, auf eigene Rechnung und im eigenen Verantwortungsbereich ausgeübt wird, sodass die Person das wirtschaftliche Risiko unmittelbar selbst trägt.[354] Ebendas, so das Gericht, treffe auf den Geschäftsführer, der im Innenverhältnis den Weisungen der Gesellschafter unterliegt und seine Tätigkeit im Namen und auf Rechnung der Gesellschaft tätigt, nicht zu.[355] Dies gelte zumindest dann, wenn der Geschäftsführer nicht zugleich über eine Sperrminorität verfügt und Leitungsmacht auf die Gesellschaft ausüben kann.[356] Freilich ist auch die Einschätzung der obersten Gerichte nicht frei von Kritik.[357] Stimmen wurden laut, es handele sich um eine „paradoxe Übersteigerung des Verbraucherschutzgedankens", die dazu auch noch Missbräuchen „Tür und Tor" öffne.[358] Dennoch

352 BGH, NJW 1996, 2156 (2158).
353 BGH, NJW 1996, 2156 (2158).
354 BAG, NZA 2010, 939 (940).
355 BAG, NZA 2010, 939 (940).
356 BAG, NZA 2010, 939 (941).
357 Siehe etwa *Mülbert* in: FS Goette, S. 333 ff.; *Bauer/Arnold*, ZIP 2006, 2337 (2339).
358 *Canaris*, AcP 2000, 273 (355); *Dauner-Lieb/Dötsch*, DB 2003, 1666 (1667).

sind die Ausführungen von erheblichem Gewicht und dienen der herrschenden Lehre als Argumentationsfundament.

cc) Übertragbarkeit der Rechtsprechung auf den Vorstand

Die Urteilsfindung der Gerichte basierte auf einer Abgrenzung der Tätigkeit des Geschäftsführers von der selbständigen Tätigkeit.[359] Zwischen dem GmbH-Geschäftsführer und dem Vorstand einer AG lassen sich allerdings signifikante Ungleichheiten feststellen. Gemäß § 37 I GmbHG sind die Geschäftsführer der Gesellschaft gegenüber verpflichtet, die ihnen im Gesellschaftsvertrag oder durch die Beschlüsse der Gesellschafter auferlegten Beschränkungen einzuhalten. Die Beschränkung der Befugnis hat gemäß § 37 II S. 1 GmbHG aus Gründen des Vertrauensschutzes gegen dritte Personen keine rechtliche Wirkung und betrifft somit nur das sog. Innenverhältnis zwischen Geschäftsführer und Gesellschaft.[360] Dennoch ergibt sich aus der Vorschrift ein fundamentaler Unterschied zwischen der Stellung des Geschäftsführers und dem Vorstand einer AG und deren Verhältnis zu den übrigen Gesellschaftsorganen. Während Letzterer die Gesellschaft eigenverantwortlich und grundsätzlich unabhängig von der Hauptversammlung als Willensbildungsorgan der Aktionäre sowie dem Aufsichtsrat leitet (§ 76 AktG, siehe auch § 119 II AktG), ist der Geschäftsführer einem umfassenden Weisungsrecht der Gesellschafterversammlung unterworfen.[361] Passend dazu führte der BGH in einem Urteil bezüglich der Übertragung des ganzen Gesellschaftsvermögens einer GmbH aus, dass die Verfassung der GmbH anders als die der AG hierarchisch ausgestaltet und nicht auf die Schaffung einer Machtbalance ausgerichtet ist.[362] Zutreffend wird daher teilweise auch vom „Primat“ der Gesellschafter gesprochen.[363]

---

359 BAG, NZA 2010, 939 (940); BGH, 2156 (2158).

360 *Lücke/Simon* in: Saenger/Inhester GmbHG, § 37 Rn. 1; *Stephan/Tieves* in: MüKo GmbHG, § 37 Rn. 2.

361 *Lücke/Simon* in: Saenger/Inhester GmbHG, § 37 Rn. 2; *Oetker* in: Henssler/Strohn GmbHG, § 37 Rn. 13.

362 BGH, NZG 2019, 505 (509).

363 *Stephan/Tieves* in: MüKo GmbHG, § 37 Rn. 2; *Lücke/Simon* in: Saenger/Inhester GmbHG, § 37 Rn. 2.

Das BAG stellt jedoch weitere Anforderungen an die Ausübung einer selbständigen beruflichen Tätigkeit. Sie müsse über die weitgehende Weisungsfreiheit hinaus auch im eigenen Namen, auf eigene Rechnung und im eigenen Verantwortungsbereich ausgeübt werden, sodass das wirtschaftliche Risiko selbst getragen wird.[364] Wird das Vorliegen einer selbständigen beruflichen Tätigkeit von diesen Merkmalen abhängig gemacht, so muss in der Tat auch für das Vorstandsmitglied die Verbrauchereigenschaft bejaht werden.[365] Das wirtschaftliche Risiko der Tätigkeit des Vorstandsmitglieds trägt grundsätzlich die Gesellschaft.[366] Als gesetzlicher Vertreter der AG (§ 78 I S. 1 AktG) tritt er im Namen dieser auf, verpflichtet sie im Rahmen der abgeschlossenen Rechtsgeschäfte und ist selbst daher nicht unmittelbar betroffen.[367] Der höchstrichterlichen Rechtsprechung folgend entfalten also die Erleichterungen nach § 310 III BGB Wirkung und die wesentlichen AGB-Vorschriften kommen zur Anwendung, wenn bloß eine einmalige Verwendung bestimmt ist und das Vorstandsmitglied auf den Inhalt der Bedingungen keinen Einfluss nehmen konnte. Für die Praxis dürfte die Marschroute daher klar sein. Selbst wenn die Vereinbarungen nicht mehrmals gebraucht werden, sollten die Vorschriften zu AGB in den Überlegungen des Verwenders eine Rolle spielen und angemessen berücksichtigt werden.[368]

dd) Stellungnahme

Das herrschende Schrifttum hat folglich einen starken Verbündeten. Die Überzeugungskraft einer Rechtsauffassung speist sich jedoch nicht aus der Anzahl ihrer Anhänger. Vielmehr gibt es auch in diesem Fall gute Gründe, die für eine abweichende Einordnung sprechen könnten. Da wäre zum einen die gängige Bezeichnung des Anstellungsvertrags

364 BAG, NZA 2010, 939 (940).

365 Vgl. *Bauer/Arnold/Kramer*, AG 2014, 677 (678).

366 *Jänsch*, S. 101; *Bauer/Arnold/Kramer*, AG 2014, 677 (678), die außerdem darauf verweisen, dass das mittelbare Risiko etwa durch die Vereinbarung erfolgsabhängiger Vergütung gerade nicht ausreicht.

367 *Bauer/Arnold/Kramer*, AG 2014, 677 (678).

368 Vgl. auch *Bauer/Arnold*, ZIP 2006, 2337 (2339).

vom Vorstandsmitglied als „Dienstvertrag der selbständig Tätigen".[369] Es fällt schwer, ist sogar unmöglich, diese Bezeichnung mit der Einordnung als Verbraucher i.S.d. § 13 BGB zu vereinbaren.[370] Über die rein terminologische Ebene hinaus ist es tatsächlich so, dass die einschlägigen Regelungen eine klare Grenze zwischen dem gängigen, unselbständigen Arbeitsverhältnis auf der einen und dem Verhältnis zwischen Vorstand und Gesellschaft auf der anderen Seite ziehen. Für die Bestellung und entsprechend für die Anstellung sieht das Gesetz zwingend zeitliche Befristungen vor (§ 84 I S. 1, 5 AktG), um die Flexibilität des Aufsichtsrats in seinen Personalentscheidungen zu wahren und die mit langfristigen oder lebenslänglichen Bestellungen damals oft einhergehenden „schweren Belastungen für die Gesellschaft" zu verhindern.[371] Trotz der Möglichkeit der Wiederbestellung und -anstellung führt dies notwendigerweise, und auch *in praxi* gewollt, zu einer gewissen Rotation auf den Vorstandspositionen.[372] Dementsprechend ist es der Vorstandstätigkeit immanent, in regelmäßigen Abständen neue Verträge mit wechselnden Dienstherren zu schließen.[373] Mangels abhängiger Beschäftigung werden Vorstandsmitglieder wie GmbH-Geschäftsführer sozialversicherungsrechtlich außerdem als selbständig behandelt mit der Folge, dass sie etwa nicht in der gesetzlichen Unfallversicherung versichert und auch in der gesetzlichen Rentenversicherung nicht versicherungspflichtig sind.[374]

Es ist jedoch auch zu berücksichtigen, dass sich bei all den Unterschieden einige Parallelelen zu der unselbständigen Arbeitnehmerstellung ausfindig machen lassen. So stellt das Vorstandsmitglied in der Regel ebenso wie die Arbeitnehmer der Gesellschaft seine Arbeitskraft hauptberuflich zur Verfügung und die Tätigkeit bildet die finanzielle Existenzgrundlage.[375] Außerdem agiert das Vorstandsmitglied zwar weitestgehend eigenverantwortlich, wird aber allein für die Gesell-

369 *Grau* in: Arbeitshandbuch AR, § 11 Rn. 74; *Thüsing* in: Hdb. Vorstandsrecht, § 4 Rn. 101; *Bauer/Arnold*, ZIP 2006, 2337 (2339).

370 Vgl. *Thüsing* in: Hdb. Vorstandsrecht, § 4 Rn. 101.

371 *Spindler* in: MüKo AktG, § 84 Rn. 2; *Fleischer* in: BeckOGK AktG, § 84 Rn. 15.

372 *Grobys*, DStR 2002, 1002 (1005).

373 *Grobys*, DStR 2002, 1002 (1005).

374 *Wentrup* in: Münchener Hdb. Gesellschaftsrecht, § 21 Rn. 20; siehe auch *Bauer/Arnold*, ZIP 2006, 2337 (2339).

375 *Grau* in: Arbeitshandbuch AR, § 11 Rn. 74.

schaft organschaftlich tätig, die überdies die Risiken seines Handelns trägt.[376] Dies sind gewichtige Aspekte, über die auch die fehlende Weisungsgebundenheit letztendlich nicht hinwegzutäuschen vermag. Gegen eine Einordnung als Verbraucher wird teilweise auch vorgebracht, dass dies dem Schutzzweck der Verbraucherschutzvorschriften zuwiderliefe. Das Vorstandsmitglied sei aufgrund seiner starken Position, Bezahlung und herausgehobener Verantwortung nicht *per se* schutzwürdig.[377] Dieses Argument kann jedoch nicht überzeugen. Zwar ist es richtig, dass das Vorstandsmitglied im Regelfall geschäftserfahren sein wird, sich der Konsequenzen seines Handelns bewusst ist und im Einzelfall, je nach Marktlage, die stärkere Verhandlungsposition hat, sodass eine strukturelle Unterlegenheit nicht offenkundig ist. Vergleichbare Situationen ergeben sich aber nicht nur in Bezug auf (zukünftige) Vorstandsmitglieder, sondern dürften auch bei erstklassig qualifizierten Arbeitnehmern, vor allem in Führungspositionen, zu beobachten sein. Diesen wird als Arbeitnehmern trotz fehlender Schwächeposition aber nicht der besondere Schutz für Verbraucher versagt.[378] Alles in allem ist es auch deshalb überzeugend, dem Vorstandsmitglied bei Abschluss des Anstellungsvertrags die Verbrauchereigenschaft zuzusprechen und die Erleichterungen des § 310 III BGB zu gewähren. Ausreichend ist daher bereits die einmalige Verwendung bei fehlender Einflussnahme, sodass in aller Regel die AGB-Vorschriften Anwendung finden. Eine Möglichkeit der Einflussnahme wird in der Regel nämlich abzulehnen sein. „Der Verwender muss den in seinen AGB enthaltenen gesetzesfremden Kerngehalt inhaltlich ernsthaft zur Disposition stellen und dem Verhandlungspartner Gestaltungsfreiheit zur Wahrung eigener Interessen einräumen; der Kunde muss die reale Möglichkeit erhalten, den Inhalt der Vertragsbedingungen zu beeinflussen.“[379] Bezüglich der variablen Vergütung liegt die mangelnde Einflussnahmemöglichkeit schon daran, dass die Kompetenz für die Festlegung der Vergütungsbestandteile beim Aufsichtsratsplenum

376 Zum GmbH-Geschäftsführer siehe *Mülbert* in: FS Hadding, 579.

377 So *Seyfarth*, Vorstandsrecht, § 4 Rn. 17.

378 Zur Verbrauchereigenschaft von Arbeitnehmern siehe etwa *Micklitz* in: MüKo BGB, § 13 Rn. 58; *Preis* in: Erfurter Kommentar Arbeitsrecht, § 611a BGB Rn. 182; BVerfG, NJW 2007, 286 (286); BAG, NJW 2005, 3305 (3308).

379 BGH, NJW 2005, 2543 (2544).

liegt gemäß § 107 III S. 7 AktG. Wenn das Plenum die Festsetzungen erst einmal vorgenommen hat, werden die Vorstandsmitglieder diese inhaltlich in aller Regel nicht mehr ändern können.[380]

b) Keine Bereichsausnahme, § 310 IV S. 1 BGB

Der Anwendung AGB-rechtlicher Vorschriften steht auch nicht die Bereichsausnahme nach § 310 IV S. 1 BGB entgegen, wonach der Abschnitt u.a. auf dem Gebiet des Erb-, Familien- und Gesellschaftsrechts keine Anwendung findet. Bei einem Vorstandsanstellungsvertrag könnte man zunächst zwar meinen, es handele sich um einen solchen auf dem Gebiet des Gesellschaftsrechts, immerhin ist er durch gesellschaftsrechtliche Vorschriften ganz wesentlich determiniert (z.B. durch § 87 AktG). Von der Vorschrift erfasst sind aber andere, der Begründung mitgliedschaftlicher und organisationsrechtlicher Strukturen dienende Vertragstypen, die etwa die Gründung einer Gesellschaft betreffen.[381] Der Anstellungsvertrag als schuldrechtlicher Austauschvertrag fällt jedenfalls nicht unter die Bereichsausnahme.[382]

c) Überraschende Klauseln, § 305c I BGB

Gemäß § 305c I BGB werden Bestimmungen in AGB, die nach den Umständen so ungewöhnlich sind, dass der Vertragspartner des Verwenders mit ihnen nicht zu rechnen braucht, gar nicht erst Vertragsbestandteil. Die Regelung beruht auf dem Gedanken, dass der Vertragspartner regelmäßig die AGB nicht als Ganzes liest und darauf vertraut, dass keine außergewöhnlichen Klauseln enthalten sind.[383] Konkret stellt sich also die Frage, ob ein Vorstandsmitglied damit rechnen muss, dass sich die AG, vertreten durch den Aufsichtsrat, durch die Verwendung von Clawbacks die Möglichkeit zur Rückforderung von

380 *Jaeger* in: FS Winter, S. 317; *Hornung*, S. 195.

381 Siehe *Fornasier* in: MüKo BGB, § 310 Rn. 121; *Richters/Friesen* in: BeckOGK BGB, § 310 Rn. 185; *Kort*, NZG 2020, 121 (122).

382 Siehe *Fornasier* in: MüKo BGB, § 310 Rn. 125; *Becker* in: BeckOK BGB, § 310 Rn. 32; *Kort*, NZG 2020, 121 (122); *Schockenhoff/Nußbaum*, AG 2018, 813 (816); *Seyfarth*, WM 2019, 569 (572).

383 Vgl. *Fornasier* in: Müko BGB, § 305c Rn. 1; *Bonin* in: BeckOGK BGB, § 305c Rn. 2.

Vergütungsbestandteilen vorbehalten will. Dies wird teilweise mit der Begründung in Zweifel gezogen, es gebe in Deutschland bisher keine Praxis zur Verwendung von Clawbacks.[384] Erschwerend komme hinzu, dass bei der Beurteilung, ob die Klausel überraschend ist, auf die Perspektive eines Verbrauchers abgestellt werden müsse.[385] Dieser Auffassung kann (mittlerweile) allerdings nicht mehr gefolgt werden. Seit ARUG II haben Clawbacks Einzug in das AktG erhalten und auch der DCGK empfiehlt in seiner neusten Fassung ihre Verwendung (G.11). Ein Blick in die Geschäftsberichte der DAX40-Unternehmen[386] verrät außerdem, dass sie mittlerweile auch in der Praxis als Marktstandard angesehen werden können. Berücksichtigt man nun, dass sich die Geläufigkeit einer Klausel insbesondere nach dem Grad der Abweichung vom dispositiven Gesetzesrecht richtet und danach, was üblicherweise in Verträgen dieser Art vereinbart wird,[387] kann die Clawback-Klausel bei heutiger reger Verwendung und gesetzlicher Verankerung nicht als ungewöhnlich klassifiziert werden.[388]

Daran ändert auch die Einordnung des Vorstandsmitglieds als Verbraucher nichts. Ob die Ungewöhnlichkeit im Einzelfall zu unterstellen ist, lässt sich nur anhand aller (allgemeinen und individuellen) Umstände bewerten.[389] Es ist dabei grundsätzlich auf die durchschnittlichen Erkenntnismöglichkeiten des typischen, solche Verträge abschließenden Kreises abzustellen.[390] Unabhängig von der Einordnung als Verbraucher ist daher der Kreis typischer (potentieller) Vorstandsmitglieder maßgeblich, für die – wie bereits ausgeführt – kein „Überrumpelungseffekt“[391] gegeben ist. Eine andere Beurteilung könnte nur dann erfolgen, wenn auf den durchschnittlichen Verbraucher an sich

384 *Werner*, NZA 2020, 155 (157); ebenso, allerdings noch vor ARUG II, *Seyfarth*, WM 2019, 569 (573).

385 *Seyfarth*, WM 2019, 569 (573).

386 Siehe dazu C. I. 1. c).

387 Siehe *Bonin* in: BeckOGK BGB, § 305c Rn. 41.

388 Ebenso *Dörrwächter*, DB 2020, 2182 (2183); *Redenius-Hövermann/Siemens*, ZIP 2020, 145 (147); *Spindler*, AG 2020, 61 (67).

389 Siehe *Fornasier* in: MüKo BGB, § 305c Rn. 7; *Bonin* in: BeckOGK BGB, § 305c Rn. 34 ff.

390 *Ulmer/Schäfer* in: Ulmer/Brandner/Hensen AGB-Recht, § 305c BGB Rn. 13; *Fornasier* in: MüKo BGB, § 305c Rn. 7 f.; *Bonin* in: BeckOGK BGB, § 305c Rn. 40.

391 BGH, DNotZ 1996, 88 (90).

abzustellen wäre, der in diesem Fall jedoch nicht zum Kreis der typischen Vertragspartner zählt. Clawback-Klauseln sind somit grundsätzlich nicht überraschend i.S.d. § 305c I BGB. Etwas anderes kann sich nur aus der spezifischen Verhandlungssituation ergeben, also aus den Begleitumständen des Vertragsschlusses wie dem Ablauf der Vertragsverhandlungen, mündlicher Erläuterungen des Verwenders oder der Vorkorrespondenz.[392]

d) Inhaltskontrolle

Dass die Klauseln im Allgemeinen nicht überraschend sind, sagt natürlich noch nichts über ihre tatsächliche Vereinbarkeit mit dem AGB-Recht aus. Dafür bedarf es vielmehr einer Inhaltskontrolle gemäß der §§ 307 ff. BGB. Diese ist nach § 307 III S. 1 BGB aber nur eröffnet, wenn durch die fragliche Bestimmung von Rechtsvorschriften abgewichen wird oder sie solche zumindest ergänzt. Nicht erfasst werden also die sog. deklaratorischen Klauseln, die eine gesetzliche Vorschrift nur wiederholen oder sinngemäß wiedergeben.[393] Das Gesetz selbst soll nämlich nicht Gegenstand der AGB-Kontrolle sein.[394] Rechtsvorschriften i.S.d. § 307 III S. 1 BGB umfassen dabei das gesamte geschriebene Recht im materiellen Sinn sowie ungeschriebene Rechtsgrundsätze, das Richterrecht und die sich aus der Natur des jeweiligen Vertragsverhältnisses ergebenden wesentlichen Rechte und Pflichten.[395]

aa) Kontrollfähigkeit

Das AktG enthält keine Vorgaben für Clawbacks. Es statuiert in § 87a und § 162 AktG lediglich eine Angabepflicht. Demgegenüber enthält die InstitutsVergV in § 20 VI S. 1 i.V.m. § 18 V S. 3 Nr. 1, 2 aber konkrete Vorgaben für die Rückforderung von Vergütungsbestandteilen.

---

392 Siehe *Bonin* in: BeckOGK BGB, § 305c Rn. 34; *Ulmer/Schäfer* in: Ulmer/Brandner/Hensen AGB-Recht, § 305c Rn. 13a.

393 *Wurmnest* in: MüKo BGB, § 307 Rn. 6; *Stadler* in: Jauernig BGB, § 307 Rn. 14; *Schmidt* in: BeckOK BGB, § 307 Rn. 73.

394 *Wurmnest* in: MüKo BGB, § 307 Rn. 6; *Schmidt* in: BeckOK BGB, § 307 Rn. 71; *Roloff/Looschelders* in: Erman BGB, § 307 Rn. 39.

395 BGH, NJW 2014, 1168 (1168); *Roloff/Loschelders* in: Erman BGB, § 307 Rn. 39; *Wurmnest* in: MüKo BGB, § 307 Rn. 7.

Insofern könnte für Gesellschaften, die vom Anwendungsbereich der Vorschrift erfasst sind, eine Inhaltskontrolle mangels Abweichung von Rechtsvorschriften ausscheiden.

(1) Klauseln innerhalb des Anwendungsbereichs von § 20 VI InstitutsVergV

Gemäß § 18 I InstitutsVergV müssen die Vergütungssysteme bedeutender Institute für Risikoträger (§ 2 VIII InstitutsVergV), zu denen auch die Vorstandsmitglieder zählen,[396] den zusätzlichen Anforderungen der §§ 19 bis 22 InstitutsVergV entsprechen, wobei die §§ 20 und 22 InstitutsVergV nur auf ermittelte variable Vergütungen von mehr als 50 000 EUR anzuwenden sind. Ein Institut ist gemäß § 1 IIIc S. 1 KWG insbesondere dann bedeutend, wenn seine Bilanzsumme im Durchschnitt zu den jeweiligen Stichtagen der letzten vier abgeschlossenen Geschäftsjahre 15 Milliarden Euro überschritten hat. § 20 VI InstitutsVergV bestimmt durch Verweis auf § 18 V S. 3 Nr. 1, 2 InstitutsVergV sodann, dass das Institut auf Grundlage entsprechender Vereinbarungen (Clawbacks) mit den Risikoträgern eine bereits ausgezahlte variable Vergütung zurückzufordern hat, wenn die betroffene Person „an einem Verhalten, das für das Institut zu erheblichen Verlusten oder einer wesentlichen regulatorischen Sanktion geführt hat, maßgeblich beteiligt oder dafür verantwortlich war (Nr. 1) oder relevante externe oder interne Regelungen in Bezug auf Eignung und Verhalten in schwerwiegendem Maß verletzt hat (Nr. 2)." Bei den hier gesetzlich beschriebenen Vereinbarungen handelt es sich um Clawback-Klauseln, die an das Verhalten des Adressaten anknüpfen (Compliance-Clawbacks). Diese können also, wenn sie lediglich den Inhalt des § 20 VI InstitutsVergV zumindest sinngemäß wiedergeben, nicht einer Inhaltskontrolle nach §§ 307 ff. BGB unterzogen werden.[397] Dagegen wird teilweise jedoch angeführt, dass die Vorgaben der InstitutsVergV keine unmittelbare zivilrechtsgestaltende Wirkung haben, der Umsetzung durch zivilrechtliche Vereinbarungen bedürfen und aus Perspektive des Zivilrechts daher nicht dem allge-

396 *Krumey/Merkelbach*, CCZ 2019, 266 (267).

397 So auch *Thum*, NZA 2017, 1577 (1580); *Reufels/Volmari*, ArbRB 2019, 26 (27); siehe zur nachträglichen Kürzung oder Streichung der variablen Vergütung vor ihrer Auszahlung (Hold-Back) auch *Löw/Glück*, NZA 2015, 137 (140 f.).

meinen gesetzlichen Leitbild entsprächen.[398] Daraus zu schließen, dass eine Inhaltskontrolle auch in diesen Fällen stattfinden müsse, liefe allerdings dem Sinn und Zweck des § 307 III S. 1 BGB zuwider. Es würde zwangsläufig eine Prüfung der jeweiligen Rechtsnorm und nicht bloß der Klausel nach sich ziehen. Es ist aber nicht die Aufgabe der Inhaltskontrolle, gesetzliche Vorschriften zu modifizieren und ihre Angemessenheit durch den Richter bewerten zu lassen.[399] Eine Inhaltskontrolle von Klauseln, die lediglich den Gesetzestext wiedergeben, verbietet sich schon „wegen der Bindung des Richters an das Gesetz".[400] Diese Sichtweise lässt sich auch durch den Grundsatz der Einheit der Rechtsordnung stützen.[401] Dieser besagt, dass die Rechtsordnung für jede Frage immer nur eine Antwort enthalten darf.[402] Sich widersprechende Normen sind damit nicht vereinbar. Es bleibt damit im Ergebnis festzuhalten, dass bei lediglich die InstitutsVergV (sinngemäß) wiederholenden Klauseln nach § 307 III S. 1 BGB im weitesten Sinne keine Inhaltskontrolle stattfindet, sofern der Sachverhalt vom § 20 VI InstitutsVergV erfasst ist. Zu beachten ist allerdings auch dann das Transparenzgebot gemäß § 307 III S. 2 BGB i.V.m. § 307 I S. 2 BGB.

(2) Sonstige Klauseln

Außerhalb der InstitutsVergV gibt es keine rechtlichen Vorgaben für die Vereinbarung von Clawback-Klauseln. Zwar gibt es Parallelen zwischen den Rückforderungsklauseln und einigen gesetzlichen Vorschriften, Deckungsgleichheit besteht jedoch nicht. Der Compliance-Clawback etwa weicht von der Regelung des § 93 II S. 1 AktG ab, indem er jedenfalls keinen Schaden voraussetzt.[403] Auch der Performance-Clawback unterscheidet sich von dem der Zielsetzung nach ähnlichem Bereicherungsrecht. So lässt sich durch die vertragliche Vereinbarung zumindest der Einwand der Entreicherung gemäß § 818 III BGB ver-

398 So *Fischbach*, WM 2018, 1491 (1499).

399 Vgl. *Schmidt* in: BeckOK BGB, § 307 Rn. 71; *Wurmnest* in: MüKo BGB, § 307 Rn. 1; *Fuchs* in: Ulmer/Brandner/Hensen AGB-Recht, § 307 Rn. 14.

400 BGH, NJW 1984, 2161 (2161).

401 *Thum*, NZA 2017, 1577 (1580).

402 *März* in: von Mangoldt/Klein/Starck GG, Art. 31 Rn. 11.

403 Vgl. *Jänsch*, S. 234 f.

meiden und die Realisierung des Anspruchs somit erleichtern.[404] In diesen Fällen findet also nicht bloß eine (sinngemäße) Wiedergabe gesetzlicher Vorschriften statt.

§ 307 III S. 1 BGB erfasst aber auch Leistungsbeschreibungen und Preisabreden, die den Umfang der von den Vertragsparteien geschuldeten Hauptleistungspflichten regeln,[405] also auch die Festsetzung der Vorstandsvergütung als Hauptleistung der Gesellschaft und somit möglicherweise auch die Clawback-Klauseln selbst, die unmittelbar an die Vergütung anknüpfen.[406] Dies betrifft etwa Preisvereinbarungen (Entgeltklauseln).[407] Kontrollfähig und von der Ausnahme des § 307 III S. 1 BGB nicht erfasst sind hingegen Bestimmungen, welche die Hauptleistung abweichend vom Gesetz oder nach Treu und Glauben verändern, ausgestalten oder modifizieren.[408] Das gilt etwa für Preisnebenabreden, die sich mittelbar auf den Preis (Entgelt) auswirken und Flexibilisierungsklauseln.[409] Der Inhaltskontrolle unterliegen außerdem Bestimmungen, die ein einseitiges Recht zur Festsetzung oder nachträglichen Anpassung des Preises (Entgelts) beinhalten.[410]

Clawback-Klauseln nehmen auf die kontrollfreie Vergütungsregelung im Anstellungsvertrag Bezug und ergänzen diese durch die vom Gesetz abweichende Rückforderungsmöglichkeit der Gesellschaft. Sie passen damit im Nachgang die Vergütungshöhe an die tatsächlichen

404 Vgl. *Dörrwächter*, DB 2020, 2182 (2182); *Dörrwächter/Wolff*, AG 2020, 233 (238); *Schockenhoff/Nußbaum*, AG 2018, 813 (819); den Ausschluss des Entreicherungseinwands im Falle der Rückforderung aufgrund fehlerhafter Berechnung durch die Gesellschaft wegen der Schutzbedürftigkeit des Vorstandsmitglieds kritisch sehend aber *Redenius-Hövermann/Siemens*, ZIP 2020, 145 (151); siehe auch *Jänsch*, S. 233, die die Kontrollfähigkeit von Klauseln ablehnt, die eine Rückforderung im Falle einer fehlerhaften Berechnung vorsehen und den Einwand der Entreicherung nicht ausschließen, siehe jedoch unten unter C. I. 5. d) cc) (5).

405 Siehe *Wurmnest* in: MüKo BGB, § 307 Rn. 13; *Jacobs* in: BeckOK Arbeitsrecht, § 307 BGB Rn. 13.

406 So wohl *Raitzsch*, ZIP 2019, 104 (108).

407 *Zschieschak* in: BeckOGK BGB, § 307, Entgeltklausel Rn. 2; *Jacobs* in: BeckOK Arbeitsrecht, § 307 BGB Rn. 13.

408 *Wurmnest* in: MüKo BGB, § 307 Rn. 13; BGH, NJW 1995, 2637 (2638).

409 Siehe *Zschieschak* in: BeckOGK BGB, § 307, Entgeltklausel Rn. 2; *Jacobs* in: BeckOK Arbeitsrecht, § 307 BGB Rn. 18; *Fuchs* in: Ulmer/Brandner/Hensen AGB-Recht, § 307 BGB Rn. 75.

410 *Fuchs* in: Ulmer/Brandner/Hensen AGB-Recht, § 307 BGB Rn. 75.

Gegebenheiten an. Daher sind sie als Preisnebenabreden auch kontrollfähig und fallen nicht unter die Ausnahme nach § 307 III S. 1 BGB.

bb) Klauselverbote ohne Wertungsmöglichkeit, § 309 BGB

Die Inhaltskontrolle von Clawback-Klauseln beginnt mit den Klauselverboten ohne Wertungsmöglichkeit nach § 309 BGB. Im Anschluss bedarf es der Prüfung von Klauselverboten mit Wertungsmöglichkeit gemäß § 308 BGB. Beide Vorschriften unterscheiden sich durch die in § 308 BGB integrierten unbestimmten Rechtsbegriffe, die es dem Richter bei der Kontrolle ermöglichen, eine Wertung im Einzelfall vorzunehmen.[411] Die speziellen Klauselverbote der §§ 308, 309 BGB stellen eine Konkretisierung der Generalklausel in § 307 BGB dar, der insoweit der Charakter einer Auffangnorm zukommt.[412]

Gemäß § 309 Nr. 6 BGB ist eine Bestimmung unwirksam, „durch die dem Verwender für den Fall der Nichtabnahme oder verspäteten Abnahme der Leistung, des Zahlungsverzugs oder für den Fall, dass der andere Vertragsteil sich vom Vertrag löst Zahlung einer Vertragsstrafe versprochen wird." Zwar handelt es sich bei Compliance-Clawbacks teilweise um Vertragsstrafen i.S.d. § 339 BGB,[413] jedoch ergibt sich aus § 309 Nr. 6 BGB schon dem Wortlaut nach kein pauschales Verbot von Vertragsstrafebestimmungen. Die Vorschrift bezieht sich explizit nur auf bestimmte Formen der Leistungsstörungen (Nichtabnahme, verspätete Abnahme, Zahlungsverzug, Lösung vom Vertrag). Insbesondere solche Klauseln, die eine Schlechtleistung sanktionieren, sind von der Norm nicht erfasst.[414] Der Compliance-Clawback begründet jedoch eine Sanktion gerade für den Fall, dass das betroffene Vorstandsmitglied seine Leistung „schlecht" erfüllt und gegen bestimmte Verhaltensvorschriften verstößt, sodass der Anwendungsbereich des § 309 Nr. 6 BGB nicht eröffnet ist.[415] Inwieweit die arbeits-

---

411 *Wurmnest* in: MüKo BGB, § 309 Rn. 2.

412 Siehe *Eckelt* in: BeckOGK BGB, § 307, Inhaltskontrolle Rn. 2 ff.; *Schmidt* in: BeckOK BGB, § 307 Rn. 20.

413 Siehe dazu C. I. 3. d) bb).

414 *Weiler* in: BeckOGK BGB, § 309 Nr. 6 Rn. 2; vgl. auch *Bauer/Arnold*, ZIP 2006, 2337 (2343 f.).

415 *Poelzig*, NZG 2020, 41 (48).

rechtlichen Besonderheiten die Anwendbarkeit der Regelung analog § 310 IV S. 2 BGB einschränken können, ist daher nicht mehr von Bedeutung.

cc) Klauselverbote mit Wertungsmöglichkeit, § 308 BGB

Gemäß § 308 Nr. 4 BGB sind Vereinbarungen in AGB insbesondere dann unwirksam, wenn sie das Recht des Verwenders zum Inhalt haben, die versprochene Leistung zu ändern oder von ihr abzuweichen, sofern die Vereinbarung unter Berücksichtigung der Interessen des Verwenders für den Vertragspartner nicht zumutbar ist. Hiervon werden auch Widerrufsvorbehalte des Verwenders erfasst, durch die eine nachträgliche Abänderung des vertraglich vereinbarten Entgelts erfolgen soll.[416] Auch Clawback-Klauseln können als Widerrufsvorbehalt ausgestaltet sein[417] und müssen sich daher an der Vorschrift messen lassen, die dann zugleich gegenüber § 307 BGB die speziellere Norm und Herzstück der AGB-Prüfung ist.[418] Nichtsdestotrotz sind die Wertungen der Generalklausel auch bei der Prüfung des speziellen Klauselverbots heranzuziehen.[419] Einschlägige Rechtsprechung zur Wirksamkeit von Clawback-Klauseln in Vorstandsverträgen gibt es bis dato nicht, jedoch hat das BAG schon mehrfach über Sachverhalte entschieden, auf die seitens der Literatur bei der Bewertung von Clawback-Klauseln regelmäßig zurückgegriffen wird.

(1) Rechtsprechung zu Widerrufsklauseln

Die arbeitsgerichtliche Rechtsprechung hat sich schon mehrfach mit der AGB-rechtlichen Zulässigkeit von Widerrufsklauseln beschäftigt.[420] Das BAG stellte fest, dass ein Widerrufsvorbehalt, um den formellen Anforderungen von § 308 Nr. 4 BGB gerecht zu werden, bei

416 *Krause* in: Münchener Hdb. Arbeitsrecht, § 63 Rn. 15 f.

417 Siehe dazu C. I. 3. b).

418 BAG, NZA 2017, 931 (932); BAG, NZA 2005, 465 (467); *Krause* in: Münchener Hdb. Arbeitsrecht, § 63 Rn. 17.

419 BAG, NZA 2017, 931 (932); NZA 2005, 465 (467); *Krause* in: Münchener Hdb. Arbeitsrecht, § 63 Rn. 17.

420 Siehe etwa BAG, NZA 2017, 931; BAG, NZA 2011, 796; BAG, NZA 2007, 87; BAG, NZA 2005, 465.

den Widerrufsgründen zumindest die Richtung angeben muss, aus welcher der Widerruf möglich sein soll (z.B. wirtschaftliche Gründe, Leistung oder Verhalten des Arbeitnehmers) und umreißt somit zugleich die Grenzen des Transparenzgebots aus § 307 I S. 2 BGB.[421] Dem Erfordernis der Zumutbarkeit i.S.d. § 308 Nr. 4 BGB wird die Vereinbarung gerecht, wenn der Widerruf nicht grundlos erfolgen soll, sondern als Instrument der Anpassung wegen der unsicheren Entwicklung der Verhältnisse notwendig ist.[422] Dabei ist eine Interessenabwägung geboten, die in Anlehnung an § 307 BGB insbesondere der Art und Höhe der zu widerrufenen Leistung, der Höhe des verbleibenden Verdienstes und der Stellung des Arbeitnehmers im Unternehmen Rechnung tragen soll.[423] Eine Verlagerung des Wirtschaftsrisikos auf den Arbeitnehmer und Eingriffe in den Kernbereich des Arbeitsvertrags sind nicht zulässig.[424] In ständiger Rechtsprechung erachtet das BAG dabei Widerrufsklauseln für zulässig, wenn der im Gegenseitigkeitsverhältnis stehende widerrufliche Teil des Gesamtverdienstes unter 25% liegt und der Tariflohn nicht unterschritten wird.[425] Bei sonstigen Leistungen, die keine unmittelbare Gegenleistung für die Arbeitsleistung darstellen (insbesondere Aufwendungsersatz), erhöht sich der zulässige Anteil aber auf bis zu 30%.[426] Gegenüber einer Rückforderung besteht jedoch ein empfindlicher Unterschied: Die Widerrufsklauseln beinhalteten lediglich eine Lösung von der Zahlungsverpflichtung für die Zukunft.[427]

(2) Rechtsprechung zu Stichtags- und Rückzahlungsklauseln

Zum anderen hat das BAG über Stichtags- und Rückzahlungsklauseln in Formulararbeitsverträgen bereits geurteilt.[428] Die Ausführungen des

421 BAG, NZA 2017, 931 (932); BAG, NZA 2012, 616 (617); BAG, NZA 2011, 796 (796).
422 BAG, NZA 2017, 931 (932); BAG, NZA 2011, 796 (796); BAG, NZA 2005, 465 (467).
423 BAG, NZA 2017, 931 (932); BAG, NZA 2005, 465 (467).
424 BAG, NZA 2017, 931 (933).
425 BAG, NZA 2017, 931 (933); BAG, NZA 2007, 87 (89); BAG, NZA 2005, 465 (467).
426 BAG, NZA 2017, 931 (933); BAG, NZA 2007, 87 (89).
427 Vgl. *Thum*, NZA 2017, 1577 (1579).
428 Siehe etwa BAG, NZA 2012, 561.

Gerichts werden von der Literatur besonders häufig gegen die Zulässigkeit von Clawbacks vorgebracht.[429] Aus dieser Rechtsprechung hat sich der arbeitsrechtliche Grundsatz „verdient ist verdient“ herausgeschält. Kern dieses Grundsatzes ist, dass dem Arbeitnehmer eine einmal verdiente Vergütung nicht wieder entzogen werden kann.[430] Etwas anderes gilt nur für solche Sonderzahlungen, die ausschließlich die Betriebstreue honorieren sollen und kein Entgelt für geleistete Arbeit darstellen.[431] Rückzahlungsklauseln und Stichtagsklauseln unterscheiden sich dahingehend, dass erstere die Rückzahlung vom Bestand des Arbeitsverhältnisses zu einem Stichtag außerhalb des Bezugszeitraums abhängig machen, wohingegen Stichtagsregelungen die Anspruchsentstehung betreffen.[432] Bezüglich der Stichtagsklauseln hatte das BAG zu „Sonderzahlungen mit Mischcharakter“ damals noch entschieden, dass diese zulässig sein können, wenn sie sowohl der Vergütung bereits erbrachter Arbeitsleistung als auch der Honorierung von Betriebstreue dienen.[433] Diese Rechtsprechung hat heute aber keinen Bestand mehr und wurde ausdrücklich aufgegeben.[434] Vielmehr stellte das BAG fest, dass die Klauseln auch bei einem Mischcharakter der Sonderzahlung im Widerspruch zum Grundgedanken des § 611a BGB stehen, indem bereits verdienter Lohn entzogen wird.[435] Außerdem wird auf die nach Art. 12 I GG geschützte Berufsfreiheit des Arbeitnehmers verwiesen, dessen Schutzbereich durch die erschwerte Ausübung des Kündigungsrechts vom Arbeitnehmer unzulässig erschwert wird.[436] Der zugrunde liegende Sachverhalt hatte zwar eine Stichtagsklausel zum

429 Vgl. *Seyfarth*, WM 2019, 569 (574); *Poelzig*, NZG 2020, 41 (47); *Johnson*, CCZ 2018, 9 (11 f.); *Löw*, NZA 2017, 1365 (1370).

430 Siehe etwa BAG, NZA 2011, 989; BAG, NZA 2012, 561; *Preis* in: Erfurter Kommentar Arbeitsrecht, § 611a BGB Rn. 548; *Schönhöft* in: SWK Arbeitsrecht, Stichtagsklausel Rn. 5.

431 *Preis* in: Erfurter Kommentar Arbeitsrecht, § 611a BGB Rn. 547.

432 *Preis* in: Erfurter Kommentar Arbeitsrecht, § 611a BGB Rn. 547.

433 *Preis* in: Erfurter Kommentar Arbeitsrecht, § 611a BGB Rn. 533; BAG, NZA 2007, 687 (688).

434 BAG, NZA 2012, 561 (563).

435 BAG, NZA 2012, 561 (562).

436 BAG, NZA 2012, 561 (562).

Gegenstand, nichtsdestotrotz sind die aufgestellten Grundsätze auch auf Rückzahlungsklauseln übertragbar.[437]

(3) Übertragbarkeit auf das Dienstverhältnis mit Vorstandsmitgliedern

Für die AGB-Prüfung von Arbeitsverträgen hat die Rechtsprechung somit konkrete Leitlinien aufgestellt und der Rückzahlung von Vergütungsbestandteilen grundsätzlich eine Absage erteilt. Dabei sind entsprechend § 310 IV S. 2 BGB die Besonderheiten des Arbeitsrechts bei der Entscheidungsfindung mit eingeflossen.[438] Zwischen dem Vorstandsmitglied und der Gesellschaft besteht jedoch kein Arbeitsverhältnis.[439] Um Rückschlüsse auf die Zulässigkeit von Clawback-Klauseln zu ziehen, müssen die Feststellungen des BAG daher zumindest entsprechend auf das Dienstverhältnis von Vorstand und Gesellschaft anwendbar sein. Der BGH hat aber bereits festgestellt, dass sich aufgrund der wesentlichen Unterschiede zwischen Arbeitsverträgen und Vorstandsdienstverträgen die pauschale Übertragung der BAG-Grundsätze verbietet.[440]

Teilweise wird eine Übertragung der Grundsätze über eine analoge Anwendung des § 310 IV S. 2 BGB befürwortet, sofern sich die arbeitsvertraglichen und vorstandsdienstvertraglichen Besonderheiten decken.[441] Dies sei insbesondere erforderlich, um Wertungswidersprüche zu vermeiden, die daraus resultieren, dass andernfalls bei Vorstandsanstellungsverträgen eine strengere Kontrolle durchgeführt würde als bei Arbeitsverträgen.[442] Als klassisches Beispiel darf hier die Zulässigkeit von Vertragsstrafen im Arbeitsrecht dienen, welche die

437 Das BAG nimmt in dem Urteil auch auf diese Bezug, siehe BAG, NZA 2012, 561 (562); *Preis* in: Erfurter Kommentar Arbeitsrecht, § 611a BGB Rn. 548a.

438 Siehe BAG, NZA 2017, 931 (932).

439 Siehe C. I. 4.

440 Vgl. BGH, NJW 2020, 679 (681).

441 So *Poelzig*, NZG 2020, 41 (47); *Bauer/Arnold*, ZIP 2006, 2337 (2338); für eine entsprechende Anwendung auch *Habersack* in: Ulmer/Brandner/Hensen AGB-Recht, Teil 2 (2) Rn. 3; a.A. in Bezug auf den GmbH-Geschäftsführer aber ablehnen etwa *Boemke*, RdA 2018, 1 (15); *Hümmerich*, NZA 2006, 709 (712).

442 *Poelzig*, NZG 2020, 41 (47); *Habersack* in: Ulmer/Brandner/Hensen AGB-Recht, Teil 2 (2) Rn. 3; *Bauer/Arnold*, ZIP 2006, 2337 (2338).

Vertragserfüllung durch den Arbeitnehmer sichern sollen (aufgrund des Vollstreckungsverbots nach § 888 III ZPO).[443]

Eine Analogie ist an zwingende Voraussetzungen geknüpft und kann nicht bloß wegen ansonsten unerwünschter Ergebnisse nach Belieben herangezogen werden.[444] Vielmehr müssen sowohl eine planwidrige Regelungslücke als auch eine vergleichbare Interessenlage identifiziert werden.[445] Das Gesetz hält für die AGB-Kontrolle von Anstellungsverträgen der Vorstandsmitglieder keine besonderen Regelungen bereit. Anders als bei der Überprüfung von Arbeitsverträgen sind die sich aus der Natur des Vertragsverhältnisses ergebenden Besonderheiten dem Gesetzeswortlaut nach daher nicht gesondert zu berücksichtigen. Somit lässt sich zumindest eine Regelungslücke begründen. Diese müsste darüber hinaus auch planwidrig, also nicht etwa bewusst vom Gesetzgeber geschaffen worden sein. Eine Planwidrigkeit wird von der Literatur teilweise verneint. § 310 IV S. 2 BGB diene der Kompensation der damaligen Bereichsausnahme des § 23 I AGBG, derzufolge das AGBG auf dem Gebiet des Arbeitsrechts keine Anwendung fand.[446] Auch von dieser Bereichsausnahme seien lediglich Arbeitsverträge, nicht aber sonstige Dienstverträge, etwa auch von arbeitnehmerähnlichen Personen, umfasst gewesen.[447] Daraus ergebe sich, dass auch § 310 IV S. 2 BGB als Substitut des § 23 I AGBG nur für Arbeitsverträge gelte.[448] Es ist jedoch keinesfalls so, dass die Nichteinbeziehung arbeitnehmerähnlicher Personen, die zweifelsohne eine hohe Überzeugungskraft hätte und als gewichtiges Indiz gegen eine Analogie gewertet werden könnte, unumstritten war. Auch der BGH ließ diese Frage bewusst offen und unbeantwortet.[449]

Die Feststellung, ob eine Regelungslücke tatsächlich ungewollt ist oder nicht, stellt sich naturgemäß als schwierig dar. Licht ins Dunkel könnte aber die Analyse der Rechtsfolgen im Falle einer fehlenden

443 Siehe etwa *Khanian*, GmbHR 2011, 116 (118).

444 *Khanian*, GmbHR 2011, 116 (117).

445 Zu den Analogievoraussetzungen siehe etwa *Würdinger*, AcP 2006, 946 (949 ff.).

446 *Boemke*, RdA 2018, 1 (15); vgl. auch *Preis* in: Erfurter Kommentar Arbeitsrecht, § 310 BGB Rn. 2.

447 *Boemke*, RdA 2018, 1 (15).

448 *Boemke*, RdA 2018, 1 (15).

449 BGH, GRUR 1984, 45 auch m.w.N. zum damaligen Streitstand.

Analogie bringen. § 310 IV S. 2 BGB verschiebt partiell die Grenzen der Zulässigkeit einzelner Klauseln zugunsten des Arbeitgebers. Dieser kann in AGB etwa entgegen § 309 Nr. 6 BGB wirksam Vertragsstrafen mit den Arbeitnehmern vereinbaren, um einen Ausgleich zu dem in § 888 III ZPO niedergelegten Vollstreckungsverbot zu schaffen.[450] Ähnliches galt für beidseitig wirkende Ausschlussklauseln, die Schäden durch vorsätzliche oder grob fahrlässige Pflichtverletzungen nicht ausdrücklich ausnehmen und entgegen § 309 Nr. 7b BGB regelmäßig Bestand hatten.[451] Wie bereits dargestellt,[452] sind auch Widerrufsvorbehalte in den durch das BAG skizzierten Grenzen möglich und zulässig, um dem im Grundsatz anerkennenswerten Interesse des Arbeitsgebers gerecht zu werden, bestimmte Zusatzleistungen wegen der Ungewissheit der wirtschaftlichen Entwicklung des Unternehmens und der allgemeinen Entwicklung des Arbeitsverhältnisses flexibel auszugestalten.[453] Wird eine analoge Anwendung des § 310 IV S. 2 BGB abgelehnt, führt dies zunächst dazu, dass insbesondere Vertragsstrafen in Vorstandsverträgen gemäß § 309 Nr. 6 BGB unzulässig wären. Und auch der wirksamen Vereinbarung von Widerrufsvorbehalten wären nach § 308 Nr. 4 BGB hohe Hürden gesetzt. Im Ergebnis würden also für die Inhaltskontrolle von Vorstandsverträgen strengere Maßstäbe gelten als für die Überprüfung von Arbeitsverträgen,[454] sodass der Gesellschaft gegenüber dem Arbeitnehmer ein größerer Umsetzungsspielraum verbleibt als gegenüber dem Vorstandsmitglied und das Schutzniveau bei letzterem folglich höher ist. Diese Konsequenz bei wortlautgetreuer Gesetzesanwendung kann zumindest dann als Indiz für das Vorliegen einer ungewollten Regelungslücke gewertet werden, wenn der Gesetzgeber den Arbeitnehmer gegenüber dem Arbeitgeber auch im Vergleich zu anderen Vergleichsgruppen wie den Vorstandsmitgliedern oder den Geschäftsführern besonders schützen möchte.

---

450 Siehe *Wurmnest* in: MüKo BGB, § 309 Nr. 6 Rn. 18; *Weiler* in: BeckOGK BGB, § 309 Nr. 6 Rn. 18; *Roloff/Looschelders* in: Erman BGB, § 309 Rn. 55b; *Dammann* in: Wolf/Lindacher/Pfeiffer AGB-Recht, § 309 Nr. 6 Rn. 96.

451 *Witschen* in: BeckOGK BGB, § 310 Rn. 216; BAG, NZA 2018, 589 (596); diese Rechtsprechung wurde jedoch mittlerweile aufgegeben, siehe BAG, NZA 2021, 702 (706).

452 Siehe C. I. 5. d) cc) (1).

453 BAG, NZA 2007, 87 (89).

454 Vgl. *Bauer/Arnold*, ZIP 2006, 2337 (2338); *Khanian*, GmbHR 2011, 116 (118).

„Das Arbeitnehmerschutzrecht ist die Urzelle des modernen Arbeitsrechts."[455] Dieses Zitat erlaubt eine recht zutreffende Einordnung des Stellenwertes vom Arbeitnehmerschutz im Gesamtgefüge des Arbeitsrechts. Man denke nur an die zahlreichen Gesetze, die dem besonderen Schutzbedürfnis des Arbeitnehmers geschuldet sind (z.B. das KSchG oder ArbZG). Aber auch § 310 IV S. 2 BGB selbst lässt sich als weitere Manifestation des gesetzgeberischen Willens begreifen, den Arbeitnehmer umfassend zu schützen. Dies erscheint vor dem Hintergrund einer Aufweichung der Inhaltskontrolle gegenüber anderen Vertragstypen zwar zunächst nicht einleuchtend, ergibt im Zusammenspiel mit der Vorgängerregelung des § 23 I AGBG aber durchaus Sinn. Demnach fand das AGB-Recht vor der Schuldrechtsreform überhaupt keine Anwendung auf dem Gebiet des Arbeitsrechts. Diese Bereichsausnahme für das Individualarbeitsrecht wurde annulliert, durch § 310 IV S. 2 BGB ersetzt und das Schutzniveau folglich angehoben. Die besonderen Schutzvorschriften finden hingegen weitgehend keine (analoge) Anwendung auf den Vorstandsanstellungsvertrag.[456] Hieraus lässt sich folgender Schluss ziehen: Wenn eine grundlegende Vergleichbarkeit von Vorstandsanstellungsverträgen und Arbeitsverträgen gegeben ist, widerspricht es der besonderen Schutzintention des Gesetzgebers, Arbeitnehmer gegenüber den dienstverpflichteten Vorstandsmitgliedern nachteilig zu behandeln und die Regelungslücke kann nicht dem Willen des Gesetzgebers entsprechen. Andernfalls lässt sich die Planwidrigkeit nicht feststellen und die Analogievoraussetzungen sind nicht erfüllt, sodass Vorstandsmitglieder bezüglich einer Inhaltskontrolle gegenüber Arbeitnehmern privilegiert wären. Eine Nähe beider Vertragsarten ist bereits dadurch begründet, dass der Arbeitsvertrag als gesetzlicher Unterfall des allgemeinen Dienstvertrages auch dessen allgemeinen Vorschriften unterworfen ist.[457] Auch sonst gibt es zwischen dem Verhältnis der Gesellschaft zu dem Vorstandsmitglied auf der einen und dem Arbeitnehmer auf der anderen Seite einige Parallelen. In beiden Fällen dient das Verhältnis in der Regel der Schaffung einer finanziellen Existenzgrundlage und stellt für den Verpflich-

455 *Fischinger* in: Münchener Hdb. Arbeitsrecht, § 4 Rn. 13.

456 *Kelber/Esskandari* in: SWK Arbeitsrecht, Vorstand Rn. 14.

457 Vgl. *Altenburg* in: SWK Arbeitsrecht, Arbeitsvertrag Rn. 2; *Mansel* in: Jauernig BGB, § 611a Rn. 1; *Preis* in: Erfurter Kommentar Arbeitsrecht, § 611a BGB Rn. 1.

teten die Haupttätigkeit dar.[458] Sowohl die wirtschaftliche Bedeutung als auch die rechtlichen Rahmenbedingungen lassen sich daher gut vergleichen. Die Regelungslücke darf als planwidrig gelten.

Als weitere Voraussetzung einer Analogie muss außerdem die Interessenlage im von der Norm erfassten Fall mit dem in Frage stehenden analogen Sachverhalt vergleichbar sein.[459] Exemplarisch sei § 888 III ZPO zu nennen. Dieser ist gleichermaßen auf den Arbeitsvertrag und den Anstellungsvertrag des Vorstandsmitglieds anwendbar. Daher besteht für die Gesellschaft, aufgrund der herausragenden Stellung des Vorstands sogar im ganz erheblichem Maße, auch bei letzterem ein Interesse daran, Vertragsstrafen für den Fall der Nichterfüllung der Vertragspflichten zu implementieren.[460]

Auch im Hinblick auf die flexible Ausgestaltung der Vergütung ist die Interessenlage ähnlich gelagert.[461] Das Ziel, auf unvorhergesehene Entwicklungen durch finanzielle Justierungen reagieren zu können, besteht gegenüber dem Vorstand, auch hier wegen der herausragenden Stellung und dem damit verbundenen hohen Salär im besonderen Maße, ebenso wie gegenüber dem Arbeitnehmer. Die Interessenlagen überschneiden sich somit zumindest teilweise. Im Ergebnis ist daher § 310 IV S. 2 BGB analog auf den Vorstandsanstellungsvertrag anzuwenden, soweit sich die Besonderheiten mit denen des Arbeitsvertrages decken.[462] Eine uferlose Anwendung der Vorschrift ohne die Feststellung einer Vergleichbarkeit der arbeitsrechtlichen und dienstvertraglichen Besonderheiten im Einzelfall scheidet hingegen aus.[463]

(4) Folgen für die Wirksamkeit von Clawback-Klauseln

Im Anschluss stellt sich die Frage, welche Folgen die Übertragung der arbeitsrechtlichen Grundsätze für die Wirksamkeit von Clawbacks

---

458 Siehe dazu schon C. I. 5. a) dd).

459 Siehe *Würdinger*, AcP 2006, 946 (952).

460 Für den GmbH-Geschäftsführer so auch *Khanian*, GmbHR 2011, 116 (120).

461 Siehe *Khanian*, GmbHR 2011, 116 (120).

462 So im Ergebnis auch *Poelzig*, NZG 2020, 41 (47); *Bauer/Arnold*, ZIP 2006, 2337 (2338); für entsprechende Anwendung auch *Habersack* in: Ulmer/Brandner/Hensen AGB-Recht, Teil 2 (2) Rn. 3; für den GmbH-Geschäftsführer auch *Khanian*, GmbHR 2011, 116 (121).

463 Siehe zur Berücksichtigung der BAG-Rechtsprechung BGH, NJW 2020, 679.

hat. Auch hier bedarf es einer Differenzierung zwischen ergebnisorientierten und verhaltensorientierten Klauseln. Außerdem müssen zusätzlich die aktienrechtlichen Besonderheiten bedacht werden, sodass ein Verstoß gegen die oben genannten Leitlinien nicht zwingend auch die Unwirksamkeit der Klausel mit sich zieht. Der Anstellungsvertrag des Vorstandes ist ganz wesentlich durch das AktG und dessen Grundgedanken geprägt. Diese Grundgedanken müssen auch bei der AGB-rechtlichen Bewertung zwingend berücksichtigt werden.[464]

(a) Performance-Clawback

Es ist nun zu untersuchen, welche Auswirkungen das Vorangegangene auf die Beurteilung von Performance-Clawbacks hat.

(aa) Verdient ist verdient

Gegen die Zulässigkeit von Performance-Clawbacks könnte der vom BAG entwickelte Grundsatz „verdient ist verdient" sprechen.[465] Hier ist zunächst festzustellen, dass arbeitsrechtliche und dienstvertragliche Besonderheiten übereinstimmen. Sowohl der Arbeitnehmer als auch das Vorstandsmitglied sind dazu verpflichtet, die versprochenen Dienste zu leisten und werden für diese sodann vom Vertragspartner entsprechend entlohnt. Der Grundgedanke, dass dieser Lohn dann nicht wieder entzogen werden kann, ist im Dienstvertrag allgemein und nicht bloß im Arbeitsvertrag als Unterfall verankert.[466] Das ist auch plausibel und lässt sich durch die allgemeine Gesetzessystematik verdeutlichen: Ein Dienstvertrag kann nicht durch Rücktritt rückabgewickelt werden, sondern bedarf einer zukunftsbezogenen Kündigung. Dies hängt damit zusammen, dass die geleisteten Dienste eben bereits erbracht wurden und im Gegensatz zu den Hauptleistungspflichten anderer Vertragstypen (z.B. des Kaufvertrags) nicht einfach zurückerstattet werden können. Der Dienstberechtigte zehrt von den Dienstleis-

464 *Bauer/Arnold*, ZIP 2006, 2337 (2338).
465 Siehe dazu C. I. 5. d) cc) (2).
466 Das BAG nimmt auf § 611 I BGB generell Bezug, siehe etwa BAG, NZA 2012, 561 (562).

tungen. Dies muss dann aber auch für das synallagmatische Spiegelbild gelten, nämlich die im Gegenzug gewährte Vergütung.

Bei der Beurteilung von Performance-Clawbacks ist zunächst die Feststellung erforderlich, wann die Vergütung tatsächlich „verdient" wird. Dabei sollen zunächst die gängigen Klauseln untersucht werden, also diejenigen, die auf das Nichterreichen von Planzielen oder Restatements abstellen. Eine Parallele lässt sich hier zu Vorschusszahlungen zugunsten des Arbeitnehmers ziehen.[467] Bei diesen handelt es sich um Vorauszahlungen auf noch nicht verdienten Lohn.[468] Der Arbeitnehmer erhält dabei Geld für Forderungen, die noch nicht oder aufschiebend bedingt entstanden sind oder zwar entstanden sind, aber noch nicht fällig sind.[469] Später findet dann eine Verrechnung mit der tatsächlich entstandenen Forderung statt oder es kommt zu einer Rückzahlungsverpflichtung des Empfängers.[470] Die Situation beim Performance-Clawback ist ganz ähnlich gelagert, wenn dieser an das Nichterreichen von Planzielen anknüpft. Der Begünstigte empfängt eine Zahlung, deren dauerhafter Bestand von zukünftigen Entwicklungen abhängig gemacht wird. Es findet ebenso eine Anrechnung statt, indem am Ende des Bemessungszeitraums berechnet wird, ob und wenn ja in welcher Höhe eine weitere Zahlung unter Einbeziehung der bereits geleisteten Beträge geschuldet wird oder ob es gar zu einer Rückzahlung kommt. Die Ähnlichkeiten wesentlicher Charakteristika rechtfertigen die Schlussfolgerung, dass ebenso wie beim Vorschuss die variablen Vergütungsbestandteile des Vorstandsmitglieds nicht verdient sind, bevor der zugrundeliegende Bemessungszeitraum abgelaufen ist und final feststeht, welcher genaue Betrag dem Vorstandsmitglied aufgrund der individuellen Zielerreichung zusteht.[471] Eine verdiente Vergütung wird in diesem Fall somit nicht entzogen.[472] Ebenso gestaltet es

467 Vgl. *Schirrmacher*, ZBB 2017, 281 (291).

468 *Preis* in: Erfurter Kommentar Arbeitsrecht, § 614 BGB Rn. 19; BAG, NJW 2016, 2364 (2365); *Maties* in: BeckOGK BGB, § 614 Rn. 60.

469 *Preis* in: Erfurter Kommentar Arbeitsrecht, § 614 BGB Rn. 19; BAG, NJW 2016, 2364 (2365).

470 *Preis* in: Erfurter Kommentar Arbeitsrecht, § 614 BGB Rn. 20.

471 I.E. ebenso, aber mit einem Rückgriff auf das Nachhaltigkeitsgebot gemäß § 87 I S. 2, 3 AktG argumentierend *Poelzig*, NZG 2020, 41 (47) und *Jaeger* in: FS Winter, S. 320.

472 So auch *Jänsch*, S. 242.

sich bei der Rückerstattung wegen eines Restatements. Auch dann hat das Vorstandsmitglied letztlich eine Vergütung erhalten, die nicht der gegenüberstehenden Leistung seinerseits entspricht.

Wenn nun die Rückzahlung jedoch an eine wirtschaftliche Verschlechterung außerhalb des Bemessungszeitraums angeknüpft,[473] widerspricht das dem eben dargestellten Grundsatz, weil die vertragsmäßige Dienstleistung des Vorstands, für die die Entlohnung erfolgte, bereits erbracht und die Vergütung folglich verdient wurde.[474] Hierin ist ein unzulässiger nachträglicher Eingriff in das Verhältnis von Leistung und Gegenleistung zu sehen und entsprechend im Rahmen der Prüfung des § 308 Nr. 4 BGB eine Unwirksamkeit solcher Klauseln unter Rückgriff auf die arbeitsrechtlichen Grundsätze festzustellen.[475] Daran ändert auch nichts die im Einzelfall möglicherweise geringere Schutzbedürftigkeit von Vorstandsmitgliedern. Die Unwirksamkeit rührt aus einer Unvereinbarkeit mit gesetzlichen Grundgedanken her (§ 307 II Nr. 1 BGB), die für Arbeitsverträge und Vorstandsanstellungsverträge gleichermaßen gelten (s.o.). Bestärkt wird dieses Ergebnis auch durch § 87 II AktG, der eine Herabsetzung der Bezüge nur unter strengen Voraussetzungen und lediglich für die Zukunft erlaubt.[476] Auch andere aktienrechtliche Besonderheiten korrigieren dieses Ergebnis nicht. Zu denken wäre etwa an das Nachhaltigkeitsgebot in § 87 I S. 2, 3 AktG. Dem wird die Vergütungsstruktur nach dem Gesetzeswortlaut gerecht, wenn die variablen Vergütungsbestandteile eine mehrjährige Bemessungsgrundlage haben und der Aufsichtsrat für außerordentliche Entwicklungen eine Begrenzungsmöglichkeit vereinbart. Die nachträgliche Vergütungsanpassung aufgrund der isolier-

---

473 Siehe zu den verschiedenen Erscheinungsformen schon C. I. 1. b).

474 Vgl. *Schockenhoff/Nußbaum*, AG 2018, 813 (821).

475 So auch *Poelzig*, NZG 2020, 41 (48); für die grundsätzliche Möglichkeit der wirksamen Vereinbarung solcher Klauseln wohl aber *Jänsch*, S. 239 ff., sofern die Kriterien der Konnexität von Tatbestand und den zurückzuerstattenden Vergütungsbestandteilen, der Zurechenbarkeit und der deutlichen Prognoseverfehlung erfüllt sind; für die Zulässigkeit solcher Klauseln zumindest für den Fall, dass an gewisse Fehlverhaltensweisen angeknüpft wird, die sich aber erst nach dem Bemessungszeitraum negativ auswirken auch *Schockenhoff/Nußbaum*, AG 2018, 813 (821). Es sei jedoch darauf hingewiesen, dass es sich dann um verhaltensbezogene Clawbacks handelt und nicht um Performance-Clawbacks.

476 *Poelzig*, NZG 2020, 41 (48).

ten Betrachtung der gesamtwirtschaftlichen Lage ohne jegliches Fehlverhalten des Vorstandsmitglieds würde aber zu weit gehen.[477]

(bb) Betragsmäßige Begrenzung

Nach Auffassung des BAG ist der Vorbehalt eines Widerrufs von Entgeltbestandteilen für die Zukunft i.d.R. dann zulässig, wenn nicht mehr als 25% der Gesamtbezüge davon betroffen sind, weil dann das Verhältnis von Leistung und Gegenleistung nicht grundlegend berührt ist.[478] Auch der reine Dienstvertrag ist ein gegenseitiger Vertrag, bei dem Leistung und Gegenleistung im Synallagma stehen.[479] Gegenüber dem Arbeitsvertrag bestehen hier keine Besonderheiten. Daher liegt es zunächst nahe, dass auch beim Vorstandsanstellungsvertrag der Wegfall versprochener Vergütungsbestandteile betragsmäßig begrenzt sein muss. Beim Performance-Clawback muss aber auch hier einkalkuliert werden, dass die Auszahlungen mit der Erwartung getätigt werden, dass der Vorstand die Ziele auch tatsächlich erreicht bzw. die der Berechnung zugrundeliegenden Zahlen korrekt sind. Bei vorzeitiger Auszahlung geschieht dies nur, weil dieses Vorgehen für das Vorstandsmitglied möglicherweise attraktiver ist als eine Auszahlung am Ende des Bemessungszeitraums.[480]

Die aufgestellten Grundsätze zu den Widerrufsklauseln basieren darauf, dass ab gewissen Schwellenwerten in den Kernbereich des Arbeitsvertrags eingegriffen und das synallagmatische Verhältnis von Leistung und Gegenleistung grundlegend berührt wird.[481] Die Situation bei einem Performance-Clawback ist aber genau umgekehrt. Dem begünstigten Vorstandsmitglied wurden Vergütungselemente ausbezahlt, obwohl sich im Nachhinein herausstellt, dass diesen gar keine entsprechende Leistung in Form der Arbeitserbringung und Zielerreichung gegenübersteht. Durch die Klausel wird also nicht in das synallagmatische Verhältnis eingegriffen. Im Gegenteil wird es erst

477 Vgl. auch *Schockenhoff/Nußbaum*, AG 2018, 813 (821).
478 BAG, NZA 2017, 931 (933); BAG, NZA 2007, 87 (89).
479 Siehe etwa *Maties* in: BeckOGK BGB, § 611 Rn. 162.
480 Siehe dazu bereits C. I. 1. b).
481 Vgl. BAG, NZA 2017, 931 (933).

wiederhergestellt.[482] Daran ändert auch die bereits erfolgte Auszahlung der Vergütung nichts. Dies wird zumindest auf den Großteil der performance-basierten Vereinbarungen zutreffen. Eine andere Beurteilung kann jedoch auch hier bei Klauseln geboten sein, die eine Rückforderung für den Fall vorsehen, dass sich eine wirtschaftliche Verschlechterung bei der Gesellschaft außerhalb des Bemessungszeitraum einstellt. Die Vergütung hat das Vorstandsmitglied durch das Erreichen der Erfolgsziele bereits verdient.[483] Daraus folgt, dass nachträglich in das Verhältnis von Leistung und Gegenleistung zulasten des Vorstandsmitglieds eingegriffen wird. Die Grundaussage des BAG zu Widerrufsklauseln lässt sich somit auf diese Art der Clawback-Klausel übertragen, wobei ihre Unwirksamkeit bereits anderweitig, aufgrund des Entzugs bereits verdienter Vergütung, begründet wird und nicht erst durch die Höhe der möglichen Rückforderung.

(b) Compliance-Clawback

Auch Compliance-Clawbacks müssen sich an den arbeitsrechtlichen Grundsätzen messen lassen.

(aa) Verdient ist verdient

Es ist zunächst auch an dieser Stelle danach zu differenzieren, ob der Compliance-Clawback Teil eines Bonus/Malus-Systems ist oder nicht. Sofern bereits die Auszahlung der Vergütungsbestandteile, auf die sich auch der Clawback bezieht, in ihrer Höhe vom Verhalten des Vorstandsmitglieds abhängig ist, ähnelt die Situation der eines Performance-Clawbacks.[484] Das Verhalten hat, sofern es der Gesellschaft bekannt ist, in diesem Fall ebenso einen Einfluss auf die Höhe der Bonusauszahlung wie das Erreichen der wirtschaftlichen Kennzahlen. Daher verbietet sich auch hier eine andere Beurteilung. Wird im Nachhinein festgestellt, dass die Auszahlungsvoraussetzungen der Höhe

---

482 Siehe auch *Jänsch*, S. 251, die es ebenfalls für sachgerecht erachtet, den Unterschiedsbetrag zwischen tatsächlich gewährter Vergütung und der letztlich „verdienten" Vergütung zum Gegenstand der Rückforderung zu machen.

483 Siehe oben unter C. I. 5. d) cc) (4) (a) (aa).

484 Dies wurde bereits bei der Einordnung als Vertragsstrafe relevant, siehe C. I. 3. d) bb).

nach nicht vorlagen, wird dem Vorstand keine verdiente Vergütung entzogen. Erforderlich dafür ist jedoch, dass Malus- und Clawback-Tatbestände inhaltlich identisch sind.

Ist eine spiegelbildliche Malus-Klausel nicht Teil des Vergütungssystems, stellt sich die Lage jedoch anders dar. Die Vergütungshöhe richtet sich in diesem Fall ausschließlich nach dem Grad der Zielerreichung. Das führt dazu, dass bei einer Rückforderung das Vorstandsmitglied trotz Zielerreichung innerhalb des Bemessungszeitraums eine bereits verdiente Vergütung wieder verliert[485] und ein offenkundiger Widerspruch zu der verdient-ist-verdient-Rechtsprechung des BAG entsteht.[486] Die besondere Stellung des Vorstands sowie aktienrechtliche Spezifika könnten diesen aber überlagern. Bereits angesprochen wurde das Nachhaltigkeitsgebot des § 87 I S. 2, 3 AktG. Seit dem VorstAG muss das Vergütungssystem auf eine „nachhaltige" Unternehmensentwicklung ausgerichtet sein.[487] Das Ziel des Gesetzgebers war es insbesondere, Vergütungsstrukturen zu verhindern, die den langfristigen Unternehmenserfolg ausblenden und somit das „nachhaltige" Wachstum hemmen.[488] Dass Clawback-Klauseln zu diesen Zwecken eingesetzt werden können, wird auch bereits von der Literatur explizit angeführt, jedoch überwiegend im Zusammenhang mit der geforderten mehrjährigen Bemessungsgrundlange gemäß § 87 I S. 3 HS. 1 AktG für variable Vergütungsbestandteile bei vorzeitiger Auszahlung.[489] Das Erfordernis der Mehrjährigkeit wird bei Auszahlung vor Ablauf des Bemessungszeitraums durch Performance-Clawbacks sichergestellt.[490] Compliance-Clawbacks wird dagegen eher eine Ergänzungsfunktion zur Haftung nach § 93 II S. 1 AktG attestiert.[491] Aber auch diese Rückforderungsklauseln nehmen bei der Orientierung an einer langfristigen und nachhaltigen Entwicklung der

485 Siehe dazu bereits C. I. 3. d) bb).

486 So wohl auch *Seyfahrt*, WM 2019, 569 (574).

487 Siehe zum VorstAG bereits C. I. 2. b) aa).

488 *Spindler* in: MüKo AktG, § 87 Rn. 79.

489 Siehe etwa *Spindler* in: MüKo AktG, § 87 Rn. 93b; *Fleischer* in: BeckOGK AktG, § 87 Rn. 40; *Werner*, NZA 2020, 155 (156); *Poelzig*, NZG 2020, 41 (43); *Schockenhoff/Nußbaum*, AG 2018, 813 (815); *Raitzsch*, ZIP 2019, 104 (106).

490 Siehe schon C. I. 1. b).

491 Vgl. etwa *Poelzig*, NZG 2020, 41 (49); *Schockenhoff/Nußbaum*, AG 2018, 813 (818); *Rednius-Hövermann/Siemens*, ZIP 2020, 145 (153), die den Compliance-

Gesellschaft eine überaus wichtige Rolle ein und sind ebenso eng mit § 87 I S. 2 AktG verbunden. Sie sanktionieren Verhaltensweisen, die nicht unmittelbar durch die Unternehmenskennzahlen reflektiert werden, aber dennoch erhebliche Auswirkungen auf die Gesellschaft haben können.[492] Bei dem Bestreben, ein nachhaltiges Wachstum der Gesellschaft sicherzustellen, nur Performance-Clawbacks zu verwenden, wäre zu kurz gegriffen. Es gibt zahlreiche Szenarien, in denen sich ein Vorstandsmitglied pflichtwidrig verhält, ohne dass sich unmittelbare Auswirkungen auf die wirtschaftliche Lage festmachen lassen.[493] Mögliche Reputationsverluste können sich aber dauerhaft auswirken und die „nachhaltige" Entwicklung der Gesellschaft, ihr Wachstum und damit die Bestrebungen des Gesetzgebers konterkarieren.[494] Verstöße mit diesen Folgen können auf unterschiedlichsten Gebieten erfolgen. Denkbar sind etwa Verletzungen von Arbeits- oder Datenschutzbestimmungen,[495] die sich dann langfristig negativ auf die Nachfrage von Kunden oder die Attraktivität für potentielle Mitarbeiter auswirken können. Andere Vergütungselemente sind aber nicht in der Lage diesen Missständen vorzubeugen, da sie an messbare Ergebnisse innerhalb des Bemessungszeitraums anknüpfen, sodass sich ohne Compliance-Clawbacks eine Lücke im „nachhaltigen" Vergütungssystem auftut. Sie stehen daher im Einklang mit der speziellen Vorschrift des § 87 AktG, indem sie, auf Verhaltenssteuerung abzielend,[496] auf eine langfristige und nachhaltige Unternehmensentwicklung hinwirken. Die Unwirksamkeit folgt daher aufgrund vorrangiger Spezialvorschriften nicht aus einem Konflikt mit dem arbeitsrechtlichen verdient-ist-verdient-Grundsatz.

Clawback bei konsequenter Verfolgung von Schadensersatzansprüchen gar als irrelevant bewerten; siehe auch *Dörrwächter/Wolff*, AG 2020, 233 (235).

492 *Seyfarth*, WM 2019, 569 (571).

493 *Dzida/Naber*, BB 2011, 2613 (2613).

494 *Dzida/Naber*, BB 2011, 2613 (2613).

495 *Dzida/Naber*, BB 2011, 2613 (2613).

496 Das Ziel der Verhaltenssteuerung bejahend etwa *Poelzig*, NZG 2020, 41 (43); zu Clawbacks nach der InstitutsvergV auch *Fischbach*, WM 2018, 1491 (1500).

(bb) § 93 AktG

Jedoch könnten die Klauseln mit der Haftungsnorm § 93 II S. 1 AktG kollidieren, indem sie von wesentlichen Grundgedanken der Vorschrift abweichen (§ 307 II Nr. 1 BGB) und die Voraussetzungen für einen Schadensersatzanspruch in unzulässiger Weise umgehen.[497] Ein Schadensersatzanspruch setzt nach § 93 II S. 1 AktG voraus, dass der Gesellschaft tatsächlich ein bestimmter Schaden entstanden ist, der auf einem schuldhaft pflichtwidrigen Verhalten des Vorstandsmitglieds beruht.[498] Compliance-Clawbacks weichen in der Tat erheblich von diesen Voraussetzungen ab. Entgegen der zwingenden Vorschrift des § 93 II S. 1 AktG[499] unterliegen Clawback-Klauseln der privatautonomen Gestaltungsfreiheit.[500] So kann etwa vereinbart werden, dass bereits der Verstoß gegen unternehmensinterne Codes of Conduct den Clawback auslösen und eine Rückzahlung der Vergütung erforderlich ist. Außerdem wird auf die Notwendigkeit eines kausalen Schadens verzichtet, der regelmäßig besonders schwer nachzuweisen ist und der Durchsetzung des Schadensersatzanspruchs daher oftmals entgegensteht.[501] Insofern können derartige Klauseln zugunsten der Gesellschaft eine Reihe von Fällen erfassen, in denen § 93 II S. 1 AktG nicht greift.[502] Dies scheint einen eindeutigen Widerspruch zu der abschließenden Natur des § 93 II S. 1 AktG darzustellen, die grundsätzlich weder eine Haftungsverschärfung noch eine Haftungserleichterung für das Vorstandsmitglied erlaubt.[503] Verstärkt wird dieser Eindruck

497 So *Seyfarth*, WM 2019, 569 (574).

498 *Seyfarth*, WM 2019, 569 (574); siehe allgemein zur Haftung nach § 93 II S. 1 AktG etwa *Grigoleit/Tomasic* in: Grigoleit AktG, § 93 Rn. 85 ff.; *Spindler* in: MüKo AktG, § 93 Rn. 162 ff.

499 *Spindler* in: MüKo AktG, § 93 Rn. 11; *Koch* in: Koch AktG, § 93 Rn. 4; *Fleischer* in: BeckOGK AktG, § 93 Rn. 4.

500 *Redenius-Hövermann/Siemens*, ZIP 2020, 145 (151); *Schockenhoff/Nußbaum*, AG 2018, 813 (817).

501 Vgl. *Seyfarth*, WM 2019, 569 (571); *Schockenhoff/Nußbaum*, AG 2018, 813 (818); *Redenius-Hövermann/Siemens*, ZIP 2020, 145 (151).

502 *Poelzig*, NZG 2020, 41 (49).

503 *Schmidt* in: Heidel, Aktienrecht und Kapitalmarktrecht, § 93 Rn. 5; *Grigoleit/Tomasic* in: Grigoleit AktG, § 93 Rn. 85 f.; *Fleischer* in: BeckOGK AktG, § 93 Rn. 5 f.; *Spindler* in: MüKo AktG, § 93 Rn. 28 ff; *Dauner-Lieb* in: Henssler/Strohn AktG, § 93 Rn. 3.

dadurch, dass sich das Vorstandsmitglied im Falle eines Verstoßes etwa gegen Verhaltenskodizes nicht auf die in § 93 I S. 2 AktG verortete Business Judgment Rule beruhen kann, die lediglich bei unternehmerischen Entscheidungen mit prognostischem Charakter greift, um dem notwendigen Ermessen des Vorstands und dem Risiko und den Unsicherheiten Rechnung zu tragen, welche unternehmerischen Entscheidungen zwangsläufig anhaften.[504]

Bedenken könnte jedoch mit den teilweise unterschiedlichen Zweckrichtungen der aktienrechtlichen Haftungsnorm auf der einen und Compliance-Clawbacks auf der anderen Seite begegnet werden. Werden mit den Instrumenten zumindest teilweise unterschiedliche Ziele verfolgt, kann in dem einen auch keine Umgehung des anderen liegen. Clawbacks sind nämlich in erster Linie Teil eines Vergütungssystems, welches die langfristige und nachhaltige Entwicklung der Gesellschaft fördern soll (s.o.). § 93 AktG dient nicht ausschließlich, aber in erster Linie, dem Schadensausgleich und der Schadensprävention.[505] Insbesondere der erstgenannte Zweck ist einem Compliance-Clawback nicht immanent. Ein Schaden ist überhaupt keine Voraussetzung zur Rückforderung, die wiederum dazu dient, zukünftigen, noch nicht bezifferbaren Schäden vorzubeugen (s.o.) und sich auf der Rechtsfolgenseite lediglich auf die variablen Vergütungsbestandteile bezieht. Es wurde außerdem bereits festgestellt, dass der Compliance-Clawback teilweise als Vertragsstrafe i.S.d. § 339 BGB ausgestaltet ist und ihm soweit der Sanktionsgedanke innewohnt.[506] Ob dem Schadensersatz eine Sanktionsfunktion zukommt, ist hingegen unklar.[507] Insofern lässt sich lediglich eine Überschneidung hinsichtlich der Prä-

504 *Schockenhoff/Nußbaum*, AG 2018, 813 (817); *Müller-Bonanni/Jenner/Denninger*, AG 2021, 339 (345 f.), die jedoch auch darauf verweisen, dass die Business Judgment Rule bei unternehmerischen Entscheidungen auch beim Clawback greift und einer Pflichtverletzung entgegenstehen kann, sofern sie privatautonom entgegen ihrer Empfehlung nicht abgedungen wird; allgemein zur Business Judgment Rule siehe *Spindler* in: MüKo AktG, § 93 Rn. 43 ff.; *Fleischer* in: BeckOGK AktG, § 93 Rn. 79 ff.

505 Vgl. *Koch* in: Koch AktG, § 93 Rn. 1; *Hölters/Hölters* in: Hölters/Weber AktG, § 93 Rn. 8; *Fleischer* in: BeckOGK AktG, § 93 Rn. 2; *Dauner-Lieb* in: Henssler/Strohn AktG, § 93 Rn. 1.

506 Siehe C. I. 3. d) bb).

507 Dagegen etwa *Scholl*, S. 95; *Hopt*, ZIP 2013, 1793 (1795).

vention von Schäden feststellen. Auch ohne die genannten Unterschiede wäre eine Unvereinbarkeit nicht offenkundig. Immerhin schließt § 93 II S. 1 AktG eine vertragliche Haftung des Vorstandsmitglieds nicht vollumfänglich aus.[508] Eine unzulässige Haftungsverschärfung wäre lediglich dann anzunehmen, wenn etwa eine Modifikation hin zu einer reinen Erfolgshaftung angestrebt wird.[509] Problematisch wären daher verschuldensunabhängige Klauseln.[510] Es ist aber schwer vorstellbar, wie ein sinnvoller Zuschnitt eines verschuldensunabhängigen Compliance-Clawbacks überhaupt aussehen soll. Schließlich knüpfen diese in aller Regel nicht an einfache, sondern an schwerwiegende Compliance-Verstöße, Pflichtverletzungen und Verstöße gegen interne Verhaltensvorschriften an, denen zumindest fährlässiges Handeln zugrunde liegen dürfte.[511] Verschuldensunabhängige Compliance-Clawbacks wären auch vor dem Hintergrund der Verhaltenssteuerung nicht sinnvoll, da eine Rückforderung ohne Verschuldensvorwurf nicht dazu in der Lage ist, den Vorstand dazu anzuhalten, sich regelkonform zu verhalten.[512] Stattdessen wäre eine starke Verunsicherung zu befürchten, in der Zukunft quasi willkürlich bereits ausgezahlte Vergütungen zurückzahlen zu müssen.

Es bestehen somit sowohl auf der Tatbestands- als auch auf der Rechtsfolgenseite wesentliche Unterschiede zwischen der aktienrechtlichen Haftungsnorm und der vertraglich fixierten Möglichkeit einer Rückforderung von variablen Vergütungsbestandteilen. Auch die Zielrichtung unterscheidet sich teilweise in wesentlichen Punkten. Die Clawbacks verfolgen einen ganz eigenen, im AktG verankerten Zweck,

---

508 Siehe *Grigoleit/Tomasic* in: Grigoleit AktG, § 93 Rn. 86, die ausdrücklich die Vertragsstrafe nennen; *Fleischer* in: BeckOGK AktG, § 93 Rn. 6.

509 *Grigoleit/Tomasic* in: Grigoleit AktG, § 93 Rn. 86; *Fleischer* in: BeckOGK AktG, § 93 Rn. 6; *Spindler* in: MüKo AktG, § 93 Rn. 35; *Koch* in: Koch AktG, § 93 Rn. 4.

510 So i.E. auch *Poelzig*, NZG 2020, 41 (48).

511 Siehe z.B. Adidas, Geschäftsbericht 2021, S. 55; Allianz, Geschäftsbericht 2021, S. 31; oder Continental, Geschäftsbericht 2020, S. 29, wonach sogar ein wissentlicher, also vorsätzlicher Verstoß erforderlich ist. Anders zu beurteilen ist die Situation wohl im Anwendungsbereich der InstitutsVergV, da die in § 18 IV InstitutsVergV beschriebenen Konstellationen dem Wortlaut nach sogar Pflichtgemäßes Verhalten des Risikoträgers umfassen, siehe dazu *Krumey/Merkelbach*, CCZ 2019, 266 (271).

512 Siehe zur InstitutsVergV *Krumey/Merkelbach*, CCZ 2019, 266 (273).

nämlich als Teil des Vergütungssystems die langfristige und nachhaltige Entwicklung der Gesellschaft zu garantieren (§ 87 I S. 2 AktG). Es muss daher festgestellt werden, dass sie nicht gegen die in § 93 AktG niedergelegten Grundsätze verstoßen, sondern im Einklang mit den aktienrechtlichen Vergütungsmaximen stehen.

(cc) Betragsmäßige Begrenzung

Möglicherweise lässt sich für Compliance-Clawbacks aber aus den oben genannten arbeitsrechtlichen Grundsätzen eine zwingende Begrenzung der Rückforderungshöhe herleiten.[513] Bei einem alleinstehenden Clawback-Mechanismus, wenn also nicht schon die Auszahlung vom Wohlverhalten abhängig gemacht wird, gestaltet sich die Situation bei der Compliance-Klausel anders als bei den gängigen Formen des Performance-Clawbacks. Sie dient nicht dazu, die Vergütungshöhe aufgrund angepasster Finanzkennzahlen an die tatsächlich erbrachte Leistung des Vorstandsmitglieds anzupassen, sondern entzieht diesem nachträglich bereits verdiente Bestandteile (s.o.), die als Gegenleistung zu seiner Arbeitskraft gewährt wurden. Es steht also eben genau in Frage, ob durch eine gewisse Höhe der Rückforderung das Verhältnis von Leistung und Gegenleistung grundlegend berührt wird.[514] Auch dies kann nicht isoliert von den aktienrechtlichen Besonderheiten beantwortet werden.

Es gibt einige zu berücksichtigende Unterschiede zu den vom BAG entschiedenen Sachverhalten. Zum einen betreffen Clawback-Klauseln bereits ausgezahlte Vergütungsbestandteile und nicht solche, die erst in Zukunft hätten ausbezahlt werden sollen. Das Vorstandsmitglied hat daher möglicherweise bereits Vermögensdispositionen vorgenommen, sodass eine Rückzahlungsverpflichtung besonders schmerzhaft wäre und im Extremfall zu einer finanziellen Überforderung des Betroffenen führen könnte. Auf der anderen Seite nimmt der Vorstand der Aktiengesellschaft eine Rolle ein, die kaum mit der eines Arbeit-

513 Für eine, wenn auch teilweise großzügigere Begrenzung beim Vorstandanstellungsvertrag etwa *Redenius-Hövermann/Siemens*, ZIP 2020, 145 (148); *Dzida/Naber*, BB 2011, 2613 (2616); *Lindemann/Heim*, JuS 2018, 1121 (1127); *Schuster* in: FS Bauer, S. 986.

514 Vgl. BAG, NZA 2017, 931 (933).

nehmers zu vergleichen ist. Dies ergibt sich schon aus § 76 I AktG, wonach der Vorstand die Gesellschaft unter eigener Verantwortung leitet. Seine Mitglieder sind Dreh- und Angelpunkt des Unternehmens und sorgen erst dafür, dass die AG als juristische Person willens- und handlungsfähig wird.[515] Sie tragen also eine besondere Verantwortung und bekleiden ein Amt, welches aufgrund der Befugnisse besondere Treuepflichten gegenüber den Aktionären und der Gesellschaft begründet.[516] Diese bedeutsame Stellung rechtfertigt die Möglichkeit hoher Vergütungen, die für eine absolute Mehrheit von Arbeitnehmern nicht zu erreichen ist.[517] Spiegelbildlich muss die besondere Verantwortung aber auch dazu führen, dass der Vorstand intensiver als der Arbeitnehmer an negativen Entwicklungen teilnimmt. Dies lässt sich schon daraus schließen, dass die Vergütung von Vorstandsmitgliedern gemäß § 87 I S. 1 AktG zwingend angemessen sein muss. Eine zu starke höhenmäßige Begrenzung der Rückforderung könnte hingegen eben dazu führen, dass die Bezüge aufgrund des Fehlverhaltens, je nach Schwere, nicht mehr in einem angemessenen Verhältnis zur persönlichen Leistung und der Lage der Gesellschaft stehen. Dies scheint entscheidend dafür zu sprechen, eine Begrenzung der Rückzahlung gänzlich abzulehnen.

Eine solche Betrachtungsweise wäre allerdings zu einseitig und würde die ebenfalls vorhandenen schutzwürdigen Interessen des Vorstands vollständig außer Acht lassen. Letztendlich ist es die Aufgabe des Aufsichtsrats, die Angemessenheit der Gesamtbezüge sicherzustellen.[518] Dabei stehen ihm verschiedenste Gestaltungsmöglichkeiten offen. So kann er etwa aus einer Fülle von Long- und Short Term Incentives nebst einer Fixvergütung ein angemessenes Vergütungssystem zusammenstellen.[519] Gelingt es dem Aufsichtsrat nicht, ein Vergütungssystem in Übereinstimmung mit § 87 AktG zu installieren, öffnet sich die Tür zur Schadensersatzhaftung gemäß § 116 S. 1, 3 AktG i.V.m.

515 *Spindler* in: MüKo AktG, § 76 Rn. 7.

516 *Spindler* in: MüKo AktG, § 76 Rn. 13; *Koch* in: Koch AktG, § 84 Rn. 10.

517 Siehe dazu etwa PwC, Vergütungsstudie 2019.

518 *Spindler* in: MüKo AktG, § 87 Rn. 2; *Weber* in: Hölters/Weber AktG, § 87 Rn. 1; *Fleischer* in: BeckOGK AktG, § 87 Rn. 1; *Schwennicke* in: Grigoleit AktG, § 87 Rn. 1.

519 Siehe zu der Typologie variabler Vergütungsbestandteile bereits ausführlich B. I.

§ 93 II AktG, ohne dass jedoch die Wirksamkeit des Anstellungsvertrags berührt wird.[520] Die Einhaltung des Angemessenheitsgebots ist also Aufgabe des Aufsichtsrats, kann auf verschiedenste Weise sichergestellt werden und überzeugt nicht als Argument für eine Missachtung der Interessen des Vorstandsmitglieds. Vor dem Hintergrund, dass der Vorstand zwar besondere (Gehalts-) Risiken akzeptieren muss, aber aufgrund der bereits erfolgten Auszahlung auch in besonderem Maße schutzbedürftig ist, erscheint die Beschränkung der Rückforderung auf einen Anteil von 25% des Gesamtverdienstes ebenso wie beim Arbeitnehmer zunächst angemessen.[521] Andererseits leidet die Schutzbedürftigkeit des Vorstandsmitglieds darunter, dass der Grund für die Rückforderung in einem eigenen Fehlverhalten liegt. Dies sollte durch einen prozentualen Aufschlag ebenfalls berücksichtigt werden. Nach alledem erscheint es deshalb sachgerecht, wenn eine Rückforderung von bis zu ca. 30% des Gesamtverdienstes möglich ist.[522] Abzustellen ist dabei auf das Jahr, in dem der betroffene Vergütungsbestandteil ausbezahlt wurde. Aber auch wenn die Rechtsprechung in Zukunft einen höheren Anteil für zulässig erachten sollte, ist auf Seiten des Aufsichtsrats darauf zu achten, dass die Klausel geeignete Kandidaten nicht abschreckt und somit den Interessen der Gesellschaft letztlich zuwiderläuft. Ein „Durchdrücken" möglichst extensiver Rückforderungsmöglichkeiten ist daher nicht nur rechtlich, sondern auch verhandlungstaktisch nicht anzuraten.

Anders kann die Beurteilung aber auch an dieser Stelle ausfallen, wenn sich der Clawback auf solche Vergütungsbestandteile erstreckt,

520 *Fleischer* in: BeckOGK AktG, § 87 Rn. 64; *Spindler* in: MüKo AktG, § 87 Rn. 130.

521 Für einen großzügigeren Maßstab wohl *Dzida/Naber*, BB 2011, 2613 (2617); *Redenius-Hövermann/Siemens*, ZIP 2020, 145 (148); *Schuster* in: FS Bauer, S. 986; in der Betriebswissenschaft wird von *Klein* eine großzügigere Begrenzung auf 100% der variablen Vergütung vorgeschlagen, wenn diese 40% der Gesamtvergütung ausmacht. Bei reiner Fixvergütung soll sogar auf diese und zwar zu 100% zurückgegriffen werden können, siehe *Klein*, S. 164; vgl. auch *Jänsch*, S. 251, die eine Deckelung vorschlägt, die sich an der betragsmäßigen Begrenzung von Vertragsstrafen orientiert, etwa in Höhe von zwei bis drei Bruttomonatsfestvergütungen.

522 Die konkrete Bezifferung eines angemessenen Aufschlages ist naturgemäß schwierig. Deshalb würden auch andere Prozentsätze plausibel erscheinen. Ob nun 4%, 5% oder 7% angemessen sind, ist beinahe nicht feststellbar. An dieser Stelle soll nur verdeutlicht werden, dass ein (geringer) Aufschlag angemessen erscheint.

deren Auszahlungshöhe bereits spiegelbildlich durch Malus-Klauseln an entsprechende Compliance-Tatbestände gekoppelt wird. Es wurde bereits festgestellt, dass die Vergütung dann, wenn tatsächlich ein zum Auszahlungzeitpunkt unbekanntes Fehlverhalten vorlag, nicht „verdient" wurde. Die Ausführungen zum Performance-Clawback legen dann den Schluss nahe, eine betragsmäßige Begrenzung der Rückforderung abzulehnen. Jedoch ist die Feststellung eines Fehlverhaltens mit deutlich höheren inhaltlichen sowie zeitlichen Unsicherheiten behaftet. Zum einen lässt sich ein Fehlverhalten regelmäßig erst deutlich später feststellen als ein Berechnungsfehler oder eine fehlerhafte Datengrundlage. Je weiter die Auszahlungs- und Rückforderungszeitpunkte auseinanderliegen, desto eher besteht die Gefahr, dass das Vorstandsmitglied finanziell überfordert wird. Zum anderen ist das Vorstandsmitglied immer auch der eigenen Interpretation des Aufsichtsrats ausgeliefert, der feststellen muss, wann ein „schwerwiegender Verstoß" vorliegt. Diese Unsicherheit lässt sich zwar durch eine transparente Klauselgestaltung weitestgehend in den Griff kriegen.[523] Nichtsdestotrotz verbleibt naturgemäß ein gewisser Beurteilungsspielraum. Insofern erscheint auch in diesem Fall eine gewisse Begrenzung, etwa auf 50% des Jahresgesamtverdienstes angemessen.

Mit Blick auf die großen Aktiengesellschaften in Deutschland lässt sich feststellen, dass derartige Rückforderungsbeschränkungen noch nicht flächendeckend umgesetzt wurden. Teilweise ergibt sich aus den Vergütungsberichten, dass eine Rückforderung von bis zu 100% der variablen Vergütung möglich sein soll.[524] Andere orientieren sich hingegen bereits an der 25%-Grenze des BAG.[525]

(5) Der Entreicherungseinwand, § 818 III BGB

Schließlich haben beide Clawback-Formen gemeinsam, dass sich das Vorstandsmitglied nicht darauf berufen kann, dass sich die zurückgeforderte Vergütung mittlerweile nicht mehr in seinem Vermögen

523 Siehe dazu speziell unten unter C. I. 5. d) dd).
524 Siehe z.B. Bayer, Geschäftsbericht 2021, S. 258; Continental, Geschäftsbericht 2020, S. 29.
525 Brenntag, Geschäftsbericht 2021, S. 56.

befindet, er mithin entreichert i.S.d. § 818 III BGB ist.[526] Dies wird regelmäßig in der Klausel ausdrücklich klargestellt, obwohl der Entreicherungseinwand ohnehin nur bei den gesetzlichen Vorschriften greift und eine vertragliche Rückforderung stets den Einwand der Entreicherung exkludiert.[527] Das trifft aber natürlich nicht zu, wenn vertraglich lediglich eine auflösende Bedingung vereinbart wurde und der bei Eintritt der Bedingung entstehende Rückforderungsanspruch nicht aus der Klausel selbst, sondern aus § 812 I S. 2 Var. 1 BGB resultiert.[528] Die *ratio* der Norm liegt in dem Schutz des gutgläubigen, unverklagten Bereicherungsschuldners, der dadurch gewährleistet werden soll, dass die Rückabwicklung zu keiner Verminderung des Vermögens über den Betrag der noch vorhandenen Bereicherung hinaus führt.[529] Insbesondere Performance-Clawbacks setzen sich dadurch funktionell von dem eng verwandten Bereicherungsrecht ab.[530] Fraglich ist jedoch, ob durch den Ausschluss gegen wesentliche Grundgedanken gesetzlicher Regelungen verstoßen wird gemäß § 307 II Nr. 1 BGB.

Grundsätzlich ist die Vorschrift des § 818 III BGB dispositiv und kann daher abbedungen werden.[531] Literatur dazu gibt es, soweit ersichtlich, nur mit Bezug auf Arbeitsverhältnisse und zu viel gezahlte Entgelte.[532] Als problematisch wird in diesem Zusammenhang insbesondere die vollständige Freizeichnung des Arbeitgebers auch für grob fahrlässige Überzahlung und die damit einhergehende Verlagerung des Risikos der Überzahlung auf den Arbeitnehmer bewertet.[533] Es wird auch angeführt, dass der Arbeitgeber aufgrund einer arbeitsvertraglichen Nebenpflicht zu korrekter Lohnberechnung verpflichtet und eine gänzli-

526 Siehe etwa Klauselformulierungen bei *Seyfarth*, WM 2019, 569 (575 f.); *Schockenhoff/Nußbaum*, AG 2018, 813 (817 ff.).

527 *Sagan* in: Preis, Arbeitsvertrag, II A 80 Rn. 5.

528 Sie dazu oben unter C. I. 3. a).

529 Vgl. *Linke* in: Dauner-Lieb/Langen, BGB Schuldrecht, § 818 Rn. 40; *Wendehorst* in: BeckOK BGB, § 818 Rn. 34.

530 Vgl. *Poelzig*, NZG 2020, 41 (45).

531 *Krause* in: Münchener Hdb. Arbeitsrecht, § 72 Rn. 6; vgl. auch *Preis* in: Erfurter Kommentar Arbeitsrecht, § 611a BGB Rn. 412; *Bieder*, DB 2006, 1318 (1318).

532 Ausführlich dazu *Sagan* in: Preis, Arbeitsvertrag, II A 80 Rn. 4 ff; *Bieder*, DB 2006, 1318 (1318 ff.).

533 *Preis* in: Erfurter Kommentar Arbeitsrecht, § 611a Rn. 412; *Krause* in: Münchener Hdb. Arbeitsrecht, § 72 Rn. 6.

che Freizeichnung auch deshalb unzulässig sei.[534] Die Diskrepanzen zwischen Arbeitsverhältnis und Anstellungsverhältnis erlauben jedoch keine Übertragung dieser Bedenken auf Rückforderungsklauseln im Dienstvertrag des Vorstandsmitglieds. Es geht bei dem Clawback nicht darum, die Gesellschaft von der Pflicht ordnungsgemäßer Vergütungszahlung zu entbinden. Im Compliance-Fall wurde die Vergütung teilweise gar nicht erst in falscher Höhe ausgezahlt. Gleiches gilt für die Rückforderung aufgrund nicht erreichter Planergebnisse. Die Auszahlung erfolgt trotz der bestehenden Unsicherheiten dort nur, um dem Vorstandsmitglied nicht erst mit Ablauf der Bemessungsperiode variable Vergütungsbestandteile, die heute regelmäßig den Großteil der Gesamtvergütung ausmachen, zu gewähren, ohne damit gegen das Gebot der Mehrjährigkeit zu verstoßen.[535] Die Gesellschaft von irgendwelchen Pflichten freizustellen, ist damit überhaupt nicht Gegenstand der Klauseln. Auch bei der Rückzahlung infolge nachträglicher Korrekturen des Jahresabschlusses (Restatement) lassen sich die Wirksamkeitsbedenken aus dem Arbeitsrecht nicht auf den Clawback projizieren. Der Vorstand ist mit seiner exponierten Stellung und seinen umfassenden Verantwortlichkeiten nicht mit einem Arbeitnehmer vergleichbar. Er hat selber enormen Einfluss auf die Qualität der Finanzberichterstattung und damit auf die Berechnungsgrundlage der vom Clawback umfassten variablen Vergütungselemente. So lässt sich auch das Phänomen erklären, dass die Qualität der Finanzberichterstattung mit Einführung von Clawback-Klauseln steigt.[536] Dies zeigt sich sowohl durch eine geringere Wahrscheinlichkeit von Restatements als auch durch eine durchschnittlich höhere Werterelevanz der veröffentlichten Kennzahlen.[537] Schließlich bezieht sich der Clawback allgemein auf bestimmte Trigger, die eine Rückforderung auslösen und nicht etwa auf versehentlich überhöhte Auszahlungen.

Es lässt sich im Ergebnis festhalten, dass sich die geäußerten Bedenken gegen den Ausschluss oder die Beschränkung des Entreicherungseinwands nicht auf die Rückforderungsklauseln übertragen lassen, sodass eine Rückforderung unter Ausschluss des Entreicherungseinwands we-

534 *Sagan* in: Preis, Arbeitsvertrag, II A 80 Rn. 8.
535 Siehe z.B. *Spindler* in: MüKo AktG, § 87 Rn. 93.
536 Siehe *Dörrwächter/Wolff*, AG 2020, 233 (239) m.w.N.
537 *Dörrwächter/Wolff*, AG 2020, 233 (239).

der im Compliance- noch im Performance-Fall eine unangemessene Benachteiligung des Vorstandsmitglieds begründet.

(6) Zwischenergebnis

Nach der umfassenden Analyse lässt sich festhalten, dass Clawback-Klauseln und das AGB-Recht grundsätzlich vereinbar sind. Dies betrifft sowohl die Performance- als auch die Compliance-Clawbacks. Eine Ausnahme ist bei Performance-Klauseln zu machen, die eine Rückforderung für den Fall vorsehen, dass sich die wirtschaftliche Lage der Gesellschaft nach Ablauf des Bemessungszeitraums verschlechtert. Bei einer solchen Klausel lässt sich ein Verstoß gegen den verdient-ist-verdient-Grundsatz des BAG und die Wertungen des Dienstvertragsrechts diagnostizieren, ohne dass aktienrechtliche Besonderheiten den Gebrauch erfordern und eine andere Bewertung rechtfertigen. Aufgrund des nachträglichen Eingriffs in das synallagmatische Verhältnis von Leistung und Gegenleistung sind diese Klauseln gemäß § 308 Nr. 4 BGB unwirksam.

Compliance-Clawbacks stehen zwar teilweise nicht im Einklang mit der Rechtsprechung des BAG, verfolgen aber besondere, durch das AktG festgelegte Zwecke und sind *ergo* auch nicht aufgrund der Unvereinbarkeit mit wesentlichen Grundgedanken (§ 307 II Nr. 1 BGB) unwirksam. Die Abweichungen zu der aktienrechtlichen Haftungsnorm (§ 93 II S. 1 AktG) führen zu keinem anderen Ergebnis. Auch diesbezüglich sei auf die eigens durch das AktG vorgegebene Zielrichtung verwiesen, die langfristige und nachhaltige Entwicklung der Gesellschaft sicherzustellen, wobei dem Compliance-Clawback eine gewichtige Bedeutung zuzuschreiben ist. Auf der anderen Seite dürfen aber auch die Interessen des Vorstandsmitglieds nicht vollständig außer Acht gelassen werden. Dem wird durch eine betragsmäßige Begrenzung der Rückforderung auf maximal 30% (bzw. 50% im Rahmen eines Bonus/Malus-Systems) der Gesamtvergütung Rechnung getragen. Dieses Begrenzungserfordernis besteht für die zulässige Form von Performance-Clawbacks (die nicht an die Verschlechterung der wirtschaftlichen Lage der Gesellschaft nach Ablauf des Bemessungszeitraums anknüpfen) nicht, da sich die Grundaussagen der BAG-Rechtsprechung nicht übertragen lassen.[538] Auch die Tatsache, dass dem Vorstandsmitglied der Einwand der Entreicherung (§ 818 III BGB) nicht zusteht, hat auf die Wirksamkeit der Klauseln keinen Einfluss. Bestehende arbeitsrechtliche Bedenken lassen sich auf das Anstellungsverhältnis zwischen Vorstand und Gesellschaft nicht übertragen.

dd) Transparenzgebot

Als besondere Hürde der rechtlichen Zulässigkeit von Clawbacks hat sich in der wissenschaftlichen Diskussion auch das AGB-rechtliche Transparenzgebot herauskristallisiert.[539] Dieses ist in § 307 I S. 2 BGB verankert, wonach sich eine unangemessene Benachteiligung auch daraus ergeben kann, dass die Bestimmung nicht klar und verständlich ist. Der Anwendungsbereich erstreckt sich dabei gemäß § 307 III S. 2 BGB auch auf die ansonsten kontrollfreien deklaratorischen Klauseln.

(1) Allgemeine Anforderungen

Das der Regelung innewohnende Bestimmtheitsgebot besagt, dass der Verwender dazu verpflichtet ist, den Inhalt der Bestimmung soweit es geht zu konkretisieren, sodass der Vertragspartner seine Rechte und Pflichten mit größtmöglicher Bestimmtheit entnehmen kann.[540] Die Voraussetzungen und Rechtsfolgen einer Klausel sind möglichst eindeutig und nachvollziehbar darzustellen, um der Entstehung ungerechtfertigter Beurteilungsspielräume des Verwenders entgegenzuwirken.[541] Die aus der Klausel resultierenden wirtschaftlichen Nachteile und Belastungen müssen zudem soweit erkennbar sein, wie dies nach den Umständen gefordert werden kann, wobei auf den durchschnitt-

538 Siehe C. I. 5. d) cc) (4) (a) (bb).

539 Vgl. *Raitzsch*, ZIP 2019, 104 (108); *Dörrwächter*, DB 2020, 2182 (2183); *Schockenhoff/Nußbaum*, AG 2018, 813 (816); *Poelzig*, NZG 2020, 41 (48); *Jänsch*, S. 253; *Seyfahrt*, WM 2019, 569 (573 f.), der einen Entwurf vom Compliance-Clawback im Einklang mit dem Transparenzgebot wohl sogar für unmöglich hält.

540 *Wurmnest* in: MüKo BGB, § 307 Rn. 63; *Fuchs* in: Ulmer/Brandner/Hensen AGB-Recht, § 307 BGB Rn. 338; *Roloff/Looschelders* in: Erman BGB, § 307 Rn. 20.

541 *Wurmnest* in: MüKo BGB, § 307 Rn. 63; BGH, NJW-RR 2005, 1496 (1498).

lichen Vertragspartner abzustellen ist.[542] Für das Vorstandsmitglied muss daher insgesamt klar und verständlich sein, wann der Clawback greift.[543] Eine mangelnde Bestimmtheit kann insbesondere auch daher rühren, dass ungenaue, ausfüllungsbedürftige oder unvertraute Begriffe verwendet werden.[544] Zusammengefasst lässt sich sagen, dass der Vertragspartner schlicht erkennen soll „was auf ihn zukommt“[545]. Betrachtet man vor diesem Hintergrund die in der Literatur kursierenden Formulierungsvorschläge,[546] und geht man davon aus, dass diese in der Praxis tatsächlich verwendet werden, wachsen die Zweifel an einer wirksamen Implementierung zumindest in den bis dato zu verzeichnenden Fällen.

(2) Compliance-Clawback

Insbesondere beim Compliance Clawback stellt sich die Frage, wie dieser mit dem Transparenzgebot in Einklang gebracht werden kann. Die Erfassung einer Vielzahl von Verstößen bei gleichzeitig hinreichender Bestimmtheit bringt Schwierigkeiten mit sich.[547] Auf der Tatbestandsebene ist ein besonderes Augenmerk auf das den Clawback auslösende Fehlverhalten zu legen, wohingegen auf der Rechtsfolgenseite z.B. die Art und Höhe der zurückzugewährenden Vergütung sowie die Rückforderungsfrist klar geregelt sein müssen.[548]

(a) Tatbestand

Der Compliance-Clawback entfaltet seine Wirkung, wenn dem betroffenen Vorstandsmitglied ein bestimmtes Fehlverhalten unterlaufen ist. Dieses muss in der Klausel hinreichend transparent umrissen werden.

542 Vgl. *Wurmnest* in: MüKo BGB, § 307 Rn. 63; *Roloff/Looschelders* in: Erman BGB, § 307 Rn. 20; BGH, NJW 2010, 671 (673).

543 *Redenius-Hövermann/Siemens*, ZIP 2020, 145 (148).

544 *Wurmnest* in: MüKo BGB, § 307 Rn. 67.

545 BAG, NZA 2014, 1097 (1099).

546 Sie vor allem *Schockenhoff/Nußbaum*, AG 2018, 813 (817 ff), auf den etwa *Seyfarth*, WM 2019, 569 (571), Bezug nimmt.

547 Vgl. *Seyfarth*, WM 2019, 569 (573); *Spindler*, AG 2020, 61 (67); *Arnold* in: Goette/Arnold, Handbuch Aufsichtsrat, § 4 Rn. 1521.

548 Vgl. *Schuster* in: FS Bauer, S. 982; *Poelzig*, NZG 2020, 41 (48); zur InstitutsVergV auch *Kuhn*, CCZ 2017, 171 (173).

Regelmäßig bedarf es für die Rückforderung eines schwerwiegenden Verstoßes des jeweiligen Vorstandsmitglieds gegen seine gesetzlichen Pflichten, dienstvertraglichen Pflichten oder gegen unternehmensinterne Verhaltensrichtlinien (Codes of Counduct).[549] Die Anknüpfung an bestimmte Verhaltensrichtlinien lässt sich unkompliziert in der Klausel genau bezeichnen. Im Lichte des Transparenzgebots ist aber der „schwerwiegende Verstoß" definitiv problematisch. Solche Begriffe müssen im besonderen Maße erst mit Leben gefüllt werden und bieten isoliert betrachtet keinen hinreichenden Ansatzpunkt für das Vorstandsmitglied, wann es tatsächlich mit einer Rückforderung rechnen muss.[550] Ebenfalls sehr unspezifisch ist etwa die Formulierung, dass bei Verhaltensweisen, die im Widerspruch zu den Unternehmenswerten stehen, eine Rückforderung möglich sein soll.[551] Das Ziel muss sein, dem Clawback ein möglichst hohes Maß an Bestimmtheit zu verleihen, ohne den Anwendungsbereich zu stark einzuschränken.

Ein Lösungsvorschlag der Literatur ist hier, dass man zur Schaffung von Rechtssicherheit an die Voraussetzungen für einen Widerruf der Bestellung aus dem wichtigen Grund einer groben Pflichtverletzung nach § 84 III S. 2 AktG anknüpft, zu der in der Tat schon reichlich Literatur- und Rechtsprechungsmaterial vorhanden ist.[552] Beispielhaft werden als tatbestandserfüllende Pflichtverletzungen des § 84 III S. 2 AktG u.a. die Manipulation der Bilanz, Veruntreuung von Gesellschaftsvermögen, Entgegennahme von Schmiergeldern, Täuschung von Vorstandskollegen oder die wesentliche Missachtung der Zuständigkeitsverteilung genannt.[553] Es darf jedoch bezweifelt

549 Siehe C. I. 1. a); C. I. 1. c); Formulierungsvorschlag von *Schockenhoff/Nußbaum*, AG 2018, 813 (817); siehe auch die Leitlinien für eine nachhaltige Vorstandsvergütung 2020, S. 7 (1.10.), wonach die Rückforderung bei „grob pflicht- und sittenwidrigem Verhalten sowie schwerwiegenden Verstößen gegen wesentliche Compliance- und Governance-Vorschriften" vorgesehen sein soll, abrufbar unter: http://www.leitlinien-vorstandsverguetung.de/wp-content/uploads/2020/12/leitlinien_2020_web.pdf (zuletzt abgerufen am 05.07.2022).

550 Vgl. etwa *Seyfarth*, WM 2019, 569 (573).

551 Siehe Merck, Geschäftsbericht 2021, S. 186.

552 So *Dörrwächter*, DB 2020, 2182 (2183); zur groben Pflichtverletzung i.S.d. § 84 III S. 2 AktG siehe etwa *Spindler* in: MüKo AktG, § 84 Rn. 134; *Fleischer* in: BeckOGK AktG, § 84 Rn. 136 f.; *Grigoleit* in: Grigoleit AktG, § 84 Rn. 42.

553 *Spindler* in: MüKo AktG, § 84 Rn. 134; *Fleischer* in: BeckOGK AktG, § 84 Rn. 136 f.; *Grigoleit* in: Grigoleit AktG, § 84 Rn. 42.

werden, ob die Anknüpfung an eben solche Verstöße im Falle von Clawbacks sinnvoll ist. Der Widerruf beendet als Spiegelbild der Bestellung die korporationsrechtliche Organstellung des Vorstandsmitglieds.[554] Er setzt voraus, dass es der Gesellschaft nicht zuzumuten ist, das Organverhältnis mit dem Vorstandsmitglied bis zum Ende seiner Amtszeit fortzusetzen.[555] Es handelt sich somit um zwei grundlegend unterschiedliche Instrumente, die in ihrer Rechtsfolge nicht vergleichbar sind und das Vorstandsmitglied in vollkommen unterschiedlicher Härte treffen. Während der Clawback lediglich dazu führen soll, dass einzelne Vergütungsbestandteile nachträglich entzogen werden, beendet der Widerruf die organschaftliche Stellung. Die Anknüpfung an den Widerruf der Bestellung ist daher mangels Vergleichbarkeit abzulehnen.

In der Praxis finden sich außerdem Formulierungen, wonach die Pflichtverletzung so schwerwiegend sein muss, dass sie eine Kündigung aus wichtigem Grund gemäß § 626 I BGB rechtfertigt.[556] Die Kündigung des Anstellungsvertrags und der Widerruf der Bestellung sind aufgrund der Trennungstheorie differenziert zu beurteilen.[557] Die Kündigung des Anstellungsvertrags hat über den Widerruf hinaus einschneidende Folgen für das Vorstandsmitglied, da dieser etwa seine Vergütungsansprüche begründet.[558] Ein wichtiger Grund für den Widerruf der Bestellung rechtfertigt daher konsequenterweise auch nicht zwingend eine Kündigung des Anstellungsvertrags aus wichtigem Grund; umgekehrt genügt ein wichtiger Grund zur Kündigung aber stets auch einem Widerruf der Bestellung.[559] Die Hürden sind in diesem Fall also noch einmal höher. Auch die sozialen Folgen der Kündigung, das Lebensalter des Vorstandsmitglieds und seine Verdienste für die Gesellschaft sind zu berücksichtigen.[560] Wenn schon die Anknüpfung an den Widerruf der Bestellung aus dem wichtigen

554 *Fleischer* in: BeckOGK AktG, § 84 Rn. 124; *Koch* in: Koch AktG, § 84 Rn. 50.

555 BGH, NZG 2007, 189; *Koch* in: Koch AktG, § 84 Rn. 86.

556 Siehe Deutsche Wohnen, HV Einladung 2021, S. 35; Vonovia, HV Einladung 2021, S. 16.

557 Siehe *Fleischer* in: BeckOGK AktG, § 84 Rn. 124.

558 *Koch* in: Koch AktG, § 84 Rn. 86.

559 Vgl. *Koch* in: Koch AktG, § 84 Rn. 86; *Fleischer* in: BeckOGK AktG, § 84 Rn. 186; *Wentrup* in: Münchener Hdb. Gesellschaftsrecht, § 21 Rn. 130.

560 *Fleischer* in: BeckOGK AktG, § 84 Rn. 187.

Grund einer groben Pflichtverletzung aufgrund fehlender Vergleichbarkeit ausscheiden muss, so gilt dies *a fortiori* für die Kündigung aus wichtigem Grund.

Andere schlagen die Anknüpfung an die schwerwiegende Verletzung von Pflichten gemäß § 93 I AktG mit einer Konkretisierung durch Regelbeispiele vor.[561] Dies kann jedoch nur dann sinnvoll sein, wenn die von § 93 AktG erfassten Pflichten diejenigen sind, auf deren Einhaltung auch der Compliance-Clawback hinwirken soll. Dessen Anwendungsbereich ist aber weiter. Er umfasst meist etwa auch Verstöße nicht nur gegen die Sorgfaltspflichten gemäß § 93 I S. 1 AktG, sondern z.B. auch gegen Codes of Conduct.[562] Außerdem würde eine derartige Gestaltung wohl auch dazu führen, dass die Wirksamkeit der Klausel aufgrund einer möglichen Umgehung der aktienrechtlichen Haftungsnorm noch erheblicher in Zweifel gezogen würde. Ein Verweis nur auf die in § 93 I S. 1 AktG beschriebenen Sorgfaltspflichten könnte für Kritiker erst recht auf eine unzulässige Umgehung der Haftungsvorschrift hindeuten, weil die erfassten Fehlverhalten sich vollständig decken würden, ohne dass es eines nachweisbaren Schadens bedürfte. Der Clawback unterscheidet sich sowohl auf Tatbestands- als auch auf Rechtsfolgenseite von den bestehenden Instrumenten, die es dem Aufsichtsrat erlauben, auf Fehlverhalten der Vorstandsmitglieder angemessen zu reagieren. Daher ist es auch nicht zielführend und wird dem Sinn und Zweck nicht gerecht, schlicht auf etablierte und bereits durch Rechtsprechung und Literatur konkretisierte Normen zu verweisen.[563]

Das BAG hat in seiner Rechtsprechung zu der Zulässigkeit von Widerrufsklauseln auch auf das Transparenzgebot Bezug genommen und festgestellt, dass der Widerrufsvorbehalt zumindest die Richtung angeben muss, aus der der Widerruf möglich sein soll (z.B. wirtschaftliche Gründe, Leistung oder Verhalten des Arbeitnehmers).[564] Dabei

---

561 So *Poelzig*, NZG 2020, 41 (49).

562 Siehe *Schockenhoff/Nußbaum*, AG 2018, 813 (817); siehe zur Konkretisierung des vom § 93 AktG erfassten Pflichtenkreises etwa durch den Anstellungsvertrag z.B. *Grigoleit/Tomasic* in: Grigoleit AktG, § 93 Rn. 86; *Spindler* in: MüKo AktG, § 93 AktG, Rn. 35.

563 Gegen eine Bezugnahme auf § 93 AktG, jedoch wegen der auch dann bestehenden Unbestimmtheit auch *Seyfarth*, WM 2019, 569 (573 f.).

564 Siehe oben unter C. I. 5. d) cc) (1).

war es in einem Urteil aus dem Jahre 2017 für ausreichend erachtet worden, dass der Widerruf im Falle einer „wirtschaftlichen Notlage" erfolgen konnte, da der Grad der wirtschaftlichen Störung damit hinreichend konkretisiert worden sei.[565] Dass daraus Rückschlüsse auf die Anforderungen einer Konkretisierung des Triggering Events beim Compliance-Clawback gezogen werden können, muss jedoch bezweifelt werden. Zum einen beziehen sich die Ausführungen des BAG nicht auf den hier vergleichbarsten Widerrufsgrund eines Fehlverhaltens des Arbeitnehmers und zum anderen ist alleine schon aufgrund der schwerwiegenderen Folgen des Vorstandsmitglieds aufgrund der vorherigen Auszahlung der Vergütung ein anderes Maß an Konkretisierung zu fordern.

Auch außerhalb ihres Anwendungsbereichs hilft zumindest die unmittelbare Orientierung am Wortlaut des § 18 V S. 3 Nr. 2 InstitutsVergV nicht weiter, weil dort ebenfalls bloß auf die schwerwiegende Verletzung relevanter externer oder interner Regelungen in Bezug auf Eignung und Verhalten verwiesen wird.[566] Seitens der Literatur wird aber im Anwendungsbereich der InstitutsVergV vereinzelnd empfohlen, Fallgruppen zu bilden unter Hinzuziehung der Auslegungshilfe zur InstitutsVergV der BaFin.[567] So bietet sich laut BaFin in den Fällen des § 18 V S. 3 Nr. 2 InstitutsVergV an, sich für die Pflichtverletzung „in schwerwiegendem Maß" an Verschuldenskategorien zu orientieren, wobei letztendlich eine Gesamtschau von Verschulden und den nachteiligen Folgen für die Gesellschaft ausschlaggebend sein soll.[568] Ein ausreichendes Maß an Transparenz und Objektivität würden außerdem etwa dadurch entstehen, indem ein Raster nebst Beispielen

565 BAG, NZA 2017, 931 (932).

566 Zur Unbestimmtheit der Norm siehe etwa *Krumey/Merkelbach*, CCZ 2019, 266 (270); *Seyfarth*, WM 2019, 569 (573); *Johnson*, CCZ 2018, 9 (12), demnach eine an der Norm orientierte Formulierung individualvertraglicher Klauseln faktisch nur die „limitierte sprachliche Präzision der ihrerseits zugrundeliegenden Normen" perpetuiert.

567 So *Fischbach*, WM 2018, 1491 (1499).

568 BaFin Auslegungshilfe zur InstitutsVergV, S. 51, abrufbar unter: https://www.bafin.de/SharedDocs/Downloads/DE/Auslegungsentscheidung/dl_180216_ae_institutsv.pdf?__blob=publicationFile&v=2 (zuletzt abgerufen am 05.07.2022).

geschaffen wird, in das sich einzelne Verhaltensweisen einordnen lassen.[569]

In der Tat bieten sich Fallgruppen unter Hinzuziehung der Auslegungshilfe an, um dem Vorstandsmitglied eine ausreichende Vorstellung davon zu geben, wann es zu einer Rückforderung kommen kann.[570] Dieses Modell zur Schaffung einer verbesserten Bestimmtheit lässt sich auch problemlos auf Klauseln außerhalb des Anwendungsbereichs der InstitutsVergV übertragen, da der in § 18 V S. 3 Nr. 2 InstitutsVergV beschriebene Klauseltypus dem klassischen Compliance-Clawback weitestgehend entspricht. Insbesondere die Anknüpfung an die Verschuldenskategorien schafft ein erhöhtes Maß an Transparenz. Ob eine Pflichtverletzung leicht fahrlässig, grob fahrlässig oder gar vorsätzlich begangen wurde, wird sich im Nachhinein regelmäßig feststellen lassen. Auch das betroffene Vorstandsmitglied hat eine Vorstellung davon, wie ein Verhalten in das Verschuldensraster einzuordnen ist. Wird ein entsprechender Passus in die Klausel aufgenommen („Eine schwerwiegende Pflichtverletzung liegt insbesondere dann vor, wenn der Verstoß auf grob fahrlässigem oder vorsätzlichem Verhalten beruht.") entschärft sich demnach der Konflikt zwischen dem Transparenzgebot und der „schwerwiegenden Pflichtverletzung".[571] Wann ein „schwerwiegender" Verstoß bei nur leicht fahrlässigem Handeln vorliegt, ergibt sich aus den besonderen Umständen des Einzelfalls und könnte etwa dann in Betracht kommen, wenn ein mehrmaliger Verstoß vorliegt oder besonders nachteilige Folgen zu befürchten sind. Dass diesbezüglich keine 100%ige Konkretisierung möglich ist, steht der Wirksamkeit nicht im Weg.[572] Ein „schrankenloses Ermessen"[573] wird dem Aufsichtsrat dadurch jedenfalls nicht gewährt. Es liegt vielmehr in der Natur einer vertraglichen

---

569 BaFin Auslegungshilfe zur InstitutsVergV, S. 51.

570 Im Hinblick auf Klauseln innerhalb des Anwendungsbereichs der InstitutsVergV ebenso *Fischbach*, WM 2018, 1491 (1499); *Jänsch* schlägt die beispielhafte Nennung einiger erfasster Pflichtverletzungen in der Klausel vor, siehe *Jänsch*, S. 255.

571 Siehe etwa Continental, Geschäftsbericht 2020, S. 29, wonach ausdrücklich ein wissentlicher, also vorsätzlicher Verstoß erforderlich ist.

572 Vgl. *Schmidt* in: BeckOK BGB, § 307 Rn. 43, wonach nicht jeder denkbare Einzelfall geregelt werden muss und eine zu detaillierte Regelung durchaus auch erst zur Intransparenz führen kann.

573 *Wurmnest* in: MüKo BGB, § 307 Rn. 64.

Vereinbarung, dass nicht sämtliche vorstellbaren Konstellation unmittelbar vom Wortlaut erfasst sein können. Die Verwendung von Begriffen, die im Einzelfall noch konkretisierungsbedürftig sind, ist deshalb unumgänglich und schließt die Zulässigkeit einer Klausel nicht *per se* aus.[574] Alternativ, wenn auch mit einer Einschränkung des Anwendungsbereichs einhergehend, kann auf einen Clawback im Falle leichter Fahrlässigkeit vollständig verzichtet werden.[575] So würden die Unsicherheiten auf Tatbestandsebene nahezu vollständig beseitigt werden. Zudem wäre es nicht so, dass das Vorstandsmitglied bei fahrlässigem Fehlverhalten keine Konsequenzen zu fürchten hätte. Beim Vorliegen der weiteren Voraussetzungen kann der Gesellschaft weiterhin ein Schadensersatzanspruch gemäß § 93 II S. 1 AktG gegen das Vorstandsmitglied zustehen, da insoweit auch leichte Fahrlässigkeit die Haftung begründen kann.[576]

Auch andere, in den Klauseln verwendete, auslegungsbedürftige Begriffe sollten entweder komplett vermieden oder hinreichend konkretisiert werden. Problematisch ist es beispielsweise, wenn ein Verstoß gegen wesentliche Handlungsgrundsätze der von der Gesellschaft erlassenen internen Richtlinien durch Clawbacks sanktioniert werden soll.[577] Hier scheint lediglich auf einzelne Verhaltensvorgaben Bezug genommen zu werden, ohne dass für den Vertragspartner erkennbar ist, welche genau erfasst sind. Stattdessen ist es empfehlenswert, generell auf die für das Vorstandsmitglied frei einsehbaren Codes of Conduct zu verweisen. Eine Abstufung nach dem Kriterium der Wesentlichkeit einzelner Vorgaben kann der Aufsichtsrat sodann in seiner Ermessensentscheidung berücksichtigen. Gleiches gilt für die „wesentlichen“ Pflichten aus dem Dienstvertrag. Da eine zu umfangreich ausformulierte Klausel ebenfalls nicht zwingend zur Verständlichkeit

574 Vgl. *Kähler* in: BeckOGK BGB, § 307, Vertragsstrafeklausel Rn. 92.

575 Siehe etwa Sartorius, Geschäftsbericht 2021, S. 108, wonach eine Rückforderung nur in Betracht kommt, wenn das Vorstandsmitglied die Sorgfaltspflichten eines ordentlichen und gewissenhaften Geschäftsleiters nach § 93 I AktG grob fahrlässig oder vorsätzlich verletzt.

576 *Hölters/Hölters* in: Hölters/Weber AktG, § 93 Rn. 236; *Grigoleit/Tomasic* in: Grigoleit AktG, § 93 Rn. 52.

577 Siehe Continental, Geschäftsbericht 2020, S. 29.

beiträgt,[578] lassen sich beispielhafte Verstöße schon in den Verhaltensrichtlinien selbst darstellen.[579]

Schließlich ist auch Formulierungen wie „schwerwiegendes unethisches Verhalten" die Unbestimmtheit auf die Stirn geschrieben.[580] Wo die Grenze zwischen ethischem und unethischem Verhalten verläuft, lässt sich für den Vertragspartner schlicht nicht feststellen, weshalb entsprechende Passagen auch nicht Teil einer Clawback-Klausel sein sollten. Die Verwendung derartiger Begriffe ist aber auch gar nicht erforderlich. Welche Verhaltensweisen von der Gesellschaft als ethisch und unethisch verstanden werden, lässt sich durch die Verhaltensrichtlinien schriftlich festhalten, auf die der Clawback sodann explizit verweist. Diese Richtlinien werden teilweise auch Ethikrichtlinien genannt und decken oftmals die Themenfelder Einhaltung von Gesetzen, Schutz vor Diskriminierung, Interessenkollisionen und Korruption, Umgang mit Medien und andere ab.[581]

Es ist auf der Tatbestandsebene somit möglich, einen hinreichend transparenten Compliance-Clawback zu schaffen. Das gilt auch für den Fall einer Vertragsstrafe, an deren Klarheit und Verständlichkeit besondere Anforderungen zu stellen sind.[582]

(b) Rechtsfolge

Natürlich muss die Klausel auch auf der Rechtsfolgenseite den Anforderungen des Transparenzgebots genügen. Die Rechtsfolge beinhaltet die im Ermessen des Aufsichtsrats stehende Entscheidung über die Rückforderung bereits ausgezahlter variabler Vergütungsbestandteile. Auch an dieser Stelle sind eine ganze Reihe möglicher Hürden zu beachten. Neben dem Umfang der Rückforderung muss auch festgelegt werden, ob der Brutto- oder Nettobetrag geschuldet ist, wie die

578 Vgl. *Kähler* in: BeckOGK BGB, § 307, Vertragsstrafeklausel Rn. 93.

579 Siehe etwa den Code of Conduct von Audi, der die einzelnen Verhaltensvorgaben mit Beispielen unterfüttert, abrufbar unter: https://www.audi.com/content/dam/gbp2/company/sustainability/operations-and-integrity/compliance-and-risk-management/code-of-conduct-09-2020-audi-en.pdf (zuletzt abgerufen am 05.07.2022).

580 Siehe Delivery Hero, HV Einladung 2021, S. 13.

581 *Steffen/Stöhr*, RdA 2017, 43 (44).

582 *Kähler* in: BeckOGK BGB, § 307, Vertragsstrafeklausel Rn. 90.

Rückzahlungsmodalitäten bei aktienbasierter Vergütung sind und wie lang die Rückforderungsfrist ist.[583]

(aa) Umfang der Rückforderung

Der Clawback bezieht sich nur auf die variable Vergütung des jeweiligen Vorstandsmitglieds. Will der Aufsichtsrat sich die Möglichkeit vorbehalten, einen Teil davon zurückzufordern, muss es dem Vertragspartner möglich sein, zu erkennen, welche Elemente in welcher Höhe von der Rückforderung betroffen wären.[584] Dabei können grundsätzlich solche mit kurz- als auch langfristiger Anreizwirkung einbezogen werden.[585] Insgesamt sollte der maximale Rückforderungsbetrag aber nicht mehr als 30% (bzw. 50%) der Gesamtvergütung des Auszahlungsjahres ausmachen, da ansonsten ein Verstoß gegen wesentliche arbeitsrechtliche Grundsätze vorliegt.[586] Um den Umfang der Rückforderung möglichst transparent darzustellen, empfiehlt es sich, Prozentangaben aufzunehmen, damit die Höhe der Rückforderung betragsmäßig nachvollzogen werden kann.[587]

Außerdem muss die Zuordnung der Pflichtverletzung und des erfassten Bestandteils transparent sein. Denkbar ist z.B., dass nur die Vergütung zurückgefordert werden kann, in deren Bemessungsperiode das Fehlverhalten fällt.[588] Dies würde hingegen dazu führen, dass gleich mehrere Tranchen erfasst werden könnten und somit eine besondere Belastung des Vorstandsmitglieds darstellen. Um eine noch höhere Transparenz zu schaffen und den Umfang der Rückforderung ein Stück weit zu beschränken, sollte sie sich daher lediglich auf solche

---

583 Vgl. *Fischbach*, WM 2018, 1491 (1499 ff.); *Poelzig*, NZG 2020, 41 (48 f.); *Hönsch*, AR 2020, 41 (42).

584 Vgl. *Lindemann/Heim*, JuS 2018, 1121 (1127); *Raitzsch*, ZIP 2019, 104 (108).

585 Siehe etwa Continental, Geschäftsbericht 2020, S. 29, wonach sich die Rückforderung auf die variable Vergütung beziehen kann, die für das Geschäftsjahr gewährt wurde, in dem die Pflichtverletzung stattgefunden hat, ohne dass zwischen LTI und STI differenziert wird; *Hönsch*, AR 2020, 41 (42).

586 Siehe C. I. 5. d) cc) (4) (b) (cc).

587 Vgl. *Reufels/Volmari*, ArbRB 2019, 26 (28); *Schockenhoff/Nußbaum*, AG 2018, 813 (816); zur InstitutsVergV *Kuhn*, CCZ 2018, 171 (173); *Schuster* in: FS Bauer, S. 982.

588 *Dörrwächter*, DB 2020, 2182 (2183).

Bestandteile der Vergütung beziehen, die in dem Jahr des Verstoßes ausgezahlt wurden.[589] In dem Fall lässt sich besonders leicht feststellen, welche Vergütungsbestandteile von einem Fehlverhalten betroffen sind. Das gilt nicht bloß für Verstöße durch aktive Handlungen des Vorstandsmitglieds, sondern auch durch dauerhaftes Unterlassen gebotener Maßnahmen.[590] So können von dem Verstoß sämtliche Vergütungsbestandteile erfasst werden, die in dem Jahr ausgezahlt wurden, in dem das Unterlassen angedauert hat und eine Pflicht zur Vornahme der gebotenen Handlung bestand.

(bb) Rückzahlungsmodalitäten bei Vergütung in Aktien

Die variablen Vergütungsbestandteile mit langfristiger Anreizwirkung sind in aller Regel aktienbasiert und wegen § 87 I S. 3 HS. 1 AktG von herausragender Bedeutung. Neben virtuellen Optionsprogrammen (Phantom Stocks und Stock Appreciation Rights) haben sich in der Praxis auch Aktienoptionen (Stock Options) und Aktien mit Haltefrist (Restricted Shares) etabliert. In den beiden letztgenannten Fällen findet schlussendlich eine Vergütung in physischen und nicht nur virtuellen Aktien statt.[591] Entsprechend stellt sich die Frage, wie eine Rückerstattung im Clawback-Fall genau aussehen soll.[592] Denkbar ist die Pflicht zum Wertausgleich durch Geldzahlung oder aber einer tatsächlichen Rückgewähr von Aktien.[593]

Interessengerechter und praktikabler erscheint dabei ein Wertausgleich ohne Rückgewähr der erhaltenen Aktien.[594] Das Vorstandsmitglied könnte die Aktien zum Zeitpunkt der Rückforderung nämlich schon wieder veräußert haben, etwa weil der Wert gestiegen ist und entsprechende Gewinne realisiert werden sollten.[595] Eine Rückgewähr *in natura* würde ihn dann dazu verpflichten, die Wertpapiere über

589 Vgl. *Dörrwächter*, DB 2020, 2182 (2183).

590 A.A. *Seyfarth*, WM 2019, 569 (573).

591 Siehe ausführlich zu alledem Kapitel B. I. 2.

592 *Poelzig*, NZG 2020, 41 (49); *Schockenhoff/Nußbaum*, AG 2018, 813 (816); zur InstitutsVergV siehe *Fischbach*, WM 2018, 1491 (1500).

593 *Poelzig*, NZG 2020, 41 (49); *Schockenhoff/Nußbaum*, AG 2018, 813 (816); zur InstitutsVergV siehe *Fischbach*, WM 2018, 1491 (1500).

594 *Fischbach*, WM 2018, 1491 (1500).

595 Vgl. *Fischbach*, WM 2018, 1491 (1500).

die Börse zurückzukaufen, wobei der Kurs zwischenzeitlich weit über dem Niveau des Kurses zum Zeitpunkt der Gewährung der Aktien liegen kann.[596] Aber auch eine deutlich negative Entwicklung des Aktienkurses kann zu einem unbefriedigendem Ergebnis führen, z.B. wenn der Kurs zunächst steigt und im Anschluss erheblich absinkt. Schafft es das Vorstandsmitglied beispielsweise durch eine zwischenzeitlich deutlich positive Kursentwicklung und die Veräußerung der Aktien Kursgewinne zu realisieren und ist er später verpflichtet, die Anteile zu niedrigen Preisen zurück zu erwerben, um sie der Gesellschaft zu übertragen, kann es trotz Rückforderung erheblich von den zuvor gewährten Vergütungsbestandteilen profitieren. Natürlich besteht auch bei einem Wertausgleich die Gefahr, dass der gegenwärtige Kurs der Aktie deutlich über diesem liegt oder deutlich darunter oder dass das betroffene Organmitglied die Anteile über oder unter dem Kurs zum Zeitpunkt der erstmaligen freien Verfügbarkeit veräußert hat. Hat das Vorstandsmitglied die Aktie aber nach der erstmaligen freien Verfügbarkeit weiter gehalten und erst nach Ablauf einer gewissen Zeit oder gar nicht veräußert, realisieren sich lediglich die Chancen und Risiken, welche der Aktionärsstellung immer immanent sind.[597] Es zeigt sich also, dass gute Gründe gegen eine Rückgewähr *in natura* sprechen, wenn die Finanzinstrumente dem Vorstandsmitglied zwischenzeitlich zur freien Verfügung standen. Stattdessen sollte ein Wertausgleich in Anlehnung an den Kurs zum Zeitpunkt der erstmaligen freien Verfügbarkeit der Anteile erfolgen.[598] Dies gilt für sämtliche Fälle, in denen die Vergütung des Vorstandsmitglieds anhand von wertflexiblen Finanzinstrumenten erfolgt. Um sodann dem Transparenzgebot zu genügen, sollte die Klausel die Rückzahlungsmodalitäten (Wertausgleich und Bestimmung der Höhe des Wertausgleichs) ausdrücklich benennen.[599]

Diese praktischen Erwägungen könnten von zwingenden Vorgaben des AktG begleitet werden, sodass ein Wertausgleich von Gesetzes wegen gar verpflichtend ist. § 71 AktG schränkt den Erwerb eigener Aktien stark ein, indem der erste Absatz abschließend die zulässigen

596 Vgl. *Fischbach*, WM 2018, 1491 (1500).
597 Vgl. *Fischbach*, WM 2018, 1491 (1500).
598 So auch *Fischbach*, WM 2018, 1491 (1500).
599 So auch *Schockenhoff/Nußbaum*, AG 2018, 813 (816); *Poelzig*, NZG 2020, 41 (49).

Zwecke für einen Erwerb normiert. Als Erwerb i.S.d. Norm gilt jedes Rechtsgeschäft, durch das die Mitgliedschaft auf die AG übertragen wird.[600] Auch die Rückübertragung der Wertpapiere von dem Vorstandsmitglied auf die Gesellschaft stellt demzufolge einen Erwerb dar, unabhängig davon, ob das Vorstandsmitglied die Anteile zunächst selbst erwerben muss oder sie mangels vorheriger Veräußerung direkt zurücküberträgt.[601] Demnach müsste eine der Verbotsausnahmen des § 71 I AktG den Erwerb der Anteile rechtfertigen. § 71 I Nr. 2 AktG kommt dabei nicht in Betracht. Zum einen deckt die Vorschrift nur den vorangegangenen Erwerb zur Gewährung der Belegschaftsaktien ab[602] und zum anderen werden Organmitglieder von der Vorschrift überhaupt nicht erfasst.[603] Möglicherweise ist der Rückerwerb aber unentgeltlich, sodass die Ausnahme des § 71 I Nr. 4 Var. 1 AktG greift. Explizite Aussagen dazu lassen sich, soweit ersichtlich, bisher nicht finden. Die Unentgeltlichkeit ist aber dadurch geprägt, dass die Gesellschaft keinerlei Gegenleistung erbringt und erbringen muss, wie etwa bei der Schenkung oder dem Vermächtnis.[604] Ohne eine Gegenleistung der Gesellschaft kommt es auch nicht zu einer Einlagenrückgewähr oder sonstigen finanziellen Belastung der Gesellschaft, einer Ungleichbehandlung der Aktionäre oder anderen Effekten, die bei dem Erwerb eigener Aktien normalerweise drohen und zu der starken Reglementierung geführt haben.[605] Auch bei einer Rückübertragung der Aktien aufgrund eines Clawbacks erbringt die Gesellschaft keine Gegenleistung. Das Vorstandsmitglied überträgt die Aktien vielmehr kompensa-

600 Siehe *Cahn* in: BeckOGK AktG, § 71 Rn. 39; *Oechsler* in: MüKo AktG, § 71 Rn. 74; *Koch* in: Koch AktG, § 71 Rn. 4.

601 Für die Rückübertragung von Belegschaftsaktien so explizit auch *Koch* in: Koch AktG, § 71 Rn. 12; *Knott/Jacobsen*, NZG 2014, 372 (376).

602 So auch *Koch* in: Koch AktG, § 71 Rn. 12; a.A. *Knott/Jacobsen*, NZG 2014, 372 (377).

603 *Cahn* in: BeckOGK AktG, § 71 Rn. 61; *Oechsler* in: MüKo AktG, § 71 Rn. 152; *Grigoleit/Rachlitz* in: Grigoleit AktG, § 71 Rn. 63.

604 *Oechsler* in: MüKo AktG, § 71 Rn. 179; *Cahn* in: BeckOGK AktG, § 71 Rn. 77; *Mayer/Albrecht vom Kolke* in: Hölters/Weber AktG, § 71 Rn. 13; *Grigoleit/Rachlitz* in: Grigoleit AktG, § 71 Rn. 69.

605 Siehe nur *Cahn* in: BeckOGK AktG, § 71 Rn. 76; zum teleologischen Hintergrund der umfangreichen Beschränkungen des Erwerbs eigener Aktien siehe etwa *Grigoleit/Rachlitz* in: Grigoleit AktG, § 71 Rn. 9 ff.; *Oechsler* in: MüKo AktG, § 71 Rn. 18 ff.

tionslos zurück auf die Gesellschaft. Daher erfolgt der Erwerb auch hier unentgeltlich mit der Folge, dass § 71 I Nr. 4 Var. 1 AktG anwendbar ist. Ein Wertausgleich ist demnach zwar nicht bereits vom Gesetz vorgegeben, aufgrund der oben genannten Aspekte aber der Rückgewähr *in natura* gleichwohl vorzuziehen.

Anders könnte sich die Situation gestalten, wenn das Vorstandsmitglied noch nicht über die Finanzinstrumente verfügen konnte, etwa weil die Wartefrist der Aktienoptionen oder die Haltefrist der Aktien noch nicht abgelaufen ist und sich die Rückforderung auch auf diese Instrumente beziehen soll. In diesem Fall würde sich aber wiederum die Frage stellen, welcher Wert für die Wertpapiere angesetzt wird, um die festgelegte Schwelle des Gesamtjahresverdienstes nicht zu überschreiten. Außerdem sollte aus Gründen der Verständlichkeit entweder auf die Gewährung (ohne Rücksichtnahme auf tatsächliche Verwertungsmöglichkeiten zu diesem Zeitpunkt) oder auf den Zeitpunkt der freien Verfügbarkeit abgestellt werden. Der Hintergrund ist, dass zur Schaffung ausreichender Transparenz ersichtlich sein muss, welche Vergütungsbestandteile von einem konkreten Verstoß erfasst sind, wobei etwa die Anknüpfung an diejenigen Bestandteile sinnvoll ist, die in dem Jahr des Verstoßes ausbezahlt wurden (s.o.). Als ausbezahlt sollten dann diejenigen Elemente gelten, über die das Vorstandsmitglied auch tatsächlich bereits verfügen konnte. Das bietet sich nicht nur deshalb an, weil es dem allgemeinen Sprachverständnis des Wortes „ausbezahlt" am nächsten kommt, sondern weil so auch ein Gleichklang zu den anderen Long Term Incentives geschaffen wird, die erst nach Ablauf des Bemessungszeitraums – dem Pendant zu etwaigen Haltefristen etc. – zur Auszahlung gelangen. Noch nicht frei verfügbare Finanzinstrumente sollten demnach auch nicht vom Clawback erfasst werden.

(cc) Rückzahlung brutto oder netto

Festzulegen ist außerdem, ob die Rückzahlung der Brutto- oder Nettovergütung geschuldet ist.[606] Diese Frage ist für das betroffene Vor-

606 *Dörrwächter*, DB 2020, 2182 (2184); *Fischbach*, WM 2018, 1491 (1499 f.); *Poelzig*, NZG 2020, 41 (49); *Seyfarth*, WM 2019, 569 (576); *Löw*, NZA 2017, 1365 (1369);

standsmitglied äußerst relevant. Schließlich wäre es im ersteren Fall dazu verpflichtet, mehr zurückzuerstatten, als es tatsächlich ausbezahlt bekommen hat.[607] Grundsätzlich wird für den Fall, dass die Clawback-Klausel eine Verhaltenssteuerung bezweckt (Compliance-Clawback) die Rückforderung des Nettobetrags empfohlen.[608] Soll die Klausel hingegen die Gesellschaft vor einer ungerechtfertigten Vermögensverschiebung schützen (Performance-Clawback), ist der Bruttobetrag zurückzufordern, also der Betrag, den das Vorstandsmitglied netto erhalten hat zuzüglich der von der Gesellschaft für den Begünstigten entrichteten Steuern und Sozialabgaben.[609] Unabhängig davon, wie die Entscheidung bei der Ausgestaltung der Klausel ausfällt, sollte sie auf jeden Fall Eingang in die Vereinbarung erhalten.[610] Aus Gründen der Transparenz und Planungssicherheit ist dem Vorschlag, die Klausel stattdessen möglichst dynamisch, also hinsichtlich dieses Punktes unbestimmt zu gestalten, um eine Entscheidung zum Rückforderungszeitpunkt unter Berücksichtigung der dann herrschenden rechtlichen Vorgaben treffen zu können, eine Absage zu erteilen.[611]

(dd) Ermessen des Aufsichtsrats

Ob die variablen Vergütungsbestandteile schlussendlich tatsächlich zurückgefordert werden oder nicht, hängt beim Compliance-Clawback in aller Regel von einer abschließenden Ermessensentscheidung des Aufsichtsrats ab.[612] Daraus folgt, dass auch bei Vorliegen der Tatbestandsvoraussetzungen nicht zwingend die Rückforderung geltend gemacht wird. Teilweise wird daraus der Schluss gezogen, dass Ermessensklauseln auf der Rechtsfolgenseite zu unbestimmt seien.[613] Wenn

die BaFin-Auslegungshilfe zur InstitutsVergV legt sich dabei nicht fest. Dort heißt es nur, dass zumindest der Netto-Betrag zurückgefordert werden soll, BaFin Auslegungshilfe zur InstitutsVergV, S. 65.

607 *Löw*, NZA 2017, 1365 (1369).

608 *Seyfarth*, WM 2019, 569 (576); *Dörrwächter*, DB 2020, 2182 (2184); *Fischbach*, WM 2018, 1491 (1500).

609 *Dörrwächter*, DB 2020, 2182 (2184); *Seyfarth*, WM 2019, 569 (576).

610 So auch *Seyfarth*, WM 2019, 569 (576).

611 So aber *Löw*, NZA 2017, 1365 (1369); wie hier *Seyfarth*, WM 2019, 569 (576).

612 *Dörrwächter*, DB 2020, 2182 (2183); *Seyfarth*, WM 2019, 569 (571).

613 So *Seyfarth*, WM 2019, 569 (573).

die Rückforderung von einer pflichtgemäßen Ermessensentscheidung des Aufsichtsrats abhängt, kann dieser jedoch alle Besonderheiten des Einzelfalls in seine Entscheidung miteinbeziehen. So kann z.B. berücksichtigt werden, ob das Vorstandsmitglied vorsätzlich oder lediglich fahrlässig gehandelt hat, ob ein erstmaliger Verstoß vorliegt oder ob die Vorschriften, gegen die verstoßen wurde, als besonders wesentlich einzustufen sind. Außerdem kann auch berücksichtigt werden, wie konkret mit nachteiligen Folgen für die Gesellschaft zu rechnen ist. Das Ermessen auf der Rechtsfolgenseite dient also als Justierungsinstrument und ermöglicht oftmals erst eine sachgerechte und angemessene Rechtsfolge. Dies betrifft auch nicht bloß die Frage nach dem „Ob" der Rückforderung, sondern auch die Frage nach dem „Wie". So können sich die Umstände des Einzelfalls auch in der konkreten Höhe der Rückforderung niederschlagen. Um dennoch ein hinreichendes Maß an Vorhersehbarkeit und Transparenz zu schaffen, empfiehlt es sich, intern ein Raster zu erstellen, in das sich bestimmte Handlungsweisen einordnen lassen und welches eine Vorstellung davon gibt, wann mit einer Rückforderung zu rechnen ist.[614] Einen Verstoß gegen das Transparenzgebot davon abhängig zu machen, ob die Rückforderung von einer abschließenden Ermessensentscheidung des Aufsichtsrats abhängt oder nicht, konterkariert außerdem den Sinn und Zweck der Inhaltskontrolle. Diese soll den Vertragspartner des Verwenders von AGB vor unangemessenen Ergebnissen der einseitig in Anspruch genommenen Vertragsgestaltungsmacht schützen.[615] Aus Sicht des Vorstandsmitglieds ist es jedoch deutlich vorzugswürdiger und in seinem Interesse, in die Klausel eine Ermessensentscheidung und keine gebundene Entscheidung des Aufsichtsrats zu integrieren.[616] Außerdem legt das Transparenzgebot und das in ihm wurzelnde Bestimmtheitsgebot fest, dass die Voraussetzungen und Rechtsfolgen einer Klausel möglichst klar dargestellt werden müssen. Der Vertragspartner muss seine Rechte und Pflichten mit größtmögli-

614 Siehe BaFin Auslegungshilfe zur InstitutsVergV, S. 51.

615 *Schmidt* in: BeckOK BGB, § 307 Rn. 1.

616 Vgl. *Kähler* in: BeckOGK BGB, § 307, Vertragsstrafeklausel Rn. 90, der darauf verweist, dass nicht jede Unklarheit zu einer unangemessenen Benachteiligung führt, weil u.a. die Unklarheit auch eine Frage betreffen kann, durch die sich die Position des Klauselgegners nur verbessern kann.

cher Bestimmtheit entnehmen können und der Entstehung ungerechtfertigter Beurteilungsspielräume des Verwenders soll entgegengewirkt werden.[617] Eine Ermessensentscheidung führt aber nicht dazu, dass das betroffene Vorstandsmitglied über seine Rechte und Pflichten im Unklaren bleibt oder ungerechtfertigte Beurteilungsspielräume entstehen. Ganz im Gegenteil bleibt die Bestimmtheit des Pflichtenkreises unberührt und es entsteht vielmehr ein gerechtfertigter Beurteilungsspielraum im Interesse aller Beteiligten. Schließlich kann eine Rückforderung ohne Berücksichtigung aller Einzelfallumstände auch das Verhältnis von Vorstand und Aufsichtsrat belasten und der Gesellschaft somit nachhaltig Schaden zufügen.[618] Für die Aufnahme einer Ermessensentscheidung spricht außerdem auch der Wortlaut des § 162 I S. 2 Nr. 4 AktG, wonach im Vergütungsbericht Angaben dazu gemacht werden sollen, „ob" von der Möglichkeit einer Rückforderung variabler Vergütungsbestandteile Gebrauch gemacht wurde. Gleiches gilt auch für DCGC. Demnach soll in begründeten Fällen eine variable Vergütung zurückgefordert werden „können" (G.11).[619]

Auf der Rechtsfolgenseite ist daher eine Ermessensentscheidung des Aufsichtsrats vorzusehen, welche im Einklang mit dem Transparenzgebot steht.

(ee) Rückforderungsfrist

Schließlich sollte die Klausel auch zwingend eine Angabe enthalten, ab wann eine Rückforderung ausgeschlossen sein soll.[620] Die Frist sollte nicht zu kurz und nicht zu lang ausgestaltet sein. Schließlich kann einige Zeit vergehen, bis ein Fehlverhalten auch tatsächlich zu Tage tritt. Auf der anderen Seite muss das Vorstandsmitglied nach einer gewissen Dauer auch die Gewissheit haben können, die vor längerer Zeit ausgezahlte Vergütung endgültig behalten zu dürfen. Zwar mögen Aspekte des Vertrauensschutzes zunächst beim Compliance-Claw-

617 Siehe zu alledem schon C. I. 5. d) dd).

618 Vgl. *Dörrwächter/Wolff*, AG 2020, 233 (238), wonach die Vereinbarung eines Compliance-Clawbacks vom Vorstand allgemein schon als Signal des Misstrauens gewertet werden kann; vgl. auch *Schockenhoff/Nußbaum*, AG 2018, 813 (819).

619 *Hönsch*, AR 2020, 41 (42).

620 *Hönsch*, AR 2020, 41 (42); *Dörrwächter*, DB 2020, 2182 (2183).

back aufgrund des Pflichtverstoßes eine weniger dominierende Rolle spielen, jedoch erfordert der Tatbestand in diesen Fällen auch bei hinreichend bestimmter Ausgestaltung oftmals eine eigene Interpretation des Aufsichtsrates und des Vorstandsmitglieds selbst, sodass dieses sich einer auslösenden Pflichtverletzung nicht zwingend bewusst ist. Entscheidend ist, dass ein passendes Mittelmaß gefunden wird. Um dem Transparenzgebot dabei gerecht zu werden, muss die zeitliche Beschränkung klar verständlich sein. Empfehlenswert ist es daher, die Rückforderung z.B. nur innerhalb von vier Jahren nach Auszahlung der variablen Vergütung zu erlauben.[621] Somit weiß das Vorstandsmitglied genau, ab wann eine Rückforderung ausgeschlossen ist und es seine Vergütung endgültig behalten darf. Einige Formulierungsvorschläge enthalten jedoch keinerlei zeitliche Beschränkungen der Rückforderungsmöglichkeit.[622] Gegen die Wirksamkeit solcher Klauseln bestehen erhebliche Bedenken. Schließlich müsste das Vorstandsmitglied jederzeit damit rechnen, dass noch etliche Jahre nach Auszahlung der Vergütung Rückforderungsansprüche geltend gemacht werden. Dies gilt umso mehr, als Clawbacks in der Regel, was auch nicht zu beanstanden ist, nicht voraussetzen, dass der Betroffene zum Zeitpunkt der Rückforderung noch im Amt ist.[623] Der Verzicht auf eine zeitliche Begrenzung würde den Konflikt zwischen den Interessen der Gesellschaft und denen des Vorstandsmitglieds einseitig auflösen und das schützenswerte Planungsinteresse des Vorstandsmitglieds vollständig ignorieren. Auch die dann eingreifenden allgemeinen Verjährungsvorschriften des BGB würden nicht den angemessenen Schutz bieten. Die regelmäßige Verjährungsfrist von drei Jahren (§ 195 BGB) beginnt gemäß § 199 I Nr. 1, 2 BGB erst dann, wenn der Anspruch entstanden ist und der Gläubiger (die Gesellschaft) von den anspruchsbegründenden Umständen Kenntnis erlangt hat oder ohne grobe Fahrlässigkeit erlangen müsste. Die Verjährungsfrist beginnt also erst mit

621 So *Dörrwächter*, DB 2020, 2182 (2183); eine feste Rückforderungsfrist von drei Jahren ab Auszahlung lässt sich auch etwa bei Infineon, HV Einladung 2021, S. 27, oder E.ON, Geschäftsbericht 2021, S. 124, finden.

622 Siehe etwa *Schockenhoff/Nußbaum*, AG 2018, 813 (817); *Seyfarth*, WM 2019, 569 (571).

623 Siehe etwa *Schockenhoff/Nußbaum*, AG 2018, 813 (817); *Seyfarth*, WM 2019, 569 (571).

der Kenntnisnahme des Aufsichtsrates vom Fehlverhalten. Demnach wäre eine erhebliche zeitliche Diskrepanz zwischen Auszahlung und Rückforderung denkbar. Stattdessen ist eine verständliche Regelung in die Klausel aufzunehmen, ab wann eine Rückforderung ausgeschlossen sein soll. Fehlt diese, liegt eine unangemessene Benachteiligung des Vertragspartners nahe.

(c) Zusammenfassung

Das Transparenzgebot des § 307 I S. 2 BGB stellt den Verwender von Compliance-Clawbacks tatsächlich vor gewisse, wenn auch nicht unüberwindbare Herausforderungen. Auf der Tatbestandsebene ist das Hauptaugenmerk auf die „schwerwiegende Pflichtverletzung" zu legen. Ein hinreichendes Maß an Transparenz wird hier insbesondere dann gewährleistet, wenn in Anlehnung an die Auslegungshilfe der BaFin zur InstitutsVergV eine Konkretisierung anhand der Verschuldensformen stattfindet („Eine schwerwiegende Pflichtverletzung liegt insbesondere dann vor, wenn der Verstoß auf grob fahrlässigem oder vorsätzlichem Verhalten beruht."). Die Anknüpfung an aktienrechtliche Vorschriften wie § 84 III S. 2 AktG oder § 93 I S. 1 AktG bietet sich hingegen nicht an. Auf der Tatbestandsseite sollte außerdem auf ausfüllungsbedürftige Begriffe wie die „wesentlichen Compliance-Vorschriften" verzichtet werden. Stattdessen sollte etwa allgemein auf die Verhaltensrichtlinien Bezug genommen werden. Auf der Rechtsfolgenseite muss zunächst einmal klar bezeichnet werden, welche Vergütungsbestandteile bis zu welchem prozentualen Maximalbetrag von der Rückforderung betroffen sein sollen. Dafür ist es auch notwendig, dass die Zuordnung von der Pflichtverletzung und den davon erfassten Vergütungsbestandteilen eindeutig aus der Klausel hervorgeht, also z.B. die Bestandteile, die im Jahr des Fehlverhaltens ausbezahlt wurden. Bei der Vergütung in Aktien muss außerdem die Art der Rückgewähr (*in natura* oder Wertausgleich) angegeben werden, wobei auch die Berechnung des Wertausgleichs umfasst ist. Ob die Rückzahlung des Brutto- oder Nettobetrages geschuldet ist, muss ebenfalls aus der Klausel hervorgehen. Die Vereinbarung einer Ermessensentscheidung des Aufsichtsrats führt nicht zur Unbestimmtheit der Klausel und ist im Interesse aller Beteiligten gegenüber einer gebundenen

Entscheidung vorzugswürdig, da erst sie die notwendige Flexibilität garantiert und als Korrektiv für den Fall dient, dass die Einzelfallumstände trotz Tatbestandserfüllung gegen eine Rückforderung sprechen. Schließlich ist eine klar verständliche Regelung zu installieren, die festlegt, wann eine Rückforderung endgültig ausgeschlossen sein soll (Rückforderungsfrist).

(3) Performance-Clawback

Auch Performance-Clawbacks müssen dem Transparenzgebot gerecht werden. Allerdings ist die einhellige Meinung, dass die entsprechende Gestaltung weit weniger Probleme aufwirft als die von Compliance-Clawbacks, weil vor allem der Tatbestand klar und deutlich gefasst werden kann.[624]

(a) Tatbestand

Performance-Clawbacks zielen auf die Abschöpfung variabler Vergütungsbestandteile ab, die aufgrund der tatsächlichen Ergebnisse nicht hätten ausbezahlt werden dürfen.[625] Dies ist zulässig im Falle einer Korrektur des Jahresabschlusses (Restatement), wenn sich die maßgeblichen Finanzkennzahlen also nachträglich geändert haben oder wenn bei vorheriger Auszahlung die vereinbarten Ziele schlicht nicht erreicht werden.[626] Da bei der Formulierung des Tatbestandes nicht auf auslegungsbedürftige Begriffe zurückgegriffen werden muss, bestehen hier auch keine Probleme. Es muss lediglich ersichtlich sein, woran die Rückforderung anknüpft, also an ein Verpassen der Planziele innerhalb des Bemessungszeitraums und/oder an die nachträgliche Korrektur von Daten, auf deren Basis die Vergütung erfolgte.[627]

---

624 Siehe *Seyfarth*, WM 2019, 569 (574); *Dörrwächter*, DB 2020, 2182 (2183).

625 Siehe C. I. 1. b).

626 Siehe C. I. 1. b); zur Unzulässigkeit solcher Klauseln, die an eine Verschlechterung der wirtschaftlichen Lage außerhalb des Bemessungszeitraums anknüpfen, siehe C. I. 5. d) cc) (4) (a) (aa).

627 Formulierungsvorschlag für beide Fälle von *Schockenhoff/Nußbaum*, AG 2018, 813 (819 f.).

(b) Rechtsfolge

Auf Rechtsfolgenseite sind hingegen im Wesentlichen dieselben Erwägungen anzustellen wie beim Compliance-Clawback.

(aa) Umfang der Rückforderung

Auch bei der Performance-Klausel muss für das Vorstandsmitglied ersichtlich sein, welche Vergütungsbestandteile betroffen sind und wie weit die Rückforderung betragsmäßig reichen kann. Der Umfang lässt sich allerdings einfach berechnen. Er bezieht sich immer auf die Differenz zwischen der tatsächlich ausgezahlten Vergütung und der errechneten Vergütungshöhe bei richtiger Datenlage bzw. tatsächlicher Zielerreichung am Ende des Bemessungszeitraums. Erfasst sind im Falle einer nachträglichen Korrektur von Finanzkennzahlen sowohl die Long Term Incentives als auch die Short Term Incentives. Erfolgt die Rückzahlung hingegen nur deshalb, weil sich am Ende der Bemessungsperiode herausstellt, dass die vergütungsbestimmenden Ziele nicht erreicht wurden, sind nur die Long Term Incentives betroffen, da nur diese vorzeitig ausbezahlt werden und auf einer mehrjährigen Bemessungsgrundlage beruhen.[628] Eine Begrenzung der Höhe nach ist beim Performance-Clawback nicht erforderlich und auch nicht empfehlenswert. Schließlich stellt sich im Nachhinein heraus, dass ein Teil der Vergütung „grundlos" gezahlt wurde.[629] Dieser Teil sollte dann auch vollständig zurückverlangt werden können.

(bb) Rückzahlungsmodalitäten bei Vergütung in Aktien

Hinsichtlich der Rückzahlungsmodalitäten bei der Vergütung in Finanzinstrumenten (insbesondere Aktien) sind die zum Compliance-Clawback erörterten Probleme wohl eher theoretischer Natur. Restricted Shares etwa sind ohnehin mit einer mehrjährigen Veräußerungssperre belegt und werden außerdem im Regelfall ohne eine Verbindung mit bestimmten Erfolgszielen als Maßnahme der Interes-

628 Siehe dazu bereits C. I. 1. b).

629 Siehe zur Nichtanwendbarkeit der arbeitsrechtlichen 25%-Grenze schon C. I. 5. d) cc) (4) (a) (bb).

senharmonisierung von Verwaltung und Aktionären ausgegeben.[630] Bei anderen Vergütungsmodellen in Aktien, wie etwa den klassischen Aktienoptionen, besteht schon gesetzlich eine Mindestwartefrist von vier Jahren gemäß § 193 II Nr. 4 AktG. Die Korrektur des Jahresabschlusses und vor allem die endgültige Feststellung der tatsächlichen Zielerreichung zum Ende der Bemessungsperiode wird aber anders als eventuell ein Fehlverhalten schon vor dem Zeitpunkt der freien Verfügbarkeit festgestellt werden. Daher ist es insgesamt unwahrscheinlicher, dass das Vorstandsmitglied zwischenzeitlich über die Aktien verfügt hat. Dann ist es aber auch nicht erforderlich, bestimmte Werte für die Vergütung in Aktien festzulegen. Es wird schlicht berechnet, welche Differenz das Vorstandsmitglied aufgrund der neuen Zahlenlage *in natura* zurückgewähren muss. Nichtsdestotrotz ist auch bei Performance-Klauseln genau anzugeben, wie die Rückgewähr auch bei zwischenzeitlich freier Verfügbarkeit erfolgen soll, wobei auf die Ausführungen zum Compliance-Clawback verwiesen werden kann.[631]

(cc) Rückzahlung brutto oder netto

Auch ob der Netto- oder Bruttobetrag zurückgewährt werden soll, muss aus Gründen der Transparenz angegeben werden.[632] Performance-Clawbacks dienen im Gegensatz zu Compliance-Clawbacks vorwiegend dem Schutz des Gesellschaftsvermögens vor einer ungerechtfertigten Vermögensverschiebung und nicht in erster Linie der Verhaltenssteuerung.[633] Um diesem Zwecke gerecht zu werden, bedarf es eines vollständigen Ausgleichs des Vermögensverlustes, was wiederum nur durch die Entrichtung des Nettobetrages zuzüglich der von der Gesellschaft für den Begünstigten entrichteten Steuern und Sozialabgaben geschieht.[634]

630 Zu Restricted Shares siehe B. I. 2. c).
631 Siehe C. I. 5. d) dd) (2) (b) (bb).
632 *Dörrwächter*, DB 2020, 2182 (2184); *Fischbach*, WM 2018, 1491 (1499 f.); *Poelzig*, NZG 2020, 41 (49); *Seyfarth*, WM 2019, 569 (576); *Löw*, NZA 2017, 1365 (1369).
633 Siehe C. I. 1. b).
634 *Dörrwächter*, DB 2020, 2182 (2184); *Seyfarth*, WM 2019, 569 (576).

(dd) Rückzahlung im Ermessen des Aufsichtsrats

Zu klären ist, ob die Entscheidung über die Rückforderung im pflichtgemäßen Ermessen des Aufsichtsrats liegen soll. Man könnte dahingehend differenzieren, ob der Clawback auf einer Korrektur des Jahresabschlusses beruht oder auf der Anpassung der Vergütungshöhe nach finaler Feststellung der Zielerreichung zum Ende des Bemessungszeitraums.[635] Jedoch muss berücksichtigt werden, dass die Situation beim Compliance-Clawback, für dessen Ausgestaltung eine Ermessensregelung empfehlenswert ist,[636] eine völlig andere ist. Dort lässt sich über die Rechtsfolgenseite die notwendige Flexibilität sicherstellen, die bei einem Fehlverhalten aufgrund der Vielzahl möglicher Konstellationen und Relevanz der Einzelfallumstände zwingend erforderlich ist. Werden die Planziele tatsächlich nicht erreicht oder müssen die Finanzkennzahlen korrigiert werden und ergibt sich daraus, dass das Vorstandsmitglied seine Zielvorgaben nicht in dem Maße erreicht hat, wie es das für die Höhe der ausbezahlten Vergütung hätte tun müssen, bedarf es grundsätzlich keinerlei Ermessensspielraums.[637] Das Vorstandsmitglied hat schlicht nicht die Leistung erbracht, welche die Gegenleistung der Gesellschaft rechtfertigen würde.[638]

Die Rückforderung im Falle des Performance-Clawbacks von einer Ermessensentscheidung des Aufsichtsrats abhängig zu machen, ist außerdem haftungsrechtlich höchst problematisch. In der Regel wird der Aufsichtsrat, vom Unternehmensinteresse geleitet, nämlich dazu verpflichtet sein, einen Rückforderungsanspruch auch durchzusetzen. Um diese Tendenz auch in der Klausel zu reflektieren und den Aufsichtsrat nicht in falscher Sicherheit zu wiegen, sollte von einer kautelarjuristischen Ermessensentscheidung abgesehen werden. In Einzelfällen wird er auch ohne diese von einer Rückforderung absehen können.[639]

---

635 Siehe *Schockenhoff/Nußbaum*, AG 2018, 813 (819 f.).

636 Siehe C. I. 5. d) dd) (2) (b) (dd).

637 Anders im Falle der Rückforderung wegen verpasster Planergebnisse aber *Schockenhoff/Nußbaum*, AG 2018, 813 (821); grundsätzlich gegen eine Ermessensentscheidung bei Clawbacks etwa *Seyfarth*, WM 2019, 569 (577).

638 Vgl. *Seyfarth*, WM 2019, 569 (575).

639 Vgl. zur Rückforderungspflicht und der Haftung unten Kapitel D. I. 3.

(ee) Rückforderungsfrist

Auch beim Performance-Clawback muss schließlich die Frist angegeben werden, innerhalb derer die Rückforderung zu erfolgen hat.[640] Die Frist muss auch in diesem Fall klar verständlich formuliert werden und sollte z.B. mit der Auszahlung der Vergütung zu laufen beginnen.[641] Insofern bestehen im Vergleich zum Compliance-Clawback keine Besonderheiten.

(c) Zusammenfassung

Das Transparenzgebot gemäß § 307 I S. 2 BGB bereitet bei einem Performance-Clawback speziell auf der Tatbestandsebene keine Probleme. Auf der Rechtsfolgenseite hingegen lassen sich weitestgehend dieselben Punkte anführen wie bei der Rückforderung aufgrund eines Fehlverhaltens. Jedoch lässt sich der Umfang der Rückforderung leicht berechnen und daher auch darstellen. Ob die Rückzahlung des Netto- oder Bruttobetrages geschuldet ist, muss auch in diesem Fall festgelegt werden. Anzuraten ist aufgrund des bezweckten Schutzes des Gesellschaftsvermögens vor ungerechtfertigten Vermögensverschiebungen hier, den Bruttobetrag zu wählen. Ebenso wie beim Compliance-Clawback muss außerdem die Rückforderungsfrist in der Klausel fixiert werden. Besonderheiten ergeben sich dahingehend, ob die Klausel eine Ermessensentscheidung des Aufsichtsrates vorsehen soll. Das Transparenzgebot setzt unabhängig von der Zweckmäßigkeit voraus, dass dieser Aspekt geregelt ist. Jedoch ist von der Implementierung einer Ermessensentscheidung des Aufsichtsrats in diesem Fall vor dem Hintergrund einer möglichen Haftung dringend abzuraten. Auch ein Performance-Clawback lässt sich *summa summarum* im Einklang mit dem Transparenzgebot ausgestalten.

(4) Klauseln innerhalb des Anwendungsbereichs von § 20 VI InstitutsVergV

Dass die Klauseln im Anwendungsbereich der InstitutsVergV in der Regel keiner ausführlichen Inhaltskontrolle unterzogen werden,

---

640 *Dörrwächter*, DB 2020, 2182 (2183); *Hönsch*, AR 2020, 41 (42).
641 Siehe *Dörrwächter*, DB 2020, 2182 (2183).

ändert nichts daran, dass sie ebenso dem Transparenzgebot genügen müssen gemäß § 307 III S. 2 BGB i.V.m. § 307 I S. 2 BGB. Auch wenn hier kein Schwerpunkt der Arbeit liegt, sei gesagt, dass dabei nicht auf den Wortlaut der Grundlage dieser Klauseln in § 18 V S. 3 InstitutsVergV zurückgegriffen werden sollte, da dieser in höchstem Maße unbestimmt und auslegungsbedürftig ist.[642] So nennt § 18 V S. 3 Nr. 1 InstitutsVergV etwa Verhaltensweisen, die zu „erheblichen Verlusten“ oder einer „wesentlichen regulatorischen Sanktion“ geführt haben und an denen der jeweilige Risikoträger „maßgeblich beteiligt“ oder „dafür verantwortlich“ war. Die Nr. 2 der Vorschrift knüpft an „relevante“ Regelungen an, die in „schwerwiegendem Maß“ verletzt wurden. Es kann zumindest teilweise auf die Ausführungen zu den Klauseln außerhalb der InstitutsVergV zurückgegriffen werden. Hinsichtlich des Tatbestandes bietet es sich daher auch bei hiesigen Klauseln an, sich nach dem Vorbild der BaFin-Auslegungshilfe an Verschuldenskategorien zu orientieren, um das schwerwiegende Maß festzustellen.[643] Auch für die anderen unbestimmten Rechtsbegriffe sucht die Auslegungshilfe nach Lösungen. So könnte bei der Beurteilung, ob ein Verlust erheblich ist, etwa auf die Pflicht zur Veröffentlichung einer Ad-hoc-Mitteilung nach Art. 17 MAR oder das prozentuale Verhältnis zum Eigenkapital abgestellt werden.[644] Als wesentliche regulatorische Sanktion könnte die Abberufung eines Geschäftsleiters nach § 36 KWG oder ein Bußgeld nach § 56 KWG exemplarisch in die Klausel aufgenommen werden.[645] Alternativ ließe sich auch einfach auf einen bestandskräftigen, belastenden Verwaltungsakt durch eine Aufsichtsbehörde oder eine beliebige Form der Beanstandung durch eine Aufsichtsbehörde abstellen.[646] Als relevant i.S.d. § 18 V S. 3 Nr. 2 InstitutsVergV könnten in der Klausel etwa sämtliche Vorschriften deklariert werden, die für das Aufrechterhalten einer ordnungsgemäßen Geschäftsorganisation i.S.v. § 25a I S. 1 KWG

---

642 Vgl. *Seyfarth*, WM 2019, 569 (573); *Fischbach*, WM 2018, 1491 (1499); *Krumey/Merkelbach*, CCZ 2019, 266 (270); *Baeck/Winzer/Abend*, NZG 2017, 1059 (1061); *Schirrmacher*, ZBB 2017, 281 (288).

643 BaFin Auslegungshilfe zur InstitutsVergV, S. 51.

644 BaFin Auslegungshilfe zur InstitutsVergV, S. 50.

645 BaFin Auslegungshilfe zur InstitutsVergV, S. 50.

646 Vgl. *Tusch/Schuster/Herzberg*, WM 2017, 2289 (2291).

erforderlich sind.[647] Auch für Finanzinstitute lässt sich also der Tatbestand der Clawbacks durch Konkretisierungen der Tatbestandsmerkmale hinreichend transparent gestalten. Sie befinden sich aber in einem gewissen Dilemma. Durch die Verwendung von Regelbeispielen erhöht sich zwar die Transparenz der Klausel, auf der anderen Seite wird aber auch der Anwendungsbereich eingeschränkt.[648] Außerhalb des Finanzsektors ist das kein Problem, weil Clawbacks dort nicht vorgeschrieben sind. Innerhalb besteht jedoch die Gefahr, dass eine zu starke Eingrenzung zu einer nicht ordnungsgemäßen Umsetzung aufsichtsrechtlicher Anforderungen führt.[649] Dies könnte die BaFin wiederum dazu veranlassen, Anordnungen nach § 25a KWG gegenüber dem Institut zu treffen.[650] Geht die Klausel hingegen inhaltlich über die Vorgaben der InstitutsVergV hinaus, öffnet dies das Tor zur AGB-Kontrolle und einer möglichen Unwirksamkeit der Klausel.[651]

Auf der Rechtsfolgenseite besteht eine Besonderheit bezüglich der Rückforderungsfrist. Diese ist in § 20 VI InstitutsVergV geregelt. Sie endet für alle variablen Vergütungsbestandteile einer Bemessungsperiode einheitlich nach zwei Jahren nach dem Ablauf der letzten Zurückbehaltungsfrist für die Vergütungselemente dieser Bemessungsperiode.[652] Die Frist ist somit durch die Verordnung vorgegeben, bedarf aber dennoch einer transparenten Umsetzung auch in der Clawback-Klausel.

e) Folgen unwirksamer AGB

Gelingt es dem Aufsichtsrat nicht, den Anforderungen des AGB-Rechts bei dem Entwurf der Klauseln zu entsprechen, stellt sich die Frage nach den Folgen. Gemäß § 306 I BGB bleibt der Vertrag im Übrigen wirksam. Absatz zwei der Vorschrift bestimmt sodann, dass sich der Inhalt des Vertrags nach den gesetzlichen Vorschriften richtet, soweit die Bestimmungen unwirksam sind. Voraussetzung ist allerdings,

647 BaFin Auslegungshilfe zur InstitutsVergV, S. 51.
648 Siehe *Fischbach*, WM 2018, 1491 (1491).
649 *Fischbach*, WM 2018, 1491 (1491).
650 Vgl. *Schirrmacher*, ZBB 2017, 281 (284).
651 *Fischbach*, WM 2018, 1491 (1491).
652 *Fischbach*, WM 2018, 1491 (1491).

dass der Vertrag als Ganzes und die geprüfte Klausel (Clawback) voneinander unterscheidbar, also teilbar sind.[653] Bei den Clawback-Vereinbarungen und dem Rest des Vorstandsanstellungsvertrags ist dies zweifelsohne zu bejahen. Das rührt aus dem selbständigen und isoliert prüfbaren Regelungsinhalt der Vertragsbestandteile.[654] Interessanter ist derweil die Frage, ob die Clawback-Klausel bei Überschreiten der Zulässigkeitsgrenzen mit dem zulässigen Inhalt bestehen bleibt (sog. geltungserhaltende Reduktion).[655]

aa) Verbot der geltungserhaltenden Reduktion

Um das Problem plastischer darzustellen: Wird die Compliance-Klausel dahingehend „angepasst", dass die Rückforderung nur bis zu einer Höhe möglich ist, die 30% (bzw. 50%) des Gesamtjahresverdienstes nicht übersteigt, wenn sie eine Rückforderung von bis zu 40% (respektive 60%) des Gesamtjahresverdienstes festlegt oder entfällt die Klausel als Ganzes? Grundsätzlich plädiert sowohl die Rechtsprechung als auch die überwiegende Literatur für ein Verbot der geltungserhaltenden Reduktion.[656] Die allgemeine Notwendigkeit des Verbots lässt sich stringent mit Argumenten untermauern. Ziel des AGB-Rechts ist es laut der Rechtsprechung, auf einen angemessenen Inhalt der in der Praxis verwendeten und empfohlenen AGB hinzuwirken.[657] Der Vertragspartner soll die Möglichkeit haben, sich über die aus dem vorformulierten Vertrag erwachsenden Rechte und Pflichten sachgerecht zu informieren. Dies würde jedoch nicht dadurch erreicht werden, dass der Verwender ohne Risiko zunächst die Grenzen des Zulässigen überschreiten könnte und im Nachgang eine Reduktion auf das gerade noch zulässige Maß erfolgt.[658] Eine geltungserhaltende Reduktion

653 *Bonin* in: BeckOGK BGB, § 306 Rn. 14.

654 Siehe *Bonin* in: BeckOGK BGB, § 306 Rn. 16 ff.

655 Zur geltungserhaltenden Reduktion im Arbeitsrecht siehe etwa *Schlewing*, RdA 2011, 92; *Bayreuther*, NZA 2004, 953.

656 BGH, NJW 1982, 2309 (2310); *Bonin* in: BeckOGK BGB, § 306 Rn. 31; *Lindacher/Hau* in: Wolf/Lindacher/Pfeiffer AGB-Recht, § 306 Rn. 31; *Schmidt* in: BeckOK BGB, § 306 Rn. 27; *Schmidt* in: Ulmer/Brandner/Hensen AGB-Recht, § 306 Rn. 14.

657 BGH, NJW 1982, 2309 (2310).

658 Vgl. BGH, NJW 1982, 2309 (2310).

würde außerdem dem Richter die unliebsame Aufgabe zuweisen, eine für den Verwender möglichst günstige, aber gerade noch zulässige Fassung der AGB zu finden.[659] Die Ausführungen des BGH lassen sich also in Präventions- und Transparenzgesichtspunkte einteilen.[660] Unter anderem wird in der Literatur aber z.B. eine Ausnahme des Verbots für den Fall diskutiert, dass die AGB zum Zeitpunkt der Einbeziehung zunächst im Einklang mit den Rechtsprechungsgrundsätzen waren, einer erneuten Kontrolle aber aufgrund eines Paradigmenwechsels später nicht standhalten würden. Der Verwender hat sich im Moment des Vertragsschlusses rechtstreu verhalten, sodass aus Präventionsgesichtspunkten kein Sanktionsbedürfnis besteht.[661] Der BGH versagt dem in diesem Fall gutgläubigen Verwender jedoch den Vertrauensschutz.[662] Das Gericht führte aus, dass einem Vertragspartner, der sich nicht mit den gesetzlichen Vorschriften begnüge und zur Erweiterung seiner Rechte den Weg der AGB wähle, in der Regel nicht dadurch in seinem schutzwürdigen Vertrauen beeinträchtigt werde, dass eine Klausel nach Jahren gerichtlich für unwirksam erachtet wird.[663] Dem zuwiderlaufend wird in der Literatur teilweise angeführt, dass sich die Gefahr der fortdauernden Verwendung gesetzeswidriger Klauseln in ausreichendem Umfang aber auch ohne ein kompromissloses Unwirksamkeitsurteil bannen lässt. Stattdessen könnte die geltungserhaltende Reduktion dort ausscheiden, wo festgestellt werden kann, dass der Verwender die Unvereinbarkeit mit den §§ 305 ff BGB gekannt hat oder sich der Kenntnis verschlossen hat.[664] Das wird insbesondere dann der Fall sein, wenn die Klausel vollkommen offensichtlich oder quantitativ in erheblichem Umfang gegen die §§ 305 ff. BGB verstößt.[665] Wenn hingegen auch ein redlicher Verwender die Klausel für wirksam oder

---

659 BGH, NJW 1984, 48 (49).

660 *Schlewing*, RdA 2011, 92 (92).

661 *Fornasier* in: MüKo BGB, § 306 Rn. 19; i.d.S. auch *Hager*, JZ 1996, 175 (177).

662 BGH, NJW 2008, 1438 (1439).

663 BGH, NJW 2008, 1438 (1439).

664 *Basedow* in: MüKo BGB, § 306 Rn. 18 (in der 8. Auflage 2019); a.A. *Schmidt* in: Ulmer/Brandner/Hensen AGB-Recht, § 306 Rn. 15; zum alten AGBG *Canaris* in: FS Steindorff S. 557.

665 *Basedow* in: MüKo BGB, § 306 Rn. 18 (in der 8. Auflage 2019); *Leyens/Schäfer*, AcP 2010, 771 (801).

die Rechtslage für unklar halten konnte, sollte eine geltungserhaltende Reduktion in Betracht kommen.[666]

bb) Geltungserhaltende Reduktion im Falle unwirksamer Clawback-Klauseln?

Stellt man auf das Merkmal der Gutgläubigkeit ab, drängt sich auch bei der Clawback-Vereinbarung die Frage auf, ob eine geltungserhaltende Reduktion angezeigt ist. Der Aufsichtsrat wird darum bemüht sein, eine rechtswirksame Klausel zu kreieren, um den aktienrechtlichen Zielsetzungen gerecht zu werden, also etwa die langfristige und nachhaltige Entwicklung der Gesellschaft zu fördern. Die deutschen Gerichte haben sich bis dato aber noch nicht mit den Rückforderungsklauseln befassen müssen, weshalb der Aufsichtsrat auch nicht auf gefestigte Leitsätze der Rechtsprechung zurückgreifen kann. Daraus ergibt sich eine unbefriedigende Situation. Zum einen entspricht es zwar der Maxime des AktG, Clawback-Klauseln zu verankern.[667] Zum anderen geht der Aufsichtsrat aber auch ein gewisses Risiko ein, da letztlich nicht sicher vorherzusehen ist, welche Grenzen die Gerichte für die Zulässigkeit dieser Vertragsbestimmungen ziehen.

Werden die vereinbarten Clawbacks für unwirksam erklärt, könnte dies haftungsrechtliche Konsequenzen für den Aufsichtsrat mitsichziehen. Zu denken ist etwa daran, dass der Aufsichtsrat aufgrund unwirksamer Rückforderungsklauseln dem Mehrjährigkeitserfordernis aus § 87 I S. 3 AktG nicht gerecht wird oder das Gesellschaftsvermögen schädigt, weil sich die Berechnungsgrundlage der Vergütung als falsch herausstellt und eine gesetzliche Rückforderungsmöglichkeit ausscheidet. Haftungserleichternd kommt dem Aufsichtsrat dabei zugute, dass es sich bei der Festsetzung der Vorstandsvergütung um eine unternehmerische Entscheidung handelt, für die auch im Rahmen der Aufsichtsratshaftung die Business Judgment Rule gilt.[668] Demnach kann auch dem Aufsichtsrat eine Pflichtverletzung nicht vorgeworfen werden, wenn er bei der Vorstandsvergütung vernünftigerweise annehmen durfte, auf der Grundlage angemessener Information zum

666 *Basedow* in: MüKo BGB, § 306 Rn. 18 (in der 8. Auflage 2019); *Leyens/Schäfer*, AcP 2010, 771 (801).

667 Siehe etwa unten C. I. 7. a).

668 *Spindler* in: BeckOGK AktG, § 116 Rn. 61.

Wohle der Gesellschaft zu handeln. Eine Möglichkeit der Enthaftung liegt deshalb darin, externe unabhängige Vergütungsberater in die Vergütungsentscheidung mit einzubeziehen.[669] Daraus resultiert zwar eine gewisse Sicherheit für den Fall, dass Gerichte die verankerten Klauseln nachträglich für unwirksam erklären, ein Restrisiko wird jedoch bleiben.

Der Befürchtung, man würde dem Richter durch eine geltungserhaltende Reduktion die Last aufbürden, zugunsten des Verwenders gerade noch zulässige AGB zu bestimmen, lässt sich zudem entgegenhalten, dass sich die Gegenauffassung für die Reduktion auf ein angemessenes und somit eben nicht gerade noch zulässiges Maß einsetzt.[670] Seiner Funktion als unparteiischer Juror entsprechend würde er sich somit gerade nicht auf die Seite des Verwenders schlagen. Unabhängig vom konkret zu entscheidenden Fall zieht der Richter aber auch ohne geltungserhaltende Reduktion die Zulässigkeitsgrenzen zumindest für künftig zu entscheidende Sachverhalte.

Auch außerhalb der Bewertung von Clawbacks offenbart die herrschende Meinung also gewisse Schwächen. Die Achillesferse im konkreten Fall dürfte jedoch in der unklaren Rechtslage und dem aktienrechtlichen Pflichtenkatalog des Aufsichtsrates liegen. Die missliche Situation lässt eine Totalunwirksamkeit unbillig erscheinen und träfe den Aufsichtsrat unverhältnismäßig hart, sofern er gutgläubig wäre, also berechtigterweise annehmen durfte, dass die Klausel den AGB-rechtlichen Anforderungen entspricht.[671] Um auf das oben genannte Beispiel zurückzukommen, wäre es daher vorzuziehen, den maximalen Umfang der Rückforderung auf eine Höhe von 30% (bzw. 50%) des Gesamtjahresverdienstes zu reduzieren, anstatt der Klausel die vollständige Wirksamkeit abzusprechen.

f) Ergebnis zur AGB-rechtlichen Zulässigkeit

Da es sich bei den Bestimmungen im Anstellungsvertrag in aller Regel um allgemeine Geschäftsbedingungen handelt und diese mittlerwei-

---

669 Vgl. *Dörrwächter*, AG 2017, 409 (412); *Fleischer*, BB 2010, 67 (70 f.).

670 Siehe *Basedow* in: MüKo BGB, § 306 Rn. 19 (in der 8. Auflage 2019).

671 Vgl. *Canaris* in: FS Steindorff, S. 558.

le auch nicht mehr als überraschend i.S.d. § 305c I BGB angesehen werden können, müssen auch die Clawback-Klauseln einer umfassenden AGB-Kontrolle standhalten. Dies gilt zumindest für die Klauseln außerhalb des Anwendungsbereichs der InstitutsVergV. Je nach Ausgestaltung hängt sich die Prüfung schwerpunktmäßig entweder an § 308 Nr. 4 BGB oder § 307 BGB auf, was inhaltlich jedoch keinen Unterschied macht.

Die Prüfung der Klauseln anhand übertragbarer arbeitsrechtlicher Grundsätze führt im Allgemeinen nicht zu ihrer Unwirksamkeit. Zwar tritt bei einem Compliance-Clawback außerhalb von Bonus/Malus-Systemen zunächst ein Widerspruch zu der BAG-Rechtsprechung zu Tage, dieser lässt sich jedoch mit aktienrechtlichen Spezifika erklären und auflösen. Sie sind ein wichtiges Instrument, um die nachhaltige Unternehmensentwicklung zu unterstützen und stehen daher im Einklang mit § 87 AktG. Auch § 93 AktG und die dort enthaltenen Voraussetzungen der Vorstandshaftung und Wertungen berühren die Wirksamkeit der Klauseln nicht. Nichtsdestotrotz ist die Rückforderung auf einen Betrag zu begrenzen, der 30% des Gesamtverdienstes nicht überschreitet. Auch wenn die Klausel Teil eines Bonus/Malus-Systems ist, ist eine Begrenzung der Höhe nach angezeigt. Diese ist jedoch großzügiger zu bemessen, etwa bei 50% des Gesamtjahresverdienstes.

Dass sich das Vorstandsmitglied im Zuge der Rückforderung nicht darauf berufen kann, dass die variable Vergütung sich nicht mehr in seinem Vermögen widerspiegelt, er mithin „entreichert" ist, lässt sich gut begründen und hat keinen Einfluss auf die AGB-rechtliche Zulässigkeit.

Intensiv begutachtet werden müssen die Klauseln schlussendlich auch im Lichte des Transparenzgebotes gemäß § 307 I S. 2 BGB. Die Klauseln müssen verständlich gestaltet sein, damit der Vertragspartner einen Eindruck davon gewinnen kann, „was auf ihn zukommt". Sowohl auf der Tatbestands- als auch auf der Rechtsfolgenebene ist dem durch möglichst präzise und konkrete Angaben gerecht zu werden. Beim Compliance-Clawback bereitet die meist geforderte „schwerwiegende Pflichtverletzung" Probleme, die jedoch durch Aufnahme von Regelbeispielen in den Griff zu bekommen sind. Als hilfreich erweisen sich in diesem Zusammenhang die Ausführungen der BaFin-Auslegungshilfe zur InstitutsVergV. Der Performance-Clawback verursacht im Tatbestand kaum Probleme. Der Rückforderung sollte auf der Rechtsfolgenseite hingegen keine Ermessensentscheidung des Aufsichtsrats vorausgehen.

Im Ergebnis lässt sich festhalten, dass es durchaus möglich ist, Clawback-Klauseln in Anstellungsverträgen der Vorstandsmitglieder zu verankern, die einer umfassenden AGB-Prüfung standhalten. Derart unpräzise, wie sie sich bisweilen größtenteils finden lassen, sollten sie aber nicht formuliert sein, um dem Transparenzgebot zu entsprechen und den Vertragspartner nicht gemäß § 307 I S. 2 BGB unangemessen zu benachteiligen. Selbstverständlich bieten auch die aufgezeigten Grenzen der Gestaltung keine Garantie dafür, dass entsprechende Klauseln einer Kontrolle der Gerichte tatsächlich standhielten. Die Verwendung von AGB birgt immer das Risiko in sich, dass die Klauseln, so gewissenhaft sie auch formuliert wurden, später durch die Richter einkassiert werden. Die passgenaue Abgrenzung zwischen gerade noch zulässigem und unzulässigem Inhalt lässt sich regelmäßig nicht vorhersagen, sodass immer ein Risiko der Fehlbeurteilung bestehen bleibt.[672] Insbesondere dort, wo lediglich Leitlinien der Rechtsprechung aufgestellt wurden und eine Kontrolle anhand von § 307 BGB erfolgt, bewegt sich ein Verwender auf unsicherem Terrain.[673] Dies gilt umso mehr, als im vorliegenden Fall noch überhaupt keine Rechtsprechung ergangen ist und lediglich der Versuch unternommen wurde, anderweitig aufgestellte Leitlinien auf Clawback-Klauseln zu übertragen. Vor diesem Hintergrund drängt sich auch trotz der umfangreichen Behandlung der AGB-Anforderungen die Frage auf, wie mit Klauseln umgegangen werden soll, die, wenn auch nur partiell, den §§ 307 ff. BGB nicht gerecht werden. Entgegen der überwiegenden Auffassung ist aufgrund fehlender Rechtsprechung oder anderweitiger Leitlinien und um zu verhindern, dass der Aufsichtsrat im Zweifel vorsichtshalber vollständig auf Rückforderungsklauseln verzichtet, eine geltungserhaltende Reduktion zu befürworten, sofern der Aufsichtsrat bei der Klauselgestaltung gutgläubig war.

672 Vgl. *Bayreuther*, NZA 2004, 953 (954); *Schlewing*, RdA 2011, 92 (93).
673 Vgl. *Schlewing*, RdA 2011, 92 (93).

6. Individualvereinbarungen

Liegen ausnahmsweise keine AGB vor, weil das Vorstandsmitglied auf den Inhalt der Bedingungen Einfluss nehmen konnte (vgl. § 310 III Nr. 2 BGB)[674], scheidet eine AGB-rechtliche Inhaltskontrolle aus. Auch eine Billigkeitskontrolle im Sinne einer einzelfallbezogenen Angemessenheitsprüfung nach § 242 BGB findet aufgrund des abschließenden Charakters der §§ 305 ff. BGB nicht statt.[675] Sofern die Vertragsparteien die Möglichkeit haben, die Vertragsbedingungen im Einzelnen auszuhandeln, ist grundsätzlich auch davon auszugehen, dass sie ihre Interessen selbst angemessen vertreten können.[676] Daher sind die Parteien bis zur Grenze der Sittenwidrigkeit (§ 138 BGB) frei, die Vertragsregelungen selbst zu wählen.[677] Sittenwidrige Clawback-Klauseln sind gedanklich jedoch schwer zu konstruieren. Sie müssten gegen das Anstandsgefühl aller billig und gerecht Denkenden verstoßen.[678] Die dafür erforderliche „besondere Verwerflichkeit“[679] lässt sich vor dem anerkennungswerten Zweck von Clawback-Klauseln, das langfristige Unternehmenswohl zu fördern, kaum begründen.

Dennoch kann der Rückforderungsbetrag auch bei Individualvereinbarungen einer Kontrolle unterliegen. Gemäß § 343 BGB kann nämlich eine verwirkte Strafe, wenn sie unverhältnismäßig hoch ist, auf Antrag des Schuldners durch Urteil auf den angemessenen Betrag herabgesetzt werden. Da Clawback-Klauseln teilweise als Vertragsstrafen zu qualifizieren sind, kann diese Norm bei individualvertraglichen Rückforderungsklauseln Anwendung finden.[680] Dies ist auch nicht durch § 348 HGB ausgeschlossen. Die Vorschrift setzt voraus, dass die Vertragsstrafe von einem Kaufmann im Betrieb seines Handelsgewerbes versprochen ist. Bei dem Vorstandsmitglied handelt es sich aber

674 Etwa weil der Personalausschuss im Vorfeld mit dem Vorstandsmitglied verhandelt und das Plenum später bei seiner Beschlussfassung die ausgehandelten Regelungen übernimmt, siehe *Jaeger* in: FS Winter, S. 317 f.

675 Vgl. BAG, NZA 2005, 1111 (1116).

676 Vgl. BAG, NZA 2005, 1111 (1116).

677 Vgl. BAG, NZA 2005, 1111 (1116).

678 BGH, NJW 2014, 1380 (1380).

679 BGH, NJW 2014, 1380 (1380).

680 Im Rahmen von AGB ist dies umstritten, wird hier und von der wohl h.M. jedoch abgelehnt, siehe oben unter C. I. 3. d) cc).

nicht um einen Kaufmann.[681] Zwar hat der BGH vor längerer Zeit in einem viel diskutierten Urteil die Norm auch auf Nichtkaufleute analog angewandt.[682] Das Urteil war allerdings einer Sonderkonstellation geschuldet und lässt sich deshalb nicht allgemein auf Nichtkaufleute erstrecken.[683]

7. Clawbacks: Aktienrecht und DCGK de lege lata

Nachdem die AGB-rechtliche Zulässigkeit umfassend beurteilt wurde, bedarf es nun einer Betrachtung der Clawbacks unter genauer Berücksichtigung der geltenden aktienrechtlichen Vorschriften und des DCGK. Es soll insbesondere bewertet werden, ob und wie sich die Klauseln in das bestehende Regelungsgefüge integrieren lassen. Besonderes Augenmerk ist dabei auf § 87 AktG zu legen, der die Grundsätze für die Bezüge der Vorstandsmitglieder regelt und daher für die Evaluation von Rückforderungsklauseln ganz wesentlich ist. Aber auch andere Aspekte sind zu beachten, so etwa die Kompetenzzuweisungen an Aufsichtsrat und Vorstand sowie deren strikte Trennung. Zusätzlich müssen Vergütungsinstrumente in deutschen Aktiengesellschaften auch immer am DCGK gemessen werden.

a) § 87 AktG

Das Aushandeln der Vorstandsvergütung ist eine der bedeutsamsten und schwierigsten Aufgaben des Aufsichtsrats.[684] Dabei ist er in der Ausgestaltung der Vergütung nicht frei von Vorgaben, sondern muss sich bei der Ausübung des unternehmerischen Ermessens an die in § 87 AktG niedergelegten Leitlinien und Schranken halten, die somit der Vertragsfreiheit im Bereich der Vorstandsvergütung Grenzen setzen.[685] Die Norm dient dem Schutz der AG, der Aktionäre und den

---

681 Siehe *Schwartze* in: BeckOK HGB, § 1 Rn. 40.
682 BGH, NJW 1952, 623 (623 f.).
683 *Malutzsch* in: MüKo HGB, § 348 Rn. 13; vgl. zu der Entscheidung auch *Chasapis*, S. 202 f., der sich ebenfalls grundsätzlich gegen eine analoge Anwendung ausspricht.
684 *Hoegen*, S. 190.
685 *Hoegen*, S. 190; *Spindler* in: MüKo AktG, § 87 Rn. 2.

Gläubigern der Gesellschaft.[686] Innerhalb der Vorschrift schwebt das Angemessenheitsgebot des § 87 I S. 1 AktG über allem. Demnach hat der Aufsichtsrat dafür zu sorgen, dass die Bezüge der Vorstandsmitglieder in einem angemessenen Verhältnis zu den Aufgaben, Leistungen und der Lage der Gesellschaft stehen. Eine weitere Kernaussage der Vorschrift ist die zwingende Ausrichtung der Vergütungsstruktur auf eine nachhaltige und langfristige Entwicklung der Gesellschaft (S. 2) und die damit einhergehende Mehrjährigkeit variabler Vergütungsbestandteile (S. 3 HS. 1).

aa) Angemessenes Verhältnis von Bezügen und Leistungen des Vorstands

Sollen die Bezüge in einem angemessenen Verhältnis zu den Leistungen des Vorstandsmitglieds stehen, liegt zunächst einmal der Schluss nahe, dass diese Angemessenheit unter anderem durch Clawback-Klauseln hergestellt werden kann. Unter den Leistungsbegriff der Vorschrift fallen nicht bloß finanzielle Kriterien, sondern auch die sogenannten „Soft Skills“ und alle anderen Aspekte des Vorstandshandelns, die mit den unternehmerischen Interessen der Gesellschaft in Verbindung stehen.[687] Darunter lassen sich natürlich auch solche Handlungen fassen, die sich nicht zwingend unmittelbar, aber durch verschiedenste Effekte (wie etwa einen nachträglicher Reputationsverlust) langfristig mittelbar und negativ auf die Wertschöpfung der Gesellschaft auswirken können.[688] Von dem Leistungsbegriff umfasst sind also auch jene Verhaltensweisen, die einen Compliance-Clawback auslösen können. Da eine Rückforderung ohne eine solche Klausel in diesen Fällen gegebenenfalls nicht möglich ist,[689] könnte die Vergütung bei einem entsprechenden Verhaltens nachträglich unangemessen sein. Im Umkehrschluss ließe sich so eine obligatorische Verwendung von Clawbacks begründen, wenn der Aufsichtsrat eine unangemessene Vergütung ausschließen will. Ansonsten könnte die Gefahr bestehen,

---

686 *Spindler* in: MüKo AktG, § 87 Rn. 2; *Fleischer* in: BeckOGK AktG, § 87 Rn. 1.

687 *Annuß/Theusinger*, BB 2009, 2434 (2434); siehe zum Leistungsbegriff auch *Spindler* in: MüKo AktG, § 87 Rn. 47.

688 Vgl. *Spindler* in: MüKo AktG, § 87 Rn. 47, der auf die Empfehlungen der EU-Kommission zur Regelung der Vergütung von Mitgliedern der Unternehmensleitung börsennotierter Gesellschaften (2009/285/EG) Bezug nimmt.

689 Siehe unten unter C. II.

dass die Leistung und die Vergütung nicht in einem adäquaten Verhältnis zueinander stehen.

Ob man dem Aufsichtsrat jedoch den Vorwurf der Festsetzung einer unangemessenen Vergütung aufgrund eines sich im Nachhinein ereignenden Fehlverhaltens machen kann, hängt letztlich damit zusammen, auf welchen Zeitpunkt bei der Angemessenheit der Bezüge abzustellen ist. Nach übereinstimmender Auffassung ist dabei der Zeitpunkt der Festsetzung (Vereinbarung) der Bezüge für das Angemessenheitsgebot maßgeblich.[690] Insofern lässt sich auch aus dem Erfordernis des angemessenen Verhältnisses von Bezügen und Leistungen keine Notwendigkeit zur Implementierung von Rückforderungsklauseln herleiten. Allerdings kann der Aufsichtsrat durch Clawback-Klauseln tatsächlich in besonderer Weise angemessene Verhältnisse auch nach der Festsetzung sicherstellen, da ansonsten lediglich unter den strengen Voraussetzungen des § 87 II AktG eine einseitige Anpassung durch Herabsetzung der (künftigen) Bezüge möglich ist.[691] Ob es allerdings überhaupt zu einer Rückforderung kommen darf bzw. muss, richtet sich nicht danach, ob die Vergütung rückblickend anonsten unangemessen wäre. Entscheidend ist in dem Kontext der allgemeinere Begriff des Unternehmensinteresses. In einem zweiten Schritt, wenn eine Rückforderung also tatsächlich erfolgen kann, richtet sich die Rückforderungshöhe aber danach, ab welcher Schwelle ein angemessenes Verhältnis wiederhergestellt ist.[692]

bb) Das Nachhaltigkeits- und Mehrjährigkeitserfordernis

Wenn man bei der Lektüre des § 87 AktG nach einem Anknüpfungspunkt für Clawbacks sucht, erregt sicherlich auch das Nachhaltigkeits- und Mehrjährigkeitserfordernis des § 87 I S. 2, S. 3 HS 1 AktG die Aufmerksamkeit des Lesers. Seit der Umsetzung der zweiten Aktionärs-

690 *Spindler* in: MüKo AktG, § 87 Rn. 123; *Koch* in: Koch AktG, § 87 Rn. 8; *Seibt* in: Schmidt/Lutter AktG, § 87 Rn. 13; *Weber* in: Hölters/Weber AktG, § 87 Rn. 18; *Pusch/Daub* in: Boecken/Düwell/Diller/Hanau Arbeitsrecht, § 87 AktG Rn. 6.

691 Vgl. *Spindler* in: MüKo AktG, § 87 Rn. 123; *Koch* in: Koch AktG, § 87 Rn. 8; *Weber* in: Hölters/Weber AktG, § 87 Rn. 18; *Seibt* in: Schmidt/Lutter AktG, § 87 Rn. 13; *Pusch/Daub* in: Boecken/Düwell/Diller/Hanau Arbeitsrecht, § 87 AktG Rn. 6.

692 Siehe unten unter D. I. 2.

rechterichtlinie ist aus der „langfristigen“ eine „nachhaltige und langfristige“ Entwicklung der Gesellschaft die Maxime geworden.[693] Daher sollen die variablen Vergütungsbestandteile eine mehrjährige Bemessungsgrundlage haben. Daraus folgt, dass die variablen Vergütungsbestandteile neben den positiven auch an den negativen Entwicklungen im gesamten Bemessungszeitraum teilnehmen müssen und nicht lediglich die Fälligkeit an das Ende des Bemessungszeitraums geschoben wird.[694] Eine Auszahlungssperre, also das Verbot, trotz mehrjähriger Bemessungsgrundlage bereits vor Ablauf der Bemessungsperiode Abschlagszahlungen an das Vorstandsmitglied zu leisten, lässt sich der Norm aber nicht entnehmen.[695] Es muss dann aber sichergestellt werden, dass die variablen Vergütungsbestandteile nicht ihre vorgesehene Wirkung verlieren. Sie dienen als Werkzeug, um die Führungspersonen zu motivieren, nachhaltig zu handeln und dem dauerhaften Bestand der Gesellschaft zu dienen, indem sie rentabel wirtschaften.[696] Eine gestreckte Bemessungsperiode kann dies gewährleisten, weil die Fokussierung auf nur kurzfristige Ziele und Wertsteigerungen an Attraktivität verliert, wenn diese zugleich den langfristigen Interessen zuwiderläuft.[697] Eine ausschließliche Beschränkung auf langfristige Vergütungselemente verlangt § 87 I S. 2 AktG hingegen nicht.[698] Auch Vergütungsbestandteile mit kurzfristiger Anreizwirkung bleiben ein probates Mittel, sofern sie der nachhaltigen Unternehmensentwicklung nicht entgegenstehen und das Vergütungssystem insgesamt langfristige Anreize setzt.[699] Eine pauschalisierte Aussage, zu wieviel Prozent die Gesamtvergütung aus Festgehalt, kurzfristiger und langfristiger variabler Vergütung bestehen muss, lässt sich jedoch nicht treffen, sodass immer auf die Einzelfallumstände abzustellen ist.[700]

693 Siehe *Fleischer* in: BeckOGK AktG, § 87 Rn. 33.

694 *Fleischer* in: BeckOGK AktG, § 87 Rn. 40; *Spindler* in: MüKo AktG, § 87 Rn. 93.

695 *Spindler* in: MüKo AktG, § 87 Rn. 93; *Lindemann/Heim*, JuS 2018, 1121 (1126).

696 *Raitzsch*, ZIP 2019, 104 (105).

697 Vgl. *Raitzsch*, ZIP 2019, 104 (105 f.).

698 *Fleischer* in: BeckOGK AktG, § 87 Rn. 37; *Weber* in: Hölters/Weber AktG, § 87 Rn. 33; *Hoegen*, S. 259.

699 Siehe *Fleischer* in: BeckOGK AktG, § 87 Rn. 37; *Koch* in: Koch AktG, § 87 Rn. 28; *Weber* in: Hölters/Weber AktG, § 87 Rn. 33; *von Zehmen*, BB 2021, 628 (633).

700 Vgl. *Weber* in: Hölters/Weber AktG, § 87 Rn. 33.

Im Rahmen der Long Term Incentives kann über die Vereinbarung eines entsprechenden Performance-Clawbacks in gewissen Fällen die Einhaltung des Nachhaltigkeits- und Mehrjährigkeitserfordernisses sichergestellt werden. Dies ist dann der Fall, wenn dem Vorstandsmitglied schon vor Ablauf der Bemessungsperiode die variable Vergütung gewährt wird.[701] Fehlt in einer solchen Konstellation die Rückforderungsmöglichkeit, nimmt die bereits ausgezahlte variable Vergütung an den positiven und negativen Entwicklungen im Bemessungszeitraum nach der Auszahlung nicht mehr teil. Um § 87 I S. 3 HS. 1 AktG gerecht zu werden, ist bei vorheriger Auszahlung also ein Clawback erforderlich.[702] Eine solche vorzeitige Auszahlung von Long Term Incentives und die Möglichkeit der dann späteren Rückzahlung ist in der Praxis jedoch ein eher seltenes Konstrukt. Neben dem Geschäftsbericht von BWM lassen sich im Kreise der DAX-Unternehmen keine weiteren Beispiele finden, die eine solche Vertragsgestaltung belegen. Ihre Daseinsberechtigung auch in der Praxis und nicht bloß in der wissenschaftlichen Diskussion hat die vorzeitige Auszahlung der Long Term Incentives dennoch. Wenn z.B. der Bemessungszeitraum des Long Term Incentives verlängert wird (etwa von drei auf fünf Jahre), würde das dazu führen, dass es plötzlich für zwei Jahre zu keiner Auszahlung kommt. Daraus können Akzeptanzprobleme des Vorstandsmitglieds hinsichtlich des neuen Vergütungssystems resultieren.[703] Um dies zu verhindern und den betroffenen Vorstandsmitgliedern für die entsprechenden Jahre dennoch wie gewohnt einen variablen Anteil zu gewähren, kann für die Überbrückungszeit bis zur erstmaligen Auszahlung des veränderten Long Term Incentives eine vorherige Auszahlung erfolgen.

Aber auch Compliance-Clawbacks sind eng mit dem § 87 AktG verflochten. Wie schon erläutert, sanktionieren sie solche Verhaltenswei-

701 *Poelzig*, NZG 2020, 41 (43); *Deilmann/Otte*, GWR 2009, 261 (262); *Thüsing*, AG 2009, 517 (521); vgl. auch *Seyfarth*, WM 2019, 569 (571); *Wettich*, AG 2013, 374 (375 ff.).

702 *Schockenhoff/Nußbaum*, AG 2018, 813 (815); *Spindler*, AG 2020, 61 (66); *Werner*, NZA 2020, 155 (156); *Raitzsch*, ZIP 2019, 104 (104); eine solche vorherige Auszahlung ist für bestimmte Vorstandsmitglieder etwa bei BMW vorgesehen, siehe Geschäftsbericht 2020, S. 295.

703 Vgl. zur Bonusbank *Fründ*, S. 77.

sen, die nicht unmittelbar als Schaden zu Tage treten, aber dennoch erhebliche negative Auswirkungen auf die Gesellschaft haben können. Dabei sind zahlreiche Szenarien denkbar, etwa die Störung der nachhaltigen Entwicklung der Gesellschaft durch Reputationsverluste einschließlich sinkender Nachfrage von Kunden. Sie sind also ebenfalls wichtige Instrumente zur Sicherstellung einer langfristigen und nachhaltigen Entwicklung der Gesellschaft.[704]

cc) Begrenzungsmöglichkeit, § 87 I S. 3 HS. 2 AktG

§ 87 I S. 3 HS. 2 AktG hält den Aufsichtsrat dazu an, für außerordentliche Entwicklungen eine Begrenzungsmöglichkeit der Vorstandsbezüge zu vereinbaren. Dadurch soll verhindert werden, dass das Vorstandsmitglied von positiven Sondereffekten profitiert, die in keinem Zusammenhang mit seinen persönlichen Leistungen stehen (Windfall Profits) wie z.B. Unternehmensübernahmen, Veräußerung von Unternehmensteilen oder sonstige Effekte, die auf externen Einflüssen beruhen.[705] In der Praxis wird zu diesem Zwecke regelmäßig eine Obergrenze für die Vergütung (Cap) vereinbart.[706] Allerdings ist die Vereinbarung eines Caps nicht zwingend, sondern neben anderen einseitig durchsetzbaren Begrenzungsmöglichkeiten nur eine Option, der Vorschrift zu genügen.[707] Dem Aufsichtsrat ist insoweit ein weiter Entscheidungsspielraum zugestanden.[708]

Daher stellt sich die Frage, ob eine zumindest theoretische Möglichkeit auch darin besteht, entsprechende Clawback-Klauseln zu verankern, die eine Rückforderung für den Fall vorsehen, dass die genannten Sondereffekte eingetreten sind. Teilweise wird dies verneint, da die Begrenzung bereits vor Auszahlung wirke und eine Rückforderung folglich nicht in Betracht komme.[709] Andere verschließen sich dieser

---

704 Siehe zu alledem bereits C. I. 5. d) cc) (4) (b) (aa).

705 *Spindler* in: MüKo AktG, § 87 Rn. 95; *Fleischer* in: BeckOGK AktG, § 87 Rn. 45.

706 Dies empfehlen auch *Fleischer* in: BeckOGK AktG, § 87 Rn. 45; *Spindler* in: MüKo AktG, § 87 Rn. 96; siehe etwa Adidas, Geschäftsbericht 2021, S. 47.

707 *Spindler* in: MüKo AktG, § 87 Rn. 96; *Fleischer* in: BeckOGK AktG, § 87 Rn. 45; *Weber* in: Hölters/Weber AktG, § 87 Rn. 39.

708 *Hohenstatt*, ZIP 2009, 1349 (1352).

709 So *Raitzsch*, ZIP 2019, 104 (106); zur alten Fassung des DCGK so auch *Weber-Rey*, WM 2009, 2255 (2260).

Alternative nicht, weisen aber auf praktische Bedenken hin.[710] Der Wortlaut des § 87 I S. 3 HS. 2 AktG gibt eine Beschränkung auf Instrumente, die bereits vor der Auszahlung der Vergütung wirken, nicht her. Auch die Tatsache, dass dem Aufsichtsrat grundsätzlich freisteht, wie die Begrenzung im Einzelfall sichergestellt wird, spricht für die Annahme, dass ein Clawback hier anstelle eines Caps zum Einsatz kommen könnte. Überdies hat auch der Gesetzgeber betont, dass es dem Aufsichtsrat überlassen ist, wie er die Begrenzungsmöglichkeit ausgestaltet.[711] Außerdem wird der Aufsichtsrat durch eine Rückforderung entsprechend zu viel gezahlter Vergütungen dem Sinn und Zweck der Vorschrift gerecht, den Vorstand nicht an von ihm unbeeinflussbaren Sondereffekten profitieren zu lassen.

G.11 des DCGK diktiert neben der Möglichkeit, variable Vergütungen einzubehalten oder zurückzufordern (S. 2) auch die, außergewöhnlichen Entwicklungen in angemessenem Rahmen Rechnung tragen zu können (S. 1). Der Kodex lehnt sich damit terminologisch unmittelbar an den § 87 I S. 3 HS. 2 AktG an.[712] Neben negativen Entwicklungen werden auch positive Entwicklungen in Gestalt von Windfall Profits von der Empfehlung erfasst.[713] Wenn man nun, und dies liegt aufgrund der Zusammenfassung beider Sätze unter den Punkt G.11 nahe, den S. 2 als bloße Präzisierung des ersten Satzes bewertet,[714] kommt man zu dem Schluss, dass der Kodex den Clawback sehr wohl als Begrenzungsmöglichkeit auch i.S.d. § 87 I S. 3 HS. 2 AktG ansieht. Es sprechen daher die weit überwiegenden Gründe dafür, dass zumindest theoretisch die Verwendung von Clawbacks zur Erfüllung des § 87 I S. 3 HS. 2 AktG möglich ist.

Ob die Theorie jedoch auch praxistauglich ist, steht auf einem anderen Blatt. Der Nachteil fester Gehaltsobergrenzen liegt darin, dass ab einem gewissen Wert die Leistungen des Vorstandsmitglieds nicht

---

710 *Ihrig/Schäfer*, Rechte und Pflichten des Vorstands, Rn. 210; *Ihrig/Wandt/Wittgens*, ZIP 2012, 1 (13).

711 Beschlussempfehlung und Bericht RA, BT-Drucks. 16/13433, S. 10.

712 *Bachmann* in: Kremer DCGK, G.11 Rn. 2.

713 *Bachmann* in: Kremer DCGK, G.11 Rn. 3.

714 So *Bachmann* in: Kremer DCGK, G.11 Rn. 5.; vgl. auch *Redenius-Hövermann/Siemens*, ZIP 2020, 145 (149 f.), die *Clawbacks* wohl auch von G.11 S. 1 DCGK erfasst sehen.

weiter monetär honoriert werden, obwohl der eingetretene Erfolg ihm sehr wohl zuzurechnen ist.[715] Außerdem kann eine starre Begrenzung der Vergütungshöhe dem Zweck der Vorschrift nicht vollumfänglich gerecht werden. Das Vorstandsmitglied kann trotz Cap noch von externen Sondereffekten profitieren, nur eben nicht in unbegrenzter Höhe. Es erscheint daher der *ratio legis* eher zu entsprechen, eine Gestaltungsvariante zu wählen, welche dem Aufsichtsrat im Einzelfall ermöglicht, die tatsächlich nicht zurechenbaren Einflüsse aus der Vergütung herauszurechnen. Dies könnte dann durch eine Reduzierung der Bezüge vor oder nach Auszahlung geschehen. Jedoch sind die Rechtsunsicherheiten einer solchen Variante nicht zu unterschätzen. Caps sehen eine feste Begrenzung der Vergütung vor, ohne dass im Einzelfall der Aufsichtsrat nach Ermessen entscheiden muss, ob die Voraussetzungen für eine Rückforderung vorliegen oder nicht. Sie sind daher nicht mit den Unwägbarkeiten anderer Gestaltungsmöglichkeiten (u.a. Clawbacks) behaftet und in der Folge nicht derart dem Risiko von Rechtsstreitigkeiten ausgesetzt.[716] Diese Faktoren begründen erhebliche Konfliktpotenziale zwischen Aufsichtsrat und Vorstand.[717] Öffentlich ausgefochtene Streitigkeiten können Unternehmensinterna offenlegen und unerwünschte Reaktionen des Geschäftsumfeldes provozieren.[718]

Durch die Festlegung einer Höchstgrenze der Vorstandsvergütung wird außerdem zugleich § 87a I S. 2 Nr. 1 AktG entsprochen, der nunmehr die Festlegung einer Maximalvergütung der Vorstandsmitglieder zwingend vorsieht, ebenso wie es G.1 des Kodex empfiehlt.[719] Auch die Berechnung der Höhe des Einflusses einer Sondersituation auf die Vorstandsvergütung dürfte den Aufsichtsrat vor Probleme stellen und kann möglicherweise gar nicht exakt erfolgen. Um Konflikte zu vermeiden, ist aus Praktikabilitätsgründen trotz der angesprochenen

715 Vgl. *Hohenstatt/Kuhnke*, ZIP 2009, 1981 (1988).

716 *Spindler* in: MüKo AktG, § 87 Rn. 96; *Weber* in: Hölters/Weber AktG, § 87 Rn. 39; in der Regel ebenfalls einen Cap empfehlend *Ihrig/Schäfer*, Rechte und Pflichten des Vorstands, Rn. 210; *Hoffmann-Becking/Krieger*, Beil. NZG 26/2009, 1 (4).

717 *Hoegen*, S. 269.

718 Zur Herabsetzung der Bezüge *Rahlmeyer/von Eiff*, NZG 2021, 397 (398).

719 Vgl. *Fleischer* in: BeckOGK AktG, § 87 Rn. 45; *Spindler* in: MüKo AktG, § 87a Rn. 16.

Schwächen daher wohl ein Cap empfehlenswert.[720] Nichtsdestotrotz lassen sich theoretisch auch entsprechende Clawback-Klauseln vereinbaren, die dann einen völlig neuen Typus von Rückforderungsklauseln darstellen würden.

dd) Herabsetzung der Bezüge, § 87 II AktG

Im Falle einer Verschlechterung der Lage der Gesellschaft soll der Aufsichtsrat gemäß § 87 II S. 1 AktG die Bezüge des Vorstands auf die angemessene Höhe herabsetzen, wenn die Weitergewährung der bisherigen Bezüge für die Gesellschaft unbillig wäre. Im Gegensatz zum Clawback durchlebte diese Vorschrift bisher jedoch keine Blütezeiten und wird zuweilen als „totes Recht"[721] tituliert. Dies könnte sich jedoch durch die Corona-Krise ändern, weil eine „wesentliche Verschlechterung der Lage der Gesellschaft" i.S.d. Vorschrift auch vorliegt, wenn Entlassungen oder Lohnkürzungen vorgenommen werden müssen und keine Gewinne mehr ausgeschüttet werden.[722] Anders als Clawback-Klauseln, und dies wird oft als eine der Schwächen der Regelungen bezeichnet, bezieht sich die Vorschrift aber nicht auf bereits ausgezahlte Vergütungsbestandteile, sondern nur auf zukünftige Leistungen.[723] Ein Konflikt beider Instrumente zur Regulierung der Vorstandsvergütung ist daher nicht zu befürchten.

b) Das Spannungsverhältnis zwischen Vergütungsstruktur und § 76 I AktG

Gemäß § 76 I AktG hat der Vorstand unter eigener Verantwortung die Gesellschaft zu leiten. Die Leitung beinhaltet dabei die grundlegenden Entscheidungen, wie die Zielkonzeption, Organisation, die

720 So u.a. auch *Fleischer* in: BeckOGK AktG, § 87 Rn. 45; *Weber* in: Hölters/Weber AktG, § 87 Rn. 39; *Spindler* in: MüKo AktG, § 87 Rn. 96; *Hoffmann-Becking/Krieger*, Beil. NZG 26/2009, 1 (4).

721 *Rahlmeyer/von Elff*, NZG 2021, 397 (397).

722 Vgl. *Rahlmeyer/von Elff*, NZG 2021, 397 (397); *Redenius-Hövermann/Siemens*, ZIP 2020, 1585 (1586), die hinsichtlich einer steigenden Popularität der Vorschrift in der Praxis aber alle skeptisch bleiben.

723 *Rahlmeyer/von Elff*, NZG 2021, 397 (398); *Redenius-Hövermann/Siemens*, ZIP 2020, 1585 (1589).

Unternehmensplanung und -strategie sowie die Geschäftspolitik.[724] Die Vereinbarung der Bezüge von Vorstandsmitgliedern ist hingegen alleinige Aufgabe des Aufsichtsrats.[725] Den variablen Vergütungsbestandteilen liegen dabei gewisse Erfolgsziele und Erfolgsparameter zugrunde, anhand derer sich die Vergütungshöhe letztendlich berechnen lässt. Die Auswahl der Erfolgsparameter kann jedoch einen Kompetenzkonflikt zwischen Vorstand und Aufsichtsrat begründen, soweit der Aufsichtsrat für das Erreichen der nachhaltigen und langfristigen Unternehmensentwicklung (§ 87 I S. 2 AktG) Ziele vorgibt, die mit der vom Vorstand vorgegebenen Unternehmensstrategie und den Unternehmenszielen nicht im Einklang und damit im Widerspruch zu dessen Leitungsautonomie (§ 76 I AktG) stehen.[726] Anstatt die Geschäftsleitung in Übereinstimmung mit § 111 I AktG zu überwachen, scheint sich für den Aufsichtsrat die Möglichkeit zu ergeben, eben diese durch das Festzurren an gewisse Erfolgsziele zu steuern.[727] Die Lösung der Misere wird darin gesehen, dass der Aufsichtsrat bei der Festlegung der Parameter an die vom Vorstand festgelegte Unternehmensstrategie gebunden ist.[728] Der Kompetenzkonflikt entbrennt aber nicht auf der Ebene der Rückforderung von Vergütungsbestandteilen und betrifft daher nicht die Clawback-Klauseln. Diese setzen selbst keine Erfolgsparameter oder Zielvorgaben fest, sondern regeln, als Performance-Klausel ausgestaltet, erst die eintretenden Folgen bei tatsächlicher Nichterreichung der Ziele. Daher bedarf es an dieser Stelle auch keiner einhergehenden Beurteilung der drohenden Kompetenzverschiebung. Es bleibt abschließend lediglich festzuhalten, dass Clawback-Klauseln selbst nicht im Widerspruch mit dem aktienrechtlichen Kompetenzgefüge stehen. Bei der Ausgestaltung der den Klauseln zugrundeliegenden variablen Vergütungsbestandteile muss der drohende Konflikt beachtet und entschärft werden.

---

724 *Oltmanns* in: Heidel, Aktienrecht und Kapitalmarktrecht, § 76 Rn. 5; vgl. auch *Spindler*, AG 2020, 61 (63); *Wagner*, AG 2010, 774 (778).

725 Vgl. *Spindler* in: MüKo AktG, § 87 Rn. 130.

726 *Spindler*, AG 2020, 61 (63); *Wagner*, AG 2010, 774 (779); siehe ausführlich dazu auch *Fonk*, NZG 2011, 321 (323 ff.).

727 Vgl. *Dauner-Lieb/von Preen/Simon*, DB 2010, 377 (381).

728 *Spindler*, AG 2020, 61 (63); *Wagner*, AG 2010, 774 (778 f.).

c) DCGK und § 161 AktG

Der DCGK wird von der Kodex-Kommission erarbeitet und unterliegt seit der Einführung im Jahre 2002 ständiger Überarbeitungen und Fortschreibungen.[729] Die Kommission besteht aus hochrangigen Persönlichkeiten aus Wirtschaft, Wissenschaft sowie öffentlichem Leben und ist vom Bundesministerium der Justiz berufen worden.[730] Inhaltlich ist zwischen Grundsätzen, verschiedenen Anregungen („sollte") und Empfehlungen („soll") des DCGK zu differenzieren, wobei die Grundsätze lediglich wesentliche rechtliche Vorgaben verantwortungsvoller Unternehmensführung wiedergeben und damit der Information der Anleger und anderer Stakeholder dienen.[731] Ein eigener Erklärungswert ist ihnen nicht inhärent. Ziel des DCGK ist es unter anderem, die Attraktivität des Standorts Deutschland durch die Schaffung von Vertrauen für nationale und internationale Investoren zu erhöhen und den Leitungsorganen deutscher Gesellschaften als Handlungsmaxime für gute Unternehmensführung und -kontrolle zu dienen.[732] Der Kodex selbst hat keine Rechtsnormqualität.[733] Vorstand und Aufsichtsrat börsennotierter Gesellschaften müssen gemäß § 161 I S. 1 AktG aber jährlich erklären, inwieweit den Empfehlungen des DCGK entsprochen wurde und auch zukünftig entsprochen wird bzw. warum sie nicht angewendet wurden oder werden (Entsprechenserklärung). Auch ohne die Qualität einer Rechtsnorm ist die Gesellschaft daher dazu verpflichtet, sich mit dem Inhalt zu befassen.[734] Die Pflicht zur Erklärung bezieht sich aber ausdrücklich dem Wortlaut nach nur auf die Kodex-Empfehlungen, nicht jedoch auch auf die Anregungen.[735]

729 *Goette* in: MüKo AktG, § 161 Rn. 22; *Bayer/Scholz* in: BeckOGK AktG, § 161 Rn. 13.

730 *Goette* in: MüKo AktG, § 161 Rn. 22.

731 Siehe Präambel des DCGK.

732 Vgl. *Bachmann* in: Kremer DCGK, Teil 2 IV Rn. 46; *Heldt* in: Heidel, Aktienrecht und Kapitalmarktrecht, DCGK Rn. 1.

733 *Bayer/Scholz* in: BeckOGK AktG, § 161 Rn. 18; *Goette* in: MüKo AktG, § 161 Rn. 22; *Koch* in: Koch AktG, § 161 Rn. 3.

734 *Bachmann* in: Kremer DCGK, Teil 2 VI Rn. 95.

735 *Goette* in: MüKo AktG, § 161 Rn. 32; *Vetter* in: Henssler/Strohn AktG, § 161 Rn. 10.

aa) G.10 DCGK

Die hier wesentlichen Empfehlungen finden sich unter Punkt G. (Vergütung von Vorstand und Aufsichtsrat) des Kodex in der Fassung vom 16.12.2019. Eine Verbindung zu Clawbacks erlaubt zunächst die Empfehlung G.10. Gemäß S. 2 soll das Vorstandsmitglied über die langfristig variablen Gewährungsbeträge erst nach vier Jahren verfügen können. Der Wortlaut der Empfehlung steht einer vorzeitigen Auszahlung von Long Term Incentives, abgesichert durch einen entsprechenden Performance-Clawback, daher entgegen. Die Aussage bezieht sich dabei dem zweifelsfreien Wortlaut nach auf jegliche Formen variabler Vergütungselemente und ist nicht auf aktienbasierte Elemente oder Vergütung in Aktien beschränkt.[736] Außerdem ist die Empfehlung erfüllt, wenn der Bemessungszeitraum der Vergütungselemente vier Jahre beträgt, ohne dass es einer darüber hinausgehenden vierjährigen Haltefrist bedarf.[737] Ob allerdings ein vierjähriger Bemessungszeitraum bei vorzeitiger Auszahlung der Empfehlung genügt, scheint aufgrund des recht deutlichen Wortlauts zweifelhaft. Zwar wird auch dadurch die bezweckte langfristige Anreizwirkung gewährleistet.[738] Die Formulierung des Kodex lässt jedoch keinen Raum für Interpretationen. Wird der Long Term Incentive bereits vor Ablauf des Bemessungszeitraums ausbezahlt, kann das Vorstandsmitglied unabhängig von der perspektivischen Rückzahlungsverpflichtung über die betroffenen Vergütungsbestandteile verfügen. Natürlich kann die Gesellschaft dennoch die vorzeitige Auszahlung des Long Term Incentives vorsehen. Eine solche Abweichung vom DCGK kann im Einzelfall gut begründet sein und daher auch als Zeichen guter Corporate Governance verstanden werden.[739]

---

736 *Bachmann* in: Kremer DCGK, G.10 Rn. 10; *von Zehmen*, BB 2021, 628 (635); wohl auch *Arnold/Gralla*, NZG 2020, 529 (534); a.A. *Kießling* in: JIG DCGK, G.10 Rn. 14.

737 *Arnold/Gralla*, NZG 2020, 529 (534 f.); *von Zehmen*, BB 2021, 628 (635); siehe auch *Spindler* in: MüKo AktG, § 87 Rn. 93a.

738 Vgl. *Bachmann* in: Kremer DCGK, G.10 Rn. 10.

739 Etwa in dem oben angesprochenen Fall, wenn der Bemessungszeitraum des LTI von beispielsweise drei auf fünf Jahre angehoben wurde, siehe C. I. 7. a) bb).

bb) G.11 DCGK

Ausdrücklich benannt werden die Rückforderungsklauseln schließlich in der Empfehlung G.11 S. 2. Demnach soll es dem Aufsichtsrat möglich sein, außergewöhnlichen Entwicklungen in angemessenem Rahmen Rechnung zu tragen (S. 1). In begründeten Fällen soll eine variable Vergütung einbehalten oder zurückgefordert werden können (S. 2). Der Sache nach werden also sowohl Malus- als auch Clawback-Klauseln empfohlen.[740] Der Unterschied beider Typen liegt darin, dass bei einem Einbehalt der Vergütung (Malus) eine Auszahlung gar nicht erst stattfindet.[741] Obwohl es verschiedene Anwendungsbereiche von Clawbacks gibt, verzichtet der Kodex auf genauere Vorgaben über die Ausgestaltung der Klauseln.[742] Dem Aufsichtsrat ist daher bei der Konzeption ein weiter Ermessensspielraum überlassen.[743] Als Trigger wird lediglich auf „begründete Fälle" verwiesen, weshalb sich die Frage aufdrängt, wann solche vorliegen und wann nicht.[744] Auch die Kodexbegründung schweigt zu dem Merkmal und führt zu S. 1 der Empfehlung lediglich aus, dass die dortigen „außergewöhnlichen Entwicklungen" an Sondersituationen anknüpfen, die in den zuvor festgelegten Zielen nicht hinreichend erfasst waren.[745] Aus der Verknüpfung von G.11 S. 1 und G.11 S. 2 DCGK lässt sich zumindest schlussfolgern, dass auch ein begründeter Fall eine Sondersituation voraussetzt.[746] Diese Erkenntnis ist freilich nur bedingt hilfreich und bedarf weiterer Konkretisierung.

---

740 Vgl. *Arnold/Gralla*, NZG 2020, 529 (535).

741 *Bachmann* in: Kremer DCGK, G.11 Rn. 7.

742 *Hohenstatt/Seibt*, ZIP 2019, 11 (18); dies blieb nicht frei von Kritik, so wären laut der Gesellschaftsrechtlichen Vereinigung (VGR) klare Hinweise des Kodex zur Ausgestaltung der Klauseln wünschenswert gewesen, siehe VGR, Stellungnahme zu dem Entwurf eines geänderten Corporate Governance Kodex vom 25.10.2018, NZG 2019, 220 (224); kritisch auch *Redenius-Hövermann/Siemens*, ZIP 2020, 145 (150).

743 *Kießling* in: JIG DCGK, G.11 Rn. 13; *Vetter/Peters* in: Henssler/Strohn DCGK, G.11 Rn. 3; *Dörrwächter/Wolff*, AG 2020, 233 (237).

744 Vgl. *Bachmann* in: Kremer DCGK, G.11 Rn. 11; *Arnold/Gralla*, NZG 2020, 529 (535); *Redenius-Hövermann/Siemens*, ZIP 2020, 145 (149).

745 Begründung des Deutschen Corporate Governance Kodex in der Fassung vom 16. Dezember 2019, S. 17, abrufbar unter: https://www.dcgk.de/files/dcgk/usercontent/de/download/kodex/Begruendung%20DCGK%202020%20FINAL.pdf (zuletzt abgerufen am 05.07.2022).

746 *Bachmann* in: Kremer DCGK, G.11 Rn. 11.

Zumindest der Eintritt einer Insolvenz oder einer existenzbedrohenden Krise wird von Teilen der Literatur hier als Grund für eine Rückforderung genannt.[747] Andere knüpfen an die von der Praxis typischerweise verwendeten Fälle von Clawback-Klauseln an, also an die klassischen Formen des Compliance- und Performance-Clawbacks.[748] Der oben dargestellte Konflikt zwischen Rückforderungsklauseln und G.10 des DCGK könnte hingegen als Indiz gewertet werden, dass zumindest diese Form des Performance-Clawbacks nicht von der Empfehlung erfasst sein soll. Andererseits lässt sich auch hören, dass eben eine Abweichung von G.10 S. 2 ein begründeter Fall sein könnte.

Es zeigt sich also ein nebulöses Bild der Anforderungen des G.11 DCGK, welches zu nicht unerheblichen Problemen führen kann. Die Praxis kennt Clawback-Klauseln vor allem in Bezug auf Fehlverhalten, Fehlberechnungen und das Verpassen von Planergebnissen.[749] Rückforderungen aufgrund anderer Umstände wie einer Unternehmenskrise lassen sich hingegen, soweit ersichtlich, nicht ausfindig machen. Sind derartige Umstände hingegen von der Empfehlung erfasst, müsste im Falle einer Abweichung eine entsprechende Erklärung der Gesellschaft gemäß § 161 I S. 1 AktG erfolgen. Das Beispiel zeigt, dass G.11 DCGK Unsicherheiten darüber schafft, welche Form der Umsetzung eine Abweichung der Empfehlung darstellt und welche nicht.[750] In der derzeitigen Fassung erscheint es aufgrund der Unbestimmtheit der Empfehlung am sinnvollsten und rechtssichersten, dem weiten Ermessensspielraum des Aufsichtsrats Rechnung zu tragen und diesem die Ausgestaltung der Klauseln zu überlassen, um über den Tatbestand der Clawback-Klauseln die begründeten Fälle eigenständig festzulegen.[751]

Das Bedürfnis einer Klarstellung wird auch durch die Folgen der Abgabe einer fehlerhaften Entsprechenserklärung flankiert. Zu denken ist

747 *Vetter/Peters* in: Henssler/Strohn DCGK, G.11 Rn. 3; *Hopt/Leyens*, ZGR 2019, 929 (983).

748 *Arnold/Gralla*, NZG 2020, 529 (535 f.); *Kießling* in: JIG DCGK, G.11 Rn. 14.

749 Siehe dazu bereits C. I. 1.

750 So auch *Redenius-Hövermann/Siemens*, ZIP 2020, 145 (150).

751 Siehe *Kießling* in: JIG DCGK, G.11 Rn. 13, der die Festlegung begründeter Fälle im Sinne der Empfehlung der privatautonomen Vertragsgestaltung im jeweiligen Einzelfall überlässt.

etwa an die Haftung nach §§ 93 II, 116 S. 1 AktG, die Versagung bzw. Aufhebung der Entlastung, den Vertrauensentzug durch die Hauptversammlung, die Abberufung oder die Verhängung eines Bußgelds oder einer Geldstrafe sowie die Anfechtung von Hauptversammlungsbeschlüssen.[752] G.11 S. 2 DCGK könnte etwa dahingehend ergänzt werden, dass exemplarisch das Fehlverhalten eines Vorstandsmitglieds, die Notwendigkeit eines Restatements oder das Nichterreichen von Planergebnissen aufgeführt werden.

d) Zusammenfassung

Rückforderungsklauseln und die in § 87 AktG niedergelegten Grundsätze für die Bezüge von Vorstandsmitgliedern sind kompatibel. Im Falle einer vorzeitigen Auszahlung von Long Term Incentives sind sie gar erforderlich, um dem Nachhaltigkeits- und Mehrjährigkeitserfordernis des § 87 I S. 2, S. 3 HS. 1 AktG zu genügen. Die Möglichkeit der Begrenzung nach § 87 I S. 3 HS. 2 AktG kann der Aufsichtsrat ebenfalls durch die Vereinbarung maßgeschneiderter Rückforderungsklauseln sicherstellen. Unter Praktikabilitätsgesichtspunkten erscheint es aber vorzugswürdig, stattdessen Vergütungshöchstgrenzen (Caps) einzusetzen. Die Herabsetzung der Bezüge nach § 87 II AktG lässt sich hingegen aufgrund verschiedener Wirkungsweisen nicht mit Clawbacks verknüpfen. Ein Widerspruch zwischen dem Aktienrecht und Clawbacks vor dem Hintergrund des Kompetenzgefüges innerhalb der AG existiert nicht. Er kann sich aber eine Stufe vorher, bei der Ausgestaltung der mit den variablen Vergütungsbestandteilen verknüpften Erfolgszielen und -parametern ergeben.

Der DCGK empfiehlt in der neusten Fassung vom 16.12.2019 die Verwendung von Rückforderungsklauseln in der Empfehlung G.11 und dort speziell im S. 2 Var. 2. Es ergeben sich hier aber Unsicherheiten in Bezug auf die „begründeten Fälle". Da dem Aufsichtsrat bei der Ausgestaltung ein weiter Ermessensspielraum zugestanden wird und andernfalls völlig unklar bleibt, wann der Empfehlung entsprochen

752 Die genauen Folgen fehlerhafter Entsprechenserklärungen sind umstritten, siehe aber nur *Lutter/Bachmann* in: Kremer DCGK, Teil 4 VI Rn. 101; *Bayer/Scholz* in: BeckOGK AktG, § 161 Rn. 125; *Goette* in: MüKo AktG, § 161 Rn. 87.

wird und wann nicht, obliegt es eben diesem, auf Tatbestandsebene der Klauseln die begründeten Fälle eigenständig festzulegen. Auch Empfehlung G.10 S. 2 des Kodex lässt sich mit den Rückforderungsklauseln in Verbindung bringen. Sie steht im Widerspruch zu denjenigen Performance-Clawbacks, die an eine vorzeitige Auszahlung der Long Term Incentives anknüpfen.

8. Regulierung von Finanzinstituten und Kapitalverwaltungsgesellschaften

Konträr zu der eher oberflächlichen Regelungsdichte des DCGK und AktG werden in den regulierten Bereichen für Finanzinstitute und Kapitalverwaltungsgesellschaften schon heute sehr konkrete Vorgaben für Rückforderungsklauseln als Teil des Vergütungssystems von Geschäftsleitern und anderen ausgewählten Mitarbeitern gemacht.

a) Verpflichtung nach der InstitutsVergV

Im Bereich des Finanzsektors gibt es bereits seit längerem eine Verpflichtung zur Vereinbarung von Clawback-Klauseln für bedeutende Institute. Auf eine vertiefte Darstellung wird in dieser Arbeit bewusst verzichtet, da der Schwerpunkt auf der börsennotierten AG außerhalb der Finanzbranche liegen soll. Auch weil die Vorschriften der InstitutsVergV als Treiber der Clawback-Diskussion fungieren,[753] soll der Vollständigkeit halber aber trotzdem der Regelungsgegenstand skizziert werden. Die InstitutsVergV basiert auf der Ermächtigung des Bundesministeriums der Finanzen (BMF) in § 25a VI KWG, durch Rechtsverordnung nähere Bestimmungen über die Ausgestaltung der Vergütungssysteme nach § 25a I S. 3 Nr. 6 KWG zu erlassen. Diese Befugnis hat das BMF sodann auf die BaFin übertragen (vgl. § 25a VI S. 4 KWG), die von der Ermächtigung in Gestalt der InstitutsVergV Gebrauch gemacht hat.[754] Die Verordnung dient der Umsetzung der Eigenmittelrichtlinie (CRD-IV-Richtlinie)[755], die ver-

753 Vgl. *Seyfarth*, WM 2019, 521 (522).
754 Vgl. *Seyfarth*, WM 2019, 521 (522).
755 Richtlinie 2013/36/EU.

schiedene Anforderungen an die Vergütungssysteme im Bankensektor aufstellt.[756]

Die Pflicht zur Implementierung von Rückforderungsklauseln ergibt sich ganz konkret aus § 20 VI S. 1 InstitutsVergV. Demnach hat das Institut in den Fällen des § 18 V S. 3 Nr. 1, 2 InstitutsVergV auf Grundlage entsprechender Vereinbarungen mit den Risikoträgern eine bereits ausgezahlte variable Vergütung zurückzufordern. Dieser Clawback-Mechanismus dient dem Institut als sogenanntes Ex-post-Risikoadjustierungsinstrument, mithilfe dessen die Vergütung von Risikoträgern nachträglich angepasst werden kann.[757]

aa) Anwendungsbereich

§ 20 VI InstitutsVergV gilt nicht für alle Mitarbeiter sämtlicher Finanzinstitute. Vielmehr müssen kumulativ verschiedene Bedingungen erfüllt sein, die sich aus §§ 18 I i.V.m. 20 InstitutsVergV ergeben. Zunächst muss es sich bei dem Institut um ein bedeutendes Institut i.S.d. § 25n KWG handeln. Die Vorschrift ist mittlerweile aufgehoben, inhaltlich jedoch weitestgehend in den § 1 IIIc KWG verschoben worden. Demnach ist ein Institut u.a. dann bedeutend, wenn seine Bilanzsumme im Schnitt zu den jeweiligen Stichtagen der letzten vier abgeschlossenen Geschäftsjahre 15 Milliarden Euro überschritten hat. Als zweite Voraussetzung muss es sich um die Vergütung eines sogenannten Risktakers handeln. Dies ist gemäß § 2 VIII InstitutsVergV ein Mitarbeiter, dessen berufliche Tätigkeit sich wesentlich auf das Risikoprofil eines Instituts auswirkt. Der Anwendungsbereich ist demnach nicht auf die Vorstandsmitglieder beschränkt, sondern erfasst auch andere Angestellte wie z.B. Investment Banker.[758] Außerdem muss die variable Vergütung gemäß § 18 I InstitutsVergV mehr als 50 000 Euro betragen haben.

756 *Fischbach*, WM 2018, 1491 (1491 f.); *Seyfarth*, WM 2019, 521 (522 f.).

757 Siehe BaFin Auslegungshilfe zur InstitutsVergV, S. 58.

758 *Velte*, Der Konzern 2020, 50 (53).

bb) Regelungsinhalt

Auf Tatbestandsebene verweist § 20 VI S. 1 InstitutsVergV auf die Fälle des § 18 V S. 3 Nr. 1, 2 der Verordnung. Der wiederum knüpft an ein Verhalten an, welches für das Institut zu erheblichen Verlusten oder einer wesentlichen regulatorischen Sanktion geführt hat und an dem der Risikoträger maßgeblich beteiligt oder dafür verantwortlich war (Nr. 1), oder an die schwerwiegende Verletzung relevanter externer oder interner Regelungen in Bezug auf Eignung und Verhalten (Nr. 2). Diese Vorgaben sind ähnlich unbestimmt wie die zuweilen kursierenden Clawback-Klauseln außerhalb des Finanzsektors. Es sei an dieser Stelle auf die obigen Ausführungen zum Transparenzgebot verwiesen.[759] Die Rückforderungsfrist bestimmt sich nach § 20 VI S. 2 InstitutsVergV und endet frühestens zwei Jahren nach Ablauf der Zurückbehaltungsfrist. Bei Geschäftsleitern ergibt sich daraus eine sehr lange Rückforderungsfrist von mindestens sieben Jahren, da die Mindestzurückbehaltungsfrist gemäß § 20 II InstitutsVergV fünf Jahre beträgt.[760] Ebenso weit gesteckt wie die Rückforderungsfrist ist auch die Rückforderungshöhe. Die BaFin betont in der Auslegungshilfe zur InstitutsVergV, dass die gesamte für den Bemessungszeitraum ermittelte variable Vergütung Gegenstand der Rückforderung sein muss (Grundsatz der Periodengerechtigkeit).[761]

cc) Kritische Bewertung

Die Rückforderung variabler Vorstandsvergütungen entsprechend der InstitutsVergV weist insbesondere die Schwäche auf, dass die Vorgaben extrem unbestimmt sind.[762] Obwohl eine umfangreiche Inhaltskontrolle von Klauseln, die den Inhalt der InstitutsVergV (sinngemäß) wiedergeben, wegen § 307 III S. 1 BGB ausscheidet,[763] müssen sie sich gemäß § 307 III S. 2 BGB dennoch an den Vorgaben des Transparenzgebots messen lassen. Auch im Finanzsektor ist dabei eine Vielzahl

759 Siehe Kapitel C. I. 5. d) dd) (4).
760 Vgl. *Seyfarth*, WM 2019, 521 (523).
761 BaFin Auslegungshilfe zur InstitutsVergV, S. 65.
762 Siehe u.a. *Tusch/Schuster/Herzberg*, WM 2017, 2289 (2291).
763 Siehe dazu Kapitel C. I. 5. d) aa) (1).

von Aspekten zu berücksichtigen, so etwa, ob die Rückzahlung des Brutto- oder Nettobetrages geschuldet ist, oder wie die Rückerstattung bei Vergütung in Aktien zu erfolgen hat.[764] Die Institute werden also vor eine schwierige, wenn auch nicht unlösbare Aufgabe gestellt. Dennoch besteht Unsicherheit bei der Ausgestaltung und ein erheblicher Aufwand der Institute bei der Ausarbeitung wirklich passender Klauseln.[765] Teilweise wird auch kritisiert, dass die Regulierung den Schwerpunkt eindeutig auf die Risiken variabler Vergütungsbestandteile und nicht auf die damit einhergehenden Chancen legt, exemplarisch etwa negative Geschehnisse einen größeren Einfluss auf die Vergütung haben als spiegelverkehrt positive Entwicklungen.[766] Mit Blick auf die Anforderungen des § 87 AktG, der die Ausrichtung auf eine nachhaltige und langfristige Entwicklung der Gesellschaft insbesondere mit variablen Vergütungsbestandteilen verknüpft, scheint diese kritische Haltung widersprüchlich.[767] Verglichen mit den Anforderungen, die außerhalb des Transparenzgebots an Clawback-Klauseln anderer börsennotierter Aktiengesellschaften gestellt werden müssen, sehen die Regelungen der InstitutsVergV vor allem möglichst weitreichende Befugnisse des Instituts vor. Ein großer Unterschied besteht beispielsweise hinsichtlich der Höhe der Rückforderungen. Während bei anderen Gesellschaften eine Schwelle von 30% (bzw. 50% bei Bonus/Malus-Systemen) der Gesamtvergütung nicht überschritten werden sollte,[768] führen die negativen Erfolgsbeiträge innerhalb des Anwendungsbereichs der InstitutsVergV zu einem Entfallen von 100% der jeweiligen variablen Vergütungsbestandteile. Außerdem erscheint es im Rahmen der Verordnung nach Intention der BaFin auch möglich, eine 100%ige Rückforderung ohne jegliche Pflichtverletzung des betroffenen Risikoträgers durchzusetzen. Demnach ist bei der Bemessung der Maßgeblichkeit einer Beteiligung i.S.d. § 18 V S. 3 Nr. 1 InstitutsVergV das Näheverhältnis zwischen Risikoträger und Schaden sowie die objektive

764 Vgl. *Seyfarth*, WM 2019, 521 (523); siehe auch schon Kapitel C. I. 5. d) dd) (4).

765 *Fischbach*, WM 2018, 1491 (1501).

766 *Böcking/Bundle* in: Handbuch Corporate Governance von Banken und Versicherungen, § 11 Rn. 59.

767 Vgl. *Böcking/Bundle* in: Handbuch Corporate Governance von Banken und Versicherungen, § 11 Rn. 59.

768 Siehe C. I. 5. d) cc) (4) (b) (cc).

Zurechenbarkeit entscheidend, ohne dass es eines Verschuldens oder einer Pflichtverletzung bedarf.[769] Eine solche Gestaltung außerhalb des Finanzsektors wäre aufgrund der AGB-rechtlichen Vorgaben wohl nicht wirksam vereinbar.[770]

Insgesamt nehmen die starren Vorgaben der InstitutsVergV dem Aufsichtsrat ein Stück weit seine Flexibilität bei der Ausgestaltung der Vorstandsvergütung, die ihm durch den weitestgehend allgemein gehaltenen § 87 AktG verliehen wurde.[771] Durch eine starke, detailreiche Regulierung der Vergütung wird das normative Umfeld der Vorstandsvergütung außerdem zunehmend komplexer.[772] Dieser Effekt konterkariert jedoch die Bestrebungen des Gesetzgebers, vor allem hinsichtlich der Vergütung verstärkt Transparenz und Verständlichkeit in den Fokus zu rücken, wie etwa durch § 87a AktG, der den Aufsichtsrat gemäß S. 1 dazu verpflichtet, ein klares und verständliches System zur Vergütung der Vorstandsmitglieder zu beschließen.[773] Die Detailtiefe der InstitutsVergV bringt am Ende also eine Reihe Probleme mit sich. Außerdem muss sich der Aufsichtsrat auch ohne weitere Regulierung der Vorstandsvergütung aufgrund der Empfehlung G.11 des DCGK mit den Clawback-Klauseln intensiv auseinandersetzen. Dies gilt umso mehr, als die Hauptversammlung gemäß § 120a I S. 1 AktG über die Billigung des vom Aufsichtsrat vorgelegten Vergütungssystems mittlerweile beschließen muss („say on pay").[774] Ungeachtet der Frage, ob es daher über die aktienrechtlichen Vorgaben überhaupt zusätzlicher Regulierung der Vorstandsvergütung bedarf, wäre es zumindest zu begrüßen, wenn die BaFin die Vorgaben der Verordnung weiter kon-

---

769 BaFin Auslegungshilfe zur InstitutsVergV, S. 50; diese Auslegung ablehnend und ein pflichtwidriges bzw. schuldhaftes Verhalten voraussetzend jedoch *Krumey/Merkelbach*, CCZ 2019, 266 (271 ff.).

770 Siehe oben unter Kapitel C. I. 5. d) cc) (4) (a) (bb), wonach eine nachträgliche Vergütungsanpassung aufgrund der isolierten Betrachtung der gesamtwirtschaftlichen Lage ohne jegliches Fehlverhalten des Vorstandsmitglieds zu weit gehen würde.

771 Siehe *Böcking/Bundle* in: Handbuch Corporate Governance von Banken und Versicherungen, § 11 Rn. 62.

772 Vgl. *Böcking/Bundle* in: Handbuch Corporate Governance von Banken und Versicherungen, § 11 Rn. 63 f.

773 *Böcking/Bundle* in: Handbuch Corporate Governance von Banken und Versicherungen, § 11 Rn. 64.

774 Siehe dazu schon C. I. 2. b) ee).

kretisieren und sich im Gebrauch unbestimmter Rechtsbegriffe ein Stück weit einschränken würde.

b) Vorgaben im Bereich der Regulierung von Kapitalverwaltungsgesellschaften

Auch im Bereich der Regulierung von Kapitalverwaltungsgesellschaften sind Clawback-Klauseln keine Unbekannte. Gemäß § 37 I S. 1 KAGB legen Kapitalverwaltungsgesellschaften für Risikoträger und andere Mitarbeiter ein Vergütungssystem fest, welches mit einem soliden und wirksamen Risikomanagementsystem vereinbar und diesem förderlich ist. Darüber hinaus soll es keine Anreize zum Eingehen von Risiken setzen, die nicht mit dem Risikoprofil, den Anlagebedingungen, der Satzung oder dem Gesellschaftsvertrag des von ihnen verwalteten Investmentvermögens vereinbar sind. Für die Verwalter alternativer Investmentfonds (AIFM) verweist § 37 II KAGB auf den Anhang II der AIFM-Richtlinie[775] und für die OGAW-Verwaltungsgesellschaften auf Art. 14a und Art. 14b der OGAW-Richtlinie.[776] Anhang II Nr. 1 o) der AIFM-Richtlinie bestimmt sodann den Grundsatz, dass schwache oder negative Leistungen des AIFM oder der betreffenden Fonds in der Regel zu einer erheblichen Schrumpfung der gesamten variablen Vergütung führt, und zwar auch durch den Einsatz von Malus- oder Rückforderungsvereinbarungen. Eine entsprechende Vorgabe lässt sich auch in Art. 14b o) der OGAW-Richtlinie finden. Gemäß § 37 III KAGB wird die BaFin außerdem ermächtigt, nähere Bestimmungen zur Ausgestaltung der Vergütungssysteme in OGAW und AIFM zu erlassen, wobei sie von dieser Möglichkeit bisher keinen Gebrauch gemacht hat.[777]

9. Anreize und Effekte

Über die Zusammenstellung der Vorstandsvergütung zur Schaffung geeigneter Anreizsysteme wurde in der Literatur, insbesondere im be-

775 Richtlinie 2011/61/EG.
776 Richtlinie 2009/65/EG.
777 Siehe dazu *Seyfarth*, WM 2019, 521 (524).

triebswirtschaftlichen Bereich, bereits einiges verfasst.[778] Den Sockel der Diskussion rund um die theoretische Begründung der variablen Vergütungsbestandteile stellt der vielfach beleuchtete Prinzipal-Agenten-Konflikt dar und das daraus resultierende Ziel, die Interessen von Aktionären und Management in Einklang zu bringen.[779] Da es sich vorliegend nicht um eine interdisziplinäre Arbeit handelt, soll auf eine weitere Erörterung der Funktionsweise und Effektivität von Anreizsystemen verzichtet werden. Gleichwohl soll dargestellt werden, welche praktischen Erkenntnisse über die Auswirkungen von Clawbacks bereits gewonnen wurden und wie diesen kautelarjuristisch begegnet werden könnte.

a) Bezweckte Verhaltensanreize

Um die hinter der Klausel stehenden Anreizintentionen zu enttarnen, bedarf es zunächst einer Differenzierung nach den jeweiligen Klauseltypen, also nach Performance- und Compliance-Klauseln. Erstere sind außerdem in solche zu unterteilen, die auf das Erreichen und Nichterreichen von Planergebnissen Bezug nehmen und solche, die eine Korrektur von Kennzahlen aufgreifen.

Compliance-Clawbacks sanktionieren Fehlverhalten durch Rückforderungsansprüche der Gesellschaft. Sie sollen also unmittelbar verhaltenssteuernd auf die Vorstandsmitglieder einwirken und pflichtwidriges Verhalten verhindern, das sich auch ohne unmittelbaren Schadensnachweis negativ auf die Gesellschaft auswirken könnte.[780]

Performance-Clawbacks dienen hingegen in erster Linie dem Schutz des Gesellschaftsvermögens vor nicht gerechtfertigten Vermögensabflüssen.[781] Durch den Anspruch auf Rückzahlung des zu viel gezahlten Vergütungsanteils soll sichergestellt werden, dass das Vorstandsmitglied am Ende nur das erhält, was es sich auch tatsächlich „verdient“ hat. Auch hier lassen sich aber mögliche Verhaltensanreize finden. Wenn eine Klausel mit der vorzeitigen Auszahlung langfris-

778 Siehe etwa *Gülgel*, 2016, oder jüngst *Klein*, 2020, der auf S. 91 ff. ausführlich auf Clawbacks im Rahmen eines Anreizsystems eingeht.

779 Siehe Kapitel B. II. 1.

780 Siehe C. I. 1. a).

781 Siehe C. I. 1. b).

tiger Vergütungsbestandteile verbunden wird, soll sie die Anreizwirkung der Long Term Incentives absichern.[782] Durch die mehrjährige Bemessungsgrundlage soll das Vorstandsmitglied dazu angereizt werden, die langfristige und nachhaltige Entwicklung der Gesellschaft in den Fokus zu rücken und sich nicht zulasten der AG auf kurzfristiges Gewinnstreben zu beschränken.[783] Eine Auszahlung vor Ablauf des Bemessungszeitraums läuft dieser Zielsetzung hingegen zuwider, wenn beim Verpassen der Ziele keine Rückzahlungsverpflichtung greift. Letztendlich würde die Vergütung dann lediglich auf einer kurzfristigen Bemessungsgrundlange beruhen. Folgerichtig sind derartige Performance-Clawbacks auch zwingender Bestandteil des Vergütungssystems, wenn dieses eine vorzeitige Auszahlung der langfristigen Vergütungselemente vorsieht.[784] Durch die Rückforderungsklauseln kann also die Lösung des Prinzipal-Agenten-Konflikts abgesichert werden, indem sie die Anreizwirkungen der variablen Vergütungsbestandteile konsolidieren. Auch wenn die Klausel für die Rückzahlung etwa an ein Restatement anknüpft, lässt sich ein Verhaltensanreiz vermuten. Dieser könnte sich auf das Verhindern von nachträglichen Korrekturen der Finanzkennzahlen, also eine qualitativ bessere Finanzberichterstattung beziehen.

b) Bisherige Erkenntnisse aus der Praxis

Bisherige Erkenntnisse im deutschsprachigen Raum über die Auswirkungen von Clawback-Klauseln auf die Unternehmensperformance liefert eine Studie der Universität Göttingen basierend auf der Auswertung von rund 950 amerikanischen Unternehmen.[785] Im Fokus stand dabei die Entwicklung des strategischen Repertoires der Gesellschaft nach Einführung der Rückforderungsklauseln. Dieses wird auf der Grundlage unterschiedlicher strategischer Instrumente eines Unternehmens gemessen (z.B. eines Joint Ventures oder einer neuen Produktreihe).[786] Die Instrumente werden sodann in verschiede-

782 Vgl. *Poelzig*, NZG 2020, 41 (43).
783 *Poelzig*, NZG 2020, 41 (42).
784 Siehe Kapitel C. I. 7. a) bb).
785 *Firk/Holst/Wolff*, 2020, S. 2.
786 *Firk/Holst/Wolff*, 2020, S. 5.

ne Gruppen (u.a. Allianzen, Akquisitionen oder Produktinnovationen) unterteilt.[787] Die Ergebnisse der Studie weisen darauf hin, dass Clawback-Klauseln zu einer Reduzierung des verwendeten Repertoires um durchschnittlich sechs Prozent führen.[788] Dies könne die langfristige Unternehmensführung gefährden, indem wertschaffende Opportunitäten vernachlässigt werden, etwa im Bereich Forschung und Entwicklung.[789] Begründen lässt sich eine solche Entwicklung mit einer Verschiebung der Vorstandsprioritäten. Durch eine veränderte Risikowahrnehmung könnte der Vorstand den Fokus zu sehr auf die Vermeidung der Triggering-Events legen.[790] Um diese Bedeutung einer Reduzierung des strategischen Repertoires zu untermauern, untersuchen die Autoren zusätzlich die Auswirkungen von diesem auf die Unternehmensperformance und -bewertung. Dabei kommen sie zu dem Schluss, dass im Durchschnitt ein Anstieg des Repertoires unmittelbar mit dem Anstieg des Marktwerts verbunden ist.[791]

Vorwiegend wurden die Wirkungen von Clawback-Klauseln im US-amerikanischen Schrifttum untersucht. Die Ergebnisse wurden sodann auch in Deutschland zusammengetragen und analysiert.[792] Darauf bezugnehmend lässt sich beispielsweise eine steigende Vergütung nach Einführung von Clawback-Klauseln beobachten. Das ist dadurch erklärbar, dass sich ein betroffenes Vorstandsmitglied das Risiko der Rückforderung durch höhere Bezüge kompensieren lässt.[793] Funktionaler Natur sind hingegen die Qualitätssteigerung im Bereich der Finanzberichterstattung nebst einer geringeren Wahrscheinlichkeit von Restatements und einer erhöhten Werterelevanz der einzelnen Finanzkennzahlen.[794] Außerdem wurde eine verbesserte Relation zwi-

787 *Firk/Holst/Wolff*, 2020, S. 5.

788 *Firk/Holst/Wolff*, 2020, S. 4.

789 *Firk/Holst/Wolff*, 2020, S. 4; *Klein*, S. 107; vgl. auch *Babenko/Bennett/Bizjak/Coles/Sandvik*, Clawback Provisions and Firm Risk, Working Paper 2019, S. 4.

790 *Dörrwächter/Wolff*, AG 2020, 233 (239).

791 *Firk/Holst/Wolff*, 2020, S. 6.

792 Siehe *Dörrwächter/Wolff*, AG 2020, 233 (238 f.); *Velte*, Der Konzern, 50 (54 f.); *Stark*, ECFR 2021, 669 (681 f.).

793 *Dörrwächter/Wolff*, AG 2020, 233 (239); *Chen/Greene/Owers*, Review of Corporate Finance Studies 2015, 108 (145 ff.).

794 *Chan/Chen/Chen/Yu*, Journal of Accounting and Economics 2012, 180 (180); *Chen/Greene/Owers*, Review of Corporate Finance Studies 2015, 108 (108).

schen der Vergütung des CEO bzw. CFO und der Unternehmensleistung (Pay-for-Performance-Sensitivität) festgestellt.[795] Daneben ließen sich noch zahlreiche weitere Effekte ausmachen, wie z.B. sinkende Prüfungshonorare, eine höhere Effizienz der Umsatzgenerierung des Managements[796] oder eine Steigerung des Unternehmenswerts im Anschluss an das Bekanntwerden der Einführung von Clawback-Klauseln.[797]

Der Vermutung, von Clawbacks gehe keine verhaltenssteuernde Wirkung aus,[798] kann angesichts der empirischen Ergebnisse nicht gefolgt werden. Es ließen sich vielmehr sowohl funktionale als auch dysfunktionale Effekte von Clawback-Klauseln feststellen. Eine erhöhte Qualität der Finanzberichterstattung und eine intensivere Abhängigkeit von Gehalt und Unternehmensperformance sind, insbesondere vor dem Hintergrund des Prinzipal-Agenten-Konflikts,[799] sicherlich als positiv zu bewerten. Speziell die Gefahr, durch das dauernde Gefühl eines über dem Kopf schwebenden Damoklesschwerts in Gestalt einer Gehaltsrückforderung eine Risikoaversion der Vorstandsmitglieder zu schüren und durch eine Verengung des strategischen Blickwinkels der langfristigen Entwicklung der Gesellschaft entgegenzuwirken, dürfte für Aufsichtsräte hingegen abschreckend wirken.

c) Implikationen für die Vergütungsgestaltung

Damit die Rückforderungsklauseln sich nicht als zweischneidiges Schwert für den Aufsichtsrat und die Gesellschaft erweisen, müssen bei ihrem Entwurf die möglichen negativen Effekte bedacht werden. Um dem Vorstandsmitglied Unsicherheiten zu nehmen, sollten die Klauseln auf der Tatbestands- und Rechtsfolgenseite hinreichend konkret und nachvollziehbar formuliert sein.[800]

---

795 *Chen/Greene/Owers*, Review of Corporate Finance Studies 2015, 108 (144 f.).

796 *Velte*, Der Konzern 2020, 50 (55) m.w.N.

797 *Babenko/Bennett/Bizjak/Coles, Clawback* Provisions and Firm Risk, Working Paper 2019, S. 21 ff.

798 Die verhaltenssteuernde Wirkung zumindest bezweifelnd *Seyfarth*, WM 2019, 569 (575).

799 Siehe dazu oben B II. 1.

800 Vgl. *Dörrwächter/Wolff*, AG 2020, 233 (240); *Firk/Holst/Wolff*, AR 2020, 144 (145).

aa) Festlegung der Leistungsindikatoren

Darüber hinaus lässt sich aber auch anderweitig unerwünschten Clawback-Effekten gegensteuern. Die Möglichkeiten der Ausgestaltung variabler Vorstandsvergütungen und damit die Chancen, den Blick der Vorstandsmitglieder auf die langfristigen Interessen der Gesellschaft zu richten, sind mannigfaltig. So kann der Aufsichtsrat unterschiedliche Kriterien für die Berechnung der Vergütungshöhe mit dem Vorstandsmitglied vereinbaren. Neben Finanzkennzahlen kommen auch Zukunftsinvestitionen in Forschung und Entwicklung als Leistungsindikatoren in Betracht.[801] Auch andere, auf das strategische Repertoire bezogene Aktivitäten, wie z.B. das Eingehen von Joint Ventures, neue Produktreihen oder Unternehmensakquisitionen können im Vergütungssystem belohnend berücksichtigt werden.[802] Der Vielfalt möglicher Parameter sind kaum Grenzen gesetzt. Insofern können schon auf der Ebene vor der Rückforderung präventiv eine Reihe von Maßnahmen gegen eine Vernachlässigung wesentlicher Stützpfeiler einer langfristigen und nachhaltigen Entwicklung der Gesellschaft ergriffen werden. Wenn der Bonus etwa von der Entwicklung neuer Produktreihen oder allgemeiner von der Innovationsleistung abhängig ist, wird der Vorstand diesem Bereich trotz der Clawback-Klausel nicht weniger Beachtung schenken, um bei vorzeitiger Auszahlung seine Vergütung nicht wieder zu verlieren bzw. ohne vorzeitige Gewährung nach Ablauf der nächsten Bemessungsperiode nicht einen reduzierten Betrag zu erhalten. Es liegt somit nahe, dass eine entsprechende Ausrichtung der Erfolgsparameter die dysfunktionale Wirkung von Clawbacks verhindern, zumindest aber erheblich abmildern kann. Im Rahmen der Festlegung bestimmter Erfolgsziele ist sodann an den drohenden und oben beschriebenen Kompetenzkonflikt zwischen Aufsichtsrat und Vorstand zu denken.[803]

801 *Velte*, NZG 2020, 12 (13); *Wagner*, AG 2010, 774 (778).

802 Siehe etwa *Eulerich/Velte*, IRZ 2013, 71 (77), welche die Markt- und Wettbewerbspositionierung, Innovationsfähigkeit und weitere qualitative Einflussfaktoren nennen; *Wagner*, AG 2010, 774 (778).

803 Siehe C. I. 7. b).

bb) Business Judgment Rule

Möglicherweise lassen sich nachteilige Effekte außerdem durch eine, zumindest partiell, vorstandsfreundliche Klauselgestaltung unterbinden, um so einer abschreckenden Wirkung der Vertragsbestimmung entgegenzutreten. Natürlich ist die Möglichkeit einer Rückforderung bereits ausgezahlter Vergütungsbestandteile *per se* nicht im Interesse des Vorstandsmitglieds und damit vorstandsfreundlich. Nichtsdestotrotz ist nach Stellschrauben zu suchen, an denen zur Erhöhung der Akzeptanz gedreht werden kann, ohne dass Clawbacks für die Gesellschaft an Nutzen verlieren. Eine Möglichkeit könnte in der Geltung der Business Judgment Rule liegen.[804] Sie ist in § 93 I S. 2 AktG kodifiziert und bestimmt, dass eine Pflichtverletzung des Vorstandsmitglieds nicht vorliegt, wenn es „bei einer unternehmerischen Entscheidung vernünftigerweise annehmen durfte, auf der Grundlage angemessener Information zum Wohle der Gesellschaft zu handeln."

Die Vorschrift beruht auf dem Gedanken, dass unternehmerisches Handeln naturgemäß das Risiko des Scheiterns in sich trägt, hat wie so viele Bestandteile des deutschen Gesellschaftsrechts ihre Wurzeln in den USA und stellt letztlich eine Kodifikation der ARAG/Garmenbeck-Entscheidung des BGH[805] aus dem Jahre 1997 dar.[806] Sie schafft einen Handlungsspielraum, der einer richterlichen Kontrolle entzogen und auf die eigenverantwortliche Leitung der Gesellschaft nach § 76 I AktG zurückzuführen ist.[807] Ohne einen solchen Spielraum ist eine unternehmerische Tätigkeit schlicht nicht möglich.[808] Eine Anwendung der Business Judgment Rule setzt voraus, dass es sich bei dem in Frage stehenden Sachverhalt um eine unternehmerische Entscheidung handelt. Diese birgt immer gewisse Unsicherheiten in sich und ist durch

804 Vgl. *Müller-Bonanni/Jenner/Denninger*, AG 2021, 339 (346).

805 BGH, NJW 1997, 1926.

806 *Sieg/Zeidler* in: Corporate Compliance, § 3 Rn. 1 ff.; *Kocher*, CCZ 2009, 215 (215); *Spindler* in: MüKo AktG, § 93 Rn. 43 f.

807 Vgl. *Spindler* in: MüKo AktG, § 93 Rn. 43.

808 Siehe BGH, NJW 1997, 1926 (1927), wonach dem „Vorstand bei der Leitung der Geschäfte des Gesellschaftsunternehmens ein weiter Handlungsspielraum zugebilligt werden muss, ohne den eine unternehmerische Tätigkeit schlechterdings nicht denkbar ist."

prognostische Elemente geprägt.[809] Ausgeschlossen soll sie hingegen sein, wenn das Handeln durch Gesetz, Satzung, Anstellungsvertrag oder Geschäftsordnung fest vorgegeben ist und kein Spielraum verbleibt.[810] Für illegales Verhalten soll es keinen „sicheren Hafen" im Sinne eines Ausschlusses des Haftungstatbestandes geben.[811] Klassische Beispiele für unternehmerische Entscheidungen sind z.B. solche über Investitionen in neue Technologien, über Standorterweiterungen oder M&A-Transaktionen.[812] In all diesen Fällen besteht Unsicherheit, ob sich das umgesetzte Vorhaben in der Zukunft auch tatsächlich auszahlt.

Die Rückforderung von Vergütungsbestandteilen beruht im Compliance-Fall regelmäßig auf einem Verstoß gegen unternehmensinterne Codes of Conduct. Der zugrunde liegenden Entscheidung wird ein unternehmerischer Charakter abgesprochen, entweder aufgrund einer Legalitätspflichtverletzung oder in Ermangelung eines prognostischen Elements.[813] Allerdings knüpfen Compliance-Clawbacks nicht nur an die Verhaltensrichtlinien an, sondern auch an sonstige Pflichtverletzungen.[814] Diese können selbstverständlich auf unternehmerischen Entscheidungen beruhen, sodass die Business Judgment Rule hier möglicherweise Wirkung entfalten könnte, sofern sie grundsätzlich anwendbar ist und nicht einzelvertraglich abbedungen wird. Das setzt zunächst voraus, dass sie nicht nur für den gesetzlichen Schadensersatzanspruch der Gesellschaft gemäß § 93 II S. 1 AktG gilt. Im Rahmen der InstitutsVergV lehnt etwa die BaFin die Anwendbarkeit des § 93 I S. 2 AktG mit der Begründung ab, dass es sich zumindest im Anwendungsbereich der InstitutsVergV bei der Rückforderung nicht um eine Haftung oder einen Schadensersatz, sondern um ein Instrument der Ex-post-Risikoadjustierung handele.[815] Dies erscheint

809 Vgl. *Spindler* in: MüKo AktG, § 93 Rn. 48; *Hölters/Hölters* in: Hölters/Weber AktG, § 93 Rn. 28; *Fleischer* in: BeckOGK AktG, § 93 Rn. 89.

810 Vgl. *Hölters/Hölters* in: Hölters/Weber AktG, § 93 Rn. 30; *Fleischer* in: BeckOGK AktG, § 93 Rn. 88.

811 Siehe Regierungsentwurf, BT-Drucks. 15/5092, S. 11.

812 Siehe *Spindler* in: MüKo AktG, § 93 Rn. 49.

813 Siehe *Müller-Bonanni/Jenner/Denninger*, AG 2021, 339 (345), die solche Verstöße als Legalitätspflichtverletzung qualifizieren; *Schockenhoff/Nußbaum*, AG 2018, 813 (817), denen zufolge das prognostische Element fehlt.

814 Siehe Kapitel C. I. 1. a).

815 BaFin Auslegungshilfe zur InstitutsVergV, S. 49.

jedoch weder im Bereich der Finanzinstitute noch außerhalb dessen überzeugend. Mit Verweis auf die *ratio* der Business Judgment Rule lässt sich das leicht belegen. Sie soll vor allem einer Risikoaversion des Vorstands aufgrund einer persönlichen Haftung bei unternehmerischen Entscheidungen entgegenwirken.[816] Denn gerade die mit dem unternehmerischen Risiko verbundenen Ertragschancen machen ein Investment in die Gesellschaft für die Aktionäre attraktiv.[817] Insofern fördert die Begrenzung persönlicher finanzieller Verantwortlichkeit vom Vorstand die Interessen der Anteilseigner.[818] Für das Vorstandsmitglied ist es aber unerheblich, ob das finanzielle Risiko terminologisch als Rückforderung der Vergütung deklariert wird oder als finanzieller Ausgleich zugunsten der Gesellschaft im Gewand eines Schadensersatzanspruchs. Bei unternehmerischen Entscheidungen muss daher die Business Jugment Rule gelten, um nicht den Zweck der Regelung zu konterkarieren.[819] Auch der Gesetzgeber hat darüber hinaus klargestellt, dass der Grundgedanke des Geschäftsleiterermessens bei unternehmerischen Entscheidungen nicht auf den Haftungstatbestand des § 93 AktG beschränkt ist.[820]

Eine privatautonome Suspendierung der Business Judgment Rule ist auch nicht aufgrund des Zwecks einer Clawback-Klausel geboten.[821] Der Anwendungsbereich beschränkt sich aufgrund der Bezugnahme auf Pflichtverletzungen ohnehin nur auf Compliance-Clawbacks. Diese dienen aber nicht dazu, den Vorstand mit dem Risiko fehlgehender unternehmerischer Entscheidungen zu belasten,[822] sondern sollen zu einem Compliance-gerechten Verhalten motivieren. Eine Rückforderung aufgrund im Nachhinein festgestellter Misserfolge wird nur von Performance-Clawbacks erfasst.

816 *Fleischer* in: BeckOGK AktG, § 93 Rn. 80; *Spindler* in: MüKo AktG, § 93 Rn. 43; *Paefgen*, AG 2004, 245 (247); *Müller-Bonanni/Jenner/Denninger*, AG 2021, 339 (346).

817 *Paefgen*, AG 2004, 245 (247); *Meckbach*, NZG 2015, 580 (580).

818 *Paefgen*, AG 2004, 245 (247).

819 So auch *Müller-Bonanni/Jenner/Denninger*, AG 2021, 339 (345 f.).

820 Regierungsentwurf, BT-Drucks. 15/5092, S. 12.

821 In die Richtung gehend aber *Schockenhoff/Nußbaum*, AG 2018, 813 (817).

822 So aber *Schockenhoff/Nußbaum*, AG 2018, 813 (817).

Die Geltung der Business Judgment Rule kann also dazu beitragen, dass die Verwendung von Clawbacks im Interesse des Vorstandsmitglieds und auch der Gesellschaft nicht zu einer unternehmensschädlichen Risikoaversion führt, weshalb sie nicht abbedungen werden sollte. Ganz im Gegenteil sollte sie aus Gründen der Klarstellung ausdrücklich in die Klausel aufgenommen werden.

cc) Beweislastverteilung

Anknüpfungspunkt für eine Abmilderung dysfunktionaler Effekte könnte auch die Beweislastverteilung sein. § 93 II S. 2 AktG bürdet die Beweislast im Rahmen des aktienrechtlichen Schadensersatzanspruchs hinsichtlich der Pflichtverletzung dem Vorstandsmitglied auf. Dadurch entsteht eine Verteilung der Beweislast, die konträr zu der Regelverteilung ist. Nach allgemeinen zivilprozessrechtlichen Grundsätzen muss jede Partei die Voraussetzungen der für sie günstigen Norm beweisen, der Anspruchsteller also die rechtsbegründenden und der Anspruchsgegner die rechtsvernichtenden und rechtshemmenden Tatsachen.[823] Demzufolge trifft grundsätzlich die Gesellschaft die Beweispflicht bezüglich der den Rückforderungsanspruch begründenden Tatsachen.

Um dem Vorstandsmitglied entgegenzukommen und ihm die Sorge zu nehmen, ein pflichtgemäßes Verhalten nicht nachweisen zu können, könnte auf eine entsprechende Umkehr der Beweislast in der Clawback-Klausel verzichtet werden.[824] Offen ist aber, ob dies unter Berücksichtigung der Interessen der Gesellschaft auch tatsächlich anzuraten ist und zu einer angemessenen Risikoallokation führt. Die Verlagerung der Beweislast auf die Schultern des Vorstandsmitglieds im Falle eines Schadensersatzanspruchs basiert auf der Erwägung, dass die Gesellschaft aufgrund einer Informationsasymmetrie zugunsten der Geschäftsleitung regelmäßig nicht in der Lage sein wird, eine Pflichtverletzung des Vorstandsmitglieds nachzuweisen.[825] Dieses hingegen kann sich durch eine umfassende Dokumentation seiner Tä-

823 *Saenger* in: Saenger ZPO, § 286 Rn. 58; *Foerste* in: Musielak/Voit ZPO, § 286 Rn. 35.

824 So *Schockenhoff/Nußbaum*, AG 2018, 813 (817).

825 Vgl. *Spindler* in: MüKo AktG, § 93 Rn. 203; *Meckbach*, NZG 2015, 580 (581).

tigkeit absichern.[826] Beweispflichtig bleibt die Gesellschaft hingegen *in puncto* Schaden, schädigendes Verhalten des Vorstandsmitglieds und des Kausalzusammenhangs zwischen Verhalten und Schaden.[827] Trotz der größeren Sachnähe der (aktiven) Organmitglieder und des Wissensvorsprungs gegenüber der Gesellschaft[828] würde eine Beweislastumkehr im Falle eines Clawbacks ganz wesentliche Schwächen aufweisen. Anders als die Haftung nach § 93 II S. 1 AktG setzt eine Rückforderung keinen Schaden der Gesellschaft voraus. Erforderlich ist im Rahmen des Compliance-Clawbacks vielmehr lediglich ein pflichtwidriges Verhalten des Vorstandsmitglieds. Wenn diesem nun der Beweis eines pflichtgemäßen Verhaltens obliegt, könnte die Gesellschaft auf fast jedes Verhalten eine Rückforderung bereits ausgezahlter Vergütungsbestandteile stützen.[829] Mangels weiterer Tatbestandsvoraussetzungen wäre die Geschäftsleitung praktisch jederzeit der Gefahr eines Rückforderungsverlangens der Gesellschaft ausgesetzt. Dies ließe wiederum eine signifikant ansteigende Risikoaversion - samt der oben beschriebenen dysfunktionalen Effekte - vermuten. Eine weitere Schwäche offenbart sich, wenn das Vorstandsmitglied zwischenzeitlich aus der Gesellschaft ausgeschieden ist. In dem Fall dürfte der Wissensvorsprung und die größere Sachnähe gegenüber der Gesellschaft nicht weiter bestehen, da sämtliche Unterlagen, mit denen ein entsprechender Beweis geführt werden könnte, in der Regel bei dem Unternehmen verbleiben.[830] Zwar werden dem ausgeschiedenen Vorstandsmitglied in diesem Fall Auskunfts- und Einsichtsrechte gewährt.[831] Ob dadurch aber die ursprüngliche Beweisnähe wieder hergestellt werden kann, scheint keinesfalls sicher und wird auch seitens der Literatur teilweise

---

826 Vgl. *Fleischer* in: BeckOGK AktG, § 93 Rn. 104; *Meckbach*, NZG 2015, 580 (581).

827 *Spindler* in: MüKo AktG, § 93 Rn. 208; *Koch* in: Koch AktG, § 93 Rn. 103.

828 Vgl. *Meckbach*, NZG 2015, 580 (581).

829 Vgl. *Paefgen*, NZG 2009, 891 (893), der die gleiche Erwägung im Falle einer extensiven Auslegung der Beweislastumkehr im Rahmen der Haftung nach § 93 II S. 1 AktG anstellt.

830 *Foerster*, ZHR 2012, 221 (223 ff.); *Meckbach*, NZG 2015, 580 (584); *Grooterhorst*, AG 2011, 389 (392).

831 BGH, NZG 2008, 834 (834); *Meckbach*, NZG 2015, 580 (582 f.); *Foerster*, ZHR 2012, 221 (232 ff.); *Spindler* in: MüKo AktG, § 93 Rn. 212; *Koch* in: Koch AktG, § 93 Rn. 110 f.; ausführlich dazu auch *Grooterhorst*, AG 2011, 389 (389 ff.).

bestritten.[832] Diese Unsicherheiten, vor allem aber auch das starke Einschüchterungspotential durch die kaum vorhandenen Hürden der Gesellschaft, einen Anspruch auf Rückforderung geltend zu machen, sprechen eindeutig gegen eine Beweislastumkehr. Dementsprechend ist dem allgemeinen Grundsatz folgend die Beweislast bei der Gesellschaft zu belassen.[833]

d) Zusammenfassung

Aus den rezipierten empirischen Ergebnissen lassen sich weitere wertvolle Schlüsse für die Gestaltung von Clawback-Klauseln ziehen. Ein hohes Maß an Transparenz wird bereits von AGB-rechtlicher Seite gefordert und für die Wirksamkeit vorausgesetzt. Durch eine entsprechende Justierung der Leistungsindikatoren kann zudem verhindert werden, dass der Vorstand wichtige Geschäftsbereiche vernachlässigt. Aufgrund der Vielzahl denkbarer Ansatzpunkte kann der Aufsichtsrat hier im Rahmen seiner aktienrechtlich zugewiesenen Kompetenzen besonders effektiv ungewünschten Effekten vorbeugen. Einfluss hat dies aber lediglich auf die Ausgestaltung der Bemessungsgrundlage für die Auszahlung der variablen Vergütung, nicht aber auf die der Clawbacks selbst. Die Anwendung der Business Judgment Rule gewährt den Organmitgliedern bei unternehmerischen Entscheidungen außerdem im Interesse der Gesellschaft und der Aktionäre eine Haftungsfreistellung für den Fall, dass sie vernünftigerweise annehmen durften, „auf Grundlage angemessener Information zum Wohle der Gesellschaft zu handeln." Um hier einen möglichst weitreichenden Effekt zu erlangen, sollte dieser Passus ausdrücklich in die Klausel aufgenommen werden. Schließlich ist auf eine Beweislastverteilung zugunsten der Gesellschaft nach Vorbild des § 93 II S. 2 AktG zu verzichten.

---

832 *Foerster*, ZHR 2012, 221 (223 ff.), der deshalb eine teleologische Reduktion der Regelung über die Beweislastumkehr bezüglich der Pflichtverletzung für ausgeschiedene Organmitglieder befürwortet; *Meckbach*, NZG 2015, 580 (584), die hingegen eine großzügigere Handhabung der Auskunfts- und Einsichtsrechte favorisiert.

833 So auch *Schockenhoff/Nußbaum*, AG 2018, 813 (818), die jedoch vor allem auf den weiten Anwendungsbereich von Clawbacks und die mangelnde Versicherbarkeit der Rückforderungsansprüche abstellen.

10. Formulierungsvorschläge

Nachdem der rechtliche Rahmen abgesteckt und Möglichkeiten zur Vermeidung unerwünschter Nebeneffekte aufgezeigt wurden, müssen die gewonnenen Erkenntnisse schließlich in eine Form gegossen werden. Zu diesem Zweck soll im Folgenden sowohl ein Formulierungsvorschlag für einen Compliance-Clawback als auch für einen Performance-Clawback dargestellt werden.[834] An der betragsmäßigen Begrenzung auf 30% des Gesamtjahresverdienstes lässt sich erkennen, dass sich die Formulierungsvorschläge auf Klauseln außerhalb von Bonus/Malus-Systemen beziehen.

a) Formulierungsvorschlag für einen Compliance-Clawback

Bei schwerwiegenden Verstößen des Vorstandsmitglieds gegen seine gesetzlichen Pflichten oder gegen die unternehmensinternen Verhaltensrichtlinien der Gesellschaft (Codes of Conduct) ist die Gesellschaft berechtigt, von dem Vorstandsmitglied bereits ausgezahlte variable Vergütungsbestandteile zurückzufordern (Clawback). Ein schwerwiegender Verstoß liegt insbesondere dann vor, wenn dem Vorstandsmitglied grobe Fahrlässigkeit, Vorsatz oder ein wiederholter Verstoß zur Last fällt. Ein Verstoß liegt nicht vor, wenn das Vorstandsmitglied bei einer unternehmerischen Entscheidung vernünftigerweise annehmen durfte, auf der Grundlage angemessener Information zum Wohle der Gesellschaft zu handeln. Die Beweislast obliegt der Gesellschaft.

Die Rückforderung steht im pflichtgemäßen Ermessen des Aufsichtsrats und ist auf eine Höhe von 30% des Gesamtjahresverdienstes des Vorstandsmitglieds beschränkt. Bei der Berechnung wird auf das Jahr abgestellt, in dem der Verstoß stattgefunden hat. Die Rückforderung bezieht sich ausschließlich auf Vergütungsbestandteile, die im Jahr des Verstoßes ausbezahlt wurden. Ein Schaden der Gesellschaft ist nicht erforderlich. Zu erstatten ist der tatsächlich ausbezahlte Nettobetrag.

Bei einer Vergütung in Form von Finanzinstrumenten (insbesondere Aktien) findet die Rückzahlung durch einen Wertausgleich statt. Dessen

834 Für bisher gängige Formulierungsvorschläge von Clawbacks siehe etwa *Schockenhoff/Nußbaum*, AG 2018, 813 (817 ff.).

Höhe richtet sich nach dem Kurs zum Zeitpunkt der erstmaligen freien Verfügbarkeit des Instruments.

Jeder Vergütungsbestandteil kann nur innerhalb von vier Jahren nach der Auszahlung zurückgefordert werden. Die Auszahlung gilt als erfolgt, wenn das Vorstandsmitglied über den Vergütungsbestandteil frei verfügen kann.

Die zwischenzeitliche Beendigung des Anstellungsverhältnisses des Vorstandsmitglieds schließt den Rückforderungsanspruch nicht aus. Weitere Ansprüche der Gesellschaft gegen das Vorstandsmitglied, insbesondere ein Schadensersatzanspruch nach § 93 Abs. 2 S. 1 AktG, bleiben unberührt.

b) Formulierungsvorschlag für einen Performance-Clawback

Stellt sich nachträglich heraus, dass die Gewährung variabler Vergütungsbestandteile der Höhe nach aufgrund der tatsächlichen Zielerreichung nach Ablauf des Bemessungszeitraums oder aufgrund einer falschen Datenlage ungerechtfertigt war, sind der Gesellschaft die zu viel gewährten Vergütungsbestandteile zurückzuerstatten (Clawback).

Der Umfang der Rückerstattung entspricht der Differenz aus der tatsächlich gewährten und derjenigen Vergütung, die bei tatsächlicher Zielerreichung und Datenlage gewährt worden wäre. Zu erstatten ist der Bruttobetrag.

Vergütungsbestandteile, die in Form von Finanzinstrumenten (insbesondere Aktien) gewährt wurden, werden in natura zurückgewährt, sofern das Vorstandsmitglied zum Zeitpunkt der Rückforderung noch nicht frei über sie verfügen konnte. Andernfalls findet ein Wertausgleich statt. Dessen Höhe richtet sich nach dem Kurs des Finanzinstruments zum Zeitpunkt der erstmaligen freien Verfügbarkeit.

Jeder Vergütungsbestandteil kann nur innerhalb von vier Jahren nach der Gewährung zurückgefordert werden. Die zwischenzeitliche Beendigung des Anstellungsverhältnisses des Vorstandsmitglieds schließt den Rückforderungsanspruch nicht aus. Weitere Ansprüche der Gesellschaft, insbesondere aus §§ 812 ff. BGB, bleiben unberührt.

II. Gesetzliche Rückforderungsmöglichkeiten

Werden Rückforderungsmöglichkeiten nicht vertraglich vereinbart, könnte auch das Gesetz die notwendigen Vorschriften bereithalten, um einzelne Vergütungselemente wieder zurückzuerlangen. Ein besonderes Augenmerk ist dabei auf das Bereicherungsrecht zu legen.

1. Bereicherungsrechtliche Rückforderung

Das Bereicherungsrecht dient der Rückgängigmachung von rechtsgrundlosen Vermögensverschiebungen durch Abschöpfung von Vermögensvorteilen und ist in den §§ 812 ff. BGB geregelt.[835] Insofern drängt sich der Vergleich zu Performance-Clawbacks auf.[836] Diese sehen eine Rückforderung für den Fall vor, falls sich im Nachhinein herausstellt, dass die gezahlte Vergütung nicht mit der tatsächlichen Leistung übereinstimmt und dienen damit ebenso dem Schutz des Gesellschaftsvermögens vor ungerechtfertigten Vermögensverschiebungen.[837] Maßgeblich sind hier verschiedene Leistungskondiktionen, die von den Nichtleistungskondiktionen abzugrenzen sind.[838] Erforderlich ist somit in jedem Fall, dass das Vorstandsmitglied etwas durch Leistung der Gesellschaft erlangt hat. Als Bereicherungsgegenstand kommt dabei jeder Vermögensvorteil in Betracht.[839] Im bargeldlosen Zahlungsverkehr, also bei der Überweisung von Vergütungen auf das Konto des begünstigten Organmitglieds, ist dies die Kontogutschrift.[840] Unter dem Begriff der Leistung wird im Allgemeinen die bewusste und

835 *Wendehorst* in: BeckOK BGB, § 812 Rn. 3.

836 Vgl. dazu *Poelzig*, NZG 2020, 41 (45); *Redenius-Hövermann/Siemens*, ZIP 2020, 145 (150 f.); *Hohenstatt/Seibt*, ZIP 2019, 11 (18); *Schockenhoff/Nußbaum*, AG 2018, 813 (819).

837 Siehe dazu schon oben unter C. I. 1. b).

838 Siehe zum Inhalt und Abgrenzung der Kondiktionen *Lorenz/Cziupka*, JuS 2012, 777 (777 ff.).

839 Vgl. *Stadler* in: Jauernig BGB, § 812 Rn. 8; *Wiese* in: Schulze BGB, § 812 Rn. 3.

840 *Schwab* in: MüKo BGB, § 812 Rn. 11.

zweckgerichtete Mehrung fremden Vermögens verstanden.[841] Auch dieses Merkmal bereitet im Falle der Vergütungsgewährung keine Probleme. Die Gesellschaft gewährt den Vorstandsmitgliedern ihre Vergütung ganz bewusst, um ihrerseits der Zahlungsverpflichtung aus dem Anstellungsvertrag nachzukommen. Die Weichen für eine bereicherungsrechtliche Rückforderung sind somit gestellt. Je nach Sachverhalt ist sodann zwischen den verschiedenen Leistungskondiktionsarten zu differenzieren.

a) Condictio indebiti, § 812 I S. 1 Var. 1 BGB

Gemäß § 812 I S. 1 Var. 1 BGB ist derjenige, der durch die Leistung eines anderen etwas ohne rechtlichen Grund erlangt, dem anderen gegenüber zur Herausgabe verpflichtet (*condictio indebiti*). Die Rückforderung ist demnach möglich, wenn der Rechtsgrund von vornherein nicht bestanden hat.[842] Bezogen auf die Rückforderung der variablen Vorstandsvergütung kommt dieser Urtyp der Leistungskondiktion[843] insbesondere bei einer fehlerhaften Berechnungsgrundlage der Vergütung in Betracht, wenn es also etwa zu einem Restatement kommt und die relevanten Bilanzkennzahlen korrigiert werden müssen.[844] Im Zuge der Vergütungsgewährung hat das Vorstandsmitglied etwas von der Gesellschaft erlangt. Ob dies ohne Rechtsgrund erfolgt ist, entscheidet sich nach der objektiven Rechtsgrundtheorie danach, ob der Empfänger ein Recht auf die Leistung hatte.[845] Die subjektive Theorie hingegen stellt auf die Verfehlung eines bestimmten Leistungszwecks ab, etwa die Erfüllung einer Verbindlichkeit.[846] Für diesen Fall ist die Kontroverse jedoch nicht ergebnisrelevant. Unabhängig davon, wel-

841 Siehe nur BGH, NJW 1999, 1393 (1394); *Wendehorst* in: BeckOK BGB, § 812 Rn. 38; *Buck-Heeb* in: Erman BGB, § 812 Rn. 11; *Lorenz/Cziupka*, JuS 2012, 777 (778).

842 *Buck-Heeb* in: Erman BGB, § 812 Rn. 45; *Wendehorst* in: BeckOK BGB, § 812 Rn. 63.

843 *Wendehorst* in: BeckOK BGB, § 812 Rn. 37.

844 Vgl. *Poelzig*, NZG 2020, 41 (45); *Redenius-Hövermann/Siemens*, ZIP 2020, 145 (150 f.); *Schockenhoff/Nußbaum*, AG 2018, 813 (819).

845 Siehe *Wendehorst* in: BeckOK BGB, § 812 Rn. 60; *Buck-Heeb* in: Erman BGB, § 812 Rn. 44; *Schwab* in: MüKo BGB, § 812 Rn. 415.

846 Siehe *Wendehorst* in: BeckOK BGB, § 812 Rn. 61; *Buck-Heeb* in: Erman BGB, § 812 Rn. 44; *Schwab* in: MüKo BGB, § 812 Rn. 415.

chem Ansatz der Vorzug gewährt werden soll, fehlt es anfänglich an einem Rechtsgrund, wenn sich die Berechnungsgrundlage der Vergütung nachträglich als falsch herausstellt. Das Vorstandsmitglied hatte dann nämlich zum einen keinen Anspruch auf die tatsächlich gezahlte Vergütung und zum anderen wird der Zweck, eine Verbindlichkeit in Höhe der Zahlung zu erfüllen, nicht erreicht, weil diese Verbindlichkeit so überhaupt nicht bestand.[847] Ein Anspruch der Gesellschaft aus § 812 I S. 1 Var. 1 BGB ist in diesem Fall daher zu bejahen.

Ebenso verhält es sich, wenn das Fehlen von Compliance-Verstößen Teil der Anspruchsvoraussetzung ist. Bleiben diese Verstöße bis zur Auszahlung unentdeckt, erhält das Vorstandsmitglied eine Vergütung, auf die es der Höhe nach ebenfalls keinen Anspruch hatte. Letztlich beruht auch in diesem Fall die Auszahlung auf einer fehlerhaften Informationsgrundlage. Ist ein entsprechendes Wohlverhalten hingegen nicht Bestandteil der Bonusberechnung, bestand die Verbindlichkeit tatsächlich in Höhe der Auszahlung. Eine Rückforderung auf Grundlage von § 812 I S. 1 Var. 1 BGB ist dann nicht möglich. Das Organmitglied hat die variable Vergütung dann zwar durch Leistung der Gesellschaft erlangt, aber eben auch mit (und nicht ohne) Rechtsgrund.

b) Condictio ob rem, § 812 I S. 2 Var. 2 BGB

§ 812 I S. 2 Var. 2 BGB ermöglicht eine Rückforderung für den Fall, dass der mit einer Leistung nach dem Inhalt des Rechtsgeschäfts bezweckte Erfolg nicht eintritt (*condictio ob rem*).[848] Diese Leistungskondiktion wird insbesondere dann diskutiert, wenn sich bei vorzeitiger Auszahlung der langfristigen variablen Vergütungsbestandteile nach Ablauf des Bemessungszeitraums herausstellt, dass die Planziele nicht entsprechend der Vergütungshöhe erreicht wurden.[849] Wird der Long Term Incentive vorzeitig ausbezahlt, so geschieht dies in der beidseitig bekannten Erwartung, dass die Planziele auch entspre-

847 Siehe dazu etwa *Lorenz/Cziupka*, JuS 2012, 777 (778); das OLG Düsseldorf hat bei der nachträglichen Änderung des Jahresabschlusses und der damit einhergehenden Anpassung der Tantieme hingegen einen Anspruch der Gesellschaft gemäß § 812 I S. 2 Var. 1 BGB angenommen, OLG Düsseldorf, NZG 2012, 20 (20).

848 Siehe ausführlich zur condictio ob rem etwa *Röthel*, Jura 2013, 1246 (1246 ff.).

849 *Poelzig*, NZG 2020, 41 (45); *Schockenhoff/Nußbaum*, AG 2018, 813 (820).

chend erreicht werden, sodass eine Rückforderung auf Grundlage des § 812 I S. 2 Var. 2 BGB durchführbar sein könnte.[850] Zwar lässt sich daher ein mit der Leistung bezweckter Erfolg identifizieren, ob dadurch aber die *condictio ob rem* tatsächlich auch anwendbar ist, bleibt zweifelhaft. Der Leistende (die Gesellschaft) ist nämlich aufgrund des Anstellungsvertrags zur Leistung verpflichtet, auch wenn die endgültige Zielerreichung noch nicht feststeht. Neben der Erfüllung der ihm obliegenden Verbindlichkeit verfolgt er noch einen zusätzlichen („angestaffelten“) Zweck, der neben den Erfüllungszweck tritt.[851] In diesen Fällen wird dem Leistenden nach ganz überwiegender Ansicht entgegen der früheren höchstrichterlichen Rechtsprechung[852] das Recht zur Kondizierung verwehrt.[853] Begeben sich die Beteiligten auf die vertragliche Ebene, so ist es ihnen auch zuzumuten, die Rückzahlung bei Ausbleiben des bezweckten Erfolgs durch vertragliche Vereinbarungen sicherzustellen, etwa indem eine Bedingung stipuliert wird.[854] Alternativ wird auf die Störung der Geschäftsgrundlage (§ 313 BGB) als passendes Rechtsinstitut verwiesen.[855] Letzteres führt hier jedoch nicht zu dem gewünschten Ergebnis, da bereits die Rechtsfolge inadäquat ist.[856]

Um den Anwendungsbereich der *condictio ob rem* genauer zu definieren, lässt sich aber auch auf die historische Bedeutung der Kondiktion zurückgreifen. Im römischen Recht diente sie ursprünglich der Abwicklung solcher Fälle, in denen eine Leistung um einer Gegenleistung willen erbracht wurde, der Leistende die Gegenleistung aber mangels Klagemöglichkeit nicht erzwingen konnte.[857] Die Notwendigkeit der Kondiktion ergab sich aus dem damaligen *numerus clausus* klagbarer

850 *Poelzig*, NZG 2020, 41 (45); vgl. auch *Schockenhoff/Nußbaum*, AG 2018, 813 (820).
851 *Röthel*, Jura 2013, 1246 (1249).
852 BGH, MDR 1952, 33 (34).
853 Siehe *Schwab* in: MüKo BGB, § 812 Rn. 474 ff.; *Wendehorst* in: BeckOK BGB, § 812 Rn. 92; *Röthel*, Jura 2013, 1246 (1250); *Scherpe*, JZ 2013, 659 (662); *Söllner*, AcP 1964, 20 (43 ff.); a.A. *Buck-Heeb* in: Erman BGB, § 812 Rn. 52.
854 *Röthel*, Jura 2013, 1246 (1250); *Schwab* in: MüKo BGB, § 812 Rn. 474; siehe auch *Söllner*, AcP 1964, 20 (44).
855 *Röthel*, Jura 2013, 1246 (1250); *Schwab* in: MüKo BGB, § 812 Rn. 474; siehe auch *Söllner*, AcP 1964, 20 (44); *Scherpe*, JZ 2014, 659 (662).
856 Siehe unten unter C. II. 2.
857 Vgl. *Söllner*, AcP 1964, 20 (24).

Verträge, außerhalb derer Gegenleistungen nicht eingeklagt werden konnten und deren Erbringung folglich im freien Ermessen des Leistungsempfängers lag.[858] Im Umkehrschluss ist es freilich überzeugend, von dem ursprünglichen Telos der Vorschrift ausgehend, eine Anwendung der Norm abzulehnen, wenn der Leistungsbeziehung ein (klagbarer) Vertrag mit gegenseitigen Leistungspflichten zugrunde liegt. Konsequenterweise scheidet eine Rückforderung wegen Zweckverfehlung dann auch bei einem Fehlverhalten des Vorstandsmitglieds aus. Dies gilt auch, wenn die Gewährung variabler Vergütungen gerade in der Erwartung erfolgt ist, dass der Begünstigte durch redliches Verhalten zum langfristigen und nachhaltigen Erfolg der Gesellschaft beitragen werde und sich diese später nicht erfüllt.[859] Denn auch dann basiert die Vergütungsgewährung auf der anstellungsvertraglichen Leistungsverpflichtung der Gesellschaft.

c) Condictio ob causam finitam, § 812 I S. 2 Var. 1 BGB

Die *condictio ob causam finitam* schließlich ermöglicht eine Rückforderung gemäß § 812 I S. 2 Var. 1 BGB für den Fall, dass der rechtliche Grund später wegfällt. Im Gegensatz zur *condictio indebiti* war der Rechtsgrund zum Zeitpunkt der Leistungsgewährung also noch gegeben, entfiel mithin erst später endgültig.[860] Das OLG Düsseldorf bejahte einen solchen Anspruch bei einer nachträglichen Abänderung der dienstvertraglich vereinbarten, ergebnisabhängigen Tantieme eines Vorstandsmitglieds, weil der Rechtsgrund für die Zahlung durch die Korrektur des Jahresabschlusses weggefallen sei.[861] Wie so oft ist auch in diesem Fall die Abgrenzung zwischen den beiden Kondiktionsarten diffizil. Tatsächlich aber führt eine fehlerhafte Datengrundlage oder ein Berechnungsfehler dazu, dass das Vorstandsmitglied von vornherein keinen Anspruch auf die variable Vergütung in der gewährten Höhe hatte, sodass ein Rechtsgrund von Anfang an fehl-

858 Vgl. *Söllner*, AcP 1964, 20 (24 f.).
859 Vgl. dazu bezogen auf die InstitutsVergV *Thum*, NZA 2017, 1577 (1581).
860 *Wendehorst* in: BeckOK BGB, § 812 Rn. 79.
861 OLG Düsseldorf, NZG 2020, 20 (20); zur Korrektur fehlerhafter Jahresabschlüsse siehe *Friedl/Buchner*, StuB 2014, 183 (183 ff.).

te.[862] Aufgrund der Fehlberechnung (etwa wegen fehlerhafter Bilanzkennzahlen) unterliegen die Parteien lediglich dem Irrglauben, dass der Anspruch der Höhe nach besteht. Dementsprechend ist hier auch § 812 I S. 1 Var. 1 BGB einschlägig.[863]

Relevant wird die *condictio ob causam finitam* aber immer dann, wenn die Auszahlung an eine auflösende Bedingung geknüpft wird, etwa an die tatsächliche Erreichung der Planziele am Ende des Bemessungszeitraums.[864] Die *condictio ob rem* ist aufgrund der vertraglichen Leistungspflicht der Gesellschaft nicht anwendbar (s.o.). Die auflösende Bedingung kann daher Abhilfe verschaffen und eine Kondiktion doch noch ermöglichen.[865] Dabei ist jedoch zu beachten, dass eine solche Bedingung von den Parteien vereinbart werden muss,[866] wiederum etwa in Form einer Clawback-Klausel.[867] Ohne eine vertragliche Vereinbarung ist eine Rückforderung beim Verpassen der Planziele und vorzeitiger Vergütungsgewährung letztlich nicht möglich.

d) Entreicherungseinwand, § 818 III BGB

Die Achillesferse der (ohnehin beschränkten) bereicherungsrechtlichen Rückforderungsmöglichkeiten dürfte der in § 818 III BGB verankerte Entreicherungseinwand sein.[868] Demnach ist die Verpflichtung zur Herausgabe oder zum Ersatz des Wertes ausgeschlossen, soweit der Empfänger nicht mehr bereichert ist.[869] Der Einwand besteht nur bei den gesetzlichen Anspruchsgrundlagen und ist im Falle von Clawback-Klauseln nicht anwendbar, sofern diese selbst den Rückfor-

---

862 Für den Fall, dass der Arbeitgeber versehentlich eine zu hohe Vergütung zahlt so etwa auch *Preis* in: Erfurter Kommentar Arbeitsrecht, § 611a BGB Rn. 408; *Krause* in: Münchener Hdb. Arbeitsrecht, § 72 Rn. 1.

863 Siehe C. II. 1. a).

864 Siehe *Wendehorst* in: BeckOK BGB, § 812 Rn. 80.

865 Vgl. *Röthel*, Jura 2013, 1246 (1251); *Söllner*, AcP 1964, 20 (44), zur condictio ob rem.

866 Siehe *Bork* in: Staudinger BGB, Vorb. zu § 158 Rn. 7 f.

867 Diese kann als auflösende Bedingung ausgestaltet sein, siehe oben unter C. I. 3. a).

868 Vgl. *Poelzig*, NZG 2020, 41 (45); *Schockenhoff/Nußbaum*, AG 2018, 813 (821).

869 Siehe zur Entreicherung ausführlich *Wendehorst* in: BeckOK BGB, § 818 Rn. 34 ff.; *Schwab* in: MüKo BGB, § 818 Rn. 127 ff.; *Buck-Heeb* in: Erman BGB, § 818 Rn. 31 ff.

derungsanspruch beinhalten.[870] Teilweise wird er jedoch zumindest für den Fall einer fehlerhaften Berechnungsgrundlage für interessengerecht gehalten.[871] Angenommen, die fehlerhafte Berechnungsgrundlage basiert auf falschen Bilanzkennzahlen, muss die Schutzwürdigkeit des Vorstands jedoch bezweifelt werden. Schließlich obliegt die Pflicht, die erforderlichen Handelsbücher zu führen, dem Vorstand selbst gemäß § 91 I AktG.[872] Von der Buchführung erfasst sind etwa die Jahresbilanz und die Gewinn- und Verlustrechnung.[873] Selbst wenn die Buchführungsaufgaben, wie heute üblich und aufgrund der Komplexität der Finanzberichterstattung auch sachdienlich, einem einzelnen Vorstandsmitglied (i.d.R. dem Finanzvorstand) übertragen werden, befreit dies die anderen Vorstandsmitglieder nicht von der Verantwortung, die Erledigung der übertragenen Aufgaben zu beobachten.[874] Insofern hat der Vorstand einen maßgeblichen Einfluss auf die Qualität der Finanzberichterstattung und somit auf die Berechnungsgrundlagen seiner variablen Vergütungsbestandteile.

Dementsprechend darf der Entreicherungseinwand durchaus als Schwachstelle bezeichnet werden, die es aus Sicht der Gesellschaft zu meiden gilt. Dass dies beim Verpassen der Planziele oder Fehlverhalten erst recht gilt, ist offensichtlich. Bei vorzeitiger Auszahlung des Long Term Incentives würde dessen langfristige Anreizwirkung unter Umständen verloren gehen, wenn sich das Vorstandsmitglied nach Ablauf des Bemessungszeitraums auf die Entreicherung berufen könnte. Beim Compliance-Clawback ist das Vorstandsmitglied aufgrund des schwerwiegenden Fehlverhaltens außerdem nicht schutzwürdig. Dies gilt umso mehr, als umfassende Legalitäts- und Legalitätskontrollpflichten der Organstellung immanent sind.[875]

870 Siehe oben unter C. I. 5. d) cc) (5).
871 *Redenius-Hövermann/Siemens*, ZIP 2020, 145 (151).
872 Siehe ausführlich zur Buchführungspflicht *Fleischer*, WM 2006, 2021 (2021 ff.).
873 *Spindler* in: MüKo AktG, § 93 Rn. 9.
874 *Fleischer*, WM 2006, 2021 (2023).
875 Siehe dazu etwa *Grigoleit* in: Grigoleit AktG, § 76 Rn. 44 ff.; *Hoffmann-Becking* in: Münchener Hdb. Gesellschaftsrecht, § 25 Rn. 32.

2. Störung der Geschäftsgrundlage, § 313 BGB

Vereinzelt wird als gesetzliche „Clawback-Vorschrift“ auch § 313 BGB aufgeführt. Demnach erlaube eine Fehlvorstellung über die Auszahlungsvoraussetzung (wie bei einem Performance-Clawback) unter Umständen eine Vertragsanpassung nach § 313 BGB.[876] Eine Vertragsanpassung stellt in diesem Fall jedoch nicht die passende Rechtsfolge dar. Die Vorschrift erlaubt gemäß § 313 I BGB eine Anpassung für den Fall, dass sich Umstände, die zur Grundlage des Vertrags geworden sind, nach Vertragsschluss schwerwiegend ändern und einem Teil das Festhalten am unveränderten Vertrag nicht zugemutet werden kann. § 313 II BGB ergänzt sodann, dass es einer Veränderung gleichsteht, wenn sich wesentliche Vorstellungen, die zur Grundlage des Vertrags geworden sind, als falsch herausstellen.[877] Über solche Umstände wird sich aber in diesem Fall überhaupt nicht geirrt. Der Irrtum betrifft vielmehr solche Umstände, welche die spätere Berechnung der Vergütung und somit die Höhe ihrer Auszahlung betreffen. Die vertragliche Vereinbarung wird davon aber nicht berührt. Somit scheidet § 313 BGB als gesetzliche Grundlage einer Rückforderung aus. Im Zusammenhang mit Clawbacks lässt sie sich einzig als Instrument diskutieren, welches die Implementierung von Rückforderungsklauseln in laufende Vorstandsverträge zur Erfüllung regulatorischer Anforderungen ermöglicht.[878]

3. Zusammenfassung

Teilweise stellt bereits das BGB die notwendigen Mechanismen bereit, um variable Vergütungsbestandteile zurückzufordern. Dies gilt zumindest, wenn die Auszahlung letztlich auf fehlerhaften Informationen oder einer sonstigen fehlerhaften Berechnung beruht. In diesem Fall ist jedoch der Entreicherungseinwand des § 818 III BGB anwendbar,

---

876 *Seyfarth*, WM 2019, 569 (575).

877 Zu den Voraussetzungen der Vertragsanpassung im Detail siehe *Lorenz* in: BeckOK BGB, § 313 Rn. 87 ff.; *Finkenauer* in: MüKo BGB, § 313 Rn. 85 ff.

878 Siehe dazu etwa *Löw/Glück*, NZA 2015, 137 (141); *Johnson*, CCZ 2018, 9 (13); *Reufels/Volmari*, ArbRB 2019, 26 (28).

der einer Rückforderung entgegenstehen kann. In den anderen Clawback-Situationen bietet das Bereicherungsrecht ohne bestimmte vertragliche Vereinbarungen entgegen verschiedener Literaturstimmen keine Möglichkeit, die bereits ausgezahlte Vergütung wieder zurückzuerlangen. Dies ist insbesondere dem äußerst schmalen Anwendungsbereich der *condictio ob rem* geschuldet. Aber auch die *condictio ob causam finitam* vermag erst dann ihre Wirkung zu entfalten, wenn die Parteien zuvor privatautonom tätig geworden sind und etwa eine auflösende Bedingung vereinbart haben. Vollkommen wirkungslos und bereits von der Rechtsfolge deplatziert ist hingegen das Institut der Störung der Geschäftsgrundlage (§ 313 BGB).

D. Geltendmachung der Rückforderungsansprüche

Hat der Aufsichtsrat festgestellt, dass ein Anspruch auf Rückgewähr variabler Vergütungsbestandteile gegen ein Vorstandsmitglied besteht, muss er im Anschluss darüber entscheiden, ob es auch tatsächlich zu einer Rückforderung kommen soll. Dies gilt insbesondere, wenn auch nicht ausschließlich, falls die Rückforderung nach der Feststellung des Tatbestands noch von einer Ermessensentscheidung des Aufsichtsrats abhängig gemacht werden soll.[879] Dabei ist der Frage nachzugehen, ob auch eine Pflicht zur Rückforderung bestehen kann. Lässt sich diese tatsächlich in keinem Fall begründen, droht der Rückforderungsmechanismus als reines Lippenbekenntnis ohne praktischen Mehrwert zu enden. Zuständig ist der Gesamtaufsichtsrat.[880] Dies ergibt sich daraus, dass es sich bei der Entscheidung, ob eine Rückforderung stattfinden soll oder nicht, um eine Vergütungsentscheidung gemäß § 107 III S. 7 AktG handelt und eine Delegation an einen Ausschuss daher ausscheidet.[881]

I. Pflicht zur Geltendmachung?

Inwieweit der Aufsichtsrat dazu verpflichtet ist, bestehende Ansprüche der Gesellschaft gegen den Vorstand geltend zu machen, ist stetiger Gegenstand der gesellschaftsrechtlichen Diskussion.[882] Ganz wesentlich wurde diese in der Vergangenheit durch die ARAG/Garmenbeck-Entscheidung des BGH aus dem Jahre 1997 geprägt.[883] Gegenständlich

879 Vgl. *Seyfarth*, WM 2019, 569 (576).

880 Siehe oben unter C. I. 4.

881 *Seyfarth*, WM 2019, 569 (576); *Schockenhoff/Nußbaum*, AG 2018, 813 (818); siehe auch *Habersack* in: MüKo AktG, § 107 Rn. 154.

882 Siehe dazu etwa *Habersack*, NZG 2016, 321 (322).

883 BGH, NJW 1997, 1926.

war dort jedoch die Geltendmachung von Schadensersatz- und nicht von Rückforderungsansprüchen der Gesellschaft.[884]

1. ARAG/Garmenbeck

Die Geltendmachung von Ersatzansprüchen der Gesellschaft gegen den Vorstand führt unweigerlich zu der ARAG/Garmenbeck-Entscheidung des BGH aus dem Jahre 1997.[885] Dabei ging dieser der Frage nach, inwieweit der Aufsichtsrat im Rahmen seiner Tätigkeit dazu verpflichtet ist, das Bestehen von Schadensersatzansprüchen gegen den Vorstand eigenständig zu prüfen und schließlich auch geltend zu machen. Das Gericht stellte fest, dass sich die Pflicht zur Prüfung von Ansprüchen zum einen aus der Aufgabe ergibt, die Geschäftsführung des Vorstands zu überwachen (§ 111 I AktG) und zum anderen aus der gerichtlichen und außergerichtlichen Vertretungsaufgabe (§ 112 AktG).[886] Bei der Feststellung des Schadensersatztatbestandes hat der Aufsichtsrat den dem Vorstand eingeräumten weiten Handlungsspielraum zu berücksichtigen, der für die Ausübung einer unternehmerischen Tätigkeit zwingend erforderlich ist.[887] Kommt er zu dem Entschluss, dass der Gesellschaft voraussichtlich (nicht gewiss) Schadensersatzansprüche zustehen, versagt das Gericht dem Aufsichtsrat selbst jedoch einen unternehmerischen Ermessensspielraum.[888] Dieser bestehe nur dort, wo das Gesetz ihm unternehmerische Tätigkeiten übertrage und nicht bei der zu seiner nachträglichen Überwachungstätigkeit gehörenden Entscheidung über die Geltendmachung von Schadensersatzansprüchen.[889] Von der Geltendmachung wird der Aufsichtsrat nur dann absehen dürfen, „wenn gewichtige Interessen und Belange der Gesellschaft dafür sprechen, den ihr entstandenen Schaden ersatzlos hinzunehmen."[890] Dabei können etwa

884 BGH, NJW 1997, 1926 (1926).
885 Vgl. auch *Mutter*, AG 2020, R4 (R4).
886 BGH, NJW 1997, 1926 (1927).
887 BGH, NJW 1997, 1926 (1927).
888 BGH, NJW 1997, 1926 (1928).
889 BGH, NJW 1997, 1926 (1928).
890 BGH, NJW 1997, 1926 (1928), das Gericht spricht insoweit davon, dass die gegen die Geltendmachung stehenden Gründe gegenüber denen, die dafür sprechen

negative Auswirkungen auf die Geschäftstätigkeit, das Ansehen der Gesellschaft, die Behinderung der Vorstandsarbeit oder eine Beeinträchtigung des Betriebsklimas Berücksichtigung finden, wohingegen persönliche Konsequenzen für das Vorstandsmitglied nur in Ausnahmefällen Bedeutung erlangen sollen.[891] Die Essenz ist letztlich, dass die Geltendmachung die Regel darstellen muss und das Absehen davon die absolute Ausnahme.[892]

2. Compliance-Clawback

Der Compliance-Clawback sieht im Idealfall eine Ermessensentscheidung des Aufsichtsrats vor, um den Umständen des jeweiligen Einzelfalls gerecht werden zu können und die notwendige Flexibilität sicherzustellen.[893] Letztlich wird dadurch nur das vertraglich vereinbart, was das Gesetz auch ohne eine solche Abrede vorsieht (s.u.). Dementsprechend führt die Möglichkeit der Rückforderung auch noch nicht zwangsläufig zu der Geltendmachung des Anspruchs. Trotzdem ist der Aufsichtsrat auch bei der Entscheidung über die Rückforderung von Vergütungsbestandteilen dazu verpflichtet, sich an dem Interesse der Gesellschaft zu orientieren, sodass er mitunter nicht vollkommen frei ist.[894] Weiterhin wird immer auch auf das Angemessenheitsgebot des § 87 I S. 1 AktG einzugehen sein.

überwiegen oder zumindest annähernd gleichwertig sind. In der Literatur wird hingegen teilweise angenommen, dass die Gründe unter Bezugnahme auf § 148 I S. 2 Nr. 4 AktG überwiegen müssen, vgl. *Koch* in: Koch AktG, § 111 Rn. 16; *Redeke*, ZIP 2008, 1549 (1550 ff.); a.A. jedoch z.B. *Spindler* in: MüKo AktG, § 116 Rn. 63; *Habersack*, NZG 2016, 321 (323).

891 BGH, NJW 1997, 1926 (1928).

892 Vgl. BGH, NJW 1997, 1926 (1928); dies ist nicht frei von Kritik, siehe etwa *Grigoleit/Tomasic* in: Grigoleit AktG, § 111 Rn. 28; *Habersack*, ZHR 2013, 782 (788 f.), der darauf hinweist, dass die Auferlegung einer Verfolgungspflicht im Einzelfall nur bedingt hilfreich ist.

893 Siehe oben unter C. I. 5. d) dd) (2) (b) (dd).

894 Vgl. *Groß-Bölting/Rabe* in: Hölters/Weber AktG, § 116 Rn. 13; *Schockenhoff/Nußbaum*, AG 2018, 813 (819); zum Schadensersatzanspruch siehe auch *Habersack* in: MüKo AktG, § 111 Rn. 42; zum Unternehmensinteresse bei Vergütungsentscheidungen siehe *Spindler* in: MüKo AktG, § 87 Rn. 121.

a) Maßgeblichkeit des Unternehmensinteresses

Das Unternehmensinteresse hat sich im Fall ARAG/Garmenbeck bereits als Türöffner für die Nichtverfolgung eines bestehenden Schadensersatzanspruchs entpuppt. Demnach wird man auch für die Geltendmachung eines Ersatzanspruchs durch Compliance-Clawbacks verlangen müssen, dass es für die Nichtgeltendmachung der Rückforderung vernünftige Gründe gibt, die im Einzelfall für den Verzicht auf Rückzahlung sprechen.[895] Da der Aufsichtsrat in seiner Entscheidung, ob er den Compliance-Clawback auch geltend machen will oder nicht schon aufgrund der statuierten Ermessensentscheidung deutlich freier ist als bei der Verfolgung eines Schadensersatzanspruchs,[896] muss man jedoch zumindest dann von einer Geltendmachung absehen können, wenn auch der Verzicht im Rahmen eines etwaigen Schadensersatzanspruchs gerechtfertigt wäre.[897] Weiterhin ist zu berücksichtigen, dass es sich gegenständlich um eine unternehmerische Entscheidung handelt, bei der auch die Business Judgment Rule Anwendung findet und daher ohnehin, auch ohne vertragliche Fixierung, ein weiter Beurteilungs- und Ermessensspielraum eröffnet ist.[898] Deshalb begeht der Aufsichtsrat auch keine Pflichtverletzung, wenn er auf der Grundlage angemessener Informationen annehmen durfte, zum Wohle der Gesellschaft zu handeln (vgl. § 93 I S. 2 AktG). Folglich lässt sich dann auch keine Pflicht zur Rückforderung begründen. Ein Verhalten kann rein logisch nicht pflichtgemäß und gleichzeitig pflichtwidrig sein.

Handeln zum Wohle der Gesellschaft bedeutet, durch die Entscheidung der langfristigen Stärkung des Ertrags und der Wettbewerbsfähigkeit Rechnung zu tragen.[899] Daraus ergibt sich, dass sich das Organ nicht von sachfremden Interessen leiten lassen darf.[900] Daher ist insbesondere bei Aufsichtsratsmitgliedern darauf zu achten, dass diese frei von Interessenskonflikten sind bzw. dass sie, falls solche bestehen,

895 Siehe *Schockenhoff/Nußbaum*, AG 2018, 813 (819), die z.B. eine gefährdete Realisierung des Anspruchs, rufschädigende öffentliche Auseinandersetzungen oder ansonsten gute Leistungen des Vorstands nennen.

896 Vgl. *Schockenhoff/Nußbaum*, AG 2018, 813 (819).

897 So auch *Mutter*, AG 2020, R4 (R5).

898 BGH, NJW 2006, 522 (523); *Weber* in: Hölters/Weber AktG, § 87 Rn. 14.

899 Vgl. *Spindler* in: BeckOGK AktG, § 116 Rn. 49.

900 Vgl. *Spindler* in: BeckOGK AktG, § 116 Rn. 49; *Riebartsch*, S. 154.

diese auch offenlegen. Das Aufsichtsratsmandat wird regelmäßig als Nebenamt bekleidet, weshalb widerstreitende Interessen häufig sind.[901] Im Speziellen ist es denkbar, dass ein Aufsichtsratsmitglied zugleich Vorstandsmitglied einer anderen Gesellschaft ist.[902] Dann liegt es nahe, dass das Interesse daran, durch eine Rückforderung ein Exempel zu statuieren und möglicherweise andere Kontrollorgane ebenfalls zur Durchsetzung von Clawback-Klauseln zu animieren, eher gering ist. Will das Aufsichtsratsmitglied dennoch in den Genuss der Business Judgment Rule kommen, muss es den bestehenden Konflikt daher offenlegen.[903] Tut es dies nicht, liegt darin ein Verstoß gegen die Treuepflicht und das Haftungsprivileg entfällt.[904] Nach Offenlegung hat der Gesamtaufsichtsrat zu entscheiden, ob eine Beratung und Abstimmung mit dem betroffenen Mitglied stattfinden soll oder nicht.[905]

Zumindest bei aktiven Vorstandsmitgliedern dürfte der Aufsichtsrat in zahlreichen Fällen davon ausgehen können, ein Verzicht auf die Rückforderung liege im Gesellschaftsinteresse. Trifft der Aufsichtsrat die Entscheidung dann auf einer angemessen Informationslage, wird eine Pflicht zur Rückforderung nicht bestehen.[906] Anders kann das Urteil natürlich ausfallen, wenn z.B. ganz schwerwiegende Verfehlungen mit ernsten Konsequenzen für die Gesellschaft vorliegen. Für eine Rückforderung kann außerdem sprechen, dass das Fehlverhalten besonders einfach nachzuweisen ist und hohe Kosten zur Sachverhaltsaufklärung deshalb nicht zu befürchten sind. Gleiches kann im Einzelfall zutreffen, wenn sich die Geltendmachung gegen ehemalige Vorstandsmitglieder richtet und das Konfliktpotential innerhalb der Gesellschaft deshalb geringer ist. Insbesondere dann, wenn mehrere dieser Umstände vorliegen, kann die Entscheidung für einen Verzicht der Geltendmachung

901 Vgl. *Spindler* in: BeckOGK AktG, § 116 Rn. 90; *Riebartsch*, S. 154.

902 Vgl. *Spindler* in: BeckOGK AktG, § 116 Rn. 94.

903 *Drygalla* in: Schmidt/Lutter AktG, § 116 Rn. 16; *Spindler* in: BeckOGK AktG, § 116 Rn. 49; *Riebartsch*, S. 155.

904 *Drygalla* in: Schmidt/Lutter AktG, § 116 Rn. 16; *Riebartsch*, S. 155.

905 *Drygalla* in: Schmidt/Lutter AktG, § 116 Rn. 16; siehe zu den verschiedenen anderen Möglichkeiten wie der Amtsniederlegung oder dem Entzug des Stimmrechts auch *Spindler* in: BeckOGK AktG, § 116 Rn. 49; *Riebartsch*, S. 155 ff.

906 Die angemessene Informationslage erfordert wiederum einen Beurteilungsspielraum, nämlich wann die Informationslage gerade angemessen ist, was zu nicht unerheblichen Unsicherheiten führt, siehe *Spindler*, AG 2013, 889 (892 f.).

willkürlich und nicht mehr nachvollziehbar erscheinen, sodass der eingeräumte Spielraum überschritten wäre.[907] Schon beim Schadensersatz kommen als mögliche, einer Geltendmachung entgegenstehende Gründe z.B. ein Interesse am Verbleib des Vorstandsmitglieds im Amt, Reputationsverluste oder die Gefahr der Aufdeckung von Unternehmensgeheimnissen in Betracht.[908] Auch können trübe Erfolgsaussichten der Geltendmachung entgegenstehen, da es nicht im Unternehmensinteresse liegt, teuren Aufklärungs- und Prüfungsaufwand zu betreiben, der aller Voraussicht nach keinen Erfolg verspricht.[909]

Für den Compliance-Clawback, der anders als die aktienrechtliche Haftung keinen Schaden voraussetzt und von der Business Judgment Rule erfasst wird, lassen sich daneben *in concreto* noch viele weitere mögliche Gründe für eine Nichtverfolgung finden. Sind z.B. tatsächlich keine negativen Auswirkungen des Fehlverhaltens zu befürchten oder wurde nicht gegen besonders wesentliche Vorschriften verstoßen, handelte das Vorstandsmitglied lediglich fahrlässig und konnte es ansonsten durch gute Leistungen überzeugen, kann und muss dies in die Beurteilung des Aufsichtsrats mit einfließen.[910] Aber auch alle anderen Umstände des Einzelfalls müssen berücksichtigt werden, um eine sachgerechte, im Gesellschaftsinteresse liegende Entscheidungsfindung zu garantieren.[911] Solche Belange, die das Vorstandsmitglied persönlich betreffen, sollten beim Compliance-Clawback erst recht nicht von vornherein aus der Abwägung ausgeschlossen werden.[912] Abgesehen davon, dass eine Abgrenzung zwischen privater und gesellschaftlicher Sphäre im Einzelfall erhebliche Schwierigkeiten bereiten dürfte,[913] kann sich auch das Ausblenden des privaten Umfelds auf das Unter-

907 Oder „schlechthin unvertretbar", vgl. *Spindler* in: MüKo AktG, § 93 Rn. 65; *Aicher*, AG 2021, 535 (536).

908 Siehe *Spindler* in: BeckOGK AktG, § 116 Rn. 64; *Habersack*, NZG 2016, 321 (323 ff.).

909 Siehe *Riebartsch*, S. 121.

910 Siehe dazu schon oben unter C. I. 5. d) dd) (2) (b) (dd).

911 Siehe etwa *Schockenhoff/Nußbaum*, AG 2018, 813 (820), denen zufolge auch z.B. die Auswirkungen der Rückforderung auf die Motivation anderer Vorstandsmitglieder berücksichtigt werden dürfen.

912 Der BGH hält diese bei der Geltendmachung von Schadensersatzansprüchen hingegen nur im Einzelfall für relevant, siehe BGH, NJW 1997, 1926 (1928).

913 *Redeke*, ZIP 2008, 1549 (1556).

nehmensinteresse auswirken. Nach außen entsteht möglicherweise der negative Eindruck, dass die Gesellschaft ihre Ansprüche rücksichtslos durchsetzt, ohne die privaten Konsequenzen für das Organmitglied zu berücksichtigen. Dadurch können das Betriebsklima und die Reputation in Mitleidenschaft gezogen werden.[914] Diese Aspekte sind ebenfalls relevant, wenn sich die Rückforderung auf Vergütungsbestandteile bezieht, auf die wegen einer Malus-Klausel eigentlich kein Anspruch bestand.

Der BGH führte in seiner ARAG/Garmenbeck-Rechtsprechung aus, dass ein Grund für die Versagung eines autonomen unternehmerischen Ermessensspielraums sei, dass die Entscheidung über die Geltendmachung von Schadensersatzansprüchen Teil der nachträglichen Überwachungstätigkeit des Aufsichtsrats ist, durch die der Vorstand zur Erfüllung seiner Pflichten angehalten und Schäden von der Gesellschaft abgehalten werden sollen.[915] Auch der Compliance-Clawback muss als Instrument zur Sanktionierung der nachträglichen Überwachungstätigkeit des Aufsichtsrats zugeordnet werden. Dies führt aber nicht zu einer anderen Beurteilung in Richtung einer verpflichtenden Rückforderung. Im gleichen Atemzug verweist das oberste Gericht nämlich auf Teilbereiche, die von unternehmerischer Handlungsfreiheit geprägt sind und dem Aufsichtsrat per Gesetz übertragen wurden.[916] Dazu gehören eben auch die hier diskutierten unternehmerischen Vergütungsentscheidungen (s.o.).

Besteht neben dem Rückforderungs- zugleich auch ein Schadensersatzanspruch, kann in die Abwägung des Aufsichtsrats auch eine mögliche Überforderung des Betroffenen aufgrund der Anwendung beider Regime einfließen.[917] Dies ist jedoch dann nicht erforderlich, wenn der Compliance-Clawback als Vertragsstrafe konzipiert ist.[918] Infolgedessen finden nämlich auch die §§ 339 ff. BGB Anwendung. § 340 II BGB i.V.m. § 341 II BGB verhindert dabei die doppelte Entschädigung

---

914 Vgl. zur Durchsetzung von Schadensersatzansprüchen *Koch* in: Koch AktG, § 111 Rn. 20; *Grigoleit/Tomasic* in: Grigoleit AktG, § 111 Rn. 16.

915 BGH, NJW 1997, 1926 (1928).

916 BGH, NJW 1997, 1926 (1928).

917 Siehe *Mutter*, AG 2020, R4 (R5).

918 Siehe oben unter C. I. 3. d) bb).

durch Strafe und Schadensersatz.[919] Dabei ist die Anspruchsgrundlage für den Schadensersatz unbedeutend, sodass auch ein Ersatzanspruch aus § 93 II S. 1 AktG umfasst ist.[920] Ungeschriebene Voraussetzung dafür ist, dass das durch den Schadensersatzanspruch zu ersetzende Interesse mit dem durch den Clawback abgedeckten Interesse identisch ist.[921] Diese Interessengleichheit dürfte in diesem Fall gegeben sein. Das sollte insbesondere dann gelten, wenn beide Ansprüche auf derselben Pflichtverletzung beruhen, auch wenn sich handfeste Kriterien für eine Interessenkongruenz nicht ausmachen lassen.[922] Hier aber schützen beide Sanktionierungsinstrumente letztlich das Interesse der Gesellschaft, das Vorstandsmitglied präventiv zum regelkonformen Verhalten zu animieren, um (bezifferbaren oder unbezifferbaren) Nachteilen der Gesellschaft vorzubeugen.[923]

b) Angemessenheit i.S.d. § 87 AktG als Leitmotiv?

Eine Vergütungsentscheidung von dem sehr abstrakten Begriff des Unternehmensinteresses abhängig zu machen, ist in anderen Fällen auf Kritik gestoßen, da eine der Höhe nach angemessene Vergütung das Unternehmensinteresse nicht verletzen könne.[924] Dem liegt das Verständnis zu Grunde, dass es sich bei dem in § 87 I AktG verorteten Angemessenheitgebot um eine Konkretisierung desselben handelt.[925] Für die Rückforderung von Vergütungsbestandteilen muss dieses Verständnis aber aufgeweicht werden. Anders als der Gewährung sind einer Rückforderung Durchsetzungs-, Kosten-, Geheimhaltungs- und

---

919 Siehe *Ulrici* in: BeckOGK BGB, § 340 Rn. 72; *Gottwald* in: MüKo BGB, § 340 Rn. 15.

920 *Ulrici* in: BeckOGK BGB, § 340 Rn. 74.

921 *Ulrici* in: BeckOGK BGB, § 340 Rn. 75; *Rieble* in: Staudinger BGB, § 340 Rn. 64; BGH, NJW 2008, 2849 (2849).

922 Der BGH lehnte eine Interessenidentität etwa für den Anspruch auf Zahlung einer Vertragsstrafe und dem Anspruch auf Ersatz der Anwaltskosten ab, die durch die Geltendmachung der Vertragsstrafe entstanden sind, siehe BGH, NJW 2008, 2849 (2850), wobei das Gericht insbesondere erwähnt, dass in dem Fall beide Ersatzansprüche nicht auf demselben Fehlverhalten beruhen.

923 Vgl. zu § 93 II S. 1 AktG etwa *Fleischer* in: BeckOGK AktG, § 93 Rn. 2; *Koch* in: Koch AktG, § 93 Rn. 1.

924 *Wollburg*, ZIP 2004, 646 (651); vgl. auch *Kort*, NZG 2006, 131 (132).

925 Siehe *Koch* in: Koch AktG, § 87 Rn. 21.

andere Geschäftsrisiken inhärent, die dem Interesse der Gesellschaft zuwiderlaufen können. In diesem Fall lässt sich deshalb auch keine Kongruenz von Angemessenheit und Unternehmensinteresse annehmen. Auf der anderen Seite kann das Interesse an einer langfristigen und nachhaltigen Entwicklung der Gesellschaft gefährdet sein, wenn bestehende Sanktionsmechanismen bei pflichtwidrigem Verhalten des Vorstands nicht verhaltenssteuernd eingesetzt werden. Auf einer ersten Stufe ist deshalb auf das Unternehmensinteresse als Konglomerat verschiedenster Gesellschaftsinteressen abzustellen. Nichtsdestotrotz ergibt sich auf einer zweiten Stufe durch Clawbacks natürlich eine Möglichkeit für den Aufsichtsrat, die Angemessenheit der Vergütung in besonderer Weise zu gewährleisten. Zur Konkretisierung des Unternehmensinteresses entscheidet die Angemessenheit deshalb über die Rückforderungshöhe. Der Aufsichtsrat hat dann, soweit möglich, so viel zurückzufordern wie nötig ist, um ein angemessenes Vergütungsniveau zu erreichen. Insofern bestehen Ähnlichkeiten zu der nachträglichen Herabsetzung der Bezüge gemäß § 87 II S. 1 AktG. Diese soll ausweislich des Gesetzeswortlauts auf die angemessene Höhe erfolgen. Die Angemessenheit i.S.d. § 87 AktG wird aber erst dann relevant, wenn das Unternehmensinteresse (wie im Regelfall) eine Rückforderung überhaupt erst erlaubt. Daraus folgt letztlich auch, dass rückwirkend betrachtet eine unangemessene Vergütung im Unternehmensinteresse liegen kann.

c) Zusammenfassung

Eine Pflicht zur Rückforderung eines Compliance-Clawbacks lässt sich unter dem Strich nur in Ausnahmefällen begründen, sofern das Unternehmensinteresse dies erfordert. Das kann etwa der Fall sein, wenn die Verfehlungen besonders schwer und möglicherweise schon mehrfach aufgetreten sind und/oder der Gesellschaft gravierende Konsequenzen drohen. In den meisten Fällen wird gerade das Unternehmensinteresse dem Aufsichtsrat aber auch ein Absehen von der Geltendmachung ermöglichen. Insofern ist auch einer Fortentwicklung der ARAG/Garmenbeck-Grundsätze dahingehend, dass vereinbarte Clawbacks durchgesetzt werden müssen, nicht zuzustimmen.[926] Sofern eine Rückforderung geboten ist, muss in einem zweiten Schritt ihre Höhe festgelegt werden. Diese richtet sich nach dem Angemessenheitsgebot (§ 87 I S. 1 AktG).

3. Performance-Clawback

Beim Performance-Clawback sollte sich die Situation für den Aufsichtsrat weit weniger flexibel darstellen. Dem wird auch bei der Vertragsgestaltung Rechnung getragen, indem eine Ermessensentscheidung der Rückforderung im Idealfall nicht vorgeschaltet ist.[927] Nicht nur deshalb wird der Aufsichtsrat regelmäßig dazu verpflichtet sein, den bestehenden Rückforderungsanspruch auch geltend zu machen, um das Gesellschaftsvermögen zu schützen. Eine Ausnahme ließe sich auch hier nur mit dem Unternehmensinteresse begründen, also dann, wenn die Geltendmachung diesem zuwiderläuft.[928] Prägend ist also wieder einmal die schon oft zitierte und als Markstein zu bezeichnende ARAG/Garmenbeck-Entscheidung des BGH.[929] Anders als im Falle eines Schadensersatzanspruchs fällt es jedoch schwer, gedanklich einen Sachverhalt zu konstruieren, in dem gerade die Nichtgeltendmachung dem Gesellschaftsinteresse entspricht. Schließlich hat das Vorstandsmitglied eine Vergütung erhalten, die durch das tatsächliche Erreichen der wirtschaftlichen Ziele nicht gedeckt ist. Denkbar wäre etwa, dass die Überzahlung eine gewisse Bagatellgrenze nicht überschreitet. Dies wird auch bei der Geltendmachung von Schadensersatzansprüchen

926 So aber *Mutter*, AG 2020, R4 (R5).

927 Siehe dazu schon oben unter C. I. 5. d) dd) (3) (b) (dd).

928 Vgl. *Schockenhoff/Nußbaum*, AG 2018, 813 (820); siehe auch *Riebartsch*, S. 127, demzufolge der Aufsichtsrat immer im Interesse des Unternehmens handelt; vgl. zur Geltendmachung von Schadensersatzansprüchen auch *Habersack* in: MüKo AktG, § 111 Rn. 42; *Goette*, ZHR 2012, 588 (615), wonach der Maßstab für die Entscheidung über die Geltendmachung ausschließlich das Unternehmenswohl ist.

929 *Schockenhoff/Nußbaum*, AG 2018, 813 (821) halten die ARAG/Garmenbeck-Grundsätze im Falle einer Rückforderung aufgrund des Nichterreichens von Planergebnissen hingegen nicht für anwendbar. Dies wird an der vorgeschlagenen Ermessensentscheidung des Aufsichtsrats in der Rückforderungsklausel liegen.

teilweise diskutiert.[930] In dem Kontext soll der Aufsichtsrat bei Bagatellbeträgen gar nicht erst tätig werden.[931] Da die Geltendmachung von Ansprüchen mit Zeit und gewissen Kosten verbunden ist, lässt sich auch für den Performance-Clawback eine Ausnahme aufgrund einer besonders niedrigen Überzahlung durchaus rechtfertigen. Immerhin dient dieser gerade dem Schutz des Gesellschaftsvermögens.[932] Anders als bei einem Fehlverhalten des Vorstandsmitglieds kommen drohende Reputationsverluste, das Interesse am Verbleib des Vorstandsmitglieds im Amt oder eine drohende Offenlegung von Unternehmensgeheimnissen wohl nicht in Betracht. Eine falsche Informationsbasis für die Auszahlung lässt sich im Einzelfall deutlich unkomplizierter und klarer feststellen und nachweisen als ein Fehlverhalten und dürfte aufgrund der guten Transparenz daher auch mit weniger Reibungspunkten zwischen den Parteien verbunden sein. Durchsetzungsrisiken, etwa aufgrund einer in Frage stehenden finanziellen Leistungsfähigkeit des Vorstands, können hingegen sehr wohl relevant werden, weshalb auch hier immer eine Einzelfallentscheidung erforderlich ist. Für eine Rückforderung kann hingegen die beobachtete Qualitätsverbesserung der Finanzberichterstattung sprechen.[933] Sie wird daher rühren, dass der Vorstand vom tatsächlichen Gebrauch der Performance-Clawbacks ausgeht.

Entfällt eine Pflicht zur Rückforderung, folgt daraus, dass das betroffene Vorstandsmitglied in den Genuss einer Vergütungshöhe kommt, auf die er gemäß dem Anstellungsvertrag keinen Anspruch hat. Insofern ergibt sich eine vergleichbare Situation zu der Gewährung kompensationsloser Anerkennungsprämien im Fall Mannesmann. Die in diesem Zusammenhang geäußerte Kritik, dass der BGH nicht primär auf § 87 I S. 1 AktG abgestellt hat,[934] lässt sich aufgrund mangelnder Deckungsgleichheit von Unternehmensinteresse und Angemessenheit nicht auf den hiesigen Fall übertragen. Entscheidend ist deshalb, dass

---

930 Siehe *Casper*, ZHR 2012, 617 (634); *Schnorbus/Ganzer*, WM 2015, 1832 (1835 f.); *Riebartsch*, S. 126 f.

931 *Casper*, ZHR 2012, 617 (634); *Schnorbus/Ganzer*, WM 2015, 1832 (1835).

932 Siehe dazu schon oben unter C. I. 1. b).

933 Siehe dazu schon oben unter C. I. 9. b).

934 Siehe nur *Koch* in: Koch AktG, § 87 Rn. 20; *Kort*, NZG 2006, 131 (132 f.); *Hoegen*, S. 290 ff.

der BGH eine Untreue und damit auch gleichzeitig eine aktienrechtliche Pflichtverletzung angenommen hat, wenn für die Zahlung keine Grundlage im Anstellungsvertrag besteht und der Gesellschaft keine zukunftsbezogenen Vorteile zufließen.[935] Dass zwischen der Gewährung von Vergütungsbestandteilen und deren Rückforderung auch weitreichende Unterschiede bestehen, wurde bereits hervorgehoben. Nichtsdestotrotz zeigt die Entscheidung, dass auch der BGH Vergütungen, die losgelöst vom Anstellungsvertrag gewährt werden, eher kritisch gegenübersteht, wenngleich er sie auch nicht vollends ausschließt. Sie sollten insbesondere dann nicht ausgeschlossen sein, wenn der fehlende Anspruch auf einer Malus-Klausel und einem von dieser erfassten Pflichtverletzung beruht. In dem Fall kann das Unternehmensinteresse nämlich regelmäßig gegen eine Geltendmachung sprechen (s.o.). Die Betonung des Unternehmensinteresses durch die Rechtsprechung[936] stützt die hier gemachten Ausführungen.

Aus dem Vorangehenden ergibt sich letztlich, dass der Aufsichtsrat im Regelfall zur Geltendmachung des Rückforderungsanspruchs verpflichtet ist und nur in eng umrissenen Ausnahmefällen davon abzusehen hat. Darin liegt ein wesentlicher Unterschied zum Compliance-Clawback, der dem Aufsichtsrat weit größere Flexibilität in seiner Rückforderungsentscheidung verleiht. Eine allgemeine Aussage, ob die Erfüllung des Tatbestandes tendenziell auch zu einer Rückforderung führen muss, lässt sich dort nicht treffen. Zwar ist auch die in Rede stehende Entscheidung über die Geltendmachung von Ansprüchen aus Performance-Clawbacks eine Vergütungsentscheidung, für die ebenso die Business Judgment Rule gilt.[937] Gerade das Wohl der Gesellschaft wird aber normalerweise die Geltendmachung des Anspruchs gebieten, um das Unternehmen vor einer ungerechtfertigten Vermögensverschiebung zu schützen und ein Absehen von Verfolgung nicht nachvollziehbar erscheinen lassen.

935 BGH, NJW 2006, 522 (524).
936 BGH, NJW 2006, 522 (523).
937 Siehe oben unter D. I. 2. a).

4. Pflicht zur Geltendmachung bei gesetzlicher Rückforderungsmöglichkeit

Die Möglichkeiten einer rein gesetzlichen Rückforderung sind begrenzt. Sie beschränken sich auf die *condictio indebiti* und den Fall, dass die Berechnungsgrundlage der Vergütungshöhe fehlerhaft war.[938] Besteht ein solcher Anspruch aus § 812 I S. 1 Var. 1 BGB aufgrund tatsächlich nicht vorhandener Erreichung der Planziele, kann für die Rückforderungspflicht nichts anderes gelten als für den Performance-Clawback. Auch in dieser Situation hat das Vorstandsmitglied eine Vergütung erhalten, die der Höhe nach nicht durch den Anstellungsvertrag gerechtfertigt werden kann. Im Unternehmensinteresse wird zum Schutz des Gesellschaftsvermögens auch hier in den allermeisten Fällen nur die Rückforderung liegen. Ausnahmen können sich wiederum aus der Anspruchshöhe ergeben, wenn diese die Grenze eines Bagatellbetrages nicht überschreitet. Ansonsten fällt es auch in diesem Zusammenhang schwer, sich Konstellationen vorzustellen, in denen gerade die Rückforderung dem Unternehmensinteresse zuwiderläuft, wobei es natürlich wie immer auf die Einzelfallumstände ankommt. Abermals ist jedoch der Fall, dass die gesetzliche Rückforderung auf einem Fehlverhalten des Vorstandsmitglieds beruht, anders zu beurteilen. Bei Verwendung von Malus-Klauseln kann auch dann ohne vertragliche Vereinbarung eine Rückforderungsmöglichkeit gemäß § 812 I S. 1 Var. 1 BGB bestehen.[939] Dabei können verschiedenste Einzelfallumstände dazu führen, dass das Unternehmensinteresse eine Rückforderung verbietet (s.o.).

5. Pflicht zur Geltendmachung durch Beschluss nach § 147 I S. 1 AktG?

Möglicherweise kann dem Aufsichtsrat aber auch jegliche Entscheidungsbefugnis über die Geltendmachung entzogen werden. Ausgangspunkt dafür könnte ein Beschluss der Hauptversammlung gemäß § 147 I S. 1 AktG sein, infolgedessen bestimmte Ersatzansprüche gel-

938 Siehe oben unter C. II. 1. a).
939 Siehe oben unter C. II. 1. a).

tend gemacht werden müssen. Auswirkungen hätte die Anwendbarkeit der Regelung nicht bloß auf das „Ob" der Rückforderung, sondern auch auf die Zuständigkeitsverteilung. § 147 II AktG ermöglicht nämlich die Bestellung eines besonderen Vertreters, der dann an die Stelle des Aufsichtsrats träte. Die Vorschrift erfasst unter anderem die Ansprüche der Gesellschaft aus der Geschäftsführung gegen die Mitglieder des Vorstands und des Aufsichtsrats einschließlich der Überwachung.[940] Auf eine nähere Definition des Inhalts der Ersatzansprüche verzichtet die Vorschrift jedoch.[941] Zumindest lässt sich ihr aber keine Beschränkung auf bestimmte Anspruchsgrundlagen entnehmen, sodass grundsätzlich sowohl die vertragliche als auch die gesetzliche Rückforderung der variablen Vergütung von der Norm erfasst sein könnte.[942] Eine Restriktion wird jedoch dahingehend vorgenommen, dass gewisse Ansprüche unter Hinweis auf die Weisungsunabhängigkeit von Vorstand und Aufsichtsrat ausgeklammert werden, wie etwa Erfüllungsansprüche oder die Naturalrestitution beim Schadensersatz.[943] Umstritten ist vor diesem Hintergrund insbesondere die Behandlung von Herausgabe- und Unterlassungsansprüchen gegen die Organmitglieder.[944]

Organisation und Kompetenzverteilung innerhalb der AG geben schließlich auch in diesem Fall Anlass zum Zweifel, ob es der Hauptversammlung tatsächlich möglich sein soll, anstelle des Aufsichtsrats über die Rückforderung variabler Vergütungsbestandteile des Vorstands zu entscheiden. Schließlich handelt es sich bei dem Entschluss, ob eine Rückzahlung erfolgen soll, um eine Vergütungsentscheidung, die der ausschließlichen Kompetenz des Aufsichtsratsplenums zuge-

---

940 *Mock* in: BeckOGK AktG, § 147 Rn. 23.

941 Siehe dazu ausführlich *Mock*, NZG 2015, 1013 (1013 ff.).

942 Vgl. *Arnold* in: MüKo AktG, § 147 Rn. 27; *Mock* in: BeckOGK AktG, § 147 Rn. 23.1; *Lochner* in: Heidel, Aktienrecht und Kapitalmarktrecht, § 147 AktG Rn 3.

943 Siehe nur *Mock* in: BeckOGK AktG, § 147 Rn. 24.1; *Arnold* in: MüKo AktG, § 147 Rn. 28; ausführlich *Mock*, NZG 2015, 1013 (1016 f.).

944 Für die Einbeziehung etwa *Grigoleit/Rachlitz* in: Grigoleit AktG, § 147 Rn. 4; *Lochner* in: Heidel, Aktienrecht und Kapitalmarktrecht, § 147 AktG Rn. 3 f.; differenzierend zwischen Herausgabe- und Ausgleichsansprüchen und Unterlassungsansprüchen (nicht erfasst) *Spindler* in: Schmidt/Lutter AktG, § 147 Rn. 3; dagegen etwa *Arnold* in: MüKo AktG, § 147 Rn. 28 ff.; *Liebscher* in: Henssler/Strohn AktG, § 147 Rn. 3; *Mock*, NZG 2015, 1013 (1016 f.).

wiesen ist.[945] Die Einflussnahme der Hauptversammlung auf die Vergütungsentscheidungen des Aufsichtsrats ist dabei nur äußerst begrenzt möglich. Zu denken ist etwa an die Möglichkeit der Hauptversammlung gemäß § 87 IV AktG, auf Antrag nach § 122 II S. 1 AktG die nach § 87a I S. 2 Nr. 1 AktG festgelegte Maximalvergütung herabzusetzen. Ihre Mitwirkung ist außerdem bei der Vergütung mittels Aktienoptionen notwendig, um die erforderlichen Aktien bereitstellen zu können und gleichzeitig eine Verwässerung der Anteile bisheriger Aktionäre ohne ihre Mitwirkung zu verhindern. Aber auch dann obliegt es weiterhin dem Aufsichtsrat, den Umfang, den Begünstigten und die genaue Ausgestaltung des Aktienoptionsprogramms als Ausdruck seiner Personalkompetenz festzulegen.[946]

Diese Kompetenz spricht ganz klar auch dafür, die Entscheidung über die Rückforderung der Vergütung exklusiv beim Aufsichtsrat zu belassen. Dem könnte man jedoch entgegenhalten, dass wie bei den anderen Ansprüchen im Rahmen des § 147 AktG auch hier ein gewisser Interessenskonflikt besteht, vor dem die Norm letztlich die Aktionäre schützen soll.[947] Es soll verhindert werden, dass Ersatzansprüche gegen das jeweils andere Organ aus Verbundenheit oder zur Vermeidung der Aufdeckung eigener Versäumnisse, etwa bei der Überwachung des Vorstands, letztlich nicht geltend gemacht werden. Dies dient der effektiven Rechtsdurchsetzung.[948] Nichtsdestotrotz ist die Norm bei der Gehaltsrückforderung nicht anzuwenden. Der Geltendmachung von Rückforderungsansprüchen geht vor allem beim Compliance-Clawback eine komplizierte Entscheidungsfindung voraus, bei der verschiedenste Erwägungen berücksichtigt werden müssen.[949] Eine fundierte Entscheidung unter Einbeziehung aller wesentlichen Faktoren im Gesellschaftsinteresse wird ein nicht zu unterschätzendes Maß an Kompetenz voraussetzen, welchem wohl nur der Aufsichtsrat gerecht werden kann. Außerdem ist eine willkürlich unterlassene Rückforderungsentscheidung des Aufsichtsrats keinesfalls folgenlos. Zu denken

945 Siehe oben unter D. I.

946 Siehe dazu oben unter B. I. 2. a) bb).

947 Vgl. *Grigoleit/Rachlitz* in: Grigoleit AktG, § 147 Rn. 1.

948 *Grigoleit/Rachlitz* in: Grigoleit AktG, § 147 Rn. 1; *Arnold* in: MüKo AktG, § 147 Rn. 19.

949 Vgl. nur oben unter D. I. 2.

ist insbesondere an die im Folgenden erörterte Schadensersatzpflicht und die verschiedenen Möglichkeiten zur Geltendmachung des entsprechenden Schadensersatzanspruchs. Es sei insbesondere darauf hingewiesen, dass die hier in Rede stehende Norm bei der Geltendmachung eines Schadensersatzanspruchs gegen den Aufsichtsrat anders als bei dem Anspruch auf Rückforderung von Vergütungsbestandteilen sehr wohl Anwendung findet.[950]

6. Entfall einer Pflicht durch Verzicht oder Vergleich nach § 93 IV S. 3 AktG?

Jüngst diskutiert wurde die Mitwirkung der Hauptversammlung bei einem Verzicht oder Vergleich mit dem betroffenen Vorstandsmitglied durch direkte oder analoge Anwendung des § 93 IV S. 3 AktG im Rahmen von Rückforderungsansprüchen.[951] Zunächst einmal ist festzuhalten, dass sich die Norm aufgrund des Wortlauts und der Systematik direkt lediglich auf den in § 93 II S. 1 AktG postulierten Schadensersatzanspruch der Gesellschaft bezieht und nicht auch auf andere Ansprüche.[952] Weiterhin wurde auch bereits überzeugend festgestellt, dass aufgrund der mangelnden Vergleichbarkeit eine entsprechende Anwendung auf Ansprüche ausscheidet, die aus einer fehlerhaften Datengrundlage oder der Nichterreichung von Planzielen (Performance-Clawback) resultieren.[953] Letztlich kommt daher nur die Beteiligung der Hauptversammlung bei Vergleich oder Verzicht in Verbindung mit Compliance-Clawbacks in Frage. Auch dagegen lassen sich gleich mehrere Einwände erheben. Ebenso wie bei der Anwendung von § 147 I S. 1 AktG ist zunächst das bestehende Kompetenzgefüge innerhalb der AG zu berücksichtigen (s.o.). Die Vergütungskompetenz liegt grundsätzlich beim Aufsichtsrat. Zwar durchbricht das AktG selbst diese Zuweisung an gewissen Stellen. Nichtsdestotrotz muss das die Ausnahme bleiben und sollte auf die Fälle beschränkt werden, die der Gesetzgeber explizit vorsieht. Eine der Grundkonzeption zuwiderlau-

950 Siehe unten unter D. II. 1. b).
951 *Aicher*, AG 2021, 535 (535 ff.).
952 Siehe dazu ausführlich *Aicher*, AG 2021, 535 (539).
953 *Aicher*, AG 2021, 535 (541).

fende planwidrige Regelungslücke würde sich freilich auch nur schwer begründen lassen.

Auch der Sinn und Zweck der Norm spricht gegen eine Anwendung beim Compliance-Clawback. Die Norm dient zum einen dem Schutz des Gesellschaftsvermögens und zum anderen der Vorbeugung kollegialer Rücksichtnahme zwischen den Organmitgliedern.[954] Beide Schutzzwecke lassen sich nur bedingt auf die Rückforderung wegen eines Fehlverhaltens übertragen. Diese setzt nämlich anders als der Schadensersatzanspruch keinen Schaden voraus; sie dient der Verhaltenssteuerung und eben nicht primär dem Schutz des Gesellschaftsvermögens.[955] Auch nimmt der Schutz vor der Rücksichtnahme der Rechtsverfolgung zur Vermeidung eigener Nachteile einen anderen Stellenwert ein. Das lässt sich darauf zurückführen, dass zwar auch durch die Vergütungsrückforderung eine Pflichtverletzung des Aufsichtsrats aufgedeckt werden kann, diese aber ohne einen nachweisbaren Schaden nicht unmittelbar das Risiko der eigenen Schadensersatzpflicht in sich birgt.[956] Durch die Geltendmachung eines Compliance-Clawbacks würde der Aufsichtsrat daher auch nicht selbst automatisch ins „Fadenkreuz" geraten.

Zu guter Letzt ist dieser bei der Rückforderung von Vergütungsbestandteilen wegen Fehlverhaltens ohnehin deutlich flexibler als bei der Verfolgung von Schadensersatzansprüchen.[957] Ist er bei letzterer insbesondere an die strengen ARAG/Garmenbeck-Grundsätze gebunden, erlaubt ein Clawback eine Nichtverfolgung unter verschiedensten Gesichtspunkten. Neben der Verfolgung an sich betrifft das auch die Rückforderungshöhe.[958] Tendiert der Aufsichtsrat aufgrund der Einzelfallumstände dazu, von einer Geltendmachung Abstand zu nehmen oder nur einen Teilbetrag zurückzufordern, kann er das regelmäßig auch tun, ohne dabei pflichtwidrig zu handeln. Es wäre widersprüchlich, einerseits hohe Flexibilität zu gewähren und andererseits einen

---

954 Vgl. *Koch* in: Koch AktG, § 93 Rn. 158; *Hölters/Hölters* in: Hölters/Weber AktG, § 93 Rn. 291.

955 Siehe dazu schon oben unter C. I. 1. a).

956 Siehe *Aicher*, AG 2021, 535 (540 f.).

957 Siehe oben unter D. I. 2.

958 Zur Komplexität der Beschränkung eines Schadensersatzanspruchs der Höhe nach siehe etwa *Habersack*, ZHR 2013, 782 (801 ff.).

Verzicht oder Vergleich von einer Zustimmung der Hauptversammlung abhängig zu machen. Zur Verdeutlichung kann auch auf das Argumentationsmuster des BGH im Fall ARAG/Garmenbeck zurückgegriffen werden. Das nur ausnahmsweise mögliche Absehen von der Verfolgung eines Schadensersatzanspruchs wurde u.a. mit den engen gesetzlichen Grenzen für einen Verzicht nach § 93 IV S. 3 AktG begründet.[959] Eine Anwendung des § 93 IV S. 3 AktG scheidet also im Ergebnis aus.[960]

7. Zusammenfassung

Nach alledem lässt sich Folgendes festhalten: Die Frage nach einer Pflicht zur Geltendmachung bestehender Rückforderungsansprüche muss für Compliance- und Performance-Clawbacks getrennt beantwortet werden. Das Leitmotiv für die Entscheidung des Aufsichtsrats ist aber in jedem Fall das Unternehmensinteresse. Da es sich außerdem stets um eine Vergütungs- und damit unternehmerische Entscheidung handelt, findet die Business Judgment Rule gemäß § 116 S. 1 AktG i.V.m. § 93 I S. 2 AktG Anwendung. Davon ausgehend hat der Aufsichtsrat bei einem Fehlverhalten des Vorstandsmitglieds einen weiten Handlungsspielraum. Es kommen ganz unterschiedliche Erwägungen in Betracht, die im Einzelfall berücksichtigt werden müssen und die sowohl für eine Rückforderung als auch gegen eine solche sprechen können. Eine allgemeine Tendenz lässt sich nicht feststellen. Entspringt der Anspruch hingegen einem Performance-Clawback, muss die Entscheidung in der Regel pro Rückforderung ausfallen. Das Gleiche gilt für den Fall, dass der Anspruch aus § 812 I S. 1 Var. 1 BGB und einer fehlerhaften Berechnungsgrundlage resultiert. Ausnahmefälle sind aber auch dann denkbar, weshalb alle Umstände des Einzelfalls ebenso berücksichtigt werden müssen. Insbesondere dann, wenn die gesetzliche Rückforderungsmöglichkeit auf einem Fehlverhalten des Organmitglieds beruht, lässt sich keine Tendenz feststellen. Eine Rückforderungspflicht lässt sich jedenfalls nicht durch Beschluss nach

959 BGH, NJW 1997, 1926 (1928).

960 So i.E. auch *Aicher*, AG 2021, 535 (542).

§ 147 I S. 1 AktG begründen, da die Norm weder direkt noch analog anwendbar ist. Ebenso wenig kann der Aufsichtsrat von einer verpflichtenden Rückforderung aufgrund eines Verzichts oder Vergleichs unter Mitwirkung der Hauptversammlung nach § 93 IV S. 3 AktG absehen. Die Norm ist bei Vergütungsrückforderungen ebenfalls nicht applikabel.

II. Haftung bei unterlassener Rückforderung

Unterlässt der Aufsichtsrat die Rückforderung von Vergütungsbestandteilen, obwohl er dazu nach dem Vorgesagten verpflichtet gewesen wäre, könnte dies haftungsrechtliche Konsequenzen nachsichziehen. Dabei ist neben dem Schadensersatz nach § 116 S. 1 AktG i.V.m. § 93 II S. 1 AktG auch eine strafrechtliche Verantwortlichkeit wegen Untreue gemäß § 266 StGB möglich. § 116 AktG verpflichtet die Mitglieder des Aufsichtsrats letztlich zu derselben Sorgfalt wie den Vorstand und soll ihn dazu motivieren, durch eine ordnungsgemäße Erfüllung seiner Aufgaben Schaden von der Gesellschaft abzuwenden.[961] Zu den Kardinalpflichten des Aufsichtsrats zählen dabei die Überwachung des Vorstands (§ 111 AktG) und dessen Bestellung (§ 84 AktG).[962] Die Überwachung der Geschäftsleitung findet in erster Linie mit Vergangenheitsbezug statt und umfasst unter anderem auch die Geltendmachung von Ersatzansprüchen der Gesellschaft gegen den Vorstand.[963]

1. Aktienrechtlicher Schadensersatz

Im Rahmen des aktienrechtlichen Schadensersatzanspruchs nach § 116 S. 1 AktG i.V.m. § 93 II S. 1 AktG wird im Folgenden neben den Anspruchsvoraussetzungen auch die Durchsetzbarkeit eines solchen Anspruchs thematisiert. Diese umfasst neben der Verjährung des

961 *Spindler* in: BeckOGK AktG, § 116 Rn. 2 f.; *Habersack* in: MüKo AktG, § 116 Rn. 2.
962 *Spindler* in: BeckOGK AktG, § 116 Rn. 9.
963 *Habersack* in: MüKo AktG, § 116 Rn. 20.

Schadensersatzanspruchs auch die Zuständigkeitsverteilung bei der Geltendmachung.

a) Anspruchsvoraussetzungen und Verjährung

Unterlässt der Aufsichtsrat pflichtwidrig die mögliche Rückforderung, könnten die Voraussetzungen für den Schadensersatz erfüllt sein.[964] Entscheidend dafür ist, ob der Gesellschaft durch das schuldhafte, pflichtwidrige Unterlassen des Aufsichtsrats auch ein Schaden entstanden ist.[965] Dieser richtet sich auch in diesem Fall nach den §§ 249 ff. BGB, sodass die vorhandene Vermögenslage der Gesellschaft mit derjenigen, die ohne das schädigende Ereignis vorläge, verglichen werden muss (Differenzhypothese).[966] Verzichtet der Aufsichtsrat pflichtwidrig auf die Geltendmachung eines durchsetzbaren Rückforderungsanspruchs, bestimmt sich die Schadenshöhe nach der Höhe des Ersatzanspruchs. Das Vermögen wäre nämlich bei pflichtgemäßem Verhalten eben um diesen Betrag erhöht. Fraglich ist aber, wann dieser Schaden und damit auch der Schadensersatzanspruch entsteht.[967] Für den Eintritt des Schadens reicht ein bloßes Schadensrisiko noch nicht aus. Die Vermögenslage muss sich vielmehr bereits verschlechtert haben, ohne dass jedoch schon feststehen muss, dass der Schaden endgültig wird.[968] Der Schadenseintritt beim Unterlassen einer Rückforderung wird in der Regel dann eintreten, wenn der Rückforderungsanspruch verjährt und eine Geltendmachung deshalb ausgeschlossen ist.[969] Bis dahin mag es zwar sein, dass mit zunehmendem Zeitablauf eine Rückforderung bereits unwahrscheinlicher wird und somit eine

---

964 Darüber, dass der Gesellschaft gegen den Aufsichtsrat aus dessen Verletzung der Anspruchsverfolgungspflicht ein Schadensersatzanspruch erwachsen kann, herrscht in der Literatur Konsens, siehe *Fleischer*, ZIP 2018, 2341 (2341); *Götz*, NJW 1997, 3275 (3278).

965 Siehe umfassend zu den Haftungsvoraussetzungen *Habersack* in: MüKo AktG, § 116 Rn. 73 ff.; *Spindler* in: BeckOGK AktG, § 116 Rn. 132 ff.

966 *Fleischer* in: BeckOGK AktG, § 93 Rn. 254.

967 Vgl. *Fleischer*, ZIP 2018, 2341 (2343).

968 *Fleischer*, ZIP 2018, 2341 (2343); *Guntermann*, NZG 2018, 851 (852).

969 Vgl. BGH, ZIP 2018, 2117 (2118), wobei es im Speziellen um die Verjährung der Ansprüche nach § 200 BGB ging; siehe dazu ausführlich auch *Fleischer*, ZIP 2018, 2341 (2341 ff.) und *Guntermann*, NZG 2018, 851 (851 ff.); *Cahn*, ZHR 2020, 297 (297 ff.).

risikobehaftete Situation entsteht. Die Geltendmachung ist bis zur Verjährung aber noch nachholbar und eine negative Vermögenslage hat sich bis dahin noch nicht ergeben.[970] Die Verjährung wiederum wurde entweder kautelarjuristisch geregelt (beim Clawback, z.B. vier Jahre nach Auszahlung) oder richtet sich bei der gesetzlichen Rückforderung nach §§ 195 ff. BGB. In subjektiver Hinsicht müssen die betroffenen Aufsichtsratsmitglieder auch schuldhaft gehandelt haben, wobei einfache Fahrlässigkeit ausreicht und dieses Haftungserfordernis daher in der Regel auch erfüllt ist.[971]

Interessant ist die Frage, wann der Anspruch der Gesellschaft gegen den Aufsichtsrat selbst verjährt, mithin wie lange er tatsächlich auch durchsetzbar ist. Schadensersatzansprüche gegen den Aufsichtsrat verjähren gemäß § 116 S. 1 AktG i.V.m. § 93 VI AktG nach zehn Jahren, wenn die Gesellschaft zum Zeitpunkt der Pflichtverletzung börsennotiert ist; bei anderen Gesellschaften nach fünf Jahren. Bei Dauerpflichtverletzungen (z.B. Unterlassen) ist maßgeblich, ob die Gesellschaft während irgendeines Zeitpunktes börsennotiert war, sodass eine Börsenzulassung erst während der Pflichtverletzung, aber auch ein Delisting in der Zeitspanne zu einer Anwendung der zehnjährigen Verjährungsfrist führen.[972] Der BGH hat sich mit dem Beginn der Verjährung von Ersatzansprüchen einer AG gegen Aufsichtsratsmitglieder wegen Verjährenlassens eines Ersatzanspruchs gegen ein Mitglied des Vorstands in seiner Easy-Software-Entscheidung im Jahre 2018 befasst.[973] Ausgangspunkt bildet hier § 200 S. 1 BGB. Demnach beginnt die Verjährungsfrist von Ansprüchen, die nicht der regelmäßigen Verjährungsfrist unterliegen, mit der Entstehung des Anspruchs, soweit nicht ein anderer Verjährungsbeginn bestimmt ist. Das Gericht führte in seiner Entscheidung aus, dass wenn die haftungsbegründende Pflichtverletzung nicht in einem anlassbedingten, einmaligen, sondern

970 *Guntermann*, NZG 2018, 851 (855); mit Verweis auf diese etwa auch BGH, ZIP 2018, 2117 (2119); *Fleischer*, ZIP 2018, 2341 (2345).

971 *Spindler* in: BeckOGK AktG, § 116 Rn. 144.

972 *Spindler* in: BeckOGK AktG, § 116 Rn. 188; *Cahn*, ZHR 2020, 297 (310).

973 BGH, ZIP 2018, 2117, dabei ging es konkret um Zahlungen der Gesellschaft an das beklagte Aufsichtsratsmitglied, die als verbotene Einlagenrückgewähr bzw. Rückzahlung eigenkapitalersetzender Darlehen unzulässig waren. Der Aufsichtsrat hatte es in der Folge unterlassen, den Vorstand wegen der unzulässigen Auszahlungen auf Schadensersatz in Anspruch zu nehmen.

wie hier in einem fortdauernden Unterlassen liegt, für die Bestimmung des Verjährungsbeginns danach zu differenzieren ist, ob das fortdauernde Unterlassen als einheitliche Dauerhandlung zu betrachten ist oder es sich um mehrere, sich wiederholende neue Eingriffe handelt.[974] Bei mehreren, sich wiederholenden Einzeleingriffen soll die Verjährung für jeden infolge der Unterlassung eintretenden Schaden gesondert beginnen. Bei einer einheitlichen Dauerhandlung erst, wenn der Eingriff abgeschlossen ist.[975] Um welche der beiden Konstellationen es sich bei dem zu entscheidenden Fall gehandelt hat, war für den BGH nicht weiter relevant. In beiden Fällen hätte die Verjährung der Ansprüche gegen das Aufsichtsratsmitglied erst mit der Verjährung der Ansprüche gegen den Vorstand begonnen.[976] Bei dem hier gegenständlichen Unterlassen wird terminologisch eher eine einheitliche Dauerhandlung anzunehmen sein,[977] sodass die Verjährung erst mit der Verjährung des Rückforderungsanspruchs beginnen dürfte.[978]

Diese Konsequenz ist freilich nicht in jedem Fall überzeugend. Wenn der Rückforderungsanspruch auf einer Clawback-Vereinbarung beruht, wird letztlich der Schaden erst mit der Verjährung des Anspruchs beginnen. Ob ein bereits vorher entstandener (Teil-)Schaden bei der Verjährung zu berücksichtigen ist, wird somit regelmäßig nicht relevant sein. Anders ist die Situation aber bei der Rückforderung basierend auf § 812 I S. 1 Var. 1 BGB. In diesem Fall steht dem Schuldner gegebenenfalls der Entreicherungseinwand nach § 818 III BGB zu. Daher

974 BGH, ZIP 2018, 2117 (2118).

975 BGH, ZIP 2018, 2117 (2118).

976 BGH, ZIP 2018, 2117 (2118).

977 Siehe *Jenne/Miller*, AG 2019, 112 (116), die die pflichtwidrige Nichtgeltendmachung von Ersatzasprüchen der Gesellschaft gegen den Aufsichtsrat durch den Vorstand als ein solches Dauerverhalten bezeichnen.

978 Der BGH führt aber selbst an, dass in dem zu entscheidenden Fall die Durchsetzung schon vor der Verjährung aus rechtlichen oder tatsächlichen Gründen, wie der zwischenzeitlichen Verschlechterung der finanziellen Situation des betroffenen Vorstandsmitglieds, nicht unmöglich war. Das lässt darauf schließen, dass solche Umstände doch berücksichtigt werden könnten, siehe BGH, ZIP 2018, 2117 (2118 f.). Siehe zu den Abgrenzungsproblemen von einheitlichem Dauerverhalten und mehreren sich wiederholenden Handlungen *Jenne/Miller*, AG 2019, 112 (115 ff.); bei der Nichtverfolgung von Ansprüchen gegen den Vorstand pauschal auf die Verjährung abstellend auch *Drygalla* in: Schmidt/Lutter AktG, § 116 Rn. 54.

ist es auch denkbar, dass der Rückforderungsanspruch schon vor der Verjährung an Wert verliert und sich zumindest ein Teil des Schadens bereits realisiert. Der Aufsichtsrat könnte dann zwar immer noch die gebotene Handlung (Geltendmachung) nachholen. Für den bereits eingetretenen Schaden ist ein weiteres Unterlassen aber nicht mehr kausal und beseitigen lässt sich dieser durch die Vornahme auch nicht mehr.[979] Außerdem wird der Gesellschaft unzweifelhaft durch die Entstehung eines solchen Teilschadens ein Anspruch zustehen, den sie im Wege der Leistungsklage auch geltend machen kann.[980] Unter Hinzuziehung des Wortlauts von § 200 S. 1 BGB muss man dann zwangsläufig zu dem Ergebnis kommen, dass die Verjährung des Schadensersatzanspruchs eben schon vor der Verjährung des Rückforderungsanspruchs beginnen muss. Insofern ist *Fleischer* zuzustimmen, der sich für eine Modifikation dahingehend ausspricht, dass die Anspruchsverjährung bei pflichtwidrigem fortdauernden Unterlassen in der Regel mit dessen Beendigung, unter Umständen jedoch auch schon früher beginnt, wenn ein abgrenzbarer Teilschaden eingetreten ist und eine Nachholung der Handlung keine Auswirkungen mehr auf den realisierten Teilschaden gehabt hätte.[981] Die Verjährung dessen beginnt also bereits vor der Verjährung des Rückforderungsanspruchs der Gesellschaft gegen den Vorstand, sodass ein und dasselbe Unterlassen letztlich verschiedene Verjährungsfristen in Gang setzen kann.[982]

b) Geltendmachung des Anspruchs

Zuständig für die Geltendmachung von Ersatzansprüchen der Gesellschaft gegen den Aufsichtsrat ist gemäß § 78 I S. 1 AktG der Vorstand selbst. Hierin liegt eine offenkundige Schwachstelle der tatsächlichen Durchsetzbarkeit des Schadensersatzanspruchs. Soll die Geschäftslei-

---

979 *Fleischer*, ZIP 2018, 2341 (2345).

980 *Guntermann*, NZG 2018, 851 (852 f.); *Fleischer*, ZIP 2018, 2341 (2345).

981 *Fleischer*, ZIP 2018, 2341 (2345).

982 *Fleischer*, ZIP 2018, 2341 (2345); *Guntermann*, NZG 2018, 851 (852 f.); zustimmend auch *Jenne/Miller*, AG 2019, 112 (116); im Rahmen des § 93 IV S. 3 AktG so auch *Harbarth/Höfer*, NZG 2016, 686 (689); siehe zu der Thematik außerdem *Sailer-Coceani* in: Schmidt/Lutter AktG, § 93 Rn. 77a; siehe aber z.B. auch *Spindler* in: MüKo AktG, § 93 Rn. 327, der auf das Ende des pflichtwidrigen Unterlassens abstellt bei § 93 AktG.

tung doch eigenständig den Aufsichtsrat dafür belangen, dass dieser es unterlassen hat, die eigene Vergütung im Namen der Gesellschaft zurückzufordern. Dieses Problem stellt sich immer dann, wenn der vom Vorstand geltend zu machende Ersatzanspruch letztlich auf einem selbständigen Anspruch der Gesellschaft gegen die Geschäftsführung selbst basiert und der Vorstand sich somit durch die Geltendmachung schlussendlich selbst belastet.[983] Trotzdem wird er genau dazu durch die sinngemäße Anwendung der ARAG/Garmenbeck-Grundsätze verpflichtet sein.[984]

Abhilfe bei diesem Interessenskonflikt soll nach der Konzeption des AktG § 148 AktG schaffen. § 148 I S. 1 AktG i.V.m. § 147 I S. 1 AktG ermöglicht Aktionären mit einem gewissen Anteil am Grundkapital den Antrag auf Zulassung einer Geltendmachung von Ersatzansprüchen der Gesellschaft gegen die Mitglieder des Vorstands und des Aufsichtsrats im eigenen Namen auf Leistung an die Gesellschaft. Die Effektivität dieser Regelung, die durch das Gesetz zur Unternehmensintegrität und Modernisierung des Anfechtungsrechts (UMAG) im Jahre 2005 Eingang in das Aktienrecht gefunden hat, wird jedoch in Frage gestellt.[985] Dies hat vielfältige Gründe: Zum einen ist ein erfolgreicher Antrag gemäß § 148 I S. 2 AktG an eine Reihe kumulativ erforderlicher Voraussetzungen geknüpft, wie etwa an den Verdacht eines durch Unredlichkeit oder grobe Verletzung des Gesetzes oder Satzung entstandenen Schadens (Nr. 3) und an das Fehlen überwiegender Gründe des Gesellschaftswohls, die der Geltendmachung des Ersatzanspruchs entgegenstehen (Nr. 4). Erschwerend kommt das Kostenrisiko der beantragenden Aktionärsminderheit hinzu, welches der Gesetzgeber in § 148 VI AktG nur partiell entschärft hat.[986] Letztendlich würde es daher nicht verwundern, wenn die Geltendmachung von

983 Siehe dazu etwa *Habersack* in: MüKo AktG, § 116 Rn. 8; *Doralt/Doralt* in: Arbeitshandbuch AR, § 16 Rn. 160; *Habersack*, ZHR 2013, 782 (785 ff.); *Zieglmeier*, ZGR 2007, 144 (147 f.).

984 Siehe nur *Doralt/Doralt* in: Arbeitshandbuch AR, § 16 Rn. 160; *Koch* in: Koch AktG, § 116 Rn. 13; *Habersack* in: MüKo AktG, § 116 Rn. 8; *Henssler* in: Henssler/Strohn AktG, § 116 Rn. 15; vgl. auch *Spindler* in: BeckOGK AktG, § 116 Rn. 152.

985 Siehe dazu *Habersack*, ZHR 2013, 782 (789 ff.).

986 Sie zu den Gründen der geringen praktischen Relevanz *Grigoleit/Rachlitz* in: Grigoleit AktG, § 148 Rn. 2 f.; *Habersack*, ZHR 2013, 782 (789 ff.).

Schadensersatzansprüchen gegen den Aufsichtsrats wegen unterlassener Rückforderungen eher theoretischer Natur wären.[987]

Andererseits darf nicht vergessen werden, dass Clawbacks besonderen Publizitätsvorschriften unterliegen, die auch den Aktionären die Möglichkeit einer Rückforderung vor Augen führen. So muss ein jährlich zu erstellender Vergütungsbericht gemäß § 162 I S. 2 Nr. 4 AktG Angaben enthalten, ob und wie von der Möglichkeit Gebrauch gemacht wurde, variable Vergütungsbestandteile zurückzufordern.[988] Die Aktionäre sind daher zumindest teilweise im Bilde, wenn trotz der Möglichkeit einer Rückforderung davon kein Gebrauch gemacht wurde. Dies könnte die Relevanz der Aktionärsklage erhöhen. Aber auch der Vorstand wird sich nicht einfach hinter ahnungslosen Aktionären verstecken und zum eigenen Schutz auf die Geltendmachung verzichten können. Die Kenntnis der Anleger wird einen gewissen faktischen Druck auf die Geschäftsleitung ausüben, eine Geltendmachung zumindest sorgsam zu prüfen. Deshalb wird bereits die Anspruchsdurchsetzung durch den Vorstand selbst gefördert. Eine Anspruchsverfolgung dürfte umso wahrscheinlicher sein, wenn ein neu hinzugekommenes und von der Rückforderung ohnehin nicht betroffenes Vorstandsmitglied über die Geltendmachung zu entscheiden hat.[989]

Schließlich kann die Geltendmachung des Schadensersatzanspruchs anders als die des Rückforderungsanspruchs selbst auch durch die Hauptversammlung beschlossen werden gemäß § 147 I S. 1 AktG. Von der Vorschrift erfasst sind unter anderem Ersatzansprüche gegen den Vorstand oder Aufsichtsrat aus der Geschäftsführung. Dies beinhaltet unter anderem den hier in Rede stehenden Schadensersatzanspruch der Gesellschaft gegen den Aufsichtsrat, der letztlich auf Fehlern bei der Überwachung der Geschäftsführung basiert.[990] Auch in diesem Fall wird die Gesellschaft grundsätzlich vom Vorstand bei der Geltendmachung vertreten gemäß § 78 I S. 1 AktG. Die Geltendmachung kann unter den Voraussetzungen des § 147 II AkG auch durch einen beson-

987 Vgl. etwa *Zieglmeier*, ZGR 2007, 144 (148).

988 Sie dazu schon oben unter C. I. 2. b) bb) (3).

989 Vgl. *Doralt/Doralt* in: Arbeitshandbuch AR, § 16 Rn. 160.

990 Siehe *Mock* in: BeckOGK AktG, § 147 Rn. 23; *Arnold* in: MüKo AktG, § 147 Rn. 27.

deren Vertreter erfolgen, der entweder durch die Hauptversammlung oder durch eine gerichtliche Entscheidung auf Antrag einer Aktionärsminderheit erfolgt.[991] Sinnvoll ist das immer dann, wenn z.B. aufgrund eigener Betroffenheit eine Geltendmachung unvoreingenommen und mit letzter Konsequenz nicht zu erwarten ist.[992]

c) Überstimmte und verhinderte Aufsichtsratsmitglieder

Wird die aktienrechtliche Schadensersatzhaftung des Aufsichtsrats aufgrund unterlassener Rückforderung der Vorstandsvergütung bejaht, wäre des Weiteren der zum Schadensersatz verpflichtete Mitgliederkreis des Aufsichtsrats zu definieren. Schließlich können einzelne Aufsichtsratsmitglieder auch für eine Geltendmachung der Ersatzansprüche gestimmt oder sich der Stimme enthalten haben. Aus der Organstellung ergibt sich eine gemeinsame Verantwortung der Aufsichtsratsmitglieder für die Rechtmäßigkeit der von ihnen gefassten Beschlüsse.[993] Daraus folgt, dass ein jedes Aufsichtsratsmitglied alles in seiner Macht Stehende zu tun hat, um rechtswidrige Beschlüsse zu verhindern, was über die bloß ablehnende Votierung oder die Enthaltung bei der Abstimmung hinausgeht.[994] Vielmehr muss das Aufsichtsratsmitglied aktiv versuchen, einen rechtswidrigen Beschluss zu verhindern, etwa durch energische Warnungen und Remonstrationen.[995] Dazu gehört auch, dass das betroffene Mitglied eindringlich die nach seiner Auffassung gegen den zu fassenden Beschluss sprechenden Gründe vorträgt.[996] Wenn das Mitglied alle ihm zur Verfügung stehenden Möglichkeiten ausgeschöpft hat, entfällt seine Haftung.[997] Eine Amtsniederlegung kann dabei wohl nicht gefordert werden.[998] Grundsätzlich nicht erforderlich ist auch das Einleiten rechtlicher Schritte.[999]

991 Siehe zur Bestellung *Mock* in: BeckOGK, § 147 Rn. 75 ff.
992 Vgl. *Mock* in: BeckOGK AktG, § 147 Rn. 72; *Zieglmeier*, ZGR 2007, 144 (148).
993 BGH, ZIP 2013, 483 (484).
994 *Spindler* in: BeckOGK AktG, § 116 Rn. 55; *Vetter*, DB 2004, 2623 (2625).
995 *Spindler* in: BeckOGK AktG, § 116 Rn. 55.
996 *V. Schenck* in: Der Aufsichtsrat, § 116 AktG Rn. 55.
997 *V. Schenck* in: Der Aufsichtsrat, § 116 AktG Rn. 57.
998 So *Spindler* in: BeckOGK AktG, § 116 Rn. 55; *Vetter*, DB 2004, 2623 (2627); a.A. für extreme Ausnahmefälle aber *Habersack* in: MüKo AktG, § 116 Rn. 38.
999 *Spindler* in: BeckOGK AktG, § 116 Rn. 55.

Einzig in besonderen Ausnahmefällen, etwa wenn der Gesellschaft ganz erheblicher Schaden droht oder die Ausführung des Beschlusses zwingend mit der Verletzung von Strafgesetzen einhergeht, nimmt die Literatur an, dass die gerichtliche Überprüfung angezeigt sein kann.[1000] Einschlägig ist in dem Fall dann die Klage auf Feststellung der Nichtigkeit des Aufsichtsratsbeschlusses gemäß § 256 ZPO.[1001] Hat das Aufsichtsratsmitglied an der Abstimmung nicht teilgenommen, entfällt die Haftung, sofern das Fernbleiben berechtigt und nicht bewusst war.[1002]

2. Strafbarkeit wegen Untreue gemäß § 266 StGB

Neben einer Schadensersatzhaftung könnte dem Aufsichtsrat auch eine Strafbarkeit wegen Untreue gemäß § 266 I StGB drohen, wenn er die Rückforderung pflichtwidrig unterlässt. Der Tatbestand der Untreue enthält zum einen die Missbrauchsvariante (Var. 1) sowie die Treuebruchvariante (Var. 2) und setzt zudem einen mit dem Missbrauch bzw. der Treuepflichtverletztung zusammenhängenden Nachteil desjenigen voraus, dessen Vermögensinteressen der Täter zu betreuen hat.[1003] Die für eine Strafbarkeit notwendige Vermögensbetreuungspflicht der Aufsichtsratsmitglieder bei Entscheidungen über die inhaltliche Ausgestaltung der Vorstandsanstellungsverträge und über deren Bezüge allgemein resultiert aus ihrer Stellung als Verwal-

1000 *Spindler* in: BeckOGK AktG, § 116 Rn. 55; *Habersack* in: MüKo AktG, § 116 Rn. 38; *Mertens/Cahn* in: KölnKomm. AktG, § 116 Rn. 64; *Breuer/Fraune* in: Heidel, Aktienrecht und Kapitalmarktrecht, § 116 Rn. 7; *Vetter*, DB 2004, 2623 (2626); a.A. wohl BGH, NJW 1997, 1926 (1926); *v. Schenck* in: Der Aufsichtsrat, § 116 AktG Rn. 56.

1001 *Spindler* in: BeckOGK AktG, § 116 Rn. 55; *Groß-Bölting/Rabe* in: Hölters/Weber AktG, § 116 Rn. 22; *Breuer/Faune* in: Heidel, Aktienrecht und Kapitalmarktrecht, § 116. Rn. 7; *Vetter*, DB 2004, 2623 (2626).

1002 *Spindler* in: BeckOGK AktG, § 116 Rn. 56; vgl. auch *Habersack* in: MüKo AktG, § 116 Rn. 38, wonach die Haftung besteht, wenn das Mitglied „aus von ihm zu vertretenden Gründen nicht an der Abstimmung teilgenommen hat"; *v. Schenck* in: Der Aufsichtsrat, § 116 AktG Rn. 59.

1003 Siehe zur Untreue ausführlich etwa *Perron* in: Schönke/Schröder StGB, § 266 Rn. 2 ff.

ter des für sie fremden Vermögens der AG.[1004] Diese Vermögensbetreuungspflicht müsste durch das Unterlassen einer Rückforderung verletzt werden können. Da es sich bei der unterlassenen Geltendmachung um keine rechtsgeschäftliche Handlung handelt, entfällt die Tatbestandsvariante des Missbrauchs.[1005] Die Treuebruchvariante hingegen verlangt lediglich die nicht ordnungsgemäße Erledigung der dem Aufsichtsrat übertragenen Aufgaben.[1006] Deshalb kann auch mittels einer pflichtwidrigen Nichtgeltendmachung von Ersatzansprüchen die Treuepflicht verletzt werden.[1007] Durch das Unterlassen entsteht der Gesellschaft zwar nicht unmittelbar ein Schaden respektive Vermögensnachteil i.S.d. § 266 I StGB.[1008] Spätestens dann, wenn der Ersatzanspruch verjährt ist, ist der Schaden und damit der Vermögensnachteil aber eingetreten.[1009]

a) Anforderungen an die Pflichtverletzung

Zu diskutieren ist jedoch, ob an eine untreuerelevante Pflichtverletzung nicht besondere, über die aktienrechtliche Pflichtwidrigkeit hinausgehende Anforderungen zu stellen sind, der Verstoß etwa gravierend oder evident unvertretbar sein muss.[1010] Selbst am BGH scheint in dieser Sache keine Einigkeit zu herrschen. So setzte der 1. Strafsenat eine gravierende Pflichtverletzung in seiner Kreditvergabe-Entscheidung aus dem Jahre 2001 noch voraus.[1011] In die gleiche Richtung ging er in einer Entscheidung zu Unternehmensspenden aus demselben Jahr.[1012] Ob eine gravierende Pflichtverletzung im Einzelfall zu bejahen

1004 BGH, NJW 2006, 522 (523).

1005 *Zech*, S. 272; *Brammsen*, ZIP 2009, 1504 (1509 f.).

1006 *Zech*, S. 52.

1007 *Zech*, S. 272; *Brammsen*, ZIP 2009, 1504 (1510); siehe allgemein zur Abgrenzung etwa *Zech*, S. 43 ff.

1008 Siehe oben unter D. II. 1. a).

1009 *Zech*, S. 275; Brammsen, ZIP 2009, 1504 (1510).

1010 Für eine Einschränkung sind z.B. *Seibt/Schwarz*, AG 2010, 301 (310 ff.); *Krause*, NStZ 2011, 57 (63); *Wessing/Krawczyk*, NZG 2010, 1121 (1123); *Kutzner*, NJW 2006, 3541 (3543); dagegen aber BGH, NJW 2006, 522 (527); *Brammsen*, ZIP 2009, 1504 (1507); *Radtke*, GmbHR 2010, 1121 (1127); *Ransiek/Hüls*, ZGR 2009, 157 (170 f.); *Schünemann*, NStZ 2005, 473 (475 f.).

1011 BGH, NJW 2002, 1211 (1213 f.).

1012 BGH, NZG 2002, 471 (473).

sei, bestimme sich nach einer Gesamtschau insbesondere gesellschaftsrechtlicher Kriterien. Bedeutsam seien dabei zuvorderst die fehlende Nähe zum Unternehmensgegenstand, die Unangemessenheit im Hinblick auf die Ertrags- und Vermögenslage, fehlende innerbetriebliche Transparenz sowie das Vorliegen sachwidriger Motive, namentlich die Verfolgung rein persönlicher Präferenzen.[1013] In der Kinowelt-Entscheidung 2006 schloss derselbe Senat schließlich aus dem Überschreiten der äußersten Grenzen unternehmerischer Entscheidungsfreiheit auf eine Pflichtverletzung „,die so gravierend ist, dass sie zugleich eine Pflichtwidrigkeit im Sinne von § 266 StGB begründet."[1014] Der 3. Strafsenat betonte nur knapp einen Monat später im Fall Mannesmann konträr dazu, dass es auf das Merkmal einer gravierenden Pflichtverletzung überhaupt nicht ankomme.[1015] Auch das BVerfG hat sich bereits mit der Thematik auseinandergesetzt und das Erfordernis einer gravierenden Pflichtverletzung aufgrund der gebotenen Restriktion des sehr weiten Wortlauts gebilligt.[1016]

Für eine Beschränkung des Tatbestands auf Pflichtverletzungen, die „gravierend" sind, wird etwa der *ultima ratio*-Gedanke ins Feld geführt, aus dem sich ergebe, dass sich das Strafrecht nur auf einen engen Kern von Pflichtverletzungen beschränken muss.[1017] Das scharfe Schwert des Strafrechts solle erst dann zum Tragen kommen, wenn der Rechtsordnung keine milderen Mittel mehr zur Verfügung stehen, wie etwa auch ein Schadensersatzanspruch aus § 93 II S. 1 AktG.[1018] Außerdem würden solch zusätzliche Anforderungen der Konkretisierung des sehr weit formulierten Tatbestands dienen.[1019] Diese sei aufgrund des Bestimmtheitsgebots des Art. 103 II GG auch zwingend geboten.[1020] Die Festellung einer gravierenden Pflichtverletzung soll beispielsweise in Anlehnung an die vom BGH in seiner Spendenentscheidung aufge-

1013 BGH, NZG 2002, 471 (471).
1014 BGH, NJW 2006, 453 (454 f.).
1015 BGH, NJW 2006, 522 (527).
1016 BVerfG, ZIP 2010, 1596 (1602 f.).
1017 *Wessing/Krawczyk*, NZG 2010, 1121 (1123); siehe auch *Seibt/Schwarz*, AG 2010, 301 (312).
1018 *Kutzner*, NJW 2006, 3541 (3543).
1019 Siehe BVerfG, ZIP 2010, 1596 (1603).
1020 Siehe *Seibt/Schwarz*, AG 2010, 301 (312); vgl. auch *Kutzner*, NJW 2006, 3541 (3543); *Dierlamm* in: MüKo StGB, § 266 Rn. 176.

führten Kriterien erfolgen, die im Rahmen einer Gesamtabwägung zu bewerten sind.[1021] Für andere muss der Beurteilungs- und Ermessensspielraum bei Geschäftsführungsentscheidungen des Aufsichtsrats in unvertretbarer Weise überschritten werden, mithin eine Handlung vorliegen, die evident unvertretbar ist.[1022]

Diejenigen, die für eine Einschränkung des § 266 StGB plädieren, sehen sich einiger Kritik ausgesetzt. Diese beginnt beim Wortlaut der Norm, der eine derartige Einschränkung in der Tat nicht hergibt.[1023] Außerdem wird auf die dann bestehende Privilegierung des Untreuetäters gegenüber dem Dieb und Betrüger verwiesen, sofern die Schwere der Pflichtverletzung anhand der Höhe der Schädigung bewertet wird. Letzteren kommt eine entsprechende Restriktion nämlich nicht zugute.[1024] Es erscheint aus Sicht einiger auch unklar, woher die Kriterien für die Einordnung eines Verstoßes als gravierender oder nicht gravierender Verstoß kommen sollen, wobei insbesondere die von der instanzlichen Rechtsprechung angeführten Kriterien als nicht nachvollziehbar bewertet werden.[1025]

Dass es jedoch einer gewissen Einschränkung bedarf, lässt sich z.B. aus dem Gesetzesentwurf des UMAG folgern.[1026] Die *actio pro socio* setzt gemäß § 148 I S. 2 Nr. 3 AktG unter anderem voraus, dass Tatsachen vorliegen, die den Verdacht rechtfertigen, dass der Gesellschaft durch Unredlichkeiten oder grobe Verletzung des Gesetzes oder der Satzung ein Schaden entstanden ist. Der Gesetzgeber führt dazu aus, dass die Minderheit auch bei offensichtlichen und ohne Zweifel feststehenden leichtesten und leichten Verletzungen keine Klagezulassung erlangen kann. Er ergänzt: „Im Fall von Unredlichkeiten, welche stets ins Kriminelle reichende Treupflichtverstöße sind, wird eine solche Einschrän-

1021 *Dierlamm* in: MüKo StGB, § 266 Rn. 176, der dabei eine Unangemessenheit im Hinblick auf die Ertrags- und Vermögenslage des Unternehmens, die Verletzung von Informations- und Mitteilungspflichten, das Vorliegen sachwidriger Motive sowie die Überschreitung von Entscheidungsbefugnissen als Leitkriterien definiert.

1022 So *Krause*, NStZ 2011, 57 (63).

1023 *Schünemann*, NStZ 2005, 473 (475).

1024 *Schünemann*, NStZ 2005, 473 (475).

1025 Vgl. *Ransiek/Hüls*, ZGR 2009, 157 (170 f.).

1026 *Seibt/Schwarz*, AG 2010, 301 (313).

kung freilich nicht gemacht."[1027] Der Gesetzgeber differenziert also selbst zwischen einfachen gesellschaftsrechtlichen Pflichtverletzungen und solchen, die ins „Kriminelle" reichen. Es ist deshalb auch überzeugend, frühestens ab der Höhenmarke, ab der eine „grobe Verletzung" vorliegt, strafbewehrtes Unrecht anzunehmen. Damit wird nicht bloß eine Konturierung der Norm im Auftrag des Bestimmtheitsgebotes vorgenommen.[1028] Auch die Einheit der Rechtsordnung gebietet eine entsprechende Abstufung.[1029] Als zu berücksichtigende Parameter sind sodann etwa die Bedeutung der verletzten Pflichtenbestimmung, das Ausmaß der Pflichtverletzung, die Art der Pflichtverletzung, der Grad des Verschuldens, der Schaden bei der Gesellschaft und die Verfolgung von Eigen- oder Sonderinteressen zu nennen.[1030]

Legt man diesen gut vertretbaren Ansatz der Bewertung unterlassener Rückforderungen zugrunde, kann im Einzelfall durchaus eine untreuerelevante Pflichtverletzung vorliegen. Es ist etwa daran zu denken, dass der Aufsichtsrat eine Rückforderung unterlässt, um eigene Versäumnisse bei der Überwachung der Geschäftsführung zu vertuschen, dass der zurückforderbare Anteil besonders hoch war oder dass der Aufsichtsrat es unterlassen hat, angemessene Informationen zur Bewertung der Lage einzuholen. Allein die Pflichtwidrigkeit der Rückforderung begründet aber nicht eine Pflichtverletzung i.S.d. § 266 I StGB. Im jeweiligen Einzelfall ist zu bewerten, ob die Umstände die Pflichtverletzung als besonders schwerwiegend qualifizieren.

b) Vorsatzausschluss aufgrund unklarer Rechtslage?

Die Strafbarkeit setzt voraus, dass der Täter vorsätzlich handelt (siehe § 15 StGB). Bedingter Vorsatz ist ausreichend.[1031] Gemäß § 16 I S. 1 StGB handelt aber derjenige nicht vorsätzlich, der bei Begehung der Tat einen Umstand nicht kennt, der zum gesetzlichen

1027 BT-Drucks. 15/5092, S. 22.

1028 Dessen Notwendigkeit auch vom BVerfG anerkannt wird, siehe BVerfG, ZIP 2010, 1596 (1603).

1029 *Seibt/Schwarz*, AG 2010, 301 (314).

1030 *Seibt/Schwarz*, AG 2010, 301 (314).

1031 *Perron* in: Schönke/Schröder StGB, § 266 Rn. 49; *Wittig* in: BeckOK StGB, § 266 Rn. 71; *Saliger* in: Esser/Rübenstahl/Saliger/Tsambikakis Wirtschaftsstrafrecht, § 266 StGB Rn. 128.

Tatbestand gehört. Clawbacks sind eine relativ neue Erscheinung in Deutschland. Entsprechend gering ist der Erfahrungsschatz von Aufsichtsratsmitgliedern, wenn es um die Frage geht, ob die Möglichkeit einer Rückforderung auch tatsächlich wahrgenommen werden muss bzw. nach welchen Kriterien sich eine etwaige Notwendigkeit richtet. Das könnte regelmäßig dazu führen, dass eine Strafbarkeit wegen Untreue mangels Kenntnis der Pflichtwidrigkeit des eigenen Verhaltens ausscheidet. Der Vorsatz muss sich nämlich nach überwiegender Auffassung auch auf die Pflichtwidrigkeit beziehen, wobei eine entsprechende Parallelwertung in der Laiensphäre ausreichend ist.[1032] Vereinzelt wird aber auch angenommen, dass der Täter nur die Kenntnis der pflichtwidrigkeitsbegründenden Tatsachen haben müsse und der irrige Glaube, nicht pflichtwidrig zu handeln, nur zu einem Verbotsirrtum i.S.d. § 17 StGB führe.[1033] Anders als ein Tatbestandsirrtum würde die Einordnung als Verbotsirrtum zur Strafbarkeit führen, sofern der Irrtum nicht unvermeidbar war (§ 17 S. 1 StGB). „Unvermeidbar ist ein Verbotsirrtum, wenn der Täter nach den Umständen und nach der seinem Lebens- und Berufskreis zuzumutenden Anspannung des Gewissens die Einsicht in das Unrechtmäßige seines Tuns nicht zu gewinnen vermag."[1034] Hat der Aufsichtsrat bestehende Zweifel durch die Einholung einer Rechtsauskunft von einer sachkundigen, unvoreingenommenen und nicht Eigeninteressen verfolgenden Person bestätigt, ist der Irrtum unvermeidbar, wenn er auf die Richtigkeit der Auskunft vertraut hat und nach den Umständen vertrauen durfte.[1035]

Der BGH hat sich in der Mannesmann-Entscheidung wertender und differenzierender Kriterien bedient. Er lehnte es sowohl ab, bei jeder fehlerhaften Wertung, nicht pflichtwidrig zu handeln, stets einen Vorsatzausschluss anzunehmen, als auch davon auszugehen, dass es für die Bejahung des Vorsatzes ausreicht, wenn der Täter alle die objektive Pflichtwidrigkeit begründenden Umstände kennt.[1036] Im Mannes-

---

1032 *Perron* in: Schönke/Schröder StGB, § 266 Rn. 49; *Dierlamm* in: MüKo StGB, § 266 Rn. 284; *Seibt/Schwarz*, AG 2010, 301 (309 f.); vgl. auch *Wittig* in: BeckOK StGB, § 266 Rn. 71.

1033 So z.B. *Kindhäuser* in: Kindhäuser/Neumann/Paeffgen StGB, § 266 Rn. 122.

1034 BGH, NJW 2018, 3467 (3468).

1035 BGH, NJW 2000, 2366 (2367 f.); *Seibt/Schwarz*, AG 2010, 301 (310).

1036 BGH, NJW 2006, 522 (531).

mann-Fall entschied das Gericht, dass den Präsidiumsmitgliedern der fehlende Nutzen für die Gesellschaft bewusst gewesen sei. Die irrige Annahme, dennoch zur Bewilligung der Prämien berechtigt gewesen zu sein, habe den Vorsatz unberührt gelassen und lediglich einen Verbotsirrtum begründet.[1037] Der Rechtsprechung lässt sich die Aussage entnehmen, dass je komplizierter die Bestimmung der Pflichtwidrigkeit ausfällt, desto eher die Annahme eines Tatbestandsirrtums naheliegt.[1038]

Eine einheitliche Linie lässt sich somit nicht identifizieren. Allerdings erscheint es überzeugend, davon auszugehen, dass die Unkenntnis der Pflichtwidrigkeit mit der wohl herrschenden Meinung in der Literatur einen Tatbestandsirrtum begründet. Schließlich handelt es sich bei dem Wissen um die Pflichtwidrigkeit um die Kenntnis der Tathandlung, die sich durch das Übertreten außerstrafrechtlicher Rechtsverhältnisse auszeichnet.[1039] Wenn dem Täter aber gar nicht bewusst war, eine Pflichtverletzung zu begehen, stellte er sich auch nicht vor, eine Handlung vorzunehmen, durch die alle objektiven Tatbestandsmerkmale erfüllt werden. Es stellt sich aber ohnehin die Frage, inwieweit eine tatsächliche Unkenntnis der Pflichtwidrigkeit aufgrund der hohen Anforderungen, die an die Pflichtverletzung i.S.d. § 266 I StGB gestellt werden, überhaupt praktisch möglich ist. In nahezu allen erdenklichen Fällen, in denen die (hohen) Hürden der Pflichtverletzung genommen wurden, wird der Aufsichtsrat nämlich nicht davon ausgehen können, tatsächlich pflichtgemäß gehandelt zu haben. Tut er es dennoch, führt das nach richtiger Auffassung zum Vorsatz- und damit Tatbestandsausschluss. Aufgrund der nicht einheitlichen Bewertung eines Irrtums über die Pflichtwidrigkeit ist für die Praxis bei der unterlassenen Rückforderung jedoch dringend die Inanspruchnahme rechtlicher Expertise anzuraten. Nur so wird sich im Falle einer Bewertung der Fehlvorstellung als Verbotsirrtum i.S.d. § 17 StGB eine Unvermeidbarkeit des Irrtums begründen lassen.

1037 BGH, NJW 2006, 522 (531).

1038 *Saliger* in: Esser/Rübenstahl/Saliger/Tsambikakis Wirtschaftsstrafrecht, § 266 StGB Rn. 130.

1039 *Seibt/Schwarz*, AG 2010, 301 (309).

Kennt der Aufsichtsrat aber die Pflichtwidrigkeit und ist die Pflichtverletzung schwer genug, wird er sich regelmäßig wegen Untreue gemäß § 266 I Var. 2 StGB strafbar machen, wenn er es pflichtwidrig unterlässt, Rückforderungsansprüche geltend zu machen.

3. Zusammenfassung

Unterlässt der Aufsichtsrat pflichtwidrig die Geltendmachung der Rückforderungsansprüche, hat dies empfindliche Folgen. Zum einen läuft er Gefahr, wegen Schadensersatz gemäß § 116 S. 1 AktG i.V.m. § 93 II S. 1 AktG in Anspruch genommen zu werden. Die Voraussetzungen für einen solchen Anspruch werden in aller Regel spätestens mit der Verjährung des Rückforderungsanspruchs vorliegen. Aufgrund der Transparenz von Clawback-Möglichkeiten muss er damit rechnen, dass die Ansprüche auch geltend gemacht werden. Daneben kann er sich auch wegen Untreue gemäß § 266 I Var. 2 StGB strafbar machen. Dies hängt aber maßgeblich davon ab, ob ihm die Pflichtwidrigkeit bekannt war und diese besonders schwer wiegt. Die Bejahung eines Schadensersatzanspruchs lässt also nicht darauf schließen, dass auch der Straftatbestand der Untreue erfüllt ist.

E. Alternative bzw. ergänzende Gestaltungen

Zu einzelnen Vergütungsbestandteilen gibt es freilich immer unzählige Alternativen und Ergänzungen. Dazu kommt, dass die Terminologie nicht immer einheitlich ist und trennscharfe Abgrenzungen somit erschwert werden.[1040] Im Folgenden sollen deshalb die Wesentlichen behandelt werden. Dies betrifft sogenannte Bad Leaver- und Malus-Klauseln, letztere vor allem in Kombination mit sogenannten Bonusbanken. Im Unterschied zu Clawbacks, die es ermöglichen, bereits gewährte Vergütungsbestandteile zurückzufordern, greifen diese Klauseltypen schon vorher ein, nämlich wenn es noch zu gar keiner Auszahlung gekommen ist.[1041]

I. Malus-Klauseln

Malus-Klauseln sehen vor, dass bereits zugesagte Vergütungsbestandteile aufgrund bestimmter Ereignisse nicht zur Auszahlung gelangen.[1042] Als solche kommen auch bei diesen Klauseltypen insbesondere Compliance-Verstöße in Betracht.[1043] Ebenso kann eine Verfehlung der festgelegten Ziele dazu führen, dass die Klausel aktiviert wird, sodass der Malus das Spiegelbild oder Pendant des Bonus bildet.[1044] Die positiven Erfolgsbeiträge (Zielerreichung hinsichtlich der Short Term-

1040 Dieses Phänomen lässt sich schon bei den Clawbacks beobachten, siehe oben unter C. I. 1.; siehe etwa *Grimm/Linden*, ArbRB 2013, 285 (287), die Clawback- als Malus-Klauseln bewerten.

1041 Siehe *Arnold* in: Goette/Arnold, Handbuch Aufsichtsrat, § 4 Rn. 1499.

1042 *Bachmann* in: Kremer DCGK, G.11 Rn. 7.

1043 *Dörrwächter/Wolff*, AG 2020, 233 (233).

1044 Vgl. *Wentrup* in: Münchener Hdb. Gesellschaftsrecht, § 21 Rn. 75; *Redenius-Hövermann/Siemens*, ZIP 2020, 145 (151); *Klein*, S. 94; *Dzida/Naber*, BB 2011, 2613 (2615).

und Long Term Incentives) werden also mit negativen verrechnet.[1045] Gemeinsam lässt sich so eine austarierte erfolgs- bzw. misserfolgsbezogene Vergütung gestalten. Wenn die variablen, erfolgsorientierten Vergütungsbestandteile mit Malus-Klauseln unterfüttert werden, wird dies daher auch treffend als Bonus/Malus-System bezeichnet.[1046]

1. Malus-Klauseln im DCGK, der InstitutsVergV und der Praxis

Ebenso wie Clawbacks haben Malus-Klauseln bereits Eingang in den DCGK gefunden. Gemäß der Empfehlung G.11 soll eine variable Vergütung in begründeten Fällen nämlich einbehalten (Malus) oder zurückgefordert (Clawback) werden. Auch bei der Regulierung von Finanzinstituten wird die funktionelle Ähnlichkeit von Malus und Clawback deutlich. Gemäß § 20 VI S. 1 InstitutsVergV sind in den Fällen des § 18 V S. 3 Nr. 1, 2 InstitutsVergV auf Grundlage entsprechender Vereinbarungen nämlich die bereits ausgezahlten variablen Vergütungen zurückzufordern und Ansprüche auf Auszahlung variabler Vergütung zum Erlöschen zu bringen. Das Nebeneinander von Clawbacks und Malus-Klauseln führt sich auch in der Praxis fort. Dies verdeutlicht z.B. ein Blick in die Vergütungsberichte der größten deutschen Aktiengesellschaften, die regelmäßig sowohl Clawback- als auch Malus-Klauseln vorsehen und beiden Formen dasselbe Triggering-Event zugrunde legen.[1047] Auch die Stimmrechtsberater beziehen sich in ihren Leitlinien gleichermaßen auf beide Klauseltypen. Insofern sind deutlich die Parallelen zwischen Clawback- und Malus-Klauseln erkennbar. In der juristischen Literatur hingegen finden letztgenannte weitaus weniger Beachtung als die ihr verwandten Clawbacks.[1048] Dies könnte damit zusammenhängen, dass eine Rückforderung bei gleichem Triggering Event besonders intensiv die schützenswerten Interessen

1045 *Arnold* in: Goette/Arnold, Handbuch Aufsichtsrat, § 4 Rn. 1500; *Dzida/Naber*, BB 2011, 2613 (2615).

1046 Siehe nur *Lindemann/Heim*, JuS 2018, 1121 (1126); *Fleischer*, NZG 2009, 8013 (803); *Dzida/Naber*, BB 2011, 2613 (2615).

1047 Vgl. nur Continental, Geschäftsbericht 2020, S. 29; Mercedes-Benz Group, Vergütungsbericht 2021, S. 25; Adidas, Geschäftsbericht 2021, S. 55.

1048 Vgl. *Dörrwächter/Wolff*, AG 2020, 233 (233).

des Vorstandsmitglieds tangiert und daher schlicht mehr juristischen Zündstoff bietet als die „harmloseren“ Malus-Klauseln.[1049]

2. Bonusbank

Umgesetzt wird das Bonus/Malus-System regelmäßig in Gestalt einer sogenannten Bonusbank. Durch diese wird dem Mehrjährigkeitserfordernis des § 87 I S. 3 AktG Rechnung getragen, indem der Großteil der jährlich berechneten variablen Vergütung in der Bonusbank verbleibt, um an der künftigen Entwicklung der Gesellschaft zu partizipieren.[1050] Für den Vorstand werden bestimmte zu erreichende Zielvorgaben festgelegt. Bei Erreichen dieser Zielvorgaben wird der Bonus eines jeden Jahres nur bis zu einem bestimmten Anteil an das Vorstandsmitglied direkt ausbezahlt und im Übrigen für einen mehrjährigen Zeitraum in der virtuellen Bonusbank „geparkt“, um die Teilnahme auch an negativen Entwicklungen in der Zukunft zu gewährleisten.[1051] Die jährlich der Bonusbank zugeführten Beträge werden nämlich über den vollständigen Bemessungszeitraum hinweg verrechnet und beinhalten sowohl Boni als auch Malusse.[1052] Denkbar sind deshalb auch negative Kontostände, sofern der gutgeschriebene Bonus durch den Malus aufgezehrt wird.[1053] Die Gestaltungsvarianten sind insgesamt vielfältig.[1054] So kann eine Verlustbeteiligung des Vorstandsmitglieds vorgesehen sein, die so weit geht, dass gesonderte Ausgleichszahlungen des Vorstandsmitglieds bei überwiegenden Malussen erforderlich sind.[1055] Möglich ist es z.B. auch, dass zusätzlich ein gewisser Prozentsatz des Bonusbank-Guthabens an das Vorstandsmitglied jährlich ausgezahlt

1049 Siehe etwa *Redenius-Hövermann/Siemens*, ZIP 2020, 145 (151), denen zufolge der Eingriff in die Rechte des Vorstandsmitglieds einfach milder und die Umsetzung deutlich leichter ist.

1050 *Spindler* in: MüKo AktG, § 87 Rn. 95.

1051 *Lingemann*, BB 2009, 1918 (1919); *Weber-Rey*, WM 2009, 2255 (2260); *Eichner/Delahaye*, ZIP 2010, 2082 (2086).

1052 *Lindemann/Heim*, JuS 2018, 1121 (1126).

1053 *Fründ*, S. 63.

1054 Siehe dazu ausführlich *Fründ*, S. 66 ff.

1055 *Fründ*, S. 69 f.

wird.[1056] Die Sicherstellung der Barwert-Kompatibilität aufgeschobenener Bonuszahlungen kann außerdem durch eine Verzinsung des Bonusbank-Guthabens gewährleistet werden.[1057]

3. Rechtliche Zulässigkeit

Dass Clawback-Klauseln rechtlich zulässig gestaltet werden können, lässt auch keinen Zweifel an der potentiellen Rechtmäßigkeit von Malus-Klauseln aufkommen. Im Rahmen der Umsetzung durch Bonusbanken gilt dies ebenso für die Zurückbehaltung eines Teils der Vergütung über mehrere Jahre. Die Umsetzung des Mehrjährigkeitserfordernisses von § 87 I S. 3 AktG bleibt weitestgehend der Gesellschaft überlassen.[1058] Der Gesetzgeber denkt dabei insbesondere an Bonus/Malus-Systeme und eine Performancebetrachtung über die Gesamtlaufzeit. Notwendig ist lediglich, dass die Auszahlung nicht bloß hinausgeschoben wird, sondern die variablen Bestandteile vielmehr auch an den negativen Entwicklungen im gesamten Bemessungszeitraum teilnehmen.[1059] Diesem Erfordernis wird die Bonusbank offensichtlich gerecht. Auch die anteilige Auszahlung des Bonus im Jahrestakt verstößt nicht gegen die aktienrechtlichen Anforderungen. Kurzfristige Verhaltensanreize durch entsprechende Vergütungselemente werden durch das AktG nicht suspendiert. Ein jährlich ausgezahlter Bonus muss nur in Kombination mit den anderen Vergütungselementen insgesamt zu einer nachhaltigen Unternehmensführung motivieren.[1060]

Gerade weil die genaue Ausgestaltung privatautonom den Parteien vorbehalten ist, kann sich im Einzelfall dennoch die Frage nach der Rechtmäßigkeit stellen. Dies betrifft das Verhältnis von Bonus und Malus, den Umfang der Verlustbeteiligung des Vorstandsmitglieds und

1056 Vgl. *Eichner/Delahaye*, ZIP 2010, 2082 (2086); siehe auch die Darstellung von Stern Stewart Research, Volume 40, S. 8.

1057 *Fründ*, S. 73.

1058 *Fleischer* in: BeckOGK AktG, § 87 Rn. 40; *Spindler* in: MüKo AktG, § 87 Rn. 95.

1059 BT-Drucks. 16/13433, S. 10.

1060 *Spindler* in: MüKo AktG, § 87 Rn. 88; *Fleischer* in: BeckOGK AktG, § 87 Rn. 44.

wieder einmal auch die transparente Gestaltung der jeweiligen Klauseln.

a) Verlustbeteiligung

Je nach konkreter Ausgestaltung des Bonus/Malus-Systems kann die Verlustbeteiligung des Vorstandsmitglieds unterschiedlich ausfallen. Denkbar ist neben einer partiellen auch eine vollständige Verlustbeteiligung.[1061] Das betroffene Organmitglied ist in dem Fall bei negativen Saldi dazu verpflichtet, durch Sonderzahlungen einen Ausgleich zu schaffen.[1062] Auch Bonus/Malus-Vereinbarungen sind in aller Regel als AGB zu klassifizieren. Vor diesem Hintergrund wird die Zulässigkeit mit Verweis auf den Charakter einer Strafzahlung von der Literatur in Zweifel gezogen.[1063]

Gemäß § 307 I S. 1 BGB sind Bestimmungen in AGB unwirksam, wenn sie den Vertragspartner des Verwenders entgegen den Geboten von Treu und Glauben unangemessen benachteiligen. Nach der stetigen Rechtsprechung des BGH liegt demnach eine unangemessene Benachteiligung vor, wenn der Verwender missbräuchlich versucht, eigene Interessen auf Kosten seines Vertragspartners durch einseitige Vertragsgestaltung durchzusetzen, ohne auch dessen Belange von vornherein hinreichend zu berücksichtigen und ihm einen angemessenen Ausgleich zuzugestehen.[1064] Aus Sicht der Gesellschaft wäre eine vollständige Verlustbeteiligung des Vorstands unter gewissen Aspekten tatsächlich interessant. Neben dem finanziellen Zufluss würde dem Vorstandsmitglied auch eine stärkere Identifikation mit der Rolle der Eigentümer abverlangt werden.[1065] Das ist insbesondere mit Blick auf den Prinzipal-Agenten-Konflikt wünschenswert. Auf der anderen Seite stellt dies für das Organmitglied eine nicht unerhebliche Belastung dar. Durch einen solchen Mechanismus wird es nämlich gegebenenfalls

1061 *Fründ*, S. 68 ff.

1062 *Fründ*, S. 69.

1063 Siehe *Lindemann/Heim*, JuS 2018, 1121 (1126); *Dzida/Naber*, BB 2011, 2613 (2615).

1064 BGH, NJW 2016, 2489 (2490); BGH, NJW 2003, 886 (887); BGH, NJW 2001, 2331 (2331).

1065 *Fründ*, S. 69.

gezwungen, Teile seines Festgehalts aufzuwenden, um die negative variable Vergütung auszugleichen. Dies steht jedoch begrifflich im Widerspruch zu dem eben nicht variablen Fixgehalt.[1066] Es kommt zu einer Vermischung der Sphären verschiedener Vergütungsbestandteile. Dem Festgehalt kommt aber eine selbständige, für die privaten Belange des Vorstandsmitglieds erhebliche Bedeutung zu. Es dient der Unterhaltssicherung und der Ermöglichung eines angemessenen Lebensstandards.[1067] Ein Eingriff in diese Sphäre wiegt deshalb schwer und stellt eine signifikante Beeinträchtigung der Vorstandsinteressen dar. Zudem kann sie zu einer Verunsicherung respektive Risikoaversion des Vorstands führen.[1068] Das wiederum liegt auch nicht im Interesse der Anteilseigner, weil sie unter anderem eine Verengung des strategischen Blickwinkels des Vorstandsmitglieds bewirken kann.[1069] Die spiegelbildliche Chance des Vorstandsmitglieds, bei positiven Entwicklungen finanziell zu profitieren, stellt keinen angemessenen Ausgleich für die drohenden „Strafzahlungen" dar,[1070] weshalb eine entsprechende vollständige Verlustbeteiligung in AGB tatsächlich gegen § 307 I S. 1 BGB verstößt.

Ein Verstoß gegen § 307 I S. 1 BGB kann sich auch daraus ergeben, dass die möglichen positiven Erfolgsbeiträge nicht in einem angemessenen Verhältnis zu den negativen Erfolgsbeiträgen stehen.[1071] Das soll etwa dann der Fall sein, wenn bereits leichte Compliance-Verstöße dazu führen, dass die verdienten Bonuspunkte in vollem Umfang verloren gehen.[1072] Hier sollte tatsächlich der Nähe zu Clawback-Klauseln Rechnung getragen werden, indem an dieselben Tatbestandsmerkmale angeknüpft wird. Ein Entfall der Vergütungsanwartschaften ist deshalb an das Vorliegen einer schwerwiegenden Pflichtverletzung zu knüpfen.

1066 *Fründ*, S. 69.
1067 Siehe oben unter B. I.
1068 *Fründ*, S. 69 f.
1069 Siehe dazu schon oben unter C. I. 9. b).
1070 Vgl. *Dzida/Naber*, BB 2011, 2613 (2615).
1071 *Dzida/Naber*, BB 2011, 2613 (2615); *Arnold* in: Goette/Arnold, Handbuch Aufsichtsrat, § 4 Rn. 1501.
1072 *Dzida/Naber*, BB 2011, 2613 (2615).

b) Transparenzgebot

Selbstverständlich müssen auch Malus-Klauseln auf Tatbestands- und Rechtsfolgenebene hinreichend transparent gestaltet sein.[1073] Es ist daher insbesondere erforderlich, das Triggering-Event klar zu umreißen. Auf der Rechtsfolgenseite stellen sich weit weniger Probleme als beim Clawback. Mangels erfolgter Auszahlung muss daher in erster Linie der Umfang des Verfalls der Anwartschaften genau beschrieben sein. Es muss außerdem auch hier deutlich werden, auf welche Vergütungselemente sich der Verstoß bezieht. Transparent und verständlich ist es etwa, diejenigen Vergütungsbestandteile zu erfassen, die in dem Jahr der Pflichtverletzung hätten gewährt werden sollen.[1074]

4. Malus-Klauseln/Bonusbank als Alternative oder Ergänzung zu Clawbacks?

Malus-Klauseln, insbesondere in Verbindung mit Bonusbanken, bringen eine Reihe von Vorteilen mit sich. Mittels einer durchdachten Gestaltung kann trotz der Berücksichtigung auch schwächerer Jahre eine für das Vorstandsmitglied attraktive und beachtliche Kontinuität der Bonuszahlungen gewährleistet werden. Die Auswirkungen negativer Entwicklungen auf Auszahlungshöhe und -turnus werden durch stärkere Jahre abgefedert und Bonuszahlungen geglättet, indem die Volatilität vermindert wird.[1075] Bei einem hohen Kontostand, der beständige Auszahlungen in der Zukunft verspricht, kann von der Bonusbank außerdem ein Anreiz für das Vorstandsmitglied ausgehen, der Gesellschaft treu zu bleiben.[1076] Ein niedriger Kontostand hingegen kann als Anreiz dienen, die Gesellschaft zu verlassen, was aufgrund der schlechten Performance möglicherweise ebenfalls im Interesse der AG liegt.[1077] Auf der anderen Seite ist aber auch die Komplexität

1073 Vgl. *Arnold* in: Goette/Arnold, Handbuch Aufsichtsrat, § 4 Rn. 1501.

1074 So Continental, Geschäftsbericht 2020, S. 29.

1075 *Fründ*, S. 65; die Konstanz wird von Stern Stewart anschaulich dargstellt, siehe Stern Stewart Research, Volume 40, S. 8.

1076 Sog. „golden handcuff", siehe *Fründ*, S. 65.

1077 Sog. „concrete boots", siehe *Fründ*, S. 65.

einer wohlerwogenen Bonusbank nicht zu unterschätzen.[1078] Sie wird zum einen Zeit und zum anderen auch den Einsatz eines Vergütungsberaters erfordern.[1079] Freilich gilt dies nicht exklusiv für Bonusbanken. Außerdem können unerwünschte Verhaltensanreize entstehen. Je nachdem, ob der Kontostand positiv oder negativ war, konnte *Fründ* eine erhöhte Risikobereitschaft beobachten, um einen negativen Kontostand wieder auszugleichen, bzw. eine Risikoaversion, um einen positiven Kontostand zu halten.[1080] Das tatsächliche Gewicht solcher Anreizrisiken ist natürlich immer von den Einzelfallumständen abhängig, wie zum Beispiel von den individuellen Persönlichkeitsmerkmalen der betroffenen Vorstandsmitglieder.[1081] Malus-Klauseln zeichnen sich isoliert betrachtet durch eine vergleichsweise einfachere Gestaltbarkeit und dadurch geringere Streitanfälligkeit als Clawback-Klauseln aus.

Unabhängig von der konkreten Ausgestaltung bieten jedoch weder die Bonusbank noch die einzelne Malus-Klausel eine vollwertige Alternative zum Clawback. Das Bedürfnis, auf nachträglich aufgedeckte Pflichtverletzungen angemessen zu reagieren, besteht unabhängig von der Implementierung solcher Mechanismen. Wurde die Vergütung bereits ausgezahlt, vermag auch eine Malus-Klausel trotz deckungsgleichen Tatbestands nicht mehr zu helfen. Will der Aufsichtsrat eine zuverlässige Möglichkeit haben, auf Fehlverhalten durch eine Vergütungsreduzierung zu reagieren, muss er deshalb Malus- und Clawback-Klauseln verwenden.[1082] Ebenso fällt das Urteil in Bezug auf bestimmte Performance-Clawbacks aus. Der wohl praktisch relevantere Fall, dass eine Rückforderung aufgrund fehlerhafter Datengrundlage erfolgt, wird von Malus- und Bonusbankmodellen ebenfalls nur unzureichend abgedeckt. Ist es nämlich bereits zur Auszahlung gekommen, fungiert abermals nur die Clawback-Klausel als wirksames Korrektiv. In diesen Fällen ist in der Malus-Klausel bzw. der Bonusbank vielmehr eine sinnvolle Ergänzung von Clawback-Klauseln zu sehen. Denn natürlich muss andersherum auch festgestellt werden, dass Clawback-Klauseln erst dann greifen, wenn die Vergütung bereits ausgezahlt wurde. Iso-

1078 *Raitzsch*, ZIP 2019, 104 (109); *Fründ*, S. 96.

1079 *Raitzsch*, ZIP 2019, 104 (109).

1080 Siehe dazu das Experiment von *Fründ*, S. 97 ff.

1081 Siehe dazu schon oben unter B. II. 3.

1082 Vgl. zu G.11 DCGK auch *Arnold/Gralla*, NZG 2020, 529 (536).

liert betrachtet sind deshalb auch sie „unvollständig" und decken nicht den gesamten relevanten Betrachtungszeitraum ab.

Derjenige Performance-Clawback, der an das Verpassen der Planziele anknüpft, könnte hingegen durch eine Bonusbank ersetzt werden. Die darauf beruhende vorzeitige Gewährung von Vergütungsbestandteilen ist ohnehin ein eher seltenes Phänomen und kommt in Betracht, wenn z.B. der Bemessungszeitraum des Long Term Incentives verändert wird.[1083] Die Bonusbank vermag in dieser Situation zu verhindern, dass das Vorstandsmitglied in der Übergangsphase „leer ausgeht". Insbesondere dann, wenn sie zusätzlich eine prozentuale Ausschüttung des Kontoguthabens jährlich zulässt, kann auch in diesem Fall eine konstante Auszahlung gewährleistet werden.

II. Bad Leaver-Klauseln

Ein weiteres Vergütungsinstrument stellen die sogenannten Bad Leaver-Klauseln dar. Dieser Klauseltypus wurde in der Literatur bereits rege diskutiert, insbesondere im Rahmen von Managementbeteiligungsprogrammen bei Private Equity und Venture Capital Transaktionen.[1084] Aber auch als Teil von Vorstandsvergütungssystemen wurde sich bereits mit ihnen befasst.[1085] Bad Leaver-Klauseln sehen in der Regel vor, dass die Auszahlung aufgeschobener Vergütungsbestandteile zunächst von dem Bestand des Anstellungsverhältnisses abhängig gemacht wird.[1086] Scheidet das Vorstandsmitglied aus der Gesellschaft aus, richtet sich der Entfall von Ansprüchen auf aufgeschobene Vergütungsbestandteile nach dem Grund seines Ausscheidens. Sofern er die Gesellschaft als sog. Good Leaver verlässt, bleiben ihm seine An-

1083 Siehe oben unter C. I. 7. a) bb).

1084 *Kästle/Heuterkes*, NZG 2005, 289 (289 ff.); *Rieckhoff/Hügel*, GmbHR 2021, 299 (299 ff.); *Sosnitza*, DStR 2006, 99 (102 f.); *v. Werder/Li*, BB 2013, 1736 (1742 ff.).

1085 *Arnold* in: Goette/Arnold, Handbuch Aufsichtsrat, § 4 Rn. 1502 ff.; *Hornung*, S. 189 ff.; *Jaeger* in: FS Winter, S. 313 ff.

1086 *Hornung*, S. 192; *Jaeger* in: FS Winter, S. 314; dies scheint jedoch nicht zwingend. Teils wird auch einfach auf Ereignisse abgestellt, welche der Gesellschaft einen Grund zur Beendigung des Anstellungsverhältnisses liefern würden, siehe *Hohenstatt/Seibt*, ZIP 2019, 11 (18). Dies unterstreicht das teils uneinheitliche Begriffsverständnis.

wartschaften anders als im Falle eines Bad Leavers erhalten.[1087] Neben der Erreichung der wirtschaftlichen Kennzahlen wird eine Auszahlung also von weiteren Kriterien abhängig gemacht.[1088] Ebenso verhält es sich letztlich mit Compliance-Clawbacks, indem Vergütungsbestandteile, die aufgrund der Zielerreichung bereits ausgezahlt wurden, zurückgefordert werden, weil zusätzliche Kriterien (das Wohlverhalten des Vorstandsmitglieds) nicht erfüllt werden.

Eine Bad Leaver Klausel enthält demnach regelmäßig einen Katalog von Tatbeständen, deren Erfüllung das betroffene Organmitglied als Good Leaver qualifizieren.[1089] Selbstverständlich kann die Klausel spiegelbildlich auch bloß die Bad Leaver-Tatbestände benennen. Ein Good Leaver scheidet etwa wegen des Erreichens der Altersgrenze oder des Eintritts einer dauerhaften Dienstunfähigkeit aus der Gesellschaft aus.[1090] Im Umkehrschluss gilt, dass das Vorstandsmitglied die Gesellschaft in allen übrigen Fällen als Bad Leaver verlässt und seinen Anspruch auf Auszahlung aufgeschobener Vergütungsbestandteile verliert.[1091] Bei Managementbeteiligungsprogrammen werden als Bad Leaver-Tatbestände vor allem die Kündigung durch die Gesellschaft aus wichtigem Grund und die Kündigung des Managers ohne wichtigen Grund genannt.[1092] Als Good Leaver Fälle werden außerdem die Kündigung des Managers aus wichtigem Grund oder die ordentliche Kündigung durch die Gesellschaft, die Weigerung des Investors, den auslaufenden Anstellungsvertrag zu gleichen Konditionen zu verlängern oder das Entfallen der betroffenen Managementfunktion bei einer Restrukturierung aufgeführt.[1093]

1087 *Hornung*, S. 192.
1088 *Jaeger* in: FS Winter, S. 314; *Hornung*, S. 192.
1089 *Jaeger* in: FS Winter, S. 315; *Hornung*, S. 192.
1090 *Jaeger* in: FS Winter, S. 318; *Hornung*, S. 192.
1091 *Jaeger* in: FS Winter, S. 315.
1092 *Rieckhoff/Hügel*, GmbHR 2021, 299 (303); *Sosnitza*, DStR 2006, 99 (102); *v. Werder/Li*, BB 2013, 1736 (1742).
1093 Vgl. *v. Werder/Li*, BB 2013, 1736 (1743); *Sosnitza*, DStR 2006, 99 (102); *Rieckhoff/Hügel*, GmbHR 2021, 299 (303).

1. Rechtliche Zulässigkeit

Auch bei Bad Leaver-Klauseln hängt die Rechtmäßigkeit von der Kompatibilität mit den AGB-rechtlichen Vorgaben ab. Zu denken ist insbesondere an einen Verstoß gegen § 307 II Nr. 1 BGB, demzufolge von einer unangemessenen Benachteiligung auszugehen ist, wenn eine Bestimmung mit wesentlichen Grundgedanken der gesetzlichen Regelung, von der abgewichen wird, nicht zu vereinbaren ist. Es wird in Zweifel gezogen, ob es zulässig ist, dem Vorstandsmitglied wegen zwischenzeitlichen Ausscheidens aus der Gesellschaft die Auszahlung aufgeschobener Vergütungsbestandteile zu versagen, obwohl die zugrundeliegenden Kennzahlen erreicht worden sind.[1094]

a) Stichtags- und Rückzahlungsklauseln

Möglicherweise widersprechen Bad Leaver-Klauseln der Rechtsprechung des BAG zu Stichtags- und Rückzahlungsklauseln. Aus ihr lässt sich der Grundsatz ableiten, dass eine bereits verdiente Vergütung dem Begünstigten nicht wieder entzogen werden darf. Dabei verwies das Gericht auch auf die nach Art. 12 I GG geschützte Berufsfreiheit des Arbeitnehmers, deren Schutzbereich durch die erschwerte Ausübung des Kündigungsrechts unzulässig beeinträchtigt werde.[1095]

Die Literatur lehnt einen solchen Widerspruch mit unterschiedlicher Argumentation ab. Teilweise wird darauf verwiesen, dass der Anspruch des Vorstandsmitglieds auf die variablen Vergütungsbestandteile anders als beim Arbeitnehmer mit Ablauf des jeweiligen Geschäftsjahres noch nicht rechtskräftig entstanden sei.[1096] Der reine Zeitablauf reiche für die Anspruchsentstehung nicht aus. Im Einklang mit § 87 I AktG sei vielmehr erforderlich, dass die für die Folgejahre festgesetzten wirtschaftlichen Ziele der Gesellschaft erreicht werden.[1097] Dafür sei der Fortbestand des Dienstverhältnisses eine wesentliche Voraussetzung, da sich der Beitrag zu einer nachhaltigen Unternehmensentwicklung nicht darin erschöpfe, dass im ersten Jahr

1094 *Jaeger* in: FS Winter, S. 318 f.
1095 Siehe oben unter C. I. 5. d) cc) (2).
1096 *Jaeger* in: FS Winter, S. 320.
1097 *Jaeger* in: FS Winter, S. 320.

die Weichen gestellt werden, die in den Folgejahren zu der nachhaltigen Entwicklung führen. Das Erreichen der Ziele müsse durch eine aktive Tätigkeit des Organmitglieds weiter gefördert und vollendet werden.[1098] Im Ergebnis gleichsinnig lehnen andere eine Übertragung der Grundsätze deshalb ab, weil dies der Konzeption des § 87 AktG nicht entspräche. Stichtagsklauseln wiesen nämlich einen Vergangenheitsbezug auf, während § 87 I AktG die Vergütung von in die Zukunft gerichteten, auch für das Vorstandsmitglied teils unbeeinflussbaren Sachverhalten abhängig mache.[1099] Schon der Wortlaut der Norm lege fest, dass sich der Vergütungsprozess über mindestens zwei Jahre erstrecke. Außerdem stehe noch gar nicht fest, dass die relevanten wirtschaftlichen Kennzahlen auch tatsächlich erreicht werden.[1100]

Letztlich ist ein Widerspruch zu den arbeitsgerichtlichen Grundsätzen in der Tat abzulehnen. Dadurch, dass die Gesellschaft die Vergütungsgewährung neben der wirtschaftlichen Zielerreichung noch von weiteren Faktoren abhängig gemacht hat, hat das Vorstandsmitglied den jeweiligen Bonus erst dann verdient, wenn alle Kriterien erfüllt sind. Solche Kriterien können neben einer Betrachtung der Entwicklung von Finanzkennzahlen über einen längeren Zeitraum auch das Ausbleiben von Compliance-Verstößen oder eben das Verlassen der Gesellschaft als Good Leaver sein. Dabei bietet sich ein Vergleich zu solchen Vergütungsbestandteilen an, die mit einer Malus-Klausel unterfüttert sind.[1101] Der Literatur ist deshalb beizupflichten, dass für Bad Leaver-Klauseln hieraus keine Unwirksamkeit folgt.

b) Verfallsklauseln bei Aktienoptionen

In Bezug auf Verfallsklauseln bei Aktienoptionen für Angestellte hat das BAG entschieden, dass es keine unangemessene Benachteiligung i.S.d. § 307 II Nr. 1 BGB darstelle, wenn die Aktienoptionsrechte an das Bestehen eines Arbeitsverhältnisses gebunden werden und die Bezugsrechte ausgeschlossen sind, falls der Angestellte zum Zeitpunkt des für die Ausübung maßgeblichen Stichtags bereits aus der Gesellschaft

1098 *Jaeger* in: FS Winter, S. 320.
1099 *Hornung*, S. 202.
1100 *Hornung*, S. 202.
1101 Vgl. dazu etwa oben unter C. I. 3. d) bb).

ausgeschieden ist.[1102] Dies liege zum einen daran, dass es sich bei Bezugsrechten aus Aktienoptionen im Gegensatz zu anderen Sondervergütungen wie jährlichen Bonuszahlungen um Erwerbschancen mit stark spekulativem Charakter handele.[1103] Außerdem rechtfertige auch die beabsichtigte langfristige Verhaltenssteuerung die Bindung des Bezugsrechts an das Arbeitsverhältnis. Das Ziel von Aktienoptionsplänen, den Kreis der Bezugsberechtigten zu einem auf den langfristigen Erfolg der Gesellschaft gerichteten Verhalten zu motivieren, könne durch die Aktienoption nicht mehr erfüllt werden, wenn der Arbeitnehmer vor Ablauf der Wartezeit aus der Gesellschaft ausscheide.[1104] Dieses Judikat könnte also gerade als Indiz gewertet werden, dass Bad Leaver-Klauseln zulässig sind, knüpfen sie doch noch strenger als die Verfallsklauseln zusätzlich an einen bestimmten, vom Vorstandsmitglied verursachten Beendigungsgrund an.[1105]

In überzeugender Weise lässt sich diese Rechtsprechung aber nicht eins zu eins auf Bad Leaver-Klauseln in Anstellungsverträgen von Vorstandsmitgliedern übertragen. Es ist nämlich in einem ersten Schritt festzuhalten, dass es sich bei den aufgeschobenen Vergütungsbestandteilen nicht bloß um Erwerbschancen mit stark spekulativem Charakter handelt, sondern vielmehr um bereits konkrete, anhand der vorläufigen Zielerreichung errechnete Vergütungsanwartschaften.[1106] Des Weiteren verfolgt auch die langfristige Vorstandsvergütung das Ziel, die Geschäftsleitung zu einem der langfristigen Entwicklung der Gesellschaft zuträglichen Verhalten zu motivieren.[1107] Dieses Ziel wurde aber auch dann erfüllt, wenn das Vorstandsmitglied zwischenzeitlich aus der Gesellschaft ausgeschieden ist, am Ende des Bemessungszeitraums aber dennoch die vereinbarten Parameter erreicht wurden. Ungeachtet des Ausscheidens hat das betroffene Mitglied dann einen Beitrag zum Erreichen der Ziele geleistet.[1108] Dieser ist aber auf die Zeit

1102 BAG, NZA 2008, 1066.

1103 BAG, NZA 2008, 1066 (1071).

1104 BAG, NZA 2008, 1066 (1072).

1105 Vgl. *Arnold* in: Goette/Arnold, Handbuch Aufsichtsrat, § 4 Rn. 1508.

1106 So auch *Jaeger* in: FS Winter, S. 322; andere gehen davon aus, dass sich schon aus der Binennsystematik des § 87 I S. 1–3 AktG ergebe, dass das Anstellungsverhältnis weiterhin Bestand haben muss, siehe *Hornung*, S. 204.

1107 Siehe dazu oben unter B. I.

1108 Vgl. *Jaeger* in: FS Winter, S. 323.

beschränkt, in der es die Geschicke der Gesellschaft auch beeinflussen konnte, mithin bis zum Austritt.

c) Inhaltliche Ausgestaltung

Die Begründung des BAG zur Zulässigkeit von Verfallsklauseln lässt sich nach alledem nicht auf Bad Leaver-Klauseln in Vorstandsanstellungsverträgen übertragen. Daher ist die Grenze der Zulässigkeit anhand der konkreten Ausgestaltung der Klauseln zu bewerten.

Unzulässig könnte die Ausgestaltung von Bad Leaver-Klauseln etwa dann sein, wenn sich die Gesellschaft widersprüchlich verhielte (*venire contra factum proprium*), wenn sie dem (ehemaligen) Organmitglied entgegnete, dass der Verfall der Vergütungsanwartschaften in seinem Ausscheiden begründet sei, obwohl sie selbst die Ursache dafür gesetzt hat.[1109] Das ist etwa dann der Fall, wenn sie trotz gegenteiliger Bereitschaft des Vorstandsmitglieds seinen Anstellungsvertrag ohne wichtigen Grund nicht verlängert hat.[1110] Zu eng gefasste, nicht nach dem Grund des Ausscheidens differenzierende Klauseln können demnach unzulässig sein. Zu demselben Ergebnis kann man schließlich auch gelangen, wenn man, ausgehend vom Unternehmensinteresse, dieses als erreicht ansieht, sofern die wirtschaftlichen Kennzahlen erfüllt sind.[1111] Dass zu enge Bad Leaver-Klauseln, die den Vorstand praktisch der Willkür der Gesellschaft ausliefern, dem Unternehmensinteresse zuwiderlaufen,[1112] ist durchaus plausibel. Ähnliche Überlegungen wurden bereits bei Clawback-Klauseln für den Fall angestellt, dass diese verschuldensunabhängig ausgestaltet werden. Dann ist nämlich eine hohe Verunsicherung die Folge.[1113] Gleiches ist bei Bad Leaver-Klauseln zu befürchten. Auch eine Eigenkündigung sollte das Vorstandsmitglied vor dem Hintergrund, dass es zumindest teilweise seinen Beitrag zur langfristigen Unternehmensentwicklung erbracht

1109 *Jaeger* in: FS Winter, S. 322.
1110 *Jaeger* in: FS Winter, S. 322.
1111 *Hornung*, S. 206.
1112 *Hornung*, S. 206.
1113 Siehe oben unter C. I. 5. d) cc) (4) (b) (bb).

hat, nicht zwangsläufig als Bad Leaver qualifizieren.[1114] Erfolgt sie aus wichtigem Grund, spricht nichts dagegen, dem Vorstandsmitglied die aufgeschobene Vergütung zumindest teilweise zu gewähren. Liegt ein solcher nämlich vor, scheint es unangemessen, das Organmitglied an einer Kündigung zu hindern, nur damit ihm nicht diejenigen Vergütungsbestandteile verwehrt bleiben, die auf seinen auch schon dann geleisteten Erfolgen basieren. Eine derartige Kündigungserschwerung wäre mit der durch Art. 12 I GG geschützten Berufsfreiheit nur schwer in Einklang zu bringen.[1115] In der Praxis wird dies aber bereits berücksichtigt. Typische Bad Leaver- bzw. Good Leaver-Tatbestände nehmen auf einen wichtigen Grund auch im Rahmen von Kündigungen seitens des Vorstandsmitglieds Bezug (s.o.).

Ist sodann festgestellt, dass das Vorstandsmitglied die Gesellschaft als Good Leaver verlassen hat, ist des Weiteren darauf zu achten, dass nur derjenige Teil der aufgeschobenen Vergütungsbestandteile entfällt, zu dem der Ausgeschiedene keinerlei Beitrag mehr geleistet hat.[1116] Es erschiene unbillig, ihm den Anspruch gänzlich zu verwehren.[1117] Wird die Vergütung z.B. auf fünf Jahre verteilt und scheidet das Vorstandsmitglied aus von ihm nicht zu vertretenden Gründen nach dem vierten Jahr aus, steht ihm die variable Vergütung, sofern die wirtschaftlichen Ziele erreicht wurden, zu vier Fünfteln zu.[1118]

Bad Leaver-Klauseln können somit ebenfalls rechtlich zulässig ausgestaltet werden, sofern sie nicht uferlos sind, sich also innerhalb der dargestellten inhaltlichen Grenzen bewegen.[1119] Selbstverständlich ist auch in diesem Fall auf eine transparente Gestaltung zu achten, da sich ansonsten die Unwirksamkeit aus § 307 I S. 2 BGB ergibt.

1114 Vgl. aber *Hornung*, S. 207, der dies von der konkreten Ausgestaltung der Klausel im Einzelfall abhängig machen will.

1115 Diesen Aspekt berücksichtigt auch das BAG in seiner Rechtsprechung zu den Stichtags- und Rückzahlunsklauseln, siehe BAG, NZA 2012, 561 (563).

1116 *Jaeger* in: FS Winter, S. 322 f.; *Hornung*, S. 207.

1117 *Jaeger* in: FS Winter, S. 323.

1118 *Jaeger* in: FS Winter, S. 324.

1119 So auch *Jaeger* in: FS Winter, S. 318 ff.; *Hornung*, S. 200 ff.; zur Vereinbarkeit von Bad Leaver-Klauseln mit dem AGG siehe noch *Hornung*, S. 209 ff.

2. Bad Leaver-Klauseln als Alternative oder Ergänzung zu Clawbacks?

Teilweise wird eine Fokussierung auf Clawback-Klauseln vor dem Hintergrund, dass sich Verstöße des Vorstandsmitglieds durch Bad Leaver-Klauseln noch deutlich drastischer auswirken als Rückforderungsklauseln, in Zweifel gezogen.[1120] Für Clawbacks sei nur zusätzlicher Raum, wenn das Fehlverhalten in einer zurückliegenden Referenzperiode stattgefunden habe.[1121] Genau das ist jedoch der springende Punkt. Schon der Vergleich mit Malus-Klauseln hat offenbart, dass bei nachträglich zu Tage tretenden Pflichtverstößen einzig eine Clawback-Klausel dem Aufsichtsrat die notwendige Reaktionsmöglichkeit verschafft. Dass es sich dabei um äußerst praxisrelevante Fälle handelt, wurde nicht zuletzt durch öffentlichkeitswirksame Verfehlungen in großen Gesellschaften wie z.B. im Rahmen des Dieselskandals deutlich. Kann ein Schadensersatzanspruch in solchen Situationen nicht geltend gemacht werden, wofür es im Einzelfall diverse Gründe geben mag, lässt sich auf das Vermögen von (ehemaligen) Vorstandsmitgliedern regelmäßig nicht mehr zugreifen. Dass sich auf eine Rückforderung mittels Bereicherungsrecht nicht verlassen werden sollte, ist aufgrund des eingeschränkten Anwendungsbereichs schon hinreichend deutlich geworden. Anders als Malus-Klauseln knüpfen Bad Leaver-Klauseln auch an andere Fehlverhalten an. Diese liefern der Gesellschaft regelmäßig einen wichtigen Grund i.S.d. § 626 BGB[1122] und führen zum Ausscheiden des Vorstandsmitglieds. Clawbacks hingegen können auch schon bei leichteren Verfehlungen greifen, gleichwohl sie auch „schwerwiegend" sein müssen. Deshalb muss im Ergebnis dasselbe gelten wie schon für Malus-Klauseln: Eine Alternative zu Clawbacks kann in Bad Leaver-Klauseln nicht gesehen werden. Sie stellen aber innerhalb des Vergütungssystems eine sinnvolle Ergänzung dar. Ohne sie hätte das Vorstandsmitglied bei Erreichen der Planziele nämlich einen ungekürzten Anspruch auf die aufgeschobenen Vergütungsbestandteile, obwohl sein Beitrag zur langfristigen Unternehmensentwicklung zeitlich begrenzt war.[1123]

1120 Siehe *Hohenstatt/Seibt*, ZIP 2019, 11 (18).
1121 *Hohenstatt/Seibt*, ZIP 2019, 11 (18).
1122 Vgl. *Jaeger* in: FS Winter, S. 323.
1123 Siehe *Jaeger* in: FS Winter, S. 325.

III. Verwendung von Clawbacks – Vor- und Nachteile

In anderen Klauseln lässt sich folglich keine echte Alternative zu den Clawbacks ausmachen. Überspitzt formuliert könnte man deshalb festhalten, dass Clawbacks tatsächlich „alternativlos" sind. Ob dem so ist, oder ob der Aufsichtsrat nicht einfach auf die Klauseln verzichten sollte, lässt sich nur anhand einer Analyse der Vor- und Nachteile feststellen.

1. Nachteile von Clawback-Klauseln

Die bisherige Untersuchung offenbart natürlich eine Reihe von Erkenntnissen, die getrost als Nachteil von Clawbacks bezeichnet werden dürfen. Der Umfang der in dieser Arbeit vorgenommenen rechtlichen Prüfung von Clawbacks macht bereits deutlich, dass der sinnvolle und wirksame Zuschnitt von Rückforderungsklauseln den Aufsichtsrat vor eine kompliziert Aufgabe stellt. Zunächst sei an die AGB-rechtlichen Reibungspunkte zu denken, die eine präzise Formulierung erfordern. Zum anderen, und dies dürfte den Aufsichtsrat vor eine größere Herausforderung stellen, wird das gesamte Vergütungssystem durch die Aufnahme der Klauseln noch weiter verkompliziert. Negativen Anreizeffekten muss schon bei der Festlegung der für die variable Vergütung wesentlichen Erfolgsparameter vorgebeugt werden, beispielhaft durch Anknüpfung des Bonus an das strategische Repertoire oder die Innovationsleistung des Unternehmens.[1124] Da sich gewisse Risikoneigungen und Anreize nicht pauschalisieren lassen, wird der Aufsichtsrat immer die einzelfallspezifischen Besonderheiten und Charakteristika der Unternehmensführung berücksichtigen müssen. Das Vergütungssystem wird dadurch vielschichtiger, wodurch sich der damit verbundene Aufwand erhöht und letztlich die Kosten durch die Inanspruchnahme von Beratern steigen.[1125] Versetzt man sich in die Lage des Aufsichtsrats, muss außerdem an das zusätzliche Haftungsrisiko gedacht werden. Besteht eine Möglichkeit der Rückforderung, führt die unter-

1124 Siehe oben unter C. I. 9. c).

1125 Vgl. *Velte*, Der Konzern 2020, 50 (55).

lassene Geltendmachung des Anspruchs zu erheblichen Hafttungsrisiken, sofern im Unternehmensinteresse eine Rückforderung geboten gewesen wäre.

2. Vorteile von Clawback-Klauseln

Auf der anderen Seite sind aber auch die positiven Aspekte hervorzuheben. Clawback-Klauseln sind letztlich das einzige Vergütungsinstrument, welches es dem Aufsichtsrat ermöglicht, nachträglich die Vorstandsvergütung zu regulieren. Ein sattelfestes gesetzliches Instrumentarium gibt es nicht. Das Bereicherungsrecht weist selbst dann, wenn es anwendbar ist, mit dem Entreicherungseinwand eine wesentliche Schwachstelle auf. Will sich der Aufsichtsrat deshalb nicht der Möglichkeit berauben, Vergütungsbestandteile zurückzufordern, sind entsprechende Klauseln unumgänglich. Nicht zu vergessen sind außerdem die nachweisbaren positiven Effekte von Clawbacks, etwa die verbesserte Qualität der Finanzberichterstattung, die Steigerung des Unternehmenswertes oder die verbesserte Relation zwischen der Vergütung und der Unternehmensleistung (Pay-for-Performance-Sensitivität).

Letztlich können Clawbacks außerdem vor dem Hintergrund des Prinzipal-Agenten-Konflikts eine bedeutende Rolle im Vergütungssystem einnehmen. Dass die variablen Vergütungselemente in dieser Hinsicht ihre Berechtigung haben, wurde bereits im Grundlagenteil der Arbeit dargelegt. Rückforderungsklauseln können dazu dienen, den Konflikt weiter zu entschärfen.[1126] Werden Vergütungsbestandteile vor Ablauf des Bemessungszeitraums ausgezahlt, gewährleistet erst der Clawback die Mehrjährigkeit und damit die Interessenharmonisierung. Aber auch in allen anderen Fällen dienen Clawbacks, vorausgesetzt sie sind richtig austariert, dem Interesse der Anteilseigner. So wird die Vergütungshöhe noch ein Stück weiter an das Unternehmensinteresse angeglichen, als dies durch die variablen Vergütungselemente ohnehin schon geschieht. Das Verhalten im Einklang mit den langfristigen Unternehmensinteressen wirkt sich nicht nur auf die Gewährung,

1126 Vgl. dazu *Möslein* in: Binder/Psaroudakis, S. 188; *Stark*, ECFR 2021, 669 (675 f.).

sondern auch auf den dauerhaften Verbleib der Vergütung beim Vorstandsmitglied aus.[1127] Bedenken, dass die Klauseln letztlich keine Wirkung entfalten, da von ihnen in der Praxis mangels ausreichender Aktivierungs- und Durchsetzungsanreize kein Gebrauch gemacht wird,[1128] können nach der umfangreichen rechtlichen Analyse keinen Bestand haben. Es muss sehr wohl davon ausgegangen werden, dass von bestehenden Rückforderungsmöglichkeiten auch Gebrauch gemacht wird. Zum einen resultiert diese Einschätzung aus der Bindung des Aufsichtsrats an das Unternehmensinteresse und der scharfen Haftung bei dessen Missachtung,[1129] zum anderen aber auch aus den Transparenzvorschriften, die durch ARUG II Eingang in das AktG gefunden haben (siehe §§ 87a, 162 AktG). Unerwünschten Anreizeffekten lässt sich bei der Gestaltung der Vorstandsvergütung außerdem entgegenwirken.[1130] Letztlich greifen Clawback-Klauseln zudem in den Fällen, in denen andere Mechanismen versagen. Dies gilt vor allem für Compliance-Clawbacks. Es sind zahlreiche Szenarien denkbar, in denen ein Schadensersatzanspruch mangels nachweisbaren Schadens nicht besteht, das Vorstandsmitglied sich aber dennoch pflichtwidrige verhalten hat mit dem Potenzial einer langfristigen Beeinflussung der Gesellschaftsinteressen.[1131] Um dem vorzubeugen, kann deshalb aufgrund der Anwendungslücken anderer Instrumente nicht auf Clawbacks verzichtet werden.

Dass rein rechtlich betrachtet noch Unsicherheit über die genaue Grenzziehung zwischen wirksamen und unwirksamen Klauseln herrscht, ist lediglich dem Umstand geschuldet, dass es sich bei den Clawback-Klauseln in Deutschland um noch relativ neue Konstrukte handelt. Außerdem sind die rechtlichen Unsicherheiten zumindest beim Performance-Clawback überschaubar. Hinsichtlich der Transparenz wurde verdeutlicht, dass eine ausreichend bestimmte Gestaltung möglich ist. Dies gilt sowohl für Performance- als auch Compliance-

1127 Im Falle einer Unternehmenskrise wird allerdings befürchtet, dass eine drohende Rückforderung den Agenten in ein höheres Risiko treibt, siehe *Möslein* in: Binder/Psaroudakis, S. 190.

1128 Siehe *Stark*, ECFR 2021, 669 (696).

1129 Siehe oben unter D. I. und D. II.

1130 Siehe C. I. 9. c).

1131 Siehe oben unter C. I. 5. d) cc) (4) (b) (aa).

Clawbacks. Auch die fast schon obligatorische Mandatierung von Vergütungsberatern ist kein auf Rückforderungsklauseln zurückzuführendes Phänomen. Schon früher war deren Einbindung aufgrund der steigenden Komplexität der Ausgestaltung von Vorstandsvergütungen Usus.[1132] Insofern lässt sich der an sich nachvollziehbare Einwand steigender Vielschichtigkeit und Kosten gegen moderne Vorstandsvergütungssysteme allgemein, nicht aber gegen Clawbacks im Speziellen erheben.

Abschließend sprechen auch ganz praktische Erwägungen für die Aufnahme von Clawback-Klauseln in das Vergütungssystem. Zum einen werden sie vom DCGK empfohlen (siehe G.11), sodass der Verzicht gemäß § 161 S. 1 AktG begründet werden muss. Regelmäßige Abweichungen von der Empfehlung des DCGK könnten von Außenstehenden als Zeichen unzureichender Corporate Governance gewertet werden. Schließlich enthält der DCGK „Grundsätze, Empfehlungen und Anregungen zur Leitung und Überwachung deutscher börsennotierter Gesellschaften, die national und international als Standards guter und verantwortungsvoller Unternehmensführung anerkannt sind."[1133] Zum anderen entspricht der Aufsichtsrat so auch den Erwartungen großer institutioneller Investoren, die in der Regel die Dienstleistungen der Stimmrechtsberater in Anspruch nehmen und bei denen sich eine Tendenz hin zur Empfehlung von Rückforderungsklauseln erkennen lässt.[1134] Dies ist auch vor dem Hintergrund nicht unerheblich, dass die Anleger gemäß § 120a I S. 1 AktG über das Vergütungssystem abstimmen („say on pay") und im Falle einer unterbliebenen Billigung zumindest eine Überprüfung des Systems zu erfolgen hat (§ 120a III AktG).

3. Stellungnahme

Letztlich spricht vieles dafür, dem Ruf derer zu folgen, die für eine Aufnahme von Clawback-Klauseln in die Anstellungsverträge von

1132 Siehe z.B. *Fleischer*, BB 2010, 67 (67 f.).

1133 So steht es in der Präambel des DCGK im S. 2 des Abs. 2.

1134 Siehe dazu oben unter C. I. 2. dd).

Vorstandsmitgliedern plädieren. Es erscheint plausibel, dass den unerwünschten Anreizeffekten durch ein ausbalanciertes Vergütungssystem entgegengewirkt werden kann. Deshalb sind die Rückforderungsklauseln als ein wirksames Instrument zur Förderung der langfristigen und nachhaltigen Unternehmensführung anzusehen, indem idealerweise unternehmensschädigende Verhaltensweisen präventiv verhindert werden. Der Aufsichtsrat wird durch Clawbacks außerdem in seinen Handlungsmöglichkeiten deutlich flexibler. In nahezu jeder Situation ist er in der Lage, ein angemessenes Verhältnis von Leistung und Gegenleistung herzustellen – auch rückwirkend. Durch eine wohlüberlegte Gestaltung lässt sich außerdem schon heute das Risiko, dass die Klausel im Nachgang für unwirksam erklärt wird, deutlich senken.

IV. Zusammenfassung

Eine wirkliche Alternative zu Clawback-Klauseln bieten weder die Malus- noch die Bad Leaver-Klauseln. Sie können jedoch als sinnvolle Ergänzung fungieren. Die Frage, ob der Aufsichtsrat Clawbacks überhaupt in das Vergütungssystem aufnehmen sollte, ist zu bejahen, da er sich ansonsten eines effektiven Steuerungselementes beraubt und die Risiken im Verhältnis zum Nutzen überschaubar sind.

F. Zusammenfassung der wesentlichen Erkenntnisse in Thesen

- Es gibt zwei Grundformen von Clawback-Klauseln: zum einen den Compliance- und zum anderen den Performance-Clawback. Letzterer basiert darauf, dass das Vorstandsmitglied nicht die Leistung erbracht hat, die er für die Höhe der ausgezahlten Vergütung hätte erbringen müssen. Compliance-Clawbacks knüpfen dagegen an ein Fehlverhalten des Vorstandsmitglieds an.
- Als eine treibende Kraft bei der Integration von Clawbacks lassen sich die Stimmrechtsberater identifizieren, die vermehrt die Aufnahme in die Vergütungssysteme auch für den deutschen Raum fordern. Die gesteigerten Mitwirkungsmöglichkeiten der Aktionäre („say on pay"), der Anteil institutioneller Investoren in deutschen Aktiengesellschaften und die rege Inanspruchnahme von Stimmrechtsberatern wird zu einer weiter voranschreitenden Implementierung von Clawbacks führen.
- Dogmatisch sind Clawback-Klauseln als auflösende Bedingung oder Widerruf konzipiert. Der Compliance-Clawback kann unter Umständen außerdem Vertragsstrafe sein.
- Da das Vorstandsmitglied ebenso wie der GmbH-Geschäftsführer als Verbraucher einzuordnen ist, sind Vorstandsanstellungsverträge und somit auch die Clawback-Klauseln zumeist einer AGB-Kontrolle zugänglich. Eine Ausnahme ist für Klauseln innerhalb des Anwendungsbereichs der InstitutsVergV zu machen, sofern sie die dortigen Anforderungen lediglich wiedergeben.
- Clawback-Klauseln sind grundsätzlich mit dem AGB-Recht vereinbar. Dies gilt einzig nicht für solche Klauseln, die an die Verschlechterung der wirtschaftlichen Lage der Gesellschaft nach Ablauf des Bemessungszeitraums anknüpfen. Der Konflikt zwischen

Compliance-Clawbacks und den Grundsätzen des BAG lässt sich mithilfe aktienrechtlicher Spezifika lösen.

- Den BAG-Grundsätzen ist durch eine betragsmäßige Beschränkung von Compliance-Clawbacks Rechnung zu tragen. Deshalb ist eine Rückforderung auf maximal 30% des Gesamtjahresverdienstes beschränkt. Diese Schwelle ist unter Umständen auf 50% anzuheben.
- Der vertragliche Ausschluss des Entreicherungseinwands (§ 818 III BGB) ist AGB-rechtlich unbedenklich. Die Norm ist ohnehin nicht anwendbar, wenn der Rückforderungsanspruch auf der Klausel selbst und nicht auf §§ 812 ff. BGB basiert.
- Auch dem Transparenzgebot des § 307 I S. 2 BGB kann der Verwender von Clawbacks gerecht werden. Beim Compliance-Clawback ist dabei auf der Tatbestandsseite ein besonderes Augenmerk auf die Konkretisierung der „schwerwiegenden Pflichtverletzung" zu legen. Indem z.B. auf die Verschuldensformen Bezug genommen wird, gelingt eine hinreichend bestimmte Klauselgestaltung. Auch die Rechtsfolgenseite ist detailliert zu regeln. Performance-Clawbacks sind diesbezüglich deutlich weniger problematisch.
- Aufgrund der bestehenden Unsicherheiten ist bei nur leichten, gutgläubigen Abweichungen von den aufgestellten Wirksamkeitserfordernissen eine Ausnahme des Verbots der geltungserhaltenden Reduktion zu befürworten.
- Die für die Vorstandsvergütung geltenden Grundsätze und Clawback-Klauseln sind kompatibel. Gleiches gilt für den DCGK, der die Aufnahme in G.11 ausdrücklich empfielt.
- Negativen Anreizeffekten lässt sich durch eine ausbalancierte Ausgestaltung der Klauseln und der variablen Vergütungsbestandteile entgegenwirken. Ein Augenmerk ist etwa auf die Justierung der Leistungsindikatoren, aber auch auf eine nicht zu abschreckende Gestaltung des Clawbacks selbst zu legen.
- Die rein gesetzlichen Rückforderungsmöglichkeiten sind auf § 812 I S. 1 Var. 1 BGB begrenzt und beschränken sich auf die Fälle, in denen die Auszahlung der Höhe nach auf fehlerhaften Informationen oder sonstigen fehlerhaften Berechnungen beruht.

Der Entreicherungseinwand darf dabei getrost als Schwachstelle bezeichnet werden.

- Ob im Einzelfall eine Pflicht zur Rückforderung besteht, richtet sich nicht nach einem eingeräumten Ermessen in der Klausel selbst. Entscheidend ist das Unternehmensinteresse. Anders als bei sonstigen Vergütungsentscheidungen ist die Angemessenheit der Vergütung nicht das leitende Motiv und wirkt sich erst auf einer zweiten Stufe aus. Tendenziell lassen sich im Compliance-Fall sowohl die Geltendmachung als auch der Verzicht darauf gut begründen. Im Performance-Fall gebietet das Unternehmensinteresse in der Regel eine Rückforderung.
- Eine Rückforderungspflicht lässt sich mangels direkter oder analoger Anwendbarkeit der Norm nicht nach § 147 I S. 1 AktG begründen. Ebensowenig kann der Aufsichtsrat nach § 93 IV S. 3 AktG von der Verfolgung absehen.
- Bei pflichtwidriger Nichtgeltendmachung des Rückforderungsanspruchs steht ein Schadensersatzanspruch gemäß § 116 S. 1 AktG i.V.m. § 93 II S. 1 AktG im Raum. Aufgrund der Transparenzvorschriften muss auch tatsächlich damit gerechnet werden, dass ein entsprechender Anspruch geltend gemacht wird.
- Schließlich läuft der Aufsichtsrat bei unterlassener Rückforderung auch Gefahr, sich wegen Untreue gemäß § 266 I Var. 2 StGB strafbar zu machen. Dies hängt im Wesentlichen davon ab, ob die Pflichtwidrigkeit besonders schwer wiegt und diese dem betroffenen Aufsichtratsmitglied auch bekannt war.
- Eine wirkliche Alternative zu Clawbacks lässt sich nicht ausfindig machen. Teilweise diskutierte Alternativen, namentlich Malus- und Bad Leaver-Klauseln sind vielmehr als sinnvolle Ergänzungen zu bewerten.
- Durch die umfassende Analyse konnte letztlich herausgearbeitet werden, dass die Chancen gegenüber den Risiken überwiegen und somit eine Empfehlung hin zur Aufnahme von Clawback-Klauseln in Vorstandsanstellungsverträge ausgesprochen werden kann.

Literaturverzeichnis

Agen, Joshua A. Agen: Compensation Clawbacks: Not Just for Public Companies?, The National Law Review, 30.09.2019, abrufbar unter: https://www.natlawreview.com/article/compensation-clawbacks-not-just-public-companies (zuletzt abgerufen am 05.07.2022)

Aicher, Julian: Vergleich über die Rückforderung der Vorstandsvergütung – Erforderlichkeit der Zustimmung der Hauptversammlung und des Ablaufs der Dreijahresfrist gem. § 93 Abs. 4 Satz 3 AktG?, AG 2021, 535–542

Annuß, Georg/Theusinger, Ingo: Das VorstAG – Praktische Hinweise zum Umgang mit dem neuen Recht, BB 2009, 2434–2442

Arnold, Christian/Gralla, Anna: Gestaltung von Vorstandsverträgen nach dem DCGK 2020, NZG 2020, 529–537

Arnold, Christian/Herzberg, Julia/Zeh, Ricarda: Das Vergütungssystem börsennotierter Gesellschaften nach § 87a AktG, AG 2020, 313–322

Arrow, Kenneth J.: The Economics of Agency in: Principals and Agents: The Structure of Business, Harvard Business School Press, 1985, 37–51

Babenko, Ilona/Bennett, Benjamin/Bizjak, John M./Coles, Jeffrey L./Sandvik, Jason J. Sandvik: Clawback Provisions and Firm Risk, Fisher College of Business Working Paper Series, April 2019, abrufbar unter: https://ssrn.com/abstract=3382498 (zuletzt abgerufen am 05.07.2022)

Baeck, Ulrich/Hauck, Friedrich/Preis, Ulrich/Rieble, Volker/Röder, Gerhard/Schunder, Achim (Hrsg.): Festschrift für Jobst-Hubertus Bauer zum 65. Geburtstag, München 2010

Baeck, Ulrich/Götze, Cornelius/Arnold, Christian: Festsetzung und Herabsetzung der Geschäftsführervergütung – Welche Änderungen bringt das VorstAG?, NZG 2009, 1121–1127

Baeck, Ulrich/Winzer, Thomas/Abend, Tobias: Neuere Entwicklungen im Arbeitsrecht – Institutsvergütungsverordnung 2017 – Neue Regelungen zur Vergütung, NZG 2017, 1059–1061

Bauer, Jobst-Hubertus/Arnold, Christian: AGB-Kontrolle von Vorstandsverträgen, ZIP 2006, 2337–2345

Bauer, Jobst-Hubertus/Arnold, Christian/Kramer, Nadine: Schiedsvereinbarungen mit Geschäftsführern und Vorstandsmitgliedern, AG 2014, 677–685

Bauer, Jürgen F./Hopt, Klaus J./Mailänder, K. Peter: Festschrift für Ernst Steindorff zum 70. Geburstag am 13. März 1990, Berlin 1990

Bayreuther, Frank: Das Verbot der geltungserhaltenden Reduktion im Arbeitsrecht – Zur Kehrtwende des BAG vom 4.3.2004, NZA 2004, 953–956

Berger, Andreas: Vorstandsvergütung, Die Vergütungsproblematik als logische Konsequenz des geltenden Aktienrechts und die Folgen für die Ausgestaltung der Regelungen, Baden-Baden 2013

Bieder, Marcus A.: Überzahlung von Arbeitsentgelt und formularvertraglicher Ausschluss des Entreicherungseinwands, DB 2006, 1318–1322

Binder, Jens-Hinrich/Psaroudakis, Georgios (Hrsg.): Europäisches Privat- und Wirtschaftsrecht in der Krise, Tübingen 2018

Bischof, Bob/Essex, Sarah/Furtaw, Patrick: Participating in opportunities and risks. Long live the bonus bank! The re-birth of an old, but strikingly simple idea, Stern Stewart Research, Volume 40, abrufbar unter: https://www.sternstewart.com/media/studie_40_participating_in_opportunities_and_risks_en_1.pdf (zuletzt abgerufen am 05.07.2022)

Boecken, Winfried/Düwell, Franz Josef/Diller, Martin/Hanau, Hans (Hrsg.): Gesamtes Arbeitsrecht, 1. Auflage, Baden-Baden 2016

Boemke, Burkhard: Aktuelles zum GmbH-Geschäftsführer aus arbeitsrechtlicher Sicht, RdA 2018, 1–24

Boos, Karl-Heinz/Fischer, Reinfrid/Schulte-Mattler, Hermann (Hrsg.): Kommentar zum KWG, CRR-VO und Ausführungsvorschriften, Band 1, 5. Auflage, München 2016

Bors, Maresa: Erfolgs- und leistungsorientierte Vorstandsvergütung, Aachen 2006

Bosse, Christian: Mitarbeiterbeteiligung und Erwerb eigener Aktien, NZG 2001, 594–598

Brammsen, Joerg: Aufsichtsratsuntreue, ZIP 2009, 1504–1511

Brellochs, Michael: Institutionelle Investoren (ETF-Fonds, Versicherungen, Pensionskassen) im Gesellschafts- und Kapitalmarktrecht, ZHR 2021, 319–372

Cahn, Andreas: Sekundäre Schadensersatzpflichten des Aufsichtsrats wegen unterlassener Anspruchsdurchsetzung – Nachlese zur Easy Software-Entscheidung des BGH, ZHR 2020, 297–323

Canaris, Claus-Wilhelm: Wandlungen des Schuldvertragsrechts – Tendenzen zu seiner „Materialisierung", AcP 2000, 200. Bd., 273–364

Casper, Matthias: Hat die grundsätzliche Verfolgungspflicht des Aufsichtsrats im Sinne des ARAG/Garmenbeck-Urteils ausgedient?, ZHR 2012, 617–651

Chan, Lilian H./Chen, Kevin C.W/Chen, Tai-Yuan/Yu, Yangxin: The effects of firm-initiated clawback provisions on earnings quality and auditor behavior, Journal of Accounting and Economics 2012, Volume 54, 180–196

Chasapis, Christos: Die Herabsetzung der unverhältnismäßig hohen Vertragsstrafe – Ein Beispiel richterlichen Schutzeingriffs in Privatrechtsverhältnisse, Berlin 2014

Chen, Mark A./Greene, Daniel T./Owers, James E.: The Costs and Benefits of Clawback Provisions in CEO Compensation, Review of Corporate Finance Studies 2015, 108–154

Conrad, Hannah/Panetta, Oliver: Neuerungen durch das Gesetz zur Angemessenheit der Vorstandsvergütung, NJOZ 2009, 3199–3205

Dauner-Lieb, Barbara/Dötsch, Wolfgang: Ein „Kaufmann" als „Verbraucher"? – Zur Verbrauchereigenschaft des Personengesellschafters, DB 2003, 1666–1669

Dauner-Lieb, Barbara/Preen, Alexander von/Simon, Stefan: Das VorstAG – Ein Schritt auf dem Weg zum Board-System? – Thesen zu einem aktienrechtskonformen Verständnis des VorstAG –, DB 2010, 377–383

DeHaan, Ed/Hodge, Frank/Shevlin, Terry: Does Voluntary Adoption of a Clawback Provision Improve Financial Reporting Quality?, CAR 2013, Volume 30, Number 3, 1027–1062

Deilmann, Barbara/Otte, Sabine: Auswirkungen des VorstAG auf die Struktur der Vorstandsvergütung, GWR 2009, 261–263

Dörrwächter, Jan: Malus-/Clawback-Klauseln: die wichtigsten Fragen, DB 2020, 2182–2184

Dörrwächter, Jan: Stimmrechts- und Vergütungsberatung – Interessenkonflikte und Unabhängigkeit, AG 2017, 409–415

Dörrwächter, Jan/Wolff, Michael: Sorgfaltspflichten des Aufsichtsrats bei der Vereinbarung von Clawback-Klauseln, AG 2020, 233–240

Dreier, Horst (Hrsg.): Grundgesetz Kommentar, Band I, Artikel 1–19, 3. Auflage, Tübingen 2013

Dzida, Boris/Naber, Sebastian: Risikosteuerung durch variable Vergütung, BB 2011, 2613–2617

Ebnet, Peter: Widerruf und Widerrufsbelehrung, NJW 2011, 1029–1036

Eichner, Christian/Delahaye, Lukas: Sorgfaltspflichten und Gestaltungsmöglichkeiten des Aufsichtsrats bei Vorstandsverträgen nach dem VorstAG, ZIP 2010, 2082–2088

Eser, Albin (Hrsg.): Schönke/Schröder Strafgesetzbuch Kommentar, 30. Auflage, München 2019

Esser, Robert/Rübenstahl, Markus/Saliger, Frank/Tsambikakis, Michael (Hrsg.): Wirtschaftsstrafrecht, Kommentar mit Steuerstrafrecht und Verfahrensrecht, 1. Auflage, Köln 2017

Eulerich, Marc/Velte, Patrick: Nachhaltigkeit und Transparenz der Vorstandsvergütung – Eine empirische Untersuchung im DAX30 unter besonderer Berücksichtigung der Bemessungsgrundlagen der variablen Vergütungsanteile, IRZ 2013, 73–79

Firk, Sebastian/Holst, Max/Wolff, Michael: Clawback-Klauseln als strategisches Handicap? Untersuchung der Wirkung von Clawback-Klauseln auf die strategische Ausrichtung von Unternehmen, Georg-August-Universität Göttingen 2020, abrufbar unter: https://www.uni-goettingen.de/de/document/download/3d218d18adf5fc2d21dd3a324e62e2ed.pdf/Clawback-Klauseln%20als%20strategisches%20Handicap.pdf (zuletzt abgerufen am 05.07.2022)

Firk, Sebastian/Holst, Max/Wolff, Michael: Die Wirkung von Clawback-Klauseln – Ein Überblick über aktuelle empirische Ergebnisse, AR 2020, 144–145

Fischbach, Jonas: Rechtsfragen zur Novelle der Instituts-Vergütungsverordnung unter Berücksichtigung der BaFin-Auslegungshilfe, WM 2018, Heft 32, 1491–1501

Fischer, Christian: Zur Bedienung aktienbasierter Vergütungsmodelle für Aufsichtsräte mit rückerworbenen Aktien, ZIP 2003, 282–283

Fleischer, Holger/Goette, Wulf (Hrsg.): Münchener Kommentar zum GmbHG, Band 2, §§ 35–52, 3. Auflage, München 2019

Fleischer, Holger (Hrsg.): Handbuch des Vorstandsrechts, München 2006

Fleischer, Holger: Das Gesetz zur Angemessenheit der Vorstandsvergütung (VorstAG), NZG 2009, 801–806

Fleischer, Holger: Zur Angemessenheit der Vorstandsvergütung im Aktienrecht (Teil II), DStR 2005, 1318–1323

Fleischer, Holger: Aufsichtsratsverantwortlichkeit für die Vorstandsvergütung und Unabhängigkeit der Vergütungsberater, BB 2010, 67–74

Fleischer, Holger: Buchführungsverantwortung des Vorstands und Haftung der Vorstandsmitglieder für fehlerhafte Buchführung, WM 2006, Heft 43, 2021–2029

Fleischer, Holger: Aufsichtsratshaftung – Anspruchsverjährung – Selbstbezichtigung: Das Easy-Software-Urteil des BGH, ZIP 2018, 2341–2350

Foerster, Max: Beweislastverteilung und Einsichtsrecht bei Inanspruchnahme ausgeschiedener Organmitglieder, ZHR 2012, 221–249

Fonk, Hans-Joachim: Vergütungsrelevante Zielvereinbarungen und -vorgaben versus Leitungsbefugnis des Vorstands, NZG 2011, 321–327

Friedl, Gunther/Buchner, Markus: Die Änderung eines Jahresabschlusses – Ablauf einer Fehlerkorrektur nach handelsrechtlichen Vorschriften, StuB 2014, 183–189

Fründ, Henric P.: Variable Managementvergütung mit Bonusbanken und Obergrenzen – Experimentelle Analyse der Anreizwirkung, Frankfurt am Main 2015

Gätsch, Andreas/Theusinger, Ingo: Naked Warrants als zulässige Finanzierungsinstrumente für Aktiengesellschaften, WM 2005, Heft 27, 1256–1265

Gennert, Thomas: Institutsvergütungsverordnung 3.0: Verpflichtung zum „Claw Back", DB 2017, 674

Gesellschaftsrechtliche Vereinigung: Stellungnahme zu dem Entwurf eines geänderten Corporate Governance Kodex vom 25.10.2018, NZG 2019, 220–224

Goette, Wulf/Arnold, Michael (Hrsg.): Handbuch Aufsichtsrat, 1. Auflage, München 2021

Goette, Wulf/Habersack, Mathias/Kalss, Susanne (Hrsg.): Münchener Kommentar zum AktG, Band 1, §§ 1–75 AktG, 5. Auflage, München 2019

Goette, Wulf/Habersack, Mathias/Kalss, Susanne (Hrsg.): Münchener Kommentar zum AktG, Band 2, §§ 76–117 AktG, 5. Auflage, München 2019

Goette, Wulf/Habersack, Mathias/Kalss, Susanne (Hrsg.): Münchener Kommentar zum AktG, Nachtrag infolge des ARUG II, Band 1a/2a, §§ 67, 67a-67f, 87, 87a, 107, 111a-111c, 113, 162, 5. Auflage, München 2021

Goette, Wulf/Habersack, Mathias/Kalss, Susanne (Hrsg.): Münchener Kommentar zum AktG, Band 3, §§ 118–178 AktG, 5. Auflage, München 2022

Goette, Wulf/Habersack, Mathias/Kalss, Susanne (Hrsg.): Münchener Kommentar zum AktG, Band 4, §§ 179–277 AktG, 5. Auflage, München 2021

Goette, Wulf: Grundsätzliche Verfolgungspflicht des Aufsichtsrats bei sorgfaltswidrig schädigendem Verhalten im AG-Vorstand?, ZHR 2012, 588–616

Götz, Heinrich: Die Pflicht des Aufsichtsrats zur Haftbarmachung von Vorstandsmitgliedern – Besprechung des ARAG-Urteils des BGH, NJW 1997, 3275–3278

Grigoleit, Hans Christoph (Hrsg.): Aktiengesetz Kommentar, 2. Auflage, München 2020

Grimm, Detlef/Linden, Friederike: Anpassung von Zielvereinbarungen in der Krise – Neue Gestaltungsmöglichkeiten für mehrjährige und nachhaltige Bonusmodelle, ArbRB 2013, 285–288

Grobys, Isabella/Panzer-Heemeier, Andrea (Hrsg.): StichwortKommentar Arbeitsrecht, 3. Auflage, Baden-Baden 2021

Grobys, Marcel: AGB-Kontrolle von Arbeits- und Dienstverträgen nach dem Schuldrechtsmodernisierungsgesetz, DStR 2002, 1002–1009

Grooterhorst, Johannes: Das Einsichtnahmerecht des ausgeschiedenen Vorstandsmitgliedes in Geschäftsunterlagen im Haftungsfall, AG 2011, 389–398

Grunewald, Barbara/Maier-Reimer, Georg/Westermann, Harm Peter (Hrsg.): Erman Kommentar BGB, 16. Auflage, Köln 2020

Grunewald, Barbara (Hrsg.): Münchener Kommentar zum HGB, Band 5, §§ 343–406, 5. Auflage, München 2021

Gsell, Beate/Krüger, Wolfgang/Lorenz, Stephan/Reymann, Christoph (Hrsg): beck-online.Grosskommentar BGB, München, Stand: 01.04.2022

Gülgel, Kenan: Theoretische Fundierung und empirische Analyse der Zusammenhänge zwischen Vergütungssystemen, Persönlichkeitsmerkmalen und strategischen Investitionen von Vorstandsvorsitzenden deutscher börsennotierter Unternehmen, Hamburg 2016

Guntermann, Lisa Marleen: Der Verjährungsbeginn gem. § 93 VI AktG im Falle der Pflichtverletzung durch Unterlassen – am Beispiel der Haftung des Aufsichtsrats nach verbotener Einlagenrückgewähr, NZG 2018, 851–856

Gurman, Olga: Die Vorstandsvergütung nach der Finanzkrise – Eine rechtsvergleichende Analyse der deutschen, britischen und US-amerikanischen Lösungsansätze, Berlin 2018

Habersack, Mathias/Hommelhoff, Peter (Hrsg.): Festschrift für Wulf Goette zum 65. Geburtstag, München 2011

Habersack, Mathias: 19 Jahre „ARAG/Garmenbeck" – und viele Fragen offen, NZG 2016, 321–327

Habersack, Mathias: Perspektiven der aktienrechtlichen Organhaftung, ZHR 2013, 782–806

Hager, Johannes: Der lange Abschied vom Verbot der geltungserhaltenden Reduktion, JZ 1996, 175–179

Hangarter, Daniela: Zur Kasse, bitte! Deutsche Bank will Boni von ehemaligen Top-Managern zurück, LTO 2016, abrufbar unter: https://www.lto.de/recht/hintergruende/h/deutsche-bank-boni-top-manager-rueckforderung-claw-back-bafin/ (zuletzt abgerufen am 05.07.2022)

Harbarth, Stephan/Höfer, Carl: Beginn der Dreijahresfrist des § 93 IV 3 AktG bei nicht abgeschlossener Schadensentstehung, NZG 2016, 686–690

Hau, Wolfgang/Poseck, Roman (Hrsg.): Beck'scher Online-Kommentar BGB, München, Stand: 01.02.2022

Häublein, Martin/Hoffmann-Theinert, Roland (Hrsg.): Beck'scher Online-Kommentar HGB, München, Stand: 15.04.2022

Häuser, Franz/Hammen, Horst/Hennrichs, Joachim/Steinbeck, Anja/Siebel, Ulf R./Welter, Reinhard (Hrsg.): Festschrift für Walther Hadding zum 70. Geburtstag, Berlin 2004

Hauschka, Christoph E./Moosmayer, Klaus/Lösler, Thomas (Hrsg.): Corporate Compliance – Handbuch der Haftungsvermeidung im Unternehmen, 3. Auflage, München 2016

Heidel, Thomas (Hrsg.): Aktienrecht und Kapitalmarktrecht, 5. Auflage, Baden-Baden 2020

Heinen, Vanda/Koch, Christopher: Stimmrechtsberater in der Corporate Governance – Implikationen für Unternehmen, BB 2018, 2731–2735

Heinen, Vanda: Die Rolle institutioneller Investoren und Stimmrechtsberater in der deutschen Corporate Governance, Wiesbaden 2018

Heintschel-Heinegg, Bernd von (Hrsg.): Beck'scher Online-Kommentar StGB, München, Stand: 01.02.2022

Henssler, Martin/Spindler, Gerald/Stilz, Eberhard (Hrsg.): beck-online.Grosskommentar AktG, München, Stand: 01.02.2022

Henssler, Martin/Strohn, Lutz (Hrsg.): Gesellschaftsrecht Kommentar, 5. Auflage, München 2021

Heppe, Hansjörg/Tielmann, Jörgen: Die Neuerungen des Dodd-Frank Wall Street Reform and Consumer Protection Act, WM 2011, Heft 40, 1883–1893

Herrler, Sebastian/Roth, Herbert/Bork, Reinhard (Hrsg.): J. von Staudingers Kommentar zum BGB, Buch 1, Allgemeiner Teil: §§ 139–163, Neubearbeitung 2020, Berlin 2020

Hirte, Heribert/Heidel, Thomas (Hrsg.): Das neue Aktienrecht nach ARUG II und Corona-Gesetzgebung Handkommentar, 1. Auflage, Baden-Baden 2020

Hoegen, Benedikt: Reform der Vorstandsvergütung, Baden-Baden 2018

Hoffmann-Becking, Michael/Hüffer, Uwe/Reichert, Jochem (Hrsg.): Liber amicorum für Martin Winter, Köln 2011

Hoffmann-Becking, Michael/Hommelhoff, Peter/Westphalen, Friedrich Graf von (Hrsg.): Festschrift für Hans-Jürgen Hellwig zum 70. Geburtstag, München 2010

Hoffmann-Becking, Michael (Hrsg.): Münchener Handbuch des Gesellschaftsrechts, Band 4 Aktiengesellschaft, 5. Auflage, München 2020

Hoffmann-Becking: Rechtliche Anmerkungen zur Vorstands- und Aufsichtsratsvergütung, ZHR 2005, 155–181

Hoffmann-Becking: Vorstandsvergütung nach Mannesmann, NZG 2006, 127–131

Hoffmann-Becking, Michael/Krieger, Gerd: Leitfaden zur Anwendung des Gesetzes zur Angemessenheit der Vorstandsvergütung (VorstAG), NZG Beilage 26/2009, 1–12

Hohaus, Benedikt/Weber, Christoph: Die Angemessenheit der Vorstandsvergütung gem. § 87 AktG nach dem VorstAG, DB 2009, 1515–1520

Hohenstatt, Klaus-Stefan/Seibt, Christoph H.: DCGK-Reform 2019: Neue Leitplanken für die Gestaltung unternehmenswohlfördernder Vorstandsvergütung?, ZIP 2019, 11–20

Hohenstatt, Klaus-Stefan/Kuhnke, Michael: Vergütungsstruktur und variable Vergütungsmodelle für Vorstandsmitglieder nach dem VorstAG, ZIP 2009, 1981–1989

Hohenstatt, Klaus-Stefan: Das Gesetz zur Angemessenheit der Vorstandsvergütung, ZIP 2009, 1349–1358

Hölters, Wolfgang/Weber, Markus (Hrsg.): Aktiengesetz Kommentar, 4. Auflage, München 2022

Hönsch, Henning: Was Aufsichtsräte über Clawback wissen müssen, AR 2020, 41–42

Hopt, Klaus J.: Die Verantwortlichkeit von Vorstand und Aufsichtsrat: Grundsatz und Praxisprobleme – unter besonderer Berücksichtigung der Banken, ZIP 2013, 1793–1806

Hopt, Klaus J./Binder, Jens-Hinrich/Böcking, Hans-Joachim (Hrsg.): Handbuch Corporate Governance von Banken und Versicherungen, 2. Auflage, München 2020

Hopt, Klaus J./Leyens, Patrick C.: Der Deutsche Corporate Governance Kodex 2020 – Grundsatz und Praxisprobleme –, ZGR 2019, 929–995

Hornung, Christian: Leaver-, Vesting und Shoot-Out-Klauseln – eine Untersuchung zu den rechtlichen Grenzen privatautonomer Abfindungsbeschränkungs- und Ausschlussklauseln, Berlin 2018

Huber, Peter M./Voßkuhle, Andreas (Hrsg.): Grundgesetz Kommentar, 7. Auflage, München 2018

Hüffer, Uwe: Aktienbezugsrechte als Bestandteil der Vergütung von Vorstandsmitgliedern und Mitarbeitern – gesellschaftsrechtliche Analyse, ZHR 1997, 214–245

Hümmerich, Klaus/Reufels, Martin (Hrsg.): Gestaltung von Arbeitsverträgen und Dienstverträgen für Geschäftsführer und Vorstände, 4. Auflage, Baden-Baden 2019

Ihrig, Hans-Christoph/Schäfer, Carsten (Hrsg.): Rechte und Pflichten des Vorstands, 2. Auflage, Köln 2020

Ihrig, Hans-Christoph/Wandt, Andre P. H./Wittgens, Jonas: Die angemessene Vorstandsvergütung drei Jahre nach Inkrafttreten des VorstAG, ZIP 2012, 1–31

Jänsch, Melanie: Angemessene Vorstandsverträge – Zur Begrenzung der Gestaltungsfreiheit durch AGB-rechtliche Bestimmungen, Berlin 2021

Jenne, Moritz/Miller, Matthias: Verjährungsbeginn und Selbstbezichtigung in der Organhaftung, AG 2019, 112–122

Jensen, Michael C./Meckling, William H.: Theory of the firm: Managerial behavior, agency costs and ownership structure, Journal of Financial Economics 1976, Volume 3, 305–360

Joecks, Wolfgang/Miebach, Klaus (Hrsg.): Münchener Kommentar zum StGB, Band 5, §§ 263–358, 3. Auflage, München 2019

Johannsen-Roth, Tim/Ghassemi-Tabar, Nima/Illert, Staffan (Hrsg.): Deutscher Corporate Governance Kodex Kommentar, 1. Auflage, München 2020

Johnson, David: Der Clawback – ein arbeitsrechtlicher Problemfall, CCZ 2018, 9–14

Jung, Stefanie/Krebs, Peter/Stiegler, Sascha (Hrsg): Gesellschaftsrecht in Europa, 1. Auflage, Baden-Baden 2019

Kästle, Florian/Heuterkes, Katja: Leaver-Klauseln in Verträgen über Management-Beteiligungen im Lichte der neuesten OLG-Rechtsprechung, NZG 2005, 289–294

Keinath, Philipp Ulrich: Die Regulierung der Vorstandsvergütung in börsennotierten Unternehmen – Eine Untersuchung der Regulierungsgründe und Regulierungsinstrumente, Berlin 2020

Khanian, Frederic Mirza: Die Inhaltskontrolle von Geschäftsführerverträgen, GmbHR 2011, 116–121

Kiel, Heinrich/Lunk, Stefan/Oetker, Hartmut (Hrsg.): Münchener Handbuch zum Arbeitsrecht, Band 1, Individualarbeitsrecht 1, 5. Auflage, München 2021

Kindhäuser, Urs/Neumann, Ulfrid/Paeffgen, Hans-Ullrich (Hrsg.): Strafgesetzbuch Kommentar, 5. Auflage, Baden-Baden 2017

Klein, Peter: Performanceorientierte Vergütung in der börsennotierten Aktiengesellschaft – Herstellung von Komplementarität in Anreizsystemen durch Regulierung von Malus- und Clawback-Mechanismen im Aktiengesetz, Hamburg 2020

Knott, Michael/Jacobsen, Juliane: Die Verpflichtung des (Belegschafts-)Aktionärs zur Rückübertragung seiner Aktie, NZG 2014, 372–377

Koch, Jens (Hrsg.): Aktiengesetz Kommentar, 16. Auflage, München 2022

Kocher, Dirk: Zur Reichweite der Business Judgment Rule, CCZ 2009, 215–221

Kohler, Klaus: Stock Options für Führungskräfte aus der Sicht der Praxis, ZHR 1997, 246–268

Kort, Michael: Mannesmann: Das „Aus“ für nachträglich vorgesehene Vorstandsvergütung ohne Anreizwirkung?, NZG 2006, 131–133

Kort, Michael: Vorstandshandeln im Spannungsverhältnis zwischen Unternehmensinteresse und Aktionärsinteressen, AG 2012, 605–610

Kort, Michael: Freiwillige und gänzlich unbestimmte Teile der Vorstands-Vergütung: AGB-Kontrolle und Anwendung von § 87 AktG, NZG 2020, 121–126

Krause, Daniel M.: Strafrechtliche Haftung des Aufsichtsrates, NStZ 2011, 57–65

Kremer, Thomas/Bachmann, Gregor/Lutter, Marcus/v. Werder, Axel (Hrsg.): Deutscher Corporate Governance Kodex Kommentar, 8. Auflage, München 2021

Krumey, Uwe/Merkelbach, Matthias: Clawback gemäß InstitutsVergV: Rückforderung bei pflichtgemäßem Verhalten?, CCZ 2019, 266–274

Kubis, Dietmar/Tödtmann, Ulrich (Hrsg.): Arbeitshandbuch für Vorstandsmitglieder, 3. Auflage, München 2022

Kuhn, Philipp: Die neue Institutsvergütungsverordnung – im Widerstreit mit dem Arbeitsrecht, CCZ 2017, 171–175

Kühnberger, Manfred/Keßler, Jürgen: Stock Option incentives – betriebswirtschaftliche und rechtliche Probleme eines anreizkompatiblen Vergütungssystems, AG 1999, 453–464

Kuhner, Christoph: Unternehmensinteresse vs. Shareholder Value als Leitmaxime kapitalmarktorientierter Aktiengesellschaften, ZGR 2004, 244–279

Kutzner, Lars: Einfache gesellschaftsrechtliche Pflichtverletzung als Untreue – Die Kinowelt-Entscheidung des BGH –, NJW 2006, 3541–3544

Leyens, Patrick C./Schäfer, Hans-Bernd: Inhaltskontrolle allgemeiner Geschäftsbedingungen, AcP 2010, 210. Bd., 771–803

Lindacher, Walter F./Pfeiffer, Thomas (Hrsg.): AGB-Recht Kommentar, 7. Auflage, München 2020

Lindemann, Achim/Heim, Daniela: Die Vergütung von Vorständen, Begrenzung durch Nachhaltigkeit, Aktionärsrechte und Clawback, JuS 2018, 1121–1129

Lingemann, Stefan: Angemessenheit der Vorstandsvergütung – Das VorstAG ist in Kraft, BB 2009, 1918–1924

Lorenz, Stephan/Cziupka, Johannes: Grundwissen – Zivilrecht: Bereicherungsrecht – Grundtypen der Kondiktionen, JuS 2012, 777–781

Löw, Hans-Peter: Rückforderung ausgezahlter Vergütung – Ausgestaltung und Durchsetzbarkeit von Clawback-Regelungen in Deutschland und Großbritanien, NZA 2017, 1365–1371

Löw, Hans-Peter: AGB-Kontrolle von Vorstandsverträgen, Kommentar zu OLG Frankfurt v. 18.4.2018 – 4 U 120/17, AG 2018, 852–840

Löw, Hans-Peter/Glück, Anja: Vergütung bei Banken im Spannungsfeld von Arbeits- und Aufsichtsrecht, NZA 2015, 137–142

Löwisch, Manfred/Rieble, Volker/Otto Hansjörg/Schwarze, Roland (Hrsg.): J. von Staudingers Kommentar zum BGB, Buch 2, Recht der Schuldverhältnisse: §§ 315–326, Neubearbeitung 2020, Berlin 2020

Marsch-Barner, Reinhard/Schäfer, Frank A. (Hrsg.): Handbuch börsennotierte AG, 5. Auflage, Köln 2022

Meckbach, Anne: Organhaftung und Beweisrisiken – Adäquate Risikoallokation durch Vertragsgestaltung, NZG 2015, 580–586

Meyer, Elske: Vorstandsvergütung – Eine rechtsökonomische Analyse zur Angemessenheit der Vorstandsvergütung, Baden-Baden 2013

Mock, Sebastian: Inhalt und Reichweite der Ersatzansprüche in den §§ 147 f. AktG, NZG 2015, 1013–1018

Müller-Bonanni, Thomas/Jenner, Alice/Denninger, Philip: Praxisfragen der Vorstandsvergütung nach ARUG II und neuem DCGK, AG 2021, 339–349

Müller-Glöge, Rudi/Preis, Ulrich/Schmidt, Ingrid (Hrsg.): Erfurter Kommentar zum Arbeitsrecht, 22. Auflage, München 2022

Musielak, Hans-Joachim/Voit, Wolfgang (Hrsg.): Zivilprozessordnung Kommentar, 19. Auflage, München 2022

Mutter, Stefan: Zur Fortentwicklung der Aufsichtsratspflichten in Haftungsfällen aufgrund von Clawback-Abreden in Vorstandsdienstverträgen, AG 2020, R4–R5

Natarajan, Ramachandran/Zheng, Kenneth: Clawback Provision of SOX, Financial Misstatements, and CEO Compensation Contracts, Journal of Accounting, Auditing & Finance 2019, Volume 34(I), 74–98

Oehlrich, Marcus: Vorstands- und Aufsichtsratsvergütung im Lichte der Principal-Agent- und Kapitalmarkttheorie, NZG 2019, 1049–1053

Oetker, Hartmut: Nachträgliche Eingriffe in die Vergütungen von Geschäftsführungsorganen im Lichte des VorstAG, ZHR 2011, 527–556

Otto, Stefan: Vorstandsvergütung – Gesetzliche Obergrenze als Garant für Angemessenheit?, Jena 2012

Paefgen, Walter G: Dogmatische Grundlagen, Anwendungsbereich und Formulierung einer Business Judgment Rule im künftigen UMAG, AG 2004, 245–261

Paefgen, Walter G: Die Darlegungs- und Beweislast bei der Business Judgment Rule, NZG 2009, 891–896

Peltzer, Martin: Das Mannesmann-Revisionsurteil aus der Sicht des Aktien- und allgemeinen Zivilrechts, ZIP 2006, 205–210

Plagens, Peter W./Hunsalzer, Thorsten/Krümmel, Lars: Ausgewählte betriebswirtschaftliche Aspekte der Corona-Krise für KMU, DStR 2020, 1062–1068

Poelzig, Dörte: Rückforderung der variablen Vorstandsvergütung (Clawbacks) in börsennotierten Gesellschaften, NZG 2020, 41–50

Poelzig, Dörte: Stimmrechtsberater – ihre Rolle und ihr rechtlicher Rahmen, ZHR 2021, 373–413

Preis, Ulrich (Hrsg.): Der Arbeitsvertrag, 6. Auflage, Köln 2020

Raapke, Julius: Die Regulierung der Vergütung von Organmitgliedern und Angestellten im Aktien- und Kapitalmarktrecht, Frankfurt am Main 2012

Radtke, Henning: Strafrechtliche Untreue durch Manager und verfassungsrechtlicher Bestimmtheitsgrundsatz – Folgerungen aus dem Beschluss des BVerfG vom 23.6.2010 –, GmbHR 2010, 1121–1127

Rahlmeyer, Niklas/Eiff, Christoph von: Die Herabsetzung der Vorstandsvergütung gem. § 87 II AktG – Der Teufel steckt (erneut) im Detail, NZG 2021, 397–402

Raitzsch, Nicolas: Keine Praxis ohne Theorie – Die Claw-Back-Klausel als Element nachhaltiger Vorstandsvergütung, ZIP 2019, 104–109

Ransiek, Andreas/Hüls, Silke: Strafrecht zur Regulierung der Wirtschaft, ZGR 2009, 157–189

Rappaport, Alfred (Hrsg.): Shareholder Value – Wertsteigerung als Maßstab für die Unternehmensführung, Übersetzung von Wolfgang Klien, Stuttgart 1995

Raspels, Petra/Schütte, Axel/Reich, Johannes: Vergütungsstudie 2019 – Vorstands- und Aufsichtsratsvergütung im Dax, MDax, SDax und TexDax 2014–2018, Hrsg.: PricewaterhouseCoopers GmbH Wirtschaftsprüfungsgesellschaft, 2019, abrufbar unter: https://www.pwc.de/de/strategie-organisation-prozesse-systeme/vorstands-und-aufsichtsratsverguetungsstudie-2019-pwc.pdf (zuletzt abgerufen am 05.07.2022)

Redeke, Julian: Auswirkungen des UMAG auf die Verfolgung von Organhaftungsansprüchen seitens des Aufsichtsrats?, ZIP 2008, 1549–1557

Redenius-Hövermann, Julia/Siemens, Peter: Zum aktuellen Stand betreffend Clawback-Klauseln, ZIP 2020, 145–153

Redenius-Hövermann, Julia/Siemens, Peter: Zur Herabsetzung der Vorstandsvergütung gem. § 87 II AktG de lege lata und de lege ferenda, ZIP 2020, 1585–1596

Reiner, Günter: Shareholder Value und Nachhaltigkeit: Zur obersten Leitungsmaxime des Vorstands, ZVglRWiss 2010, 443–475

Reufels, Martin/Volmari, Jacqueline: Die Rückforderung von variablen Vergütungsbestandteilen durch Clawback-Klauseln – Umsetzungstipps und Muster nach Maßgabe der neuen Institutsvergütungsverordnung sowie allgemeiner Rechtsvorschriften, ArbRB 2019, 26–29

Riebartsch, Dominik: Die Haftung des Aufsichtsrates einer Aktiengesellschaft bei Verletzung der Überwachungspflichten, Berlin 2021

Rieckhoff, Helge/Hügel, Sophia: Zulässige Ausgestaltung von Leaver-Klauseln, GmbHR 2021, 299–305

Rieder, Markus S./Holzmann, Daniel: Brennpunkte der Aufsichtsratsregulierung in Deutschland und den USA, AG 2010, 570–580

Rolfs, Christian/Giesen, Richard/Meßling, Miriam/Udsching, Peter (Hrsg.): Beck'scher Online-Kommentar Arbeitsrecht, München, Stand: 01.03.2022

Ross, Stephen A.: The Economic Theory of Agency: The Principal's Problem, The American Economic Review 1973, Volume 63, Number 2, 134–139

Röthel, Anne: Die Kondiktion wegen Zweckverfehlung, Jura 2013, 1246–1252

Säcker, Franz Jürgen/Rixecker, Roland/Oetker, Hartmut/Limperg, Bettina (Hrsg.): Münchener Kommentar zum BGB, Band 1, §§ 1–240, 9. Auflage, München 2021

Säcker, Franz Jürgen/Rixecker, Roland/Oetker, Hartmut/Limperg, Bettina (Hrsg.): Münchener Kommentar zum BGB, Band 2, §§ 241–310, 8. Auflage, München 2019/9. Auflage, München 2022

Säcker, Franz Jürgen/Rixecker, Roland/Oetker, Hartmut/Limperg, Bettina (Hrsg.): Münchener Kommentar zum BGB, Band 3, §§ 311–432, 9. Auflage, München 2022

Säcker, Franz Jürgen/Rixecker, Roland/Oetker, Hartmut/Limperg, Bettina (Hrsg.): Münchener Kommentar zum BGB, Band 5, §§ 535–630h, 8. Auflage, München 2020

Säcker, Franz Jürgen/Rixecker, Roland/Oetker, Hartmut/Limperg, Bettina (Hrsg.): Münchener Kommentar zum BGB, Band 7, §§ 705–853, 8. Auflage, München 2020

Saenger, Ingo/Inhester, Michael (Hrsg.): GmbHG Handkommentar, 4. Auflage, Baden-Baden 2020

Saenger, Ingo (Hrsg.): Zivilprozessordnung Handkommentar, 9. Auflage, Baden-Baden 2021

Schenck, Kersten v.: Der Aufsichtsrat, 1. Auflage, München 2015

Schenck, Kersten v./Wilsing, Hans-Ulrich (Hrsg.): Arbeitshandbuch für Aufsichtsratsmitglieder, 5. Auflage, München 2021

Scherpe, Julia Caroline: Vermögensrechtliche Abwicklung beendeter nichtehelicher Lebensgemeinschaften, JZ 2014, 659–667

Schilling, Ulrich: Shareholder Value und Aktiengesetz, BB 1997, Heft 8, 373–381

Schirrmacher, Carsten: Damoklesschwert oder Symbolpolitik? – Die Rückforderung von Bankerboni im Spiegel des Arbeitsrechts, ZBB 2017, 281–295

Schlewing, Anja: Geltungserhaltende Reduktion und/oder ergänzende Vertragsauslegung im Rahmen der AGB-Kontrolle arbeitsvertraglicher Abreden?, RdA 2011, 92–99

Schmidt, Jessica: Die Umsetzung der Aktionärsrechte-Richtlinie 2017: der Referentenentwurf für das ARUG II, NZG 2018, 1201–1220

Schmidt, Karsten/Lutter, Marcus (Hrsg.): Aktiengesetz Kommentar, Band 1, §§ 1-132 AktG, 4. Auflage, Köln 2020

Schneider, Uwe H./Anzinger, Heribert M.: Institutionelle Stimmrechtsberatung und Stimmrechtsvertretung – „A quiet guru's enormous clout" -, NZG 2007, 88–96

Schnorbus, York/Ganzer, Felix: Recht und Praxis der Prüfung und Verfolgung von Vorstandsfehlverhalten durch den Aufsichtsrat (Teil I), WM 2015, Heft 39, 1832–1844

Schockenhoff, Martin: Proxy Fights – bald auch in Deutschland? – Einwerben von Stimmrechtsvollmachten durch Aktionäre und Verwaltung, NZG 2015, 657-664

Schockenhoff, Martin/Nußbaum, Anton: Claw-back-Klauseln in Vorstandsverträgen, AG 2018, 813–822

Scholl, Bernd: Vorstandshaftung und Vorstandsermessen, Baden-Baden 2015

Schulze, Reiner/Dörner, Heinrich/Ebert, Ina u.a. (Hrsg.): BGB Handkommentar, 11. Auflage, Baden-Baden 2021

Schünemann, Bernd: Die „gravierende Pflichtverletzung" bei der Untreue: dogmatischer Zauberhut oder taube Nuss?, NStZ 2005, 473–476

Schüppen, Matthias: Vorstandsvergütung – (K)ein Thema für die Hauptversammlung?, ZIP 2010, 905–913

Seibert, Ulrich: Das VorstAG – Regelungen zur Angemessenheit der Vorstandsvergütung und zum Aufsichtsrat, WM 2009, Heft 32, 1489–1493

Seibt, Christoph H./Schwarz, Simon: Aktienrechtsuntreue – Analyse und aktienrechtsspezifische Konturierung der Untreuestrafbarkeit von Geschäftsleitern bei Pflichtverletzungen, AG 2010, 301–315

Seyfarth, Georg: Vorstandsrecht, Köln 2016

Seyfarth, Georg: Clawback-Vereinbarungen in Vorstandsverträgen, Teil I, WM 2019, Heft 12, 521–528

Seyfarth, Georg: Clawback-Vereinbarungen in Vorstandsverträgen, Teil II, WM 2019, Heft 13, 569–577

Söllner, Alfred: Der Bereicherungsanspruch wegen Nichteintritts des mit einer Leistung bezweckten Erfolges, AcP 1964, 163. Bd., 20–45

Sosnitza, Olaf: Manager- und Mitarbeitermodelle im Recht der GmbH, Zur aktuellen Rechtsprechung im Zusammenhang mit Hinauskündigungsklauseln, DStR 2006, 99–103

Spindler, Gerald: Organhaftung in der AG – Reformbedarf aus wissenschaftlicher Perspektive, AG 2013, 889–904

Spindler, Gerald: Die Neuregelung der Vorstands- und Aufsichtsratsvergütung im ARUG II, AG 2020, 61–74

Spindler, Gerald: Vorstandsgehälter auf dem Prüfstand – das Gesetz zur Angemessenheit der Vorstandsvergütung (VorstAG), NJOZ 2009, 3282–3291

Spindler, Gerald: Vorstandsvergütungen und Abfindungen auf dem aktien- und strafrechtlichen Prüfstand- Das Mannesmann-Urteil des BGH, ZIP 2006, 349–355

Ständige Deputation des Deutschen Juristentages (Hrsg.): Verhandlungen des 68. Deutschen Juristentages, Band II/1, Sitzungsberichte – Referate und Beschlüsse, München 2011

Stark, Johanna: Clawback Provisions in Executive Compensation Contracts, ECFR 2021, 669–696

Steffen, Markus/Stöhr, Alexander: Die Umsetzung von Compliance-Maßnahmen im Arbeitsrecht, RdA 2017, 43–52

Stenzel, Roman: Rechtliche und empirische Aspekte der Vorstandsvergütung, Jena 2011

Stüber, Katharina: Der Einfluss von „Proxies“ in der Hauptversammlung, WM 2020, Heft 5, 211–217

Stürner, Rolf (Hrsg.): Jauernig BGB, 18. Auflage, München 2021

Szesny, André-M./Kuthe, Thorsten (Hrsg.): Kapitalmarkt Compliance, 2. Auflage, Heidelberg 2018

Thum, Rainer: Die Zulässigkeit von Claw-Back-Regelungen im Lichte der Institutsvergütungsverordnung, NZA 2017, 1577–1581

Thüsing, Gregor: ECLR – Auf der Suche nach dem iustum pretium der Vorstandstätigkeit, ZGR 2003, 457–507

Thüsing, Gregor: Das Gesetz zur Angemessenheit der Vorstandsvergütung, AG 2009, 517–529

Towfigh, Emanuel V./Petersen, Niels (Hrsg.): Ökonomische Methoden im Recht, 2. Auflage, Tübingen 2017

Tusch, Sebastian/Schuster, Doris-Maria/Herzberg, Julia: Die Institutsvergütungsverordnung 3.0, WM 2017, Heft 48, 2289–2295

Ulmer, Peter/Brandner, Hans E./Hensen, Horst-Diether (Hrsg.): AGB Recht Kommentar, 13. Auflage, Köln 2022

Vaupel, Christoph F.: Ansprüche von Aktiengesellschaften gegen Stimmrechtsempfehlungen institutioneller Stimmrechtsberater, AG 2011, 63–77

Velte, Patrick: Clawback-Klauseln in Vorstandsvergütungsverträgen als effektives Corporate-Governance-Instrument? – Empirische Evidenz und kritische Würdigung vor dem Hintergrund des ARUG II -, Der Konzern 2020, 50–56

Velte, Patrick: Neue Transparenzpflichten gem. § 134d AktG als „zahnloser Papiertieger"?, AG 2019, 893–898

Velte, Patrick: „Nachhaltige und langfristige" Vorstandsvergütung nach dem ARUG II – Erste Anmerkungen zur zwingenden Einbeziehung von Sozial- und Umweltaspekten nach § 87 I 2 AktG, NZG 2020, 12–15

Vetter, Eberhard: Die Verantwortung und Haftung des überstimmten Aufsichtsratsmitglieds, DB 2004, 2623–2628

Wagner, Jens: Nachhaltige Unternehmensentwicklung als Ziel der Vorstandsvergütung – Eine Annäherung an den Nachhaltigkeitsbegriff in § 87 Abs. 1 AktG, AG 2010, 774–779

Wagner, Jens: Zur aktienrechtlichen Zulässigkeit von Share Matching-Plänen, BB 2010, 1739–1745

Wagner, Jens/Wittgens, Jonas: Corporate Governance als dauernde Reform-anstrengung: Der Entwurf des Gesetzes zur Angemessenheit der Vorstandsvergütung, BB 2009, 906–911

Weber-Rey, Daniela: Änderungen des Deutschen Corporate Governance Kodex 2009, WM 2009, Heft 48, 2255–2264

Wentz, Jasper: Das Gesetz zur Umsetzung der zweiten Aktionärsrechterichtlinie – von der Aktionärsrechterichtlinie über den Referentenentwurf zum Regierungsentwurf, WM 2019, Heft 20, 906–915

Werder, Andreas v./Li, Xianbei: Aktuelle Entwicklungen bei Management-beteiligungsprogrammen im Rahmen von Leverage Buy Outs, BB 2013, 1736–1746

Werner, Rüdiger: Clawback-Regelungen in Vorstandsverträgen, NZA 2020, 155–159

Wessing, Jürgen/Krawczyk, Lucian: Der Untreueparagraf auf dem verfassungsrechtlichen Prüfstand, NZG 2010, 1121–1124

Westphalen, Friedrich Graf von: Unwirksame Schiedsvereinbarungen mit Verbrauchern – notwendiger Schutz von Vorständen und Geschäftsführern, ZIP 2013, 2184–2190

Wettich, Carsten: Vorstandsvergütung: Bonus-Malus-System mit Rückforderungsmöglichkeit (claw back) und Reichweite des Zuständigkeitsvorbehalts zugunsten des Aufsichtsratsplenums, AG 2013, 374–383

Wollburg, Ralph: Unternehmensinteresse bei Vergütungsentscheidungen, ZIP 2004, 646–658

Würdinger, Markus: Die Analogiefähigkeit von Normen, AcP 2006, 206. Bd., 946–979

Zech, Susanne: Untreue durch Aufsichtsratsmitglieder einer Aktiengesellschaft, Frankfurt am Main 2007

Zehmen, Dominik von: Vergütungssysteme für Vorstände auf dem Prüfstand – Dos and don'ts bei der Systemgestaltung nach ARUG II und DCGK 2020, BB 2021, 628–638

Zetzsche, Dirk/Preiner, Christina: Der Verhaltenskodex für Stimmberater zwischen Vertrags- und Wettbewerbsrecht, AG 2014, 685–697

Zieglmeier, Christian: Die Systematik der Haftung von Aufsichtsratsmitgliedern gegenüber der Gesellschaft, ZGR 2007, 144–166

Zipperle, Madeleine/Lingen, Gero: Das Gesetz zur Umsetzung der zweiten Aktionärsrechterichtlinie im Überblick, BB 2020, 131–138

Zöllner, Wolfgang/Noack, Ulrich (Hrsg.): Kölner Kommentar zum Aktiengesetz, Band 1, §§ 1–75 AktG, 3. Auflage, Köln 2011

Zöllner, Wolfgang/Noack, Ulrich (Hrsg.): Kölner Kommentar zum Aktiengesetz, Band 2/1, §§ 76–94 AktG, 3. Auflage, Köln 2010

Zöllner, Wolfgang/Noack, Ulrich (Hrsg.): Kölner Kommentar zum Aktiengesetz, Band 4, §§ 192–201 AktG, 3. Auflage, Köln 2018

Kolibri 360 GmbH
Ferdinand-Jühlke-Straße 7
99095 Erfurt, Deutschland
produktsicherheit@kolibri360.de